PONS

Reisewörterbuch Dänisch

bearbeitet von
Connie Frank Aschenbrenner

Ernst Klett Sprachen
Barcelona · Belgrad · Budapest · Ljubljana · London · Posen
Prag · Sofia · Stuttgart · Zagreb

Bildquellen
Bundesverband Selbsthilfe Körperbehinderter, Krautheim: 75; Cycleurope Industries S. A., Romilly sur Seine: 58; Fordwerke AG: 56; HB-Verlag, Mike Schröder: 13, 17, 29, 71, 81; HB-Verlag, Hartmut Schwarzbach: 47, 123; Dr. K. Schwab, Heidelberg: 9, 93, 115, 135, 141, 177; Wolpert Fotodesign, Stuttgart: 103–109, 147, 163
Umschlag: Corel Corporation

PONS Reisewörterbuch Dänisch

Neubearbeitung auf der Basis des
PONS Reisewörterbuchs Dänisch: 3-12-518131-3
Reisewörterbuch Dänisch, 2005
Bearbeitet von:
Connie Frank Aschenbrenner

1. neu bearbeitete Auflage 2005 – Nachdruck 2006 (1,02)

Internet: www.pons.de
E-Mail: info@pons.de

Außenredaktion: Barbara Pflüger, Stuttgart
Projektleitung: Andrea Ender, Stuttgart
Umschlaggestaltung: Ira Häußler, Stuttgart
Logoentwurf: Erwin Poell, Heidelberg
Logoüberarbeitung: Sabine Redlin, Ludwigsburg
Layout und Satz: Fotosatz Kaufmann, Stuttgart
Reproduktion: Günther Piltz, Stuttgart
Druck: Legoprint S. p. A., Lavis (TN)
Printed in Italy

ISBN 13: 978-3-12-518133-5

Aussprache

ˈ	vor einer Silbe bedeutet, dass die nachfolgende Silbe den Hauptton des Wortes – bei den Redewendungen einen Hauptton im Satz – trägt.		
ˌ	vor einer Silbe bedeutet, dass die nachfolgende Silbe einen Nebenton trägt.		
ː	bedeutet, dass der vorhergehende Laut lang zu sprechen ist.		
ˀ	*stød,* vgl. S. 186. Silben, die ˀ haben, sind immer betont.		
̯	markiert unsilbische Vokale		
[iː]	geschlossener als in M**ie**te	vise	[ˈviːsə]
[i]	dasselbe kurz	hilse	[ˈhilsə]
[eː]	geschlossener als in B**ee**t	bede	[ˈbeːðə]
[e]	dasselbe kurz	inne	[ˈenə]
[ɛː]	geschlossener als in R**ä**te	læbe	[ˈlɛːbə]
[ɛ]	dasselbe kurz	nemlig	[ˈnɛmli]
[ɛ̞ː]	etwas offener als in R**ä**te	male	[ˈmɛ̞ːlə]
[ɛ̞]	dasselbe kurz	bær	[bɛ̞ɒ̯]
[æ]	wie engl. h**a**m	han	[hæn]
[aː]	wie in L**a**den, nur in Verbindung mit [ʁ]	rase	[ˈʁaːsə]
[a]	dasselbe kurz	gang	[gaŋˀ]
[yː]	geschlossener als in H**ü**te	byde	[ˈbyːðə]
[y]	dasselbe kurz	tyst	[tysd]
[øː]	geschlossener als in b**ö**se	bøde	[ˈbøːðə]
[ø]	dasselbe kurz	øst	[øsd]
[œː]	geschlossener als in G**ö**tter (aber lang)	høne	[ˈhœːnə]
[œ]	dasselbe kurz	hønse	[ˈhœnsə]
[œ̞ː]	wie in frz. s**œu**r, nur in Verbindung mit [ʁ]	større	[ˈsdœ̞ːɔ]
[œ̞]	dasselbe kurz	grøn	[gʁœ̞nˀ]
[uː]	wie in M**u**t	bug	[buːˀ]
[u]	dasselbe kurz	kusk	[kusg]
[oː]	etwas geschlossener als in **O**fen	bod	[boːˀð]
[o̞ː]	offener als in **O**fen	gå	[go̞ːˀ]
[o̞]	dasselbe kurz	smuk	[smo̞g]
[ɒː]	etwas offener als in **o**ffen, nur vor **r**	kort	[kɒːd]
[ɒ]	dasselbe kurz	normal	[nɒˈmɛ̞ːˀl]
[ɔ]	offener als in **o**ffen, zentralisiert	post	[pɔsd]
[ə]	wie in bitt**e**, nie betont	kaffe	[ˈkafə]
[p]	wie in **P**ol	penge	[ˈpɛŋə]
[b]	wie in **B**ohne, jedoch kaum stimmhaft	bakke	[ˈbagə]
[t]	wie in **T**eller	tid	[tiðˀ]
[d]	wie in **D**elle, jedoch kaum stimmhaft	dame	[ˈdɛ̞ːmə]
[k]	wie in **K**ahn	kaffe	[ˈkafə]
[g]	wie in **G**ans, jedoch kaum stimmhaft	gade	[ˈgɛ̞ːðə]
[f]	wie in **f**allen	fad	[fæð]

[v]	wie in **W**asser, **V**ioline	vej	[vai̯ˀ]
[s]	wie in rei**ß**en, la**ss**en	sag	[sɛ̝ːˀ]
[ʂ]	zwischen [ç] und [ʃ]	sjov	[ʂɔu̯ˀ]
[ð]	ähnlich wie engl. **th**e, aber viel schwächeres Reibegeräusch	mad	[mæð]
[j]	wie in **j**eder	jul	[juːˀl]
[h]	wie in **H**alle	hals	[hælˀs]
[l]	wie in **L**uft	Luft	[lo̜fd]
[ʁ]	geriebenes Zäpfchen-r, nur im Silbenanlaut	rose	[ˈʁoːsə]
[m]	wie in **M**ut	mand	[mænˀ]
[n]	wie in **N**ase	nat	[næd]
[ŋ]	wie in la**ng**	lang	[laŋˀ]

Das dänische Alphabet

A	a	[ɛ̝ːˀ]	K	k	[ko̜ːˀ]	U	u	[uːˀ]
B	b	[beːˀ]	L	l	[ɛl]	V	v	[veːˀ]
C	c	[seːˀ]	M	m	[ɛm]	W	w	[ˈdɔbəld veːˀ]
D	d	[deːˀ]	N	n	[ɛn]	X	x	[ɛgs]
E	e	[eːˀ]	O	o	[oːˀ]	Y	y	[yːˀ]
F	f	[ɛf]	P	p	[peːˀ]	Z	z	[sɛd]
G	g	[geːˀ]	Q	q	[kuːˀ]	Æ	æ	[ɛːˀ]
H	h	[ho̜ːˀ]	R	r	[ɛ̝ɒ̯]	Ø	ø	[øːˀ]
I	i	[iːˀ]	S	s	[ɛs]	Å	å	[o̜ːˀ]
J	j	[jɔð]	T	t	[teːˀ]			

Abkürzungen im Reisewörterbuch

adj	Adjektiv, Eigenschaftswort	adjektiv
adv	Adverb, Umstandswort	adverbium
conj	Konjunktion, Bindewort	konjunktion
el	Elektrizität	elektricitet
etw	etwas	noget
jdm	jemandem	nogen
jdn	jemanden	nogen
med	Medizin	medicin
pl	Plural, Mehrzahl	flertal
poss prn	Possessivpronomen	possessivt pronomen
prn	Pronomen, Fürwort	pronomen
prp	Präposition, Verhältniswort	præposition
rel	kirchlich, geistlich	religion
s.	sich	sig
sing	Singular, Einzahl	ental
tele	Telefon, Telegraf	telefonvæsen
verb	Verb, Zeitwort	verbum

Allgemeine Abkürzungen

A/S	aktieselskab	Aktiengesellschaft
bl.a.	blandt andet	unter anderem
DSB	Danske Statsbaner	Dänische Staatsbahnen
e.Kr.	efter Kristi fødsel	nach Christi Geburt
f. eks.	for eksempel	zum Beispiel
f. Kr.	før Kristi fødsel	vor Christi Geburt
FDM	Forenede Danske Motorejere	Dänischer Automobilclub
FN	Forenede Nationer	UNO
fru	frue	Frau
hr.	herre	Herr
ifm.	i forbindelse med	in Verbindung mit
kgl.	kongelig	königlich
kl.	a) klokken b) klasse	a) Uhr b) Klasse
kr.	kroner	Kronen
mvh.	med venlig hilsen	mit freundlichem Gruß
N	nord	Norden
nr.	nummer	Nummer
o.s.v.	og så videre	und so weiter
pr.	per	pro
S	syd	Süden
tlf.	telefon	Telefon
V	vest	Westen
Ø	Øst	Osten

Hinweis zur Benutzung des Wörterbuches

Im Wörterbuch steht das Substantiv in der Grundform. An erster Stelle folgt der bestimmte Artikel (**-en** oder **-n**, **-et** oder **-t**), der an die Grundform angehängt wird. An zweiter Stelle steht die Pluralendung, die an den Stamm angehängt wird, oder die vollständige Pluralform.

Bei den schwachen Verben ist die Endung des Präteritum und bei den starken Verben sind jeweils die Formen des Präterium und des Partizip Perfekt angegeben.

Andere Länder, andere Sitten

Interkulturelle Tipps

Wussten Sie, dass ...

Dänemark, verglichen mit anderen europäischen Ländern, ein kleines und fast überschaubares Land ist mit seinen nur 43.000 km^2 und ca. 5,3 Mill. Einwohnern? Trotzdem haben die Dänen ihren Gästen eine Menge zu bieten.
Zum Königreich gehören die größte Insel der Welt, Grönland, und die im Nordatlantik befindliche Inselgruppe Färöer, auf Dänisch: Grønland und Færøerne. Beide Inseln sind autonome Teile Dänemarks und haben eine weitreichende Selbstverwaltung.

Der Danebrog

Die Dänen haben die älteste Flagge der Welt, deren „Geburtstag" der 15. Juni 1219 ist. Dieser Tag wird Valdemarsdag genannt, weil der damalige König Valdemar hieß. Die Staatsflagge ist für die Dänen von großer Bedeutung. Die meisten Familien haben eine, entweder für die Stange im Garten, oder aber eine kleinere Ausgabe für die Wohnung, z. B. als Tischfahne. Die Flaggen wehen an Geburtstagen, Jubiläen, bei Taufen, Konfirmationen und Hochzeiten, kurzum bei allen feierlichen Anlässen.

Royales

Auch das Königshaus, übrigens das älteste Europas, soll hier erwähnt werden. Die königliche Familie wird sehr geachtet, und es ist für die Dänen nur schwer vorstellbar, dass Dänemark eine Republik werden könnte.
Bei festlichen Anlässen in der Königsfamilie wird auf der ehemaligen Festungsinsel Holmen und am Schloss Kronborg in Helsingör mit Kanonen Salut geschossen.

Sprache

Die dänische Sprache hat – wie die deutsche und die englische – ihren Ursprung im germanischen Sprachraum. Historisch betrachtet stammt Dänisch aus derselben Sprachfamilie wie Schwedisch und Norwegisch. Das bedeutet, dass Dänen, Norweger und Schweden selten größere Probleme haben, sich untereinander zu verständigen.
Die dänische Schriftsprache bildete sich in der zweiten Hälfte des 17. Jahrhundert heraus.
In und um Kopenhagen sowie in den Medien wird Reichsdänisch

gesprochen, es gibt aber viele Dialekte, heute Regionalsprachen genannt, die sich je nach Region stark vom Reichsdänischen unterscheiden. Oldnordisch wird, fast unverändert seit dem Mittelalter, auf den Inseln Island und Färöer gesprochen. Übrigens zeigte eine Volkszählung aus dem Jahr 1699, dass jeder fünfte Einwohner deutschsprachig war.
Dänisch ist eine „kleine" Sprache, die von ca. 5 Millionen Dänen gesprochen wird. Damit lässt sich auch erklären, warum es im Dänischen so viele Internationalismen gibt. So ist Dänisch für ausländische Besucher nicht ganz so schwer zu lesen.

Feiertage

Die wichtigsten Feiertage für die Dänen sind Ostern, Pfingsten und Weihnachten.
Vor allem Ostern und Weihnachten werden mit der Familie zu Hause gefeiert, Pfingsten dagegen eher mit Freunden.
Das Kulinarische spielt an diesen Festtagen eine nicht unwichtige Rolle.

Das Wetter

Dänemark hat Küstenklima, d. h. viel Wind, milde Winter, und angenehme Sommertemperaturen. Im Sommer ist es auch lange nicht so regnerisch, wie manche annehmen und die durchschnittlichen Temperaturen im Juni, Juli und August ähneln denen in Deutschland.

Unterwegs

… mit dem Auto/Motorrad

Wenn Sie als Auto- oder Motorradfahrer in Dänemark unterwegs sind, sollten Sie beachten, dass das Abblendlicht Ihres Fahrzeugs immer eingeschaltet sein muss. Die Höchstgeschwindigkeit für PKWs und Motorräder auf Autobahnen beträgt 130 km/h, auf Haupt- und Landstraßen 80 km/h, und innerhalb geschlossener Ortschaften 50 km/h. Für PKWs mit Anhänger ist die maximal zugelassene Höchstgeschwindigkeit 70 km/h.
Das Wegenetz für Radler ist gut ausgebaut, und es sind immer viele Radfahrer unterwegs. Es besteht keine Helmpflicht.
Die Beschriftung der Verkehrszeichen ist natürlich auf Dänisch.
Sackgasse: Blind vej!
Unbefestigte Seitenstreifen: Raballen er blød!
Fahrverbot für Mopeds: Knallertkørsel forbudt!

Weiße Dreiecke (Haifischzähne) an einmündenden Straßen bedeuten: Vorfahrt achten!
Die meisten Verkehrsregeln und Bestimmungen ähneln denen in Deutschland.

... mit der Bahn
Das Schienennetz innerhalb Dänemarks ist sehr gut ausgebaut, und Intercity-Züge verbinden schnell die einzelnen Landesteile und größeren Städte miteinander. Regional-, Lokal- und S-Bahnen verkehren auf kürzeren Strecken. In Kopenhagen gibt es auch eine Metro. Kombinierte Brücken- und Tunnelverbindungen haben teilweise den Fährverkehr ersetzt. Die Eisenbahn (DSB) bietet ein umfangreiches Angebot von Kinder- und Familienrabatten, Gruppenfahrkarten und Wochenend-Trips mit Ermäßigungen an.

Margeritenroute

Wenn Sie in Dänemark unterwegs sind, begegnet Ihnen an den Straßen immer wieder ein Hinweisschild mit einer Margerite. Das bedeutet, dass Sie sich auf der Margeritenroute befinden, die zu den bedeutendsten Sehenswürdigkeiten Dänemarks führt.

Reisevorbereitungen

Wenn einer eine Reise tut...
Per Mausklick erfahren Sie unter www.marcopolo.de das Wissenswerteste über Ihr Reiseziel. Zusätzlich zu den Reiseführerinfos finden Sie online:
* Täglich aktuelle Reisenews und interessante Reportagen
* Regelmäßig Themenspecials und Gewinnspiele
* Miniguides zum Ausdrucken

Hotelbuchung per E-Mail

Sehr geehrte Damen und Herren,
vom 24. bis 26. Juni hätte ich gern für zwei Nächte ein Einzel-/Doppel-/Zweibettzimmer.
Bitte teilen Sie mir mit, ob Sie ein Zimmer frei haben und was es pro Nacht, einschließlich Frühstück, kostet.
Mit freundlichen Grüßen

Auf Dänisch benutzt man keine Anredeform (wie „Sehr geehrte …" usw.)
Til hotel …
I tiden fra d. 24. til d. 26. juni, (dvs. to overnatninger) vil jeg gerne reservere et enkelt-/dobbeltværelse/værelse med to senge.
Vær venlig at give mig besked, om De har et ledigt værelse, og hvis ja, hvad dette koster pr. overnatning, inkl. morgenmad.
Venlig hilsen

Dear Sir or Madam,
I would like to book a single/double/twin-bedded room for 2 nights on the 24th and 25th June.
Please let me know if you have any vacancies and the cost per night plus breakfast.
Yours faithfully,

Mietwagen per E-Mail

Sehr geehrte Damen und Herren,

für die Zeit vom 20. – 25. Juli möchte ich gern ab Flughafen XXX einen Kleinwagen/einen Mittelklassewagen/eine Luxuslimousine/einen Kleinbus mieten. Mein Rückflug geht ab YYY und deshalb möchte ich das Auto dort zurückgeben. Bitte teilen Sie mir Ihre Tarife mit und welche Unterlagen ich benötige.
Mit freundlichen Grüßen

Autoudlejningsfirma ...
Fra lufthavnen i ... ville jeg gerne leje en mindre bil/en mellemklassebil/en luksuslimousine/en minibus i tiden fra d. 20. - 25. juli. Jeg flyver tilbage fra lufthavnen i ... og vil gerne aflevere bilen dér. Vær rar at sende eller maile Deres tariffer og udlejningsbetingelser, og ligeså hvilke dokumenter jeg skal have med.
Mange venlige hilsner

Dear Sir/Madam,
I would like to hire a small/mid-range/luxury saloon car/minibus from July 20 - 25 from XXX Airport. I depart from YYY Airport so wish to leave the car there. Please inform me of your rates and what documents I shall require.
Yours faithfully,

Allgemeine Fragen

Ich habe vor, meinen Urlaub in ... zu verbringen.
Jeg har planer om at holde min ferie i ...
[jai̯ haːˀ ˈplɛ̝ːˀnɔ ˈɔmˀ ɔ ˈhɔlə min ˈfeːˀɒ̯iə i]

Können Sie mir bitte Informationen über Unterkünfte in der Gegend geben?
Kunne De venligst give mig oplysninger om, hvilke opholdsmuligheder, der findes i omegnen? [ku di ˈvɛnlisd giːˀ mai̯ ˈɔbˌlyːˀsneŋɔ ˈɔmˀ ˈvelgə ˈɔbhɔlsˈmuːliˌheːˀðɔ dɔ ˈfenəs i ˈɔmˌai̯ˀnən]

An welche Art von Unterkunft haben Sie gedacht?
Hvordan har De tænkt Dem at bo? [vɒˈdæn haːˀ di ˈtɛŋˀgd dɛm ɔ ˈboːˀ]
ein Hotel
på hotel [pɔ̝ hoˈtɛlˀ]
eine Pension
på pensionat [pɔ̝ paŋɕoˈnɛ̝ːˀd]
ein Landgasthof
på en kro [pɔ̝ en ˈkʁoːˀ]
eine Ferienwohnung
i en ferielejlighed [i en ˈfeːˀɒ̯iəˈlai̯liˌheːˀð]
ein Ferienhaus
i et feriehus [i ed ˈfeːˀɒ̯iəˌhuːˀs]

Fragen zur Unterkunft

Hotel – Pension- Landgasthof

Ich suche ein Hotel, jedoch nicht zu teuer – etwas in der mittleren Preislage.
Jeg søger et hotel, som ikke er for dyrt – sådan i den mellemste prisklasse. [jai̯ ˈsøːɔ ed hoˈtɛlˀ, sɔm ˈegə ɛ̝ɒ̯ fɔ ˈdyːˀɒ̯d – ˈsɔdən i dɛn ˈmɛlˀəmsde ˈpʁiːsˌklæsə]

REISEVORBEREITUNGEN

Ich suche ein Hotel mit Hallenbad/Golfplatz/Tennisplätzen.
Jeg søger et hotel med svømmehal/golfbane/tennisbaner.
[jai̯ 'sø:ɔ ed ho'tɛl? mɛ 'svœmə,hæl/'gɔl?f,bɛ̝:nə/'tɛnis,bɛ̝:nɔ]

Können Sie mir ein schönes Fremdenzimmer mit Frühstück empfehlen?
Kan De anbefale mig et dejligt hotel-/gæsteværelse med morgenmad? [kæ di 'ænbe,fɛ̝:?lə mai̯ ed 'dai̯lid ho'tɛl?/'gɛsdə,vɛ:ɔlsə mɛ 'mɒ:ɒn,mæð]

Für wie viele Leute soll es sein?
Til hvor mange personer? [tel vɒ 'maŋə pɛ̝ɒ̯'so:?nɔ]

Sind dort Hunde erlaubt?
Er det tilladt at have hunde med? [ɛ̝ɒ̯ de 'telæd ɔ hɛ̝:? 'hunə mɛ]

Wie viel kostet das pro Woche?
Hvad koster det om ugen? [væ 'kɔsdɔ de ɔm 'u:ən]

Ferienhäuser/Ferienwohnungen

Ich suche eine Ferienwohnung oder ein Ferienhaus.
Jeg søger en ferielejlighed eller et sommerhus.
[jai̯ 'sø:ɔ en 'fe:?ɒ̯iə'lai̯li,he:?ð 'ɛlɔ ed 'sɔmɔ,hu:?s]

Gibt es …?
Er der …? [ɛ̝ɒ̯ dɔ]
ein Kinderbett
en barneseng [en 'ba:nə,sɛŋ?]
einen Hochstuhl
en høj børnestol [en 'hɔi̯? 'bœ̝ɒ̯nə,sdo:?l]
einen Fernseher
fjernsyn ['fjɛ̝ɒ̯n,sy:?n]
ein Telefon
telefon [telə'fo:?n]
eine Waschmaschine
vaskemaskine ['væsgəmæ,sgi:nə]
eine Spülmaschine
opvaskemaskine ['ɔbvæsgəmæ,sgi:nə]
eine Mikrowelle
mikrobølgeovn ['mikʁobøljə,ɔu̯?n]

Werden Bettwäsche und Handtücher gestellt?
Er der sengetøj og håndklæder? [ɛ̝ɒ̯ dɔ 'sɛŋə,tɔi̯ ɔ 'hɔn,klɛ:ðɔ]

Wie viel muss ich anzahlen und wann ist die Anzahlung fällig?
Hvor meget skal jeg betale i depositum, og hvornår skal der betales? [vɒ 'mai̯əð sgæ jai̯ be'tɛ̝:?lə i de'po:?sitɔ̝m ɔ vɒ'nɒ:? sgæ dɔ be'tɛ̝:?ləs]

Wo und wann kann ich die Schlüssel abholen?
Hvor og hvornår kan jeg hente nøglerne?
['vɒ:? ɔ vɒ'nɒ:? kæ jai̯ 'hɛndə 'nɔi̯lɔnə]

Allgemeines

Ein wichtiger Schritt bevor Sie Ihre Reise antreten, ist, dass Sie mit Fragewörtern und einfacheren Redensarten vertraut sind. Diese werden Sie in diesem Kapitel kennen lernen.

Das Wichtigste in Kürze

Ja.
Ja. [jæ]

Nein.
Nej. [nai̯ˀ]

Bitte.
Undskyld./Vær så venlig./Tak./Værsgo.
[ˈǫnˌsgylˀ/ˈvɛːˀɒ̯ sɔ ˈvɛnli/tag/ˈvɛ̝ɒ̯ˈsgoːˀ]

Danke!
Tak! [tag]

Vielen Dank!
Mange tak! [ˈmaŋə ˈtag]

Danke, gleichfalls!
Tak i lige måde! [ˈtag i ˈliːə ˈmǫːðə]

Bitte!/Gern geschehen!
Det var så lidt. [de ˈva sɔ ˈled]

Wie bitte?
Hvadbehager? [vabəˈhaːˀ]

Selbstverständlich!
Selvfølgelig! [sɛlˈføljəli]

Okay!
Okay! [ˈǫu̯ˈkɛi̯]

In Ordnung!
Det er i orden! [de ɛ̝ɒ̯ i ˈɒːˀdən]

Entschuldigung!/Verzeihung!
Undskyld! [ˈǫnˌsgylˀ]

Einen Augenblick, bitte!
Et øjeblik! [ed ˈɔi̯əˌbleg]

Das reicht jetzt!/Genug!
Det er nok! [de ɛ̝ɒ̯ ˈnɔg]

Hilfe!
Hjælp! [jɛlˀb]

Wer?
Hvem? [vɛmˀ]

Was?
Hvad? [væ]

Welcher?/Welche?/Welches?
Hvad for en/et/nogen? [væ fɔ 'eːˀn/ed/ 'noːən]
Hvilken/hvilket/hvilket? ['velgən/'velgəð]

Wem?
Hvem? [vɛmˀ]

Wen?
Hvem? [vɛmˀ]

Wie?
Hvordan? [vɒ'dæn]

Warum?/Weshalb?
Hvorfor? ['vɒfɔ]

Wofür?/Wozu?
Til hvad?/Hvortil? [tel 'væ/'vɒːˀˌtel]

Wie viel?/Wie viele?
Hvor meget?/ Hvor mange? [vɒ 'mai̯əð/vɒ 'maŋə]

Wie lange?
Hvor længe? [vɒ 'lɛŋə]

Wann?
Hvornår? [vɒ'nɒːˀ]

Um wie viel Uhr?
Hvad tid? [væ 'tiðˀ]

Würden Sie mir bitte sagen ...?
Kunne De sige mig ...? ['ku de 'siːə mai̯]

Ich hätte gern ...
Jeg vil gerne have ... [jai̯ vel 'gɛ̝ɒ̯nə 'hɛ̝ːˀ]

Gibt es ...?
Er der ...? [ɛ̝ɒ̯ dɔ]

Woher?
Hvorfra? ['vɒːˀˌfʁaːˀ]

Wohin?
Hvorhen? ['vɒːˀˌhɛn]

ALLGEMEINES

Zahlen – Maße – Gewichte

0	nul [nọl]
1	en [eː'n]
2	to [toː']
3	tre [tʁɛː']
4	fire ['fiːɔ]
5	fem [fɛm']
6	seks [sɛgs]
7	syv [syu̯']
8	otte ['ọːdə]
9	ni [niː']
10	ti [tiː']
11	elleve ['ɛlvə]
12	tolv [tɔl']
13	tretten ['tʁædən]
14	fjorten ['fjoɒ̯dən]
15	femten ['fɛmdən]
16	seksten ['sai̯sdən]
17	sytten ['sødən]
18	atten ['ædən]
19	nitten ['nedən]
20	tyve ['tyːvə]
21	enogtyve ['eː'nɔˌtyːvə]
22	toogtyve ['toː'ɔˌtyːvə]
23	treogtyve ['tʁɛː'ɔˌtyːvə]
24	fireogtyve ['fiːɔˌtyːvə]
25	femogtyve ['fɛm'ɔˌtyːvə]
26	seksogtyve ['sɛgsɔˌtyːvə]
27	syvogtyve ['syu̯'ɔˌtyːvə]
28	otteogtyve ['ọːdɔˌtyːvə]
29	niogtyve ['niː'ɔˌtyːvə]
30	tredive ['tʁæðvə]
31	enogtredive ['eː'nɔˌtʁæðvə]
32	toogtredive ['toː'ɔˌtʁæðvə]
40	fyrre [fœ̣ːɔ]
50	halvtreds [hæl'tʁɛs]
60	tres [tʁɛs]
70	halvfjerds [hæl'fjɛ̣ɒ̯s]
80	firs [fiː'ɒ̯s]
90	halvfems [hæl'fɛm's]
100	et hundrede ['ed 'hunʁɔðə]
101	et hundrede og én ['ed 'hunʁɔðə ɔ 'eː'n]
200	to hundrede ['toː' 'hunʁɔðə]
300	tre hundrede ['tʁɛː' 'hunʁɔðə]
1000	et tusinde ['ed 'tuː'sənə]

2 000 . . . . to tusinde ['to:ˀ 'tu:ˀsənə]
10 000 . . . . ti tusinde ['ti:ˀ 'tu:ˀsənə]
100 000 . . . . et hundrede tusinde
['ed 'hunʁɔðə 'tu:ˀsənə]
1 000 000 . . . . en million [en mil'jo:ˀn]
1. . . . . første ['fœɐ̯sdə]
2. . . . . anden ['ænən]
3. . . . . tredje ['tʁɛðjə]
4. . . . . fjerde ['fjɛ:ɔ]
5. . . . . femte ['fɛmdə]
6. . . . . sjette ['ɕɛ:də]
7. . . . . syvende ['syu̯ˀənə]
8. . . . . ottende ['ɔdənə]
9. . . . . niende ['ni:ˀənə]
10. . . . . tiende ['ti:ˀənə]
1/2 . . . . en halv [en hælˀ]
1/3 . . . . en tredjedel [en 'tʁɛðjə,de:ˀl]
1/4 . . . . en fjerdedel [en'fjɛ:ɔ,de:ˀl]
3/4 . . . . tre fjerdedele ['tʁɛ:ˀ 'fjɛ:ɔ,de:lə]
3,5 % . . . . tre komma fem procent
['tʁɛ:ˀ kɔmæ 'fɛmˀ pʁo'sɛnˀd]
27 °C . . . . syvogtyve grader Celcius
['syu̯ˀɔ,ty:və gʁa:ðɔ 'sɛlˀɕus]
–5 °C . . . . minus 5 grader Celcius
['mi:nus 'fɛmˀ gʁa:ðɔ 'sɛlˀɕus]
1999 . . . . nitten hundrede nioghalvfems
['nedən 'hunʁɔðə 'niɔhæl'fɛmˀs]
2006 . . . . to tusind og seks ['to:ˀ 'tu:ˀsən ɔ 'sɛgs]
2007 . . . . to tusind og syv ['to:ˀ 'tu:ˀsən ɔ 'syu̯ˀ]
Millimeter . . . . millimeter [mili'me:ˀdɔ]
Zentimeter . . . . centimeter [sɛnti'me:ˀdɔ]
Meter . . . . meter ['me:ˀdɔ]
Kilometer . . . . kilometer [kilo'me:ˀdɔ]
Meile . . . . mil [mi:ˀl]
Quadratmeter . . . . kvadratmeter [kvæ'dʁa:d,me:ˀdɔ]
Liter . . . . liter ['lidɔ]
Gramm . . . . gram [gʁamˀ]
Pfund . . . . pund [punˀ]
Kilogramm . . . . kilogram ['kilo,gʁamˀ]
Seemeile . . . . sømil ['sø,mi:ˀl]
Ar . . . . ar [a:ˀ]
Hektar . . . . hektar [hɛg'ta:ˀ]
Dutzend . . . . dusin [du'si:ˀn]

Zeitangaben

Die Uhrzeit

Wie viel Uhr ist es bitte?
Undskyld, hvad er klokken? ['o̹nˌsgylˀ 'væ ɛɒ̯ 'klɔgən]

Es ist (genau/ungefähr) ...
Den er (præcis/omkring) ... [dɛn ɛɒ̯ (pʁɛ'siːˀs/ɔm'kʁɛŋ)]

3 Uhr.
tre. ['tʁɛːˀ]
5 nach 3.
fem minutter over tre. [fɛmˀ mi'nudɔ ɔu̯ˀɔ 'tʁɛːˀ]
3 Uhr 10.
ti minutter over tre. ['tiːˀ mi'nudɔ ɔu̯ˀɔ 'tʁɛːˀ]
Viertel nach 3.
kvart over tre. ['kvaːd ɔu̯ˀɔ 'tʁɛːˀ]
halb 4.
halv fire. ['hælˀ 'fiːɔ]
Viertel vor 4.
et kvarter i fire. [ed kva'teːˀɒ̯ i 'fiːɔ]
5 vor 4.
fem minutter i fire. ['fɛmˀ mi'nudɔ i 'fiːɔ]
12 Uhr Mittag/Mitternacht.
tolv middag/midnat. ['tɔlˀ 'medæ/'miðˌnæd]

Geht diese Uhr richtig?
Går det her ur rigtigt? ['gɒːˀ de 'hɛːˀɒ̯ 'uːˀɒ̯ 'ʁɛgdid]

Sie geht vor/nach.
Det går for hurtigt/langsomt. [de gɒːˀ fɔ 'huɒ̯did/'laŋsɔmˀd]

Es ist spät/zu früh.
Det er sent/for tidligt. [de ɛɒ̯ 'seːˀnd/fɔ 'tiðlid]

Um wie viel Uhr?/Wann?
Hvornår?/Hvad tid? [vɒ'nɒːˀ/væ 'tiðˀ]

Um 1 Uhr.
Klokken ét. ['klɔgən 'ed]

Um 2 Uhr.
Klokken to. ['klɔgən 'toːˀ]

Gegen 4 Uhr.
Lidt i fire. [led i 'fiːɔ]

In einer Stunde.
Om en time. [ɔm en 'tiːmə]

In zwei Stunden.
Om to timer. [ɔm ˈtoːˀ ˈtiːmɔ]

Nicht vor 9 Uhr morgens.
Ikke før (klokken) ni om morgenen.
[ˈegə ˈfœːˀɒ̯ klɔgən ˈniːˀ ɔm ˈmɒːnən]

Nach 8 Uhr abends.
Efter klokken otte om aftenen. [ˈɛfdɔ klɔgən ˈo̞ːdə ɔm ˈafdənən]

Zwischen 3 und 4.
Mellem tre og fire. [mɛlˀəm ˈtʁɛːˀ ɔ ˈfiːɔ]

Wie lange?
Hvor længe? [vɒ ˈlɛŋə]

Zwei Stunden (lang).
To timer. [ˈtoːˀ ˈtiːmɔ]

24 Stunden.
Et døgn. [ed ˈdɔi̯ˀn]

Von 10 bis 11.
Fra ti til elleve. [fʁa ˈtiːˀ tel ˈɛlvə]

Bis 5 Uhr.
Til klokken fem. [tel ˈklɔgən ˈfɛmˀ]

Seit wann?
Siden hvornår? [ˈsiːðən vɒˈnɒːˀ]

Geht diese Uhr richtig?
Går det her ur rigtigt? [gɒːˀ de hɛːˀɒ̯ ˈuːˀɒ̯ ˈʁɛgdid]

Sie geht vor/nach.
Det går for hurtigt/langsomt. [de gɒːˀ fɔ ˈhuɒ̯did/ˈlaŋsɔmˀd]

Es ist spät/zu früh.
Det er sent/for tidligt. [de ɛ̝ɒ̯ seːˀnd/fɔ ˈtiðlid]

Seit 8 Uhr morgens.
Siden klokken otte i morges. [ˈsiːðən klɔgən ˈo̞ːdə i ˈmɒːɒs]

Seit einer halben Stunde.
I en halv time. [i en ˈhælˀ ˈtiːmə]
For en halv time siden. [fɔ en ˈhælˀ ˈtiːmə ˈsiːðən]

Seit acht Tagen.
I otte dage. [i ˈo̞ːdə ˈdɛ̝ːə]

ab und zu . . . . fra tid til anden/af og til [fʁa ˈtiðˀ tel ˈænən/ˈɛ̝ːˀ ɔ ˈtel]

abends . . . . om aftenen [ɔm ˈafdənən]

ALLGEMEINES

alle zwei Tage	hver anden dag [vɛːˀɒ̯ 'ænən 'dɛ̝ːˀ]
alle halbe Stunde	hver halve time [vɛːˀɒ̯ 'hælvə 'tiːmə]
am Sonntag	på søndag [pɔ̝ 'sœnˀdæ]
am Wochenende	i weekenden [i 'viːˌgɛndən]
bald	snart [snaːˀd]
diese Woche	denne uge ['dɛnə 'uːə]
früh	tidlig ['tiðli]
früher	tidligere ['tiðliɔɔ]
gegen Mittag	hen imod middag ['hɛnˀ imoð 'medæ]
gestern	i går [i 'gɒːˀ]
heute	i dag [i 'dɛ̝ːˀ]
heute Morgen/heute Abend	i morges/i aften [i 'mɒːɒs/i 'afdən]
in 14 Tagen	om fjorten dage [ɔm 'fjoɒ̯dən 'dɛ̝ːə]
in einer Woche	i løbet af en uge [i 'løːˀbəð æ en 'uːə]
innerhalb einer Woche	inden for en uge ['enən fɔ en 'uːə]
jeden Tag	hver dag ['vɛːˀɒ̯ 'dɛ̝ːˀ]
jetzt	nu [nu]
kürzlich	for nylig [fɔ 'nyːli]
letzten Montag	sidste mandag ['sisdə 'mænˀdæ]
manchmal	somme tider ['sɔmə 'tiðɔ]
mittags	om middagen [ɔm 'medæən]
morgen	i morgen [i 'mɒːɒn]
morgen früh/morgen Abend	i morgen tidlig/aften [i mɒːɒn 'tiðli/'afdən]
morgens	om morgenen [ɔm 'mɒːnən]
nachmittags	om eftermiddagen [ɔm 'ɛfdɔmeˌdɛ̝ːˀən]
nächstes Jahr	til næste år [tel 'nɛsdə 'ɒːˀ]
nachts	om natten [ɔm 'nædən]
spät	sen [seːˀn]
später	senere ['seːnɔɔ]
stündlich	hver time ['vɛːˀɒ̯ 'tiːmə]
täglich	daglig ['dau̯li]
tagsüber	dagen igennem ['dɛ̝ːˀən i'gɛnˀəm]
übermorgen	i overmorgen [i 'ɔu̯ˀɔˌmɒːɒn]
um diese Zeit	på denne tid [pɔ̝ 'dɛnə 'tiðˀ]
vor zehn Minuten	for ti minutter siden [fɔ 'tiːˀ mi'nudɔ 'siːðən]
vorgestern	i forgårs [i 'fɒːˌgɒːˀs]
vormittags	om formiddagen [ɔm 'fɒːmeˌdɛ̝ːˀən]

Die Wochentage

Montag	mandag ['mænˀdæ]
Dienstag	tirsdag ['tiɒ̯ˀsdæ]
Mittwoch	onsdag ['o̜nˀsdæ]
Donnerstag	torsdag ['tɒːˀsdæ]

Freitag .... fredag ['fʁeːˀdæ]
Samstag .... lørdag ['lœɐ̯dæ]
Sonntag .... søndag ['sœnˀdæ]

Die Monate

Januar .... januar ['jænuˌaːˀ]
Februar .... februar ['febʁuˌaːˀ]
März .... marts [maːds]
April .... april [æ'pʁiːˀl]
Mai .... maj [mai̯ˀ]
Juni .... juni ['juːˀni]
Juli .... juli ['juːˀli]
August .... august [au̯'gɔsd]
September .... september [sɛb'tɛmˀbɔ]
Oktober .... oktober [og'toːˀbɔ]
November .... november [no'vɛmˀbɔ]
Dezember .... december [de'sɛmˀbɔ]

Die Jahreszeiten

der Frühling .... forår, -et, - ['fɒːˌɒːˀ]
der Sommer .... sommer, -en, somre ['sɔmɔ]
der Herbst .... efterår, -et, - ['ɛfdɔˌɒːˀ]
der Winter .... vinter, -en, vintre ['venˀdɔ]

Feiertage

Neujahr .... Nytår, -et, - ['nydˌɒːˀ]
Karneval .... Fastelavn [fæsdə'lau̯ˀn]
Rosenmontag .... fastelavnsmandag, -en
['fæsdə'lau̯ˀnsˌmænˀdæ]
Gründonnerstag .... Skærtorsdag, -en [sgɛɐ̯'tɒːˀsdæ]
Karfreitag .... Langfredag, -en [laŋ'fʁeːˀdæ]
Ostern .... Påske, -n ['pɔːsgə]
Ostermontag .... anden påskedag, -en ['ænən pɔːsgə'dɛːˀ]
1. Mai .... den første maj [den 'fœɐ̯sdə 'mai̯ˀ]
Christi Himmelfahrt ...... Kristi himmelfartsdag
['kʁɛsdi 'heməlfaːˀdsˌdɛːˀ]
Buß- und Bettag .... Store Bededag [sdoːɔ 'beːðəˌdɛːˀ]
Verfassungstag (5.Juni) .... Grundlovsdag ['gʁɔnlɔu̯sˌdɛːˀ]
Pfingsten .... Pinse, -n ['pensə]
Pfingstmontag .... anden pinsedag, -en ['ænən pensə'dɛːˀ]
Weihnachten .... Jul, -en [juːˀl]
Heiliger Abend .... juleaften, -en ['juːləˌafdən]
1. Weihnachstag .... første juledag, -en ['fœɐ̯sdə juːlə'dɛːˀ]
2. Weihnachtstag .... anden juledag, -en ['ænən juːlə'dɛːˀ]
Silvesterabend .... nytårsaften, -en ['nydɒsˌafdən]

Das Datum

Können Sie mir bitte sagen, den Wievielten wir heute haben?
Undskyld, hvad dato har vi i dag? ['o̜nˌsgylˀ 'væ 'dɛ̝ːto 'haːˀ vi i 'dɛ̝ːˀ]

Heute ist der 4. August.
I dag er det den fjerde/4. august. [i 'dɛ̝ːˀ ɛ̝ɒ̯ de dɛn 'fjɛːɔ au̯'go̜sd]

Wetter

Wie wird das Wetter heute?
Hvordan bliver vejret i dag? [vɒ'dæn 'bliːˀɒ̯ 'vɛːˀɔð i 'dɛ̝ːˀ]

Wir bekommen schönes/schlechtes/unbeständiges Wetter.
Vi får smukt/dårligt/ustadigt vejr.
[vi fɒːˀ 'smo̜gd/'dɒːlid/'uˌsdɛ̝ːˀðid 'vɛːˀɒ̯]

Was für ein herrliches/schreckliches Wetter!
Sikke et dejligt/skrækkeligt vejr! ['segɔ ed 'dai̯lid/'sgʁægəlid 'vɛːˀɒ̯]

Die Sonne scheint.
Solen skinner. ['soːˀlən 'sgenˀɔ]

Es zieht ein Gewitter auf.
Det bliver tordenvejr. [de bliːˀɒ̯ 'toɒ̯dənˌvɛːˀɒ̯]

Wir bekommen Sturm.
Vi får storm. [vi fɒːˀ 'sdɒːˀm]

Der Himmel ist wolkenlos/bedeckt.
Det er skyfrit/overskyet. [de ɛ̝ɒ̯ 'sgyˌfʁid/'ɔu̯ɔˌsgyːˀəð]

Es ist sehr kalt/heiß/schwül.
Det er meget koldt/varmt/lummert!
[de ɛ̝ɒ̯ 'mai̯əð 'kɔlˀd/'vaːˀmd/'lo̜mˀɔd]

Es ist neblig/windig.
Det er tåget/blæsende. [de ɛ̝ɒ̯ 'to̜ːu̯əð/'blɛːsənə]

Es bleibt schön/schlecht.
Det bliver ved med at være godt/dårligt.
[de bliːˀɒ̯ 'veð mɛ ɔ 'vɛːɔ 'gɔd/'dɒːlid]

Es wird wärmer/kälter.
Det bliver varmere/koldere. [de bliːˀɒ̯ 'vaːmɔɔ/'kɔlɔɔ]

Es wird regnen/schneien.
Det bliver regnvejr/snevejr. [de bliːˀɒ̯ 'ʁai̯nˌvɛːˀɒ̯/'sneˌvɛːˀɒ̯]

Die Straßen sind glatt.
Vejene er isglatte. ['vai̯ənə ɛ̝ɒ̯ 'isˌglædə]

Die Sicht beträgt nur 20 m/weniger als 50 m.
Sigtbarheden er kun 20 m/mindre end 50 m.
['segdba,he'ðən ɛɒ̯ 'kɔn 'ty:və 'me:'dɔ/'mendʁɔ ɛn hæl'tʁɛs 'me:'dɔ]

bewölkt	skyet ['sgy:əð]
Blitz	lyn, -et, - [ly:ˀn]
Bö	vindstød, -et, - ['ven,sdøð]
Donner	torden, -en ['toɒ̯dən]
Ebbe	ebbe ['ɛbə]
Eis	is, -en [i:ˀs]
feucht-kühl	råkold ['ʁɔ,kɔlˀ]
Flaute	vindstille ['ven,sdelə]
Flut	flod [flo:ˀð]
Frost	frost, -en [fʁɔsd]
Gewitter	tordenvejr ['toɒ̯dən,vɛ:ˀɒ̯]
Glatteis	isslag, -et ['is,slɛ̝:ˀ]
heiß	varmt [va:ˀmd]
Hitze	hede, -n ['he:ðə]
Hitzewelle	hedebølge, -n, -r ['he:ðə,bøljə]
Hoch	højtryk, -ket, - ['hɔi̯,tʁœg]
kalt	koldt [kɔlˀd]
Luft	luft, -en [lɔ̝fd]
nass	våd [vɔ̝:ˀð]
Nebel	tåge, -n ['tɔ̝:u̯ə]
neblig	tåget [tɔ̝:u̯əð]
Niederschlag	nedbør, -en ['neð,bø:ˀɒ̯]
Regen	regn, -en [ʁai̯ˀn]
Regenschauer	regnbyge, -n, -r ['ʁai̯n,by:ə]
regnerisch	regnfuldt ['ʁai̯n,fulˀd]
Schnee	sne, -en [sne:ˀ]
Schneesturm	snestorm, -en, -e ['sne,sdɒ:ˀm]
schwül	lummert ['lɔ̝mˀɔd]
Sonne	sol, -en [so:ˀl]
sonnig	solrigt ['so:l,ʁi:ˀd]
Sonnenaufgang	solopgang, -en, -e ['so:lɔb,gaŋˀ]
Sonnenschein	solskin ['so:l,skenˀ]
Sonnenuntergang	solnedgang, -en, -e ['so:lneð,gaŋˀ]
Sturm	storm, -en, -e [sdɒ:ˀm]
Tauwetter	tøvejr, -et ['tø,vɛ:ˀɒ̯]
Temperatur	temperatur, -en, -er [tɛmbəʁa'tu:ˀɒ̯]
Tief	lavtryk, -ket, - ['lau̯,tʁœg]
Überschwemmung	oversvømmelse, -n, -r ['ɔu̯ɔ,svœmˀəlsə]
warm	varmt [va:ˀmd]
wechselhaft	skiftende ['sgifdənə]
Wetterbericht	vejrmelding, -en, -er ['vɛ:ɒ̯,mɛleŋ]
Wettervorhersage	vejrudsigt, -en, -er ['vɛ:ɒ̯uð,segd]
Wind	vind, -en, -e [venˀ]

Windstärke	vindstyrke, -n, -r ['ven,sdyɒ̯gə]
Wolke	sky, -en, -er [sgy:ˀ]

Farben

beige	beige [bɛ:ʂ]
blau	blå [blo̜:ˀ]
braun	brun [bʁu:ˀn]
einfarbig	ensfarvet ['e:ˀns,fa:vəð]
farbig	farvet ['fa:vəð]
gelb	gul [gu:ˀl]
goldfarben	gylden ['gylˀən]
grau	grå [gʁo̜:ˀ]
grün	grøn [gʁœ̜nˀ]
lila	lilla ['lelæ]
mehrfarbig	broget ['bʁo̜:u̯əð]
orange	orange [o'ʁaŋʂə]
rosa	rosa ['ʁo:sæ]
rot	rød [ʁœðˀ]
schwarz	sort [soɒ̯d]
silberfarben	sølvfarvet ['søl,fa:vəð]
türkisfarben	turkisfarvet [tyɒ̯'kiˀ:s,fa:vəð]
violett	violet [vio'lɛd]
weiß	hvid [viðˀ]
hellblau/hellgrün	lyseblå/lysegrøn ['lysə,blo̜:ˀ/'lysə,gʁœ̜nˀ]
dunkelblau/dunkelgrün	mørkeblå/mørkegrøn ['mœ̜ɒ̯gə,blo̜:ˀ/'mœ̜ɒ̯gə,gʁœ̜nˀ]

Zwischenmenschliches

Die Dänen geben sich ungezwungen und sie sind auch tolerant. Seien Sie deshalb nicht überrascht, wenn Sie recht zwanglos angesprochen werden. Es ist nett gemeint.

Begrüßung und Verabschiedung

Die Begrüßung

Guten Morgen!
Godmorgen! [go'mɒːɒn]

Guten Tag!
Goddag! [go'dɛ̝ːˀ]

Guten Abend!
Godaften! [go'afdən]

Hallo!/Grüß dich!
Hallo!/Hej!/Dav! [hæ'lo/hai̯/dau̯ˀ]

Wie ist Ihr Name, bitte?
Undskyld, hvad er Deres navn? ['o̜nˌsgylˀ 'væ ɛ̝ɒ̯ dɛ̝ːɔs 'nau̯ˀn]

Mein Name ist ...
Mit navn er ... [mid 'nau̯'n ɛ̝ɒ̯]

Wie heißt du?
Hvad hedder du? [væ 'heðˀɔ 'du]

Ich heiße ...
Jeg hedder ... [jai̯ 'heðˀɔ]

Wie geht es Ihnen/dir?
Hvordan har De/du det? [vɒ'dæn 'haːˀ di/du de]

Wie geht's?
Hvordan går det? [vɒ'dæn 'gɒːˀ de]

Gut, danke. Und Ihnen/dir
Fint, tak. Og hvad med Dem/dig? ['fiːˀnd 'tag ɔ 'væ mɛ 'dɛm/'dai̯]

Sich vorstellen

Darf ich bekannt machen?
Das ist ...
Må jeg præsentere? [mo̜ jai̯ pʁɛsən'teːˀɔ]
Det er ... ['de ɛ̝ɒ̯]
Frau X.
fru X. [fʁu]
Herr X.
hr. X. [hɛ̝ɒ̯]

Die Dänen duzen sich meist, auch wenn sie sich nicht kennen. Man duzt sich am Arbeitsplatz und mit dem Chef, an der Kasse im Supermarkt, mit Personen des öffentlichen Lebens, sei es der Politiker oder der so genannte VIP. Trotzdem ist es höflicher, wenn man älteren und fremden Leuten gegenüber, und auch in unpersönlicher Korrespondenz, das „Sie" benutzt. Man begrüßt und verabschiedet sich oft mit einem Händedruck, einem Kuss auf die Wange, oder mit et kram (mit einem Knutsch), aber ein Winken tut es auch.

mein Mann.
min mand. [min 'mænˀ]
meine Frau.
min kone. [min 'ko:nə]
mein Sohn.
min søn. [min 'sœn]
meine Tochter.
min datter. [min 'dædɔ]
mein Freund.
min ven. [min 'vɛn]
meine Freundin.
min veninde. [min vɛn'enə]
mein/meine Liebster/Liebste.
min kæreste. [min 'kɛ̝:ɔsdə]
mein Lebensgefährte.
min samlever. [min 'sam,le:ˀvɔ]

Das Verabschieden

Auf Wiedersehen!
Farvel!/På gensyn! [fa'vɛl/pɔ̝ 'gɛn,sy:ˀn]

Bis bald!
Vi ses! [vi 'se:ˀs]

Bis später!
Vi ses senere! [vi 'se:ˀs 'se:nɔɔ]

Bis morgen!
Vi ses i morgen! [vi 'se:ˀs i 'mɒ:ɒn]

Mach's gut!
Hav det godt! ['hɛ̝:ˀ de 'gɔd]

Grüß von mir!
Hils fra mig! ['hilˀs 'fʁa maj̯]

Gute Nacht!
Godnat! [go'næd]

Tschüss!
Farvel!/Hej-hej! [fa'vɛl/'hai̯,hai̯]

Gute Reise!
God rejse! ['go:ˀ 'ʁai̯sə]

Viel Vergnügen!
God fornøjelse! ['go:ˀ fɔ'nɔi̯'əlsə]

Höflichkeit

Bitte und Dank

Tak und undskyld sind zwei sehr wichtige Wörter für die Dänen.
Tak bedeutet Danke: Mange tak, selv tak, ingen tak, tak for hjælpen, tak for alt, tak for nu ...
Undskyld bedeutet so viel wie „Bitte" und/oder „Entschuldigung".

Bitte.
Undskyld./Vær så venlig./Tak. ['ɔ̣n,sgylˀ/'vɛ:ˀɒ̯ sɔ 'vɛnli/tag]

Ja, bitte.
Ja tak. ['jæ tag]

Nein, danke!
Nej tak! ['nai̯ˀ tag]

Gestatten Sie?
Må jeg? [mɔ̣ 'jai̯]

Entschuldigen Sie bitte die Störung.
Undskyld forstyrrelsen. ['ɔ̣n,sgylˀ fɔ'sdy:ˀɔlsən]

Entschuldigen Sie bitte, dürfte ich Sie/dich etwas fragen?
Undskyld, må jeg spørge Dem/dig om noget?
['ɔ̣n,sgylˀ mɔ̣ jai̯ 'sbœ̣:ɔ dɛm/dai̯ ɔm 'nɔ̣:əð]

Können Sie mir bitte helfen?
Undskyld, kan De hjælpe mig? ['ɔ̣n,sgylˀ kæ di 'jɛlbə mai̯]

Darf/Dürfte ich Sie um einen Gefallen bitten?
Kunne De gøre mig en tjeneste? [ku 'di 'gœ̣:ɔ mai̯ en 'tjɛ:nəsdə]

Würden Sie bitte so freundlich sein und ...?
Ville De være så venlig og ...? [vilə 'di 'vɛ:ɔ sɔ 'vɛnli ɔ]

Vielen/Tausend Dank, Sie haben mir sehr geholfen.

Mange tak/tusind tak. De har virkelig hjulpet mig meget.

['maŋə 'tag/'tuːˀsən 'tag di haːˀ 'viɐ̯gəli 'jo̜lbəð mai̯ 'mai̯əð]

Danke, das war sehr lieb von Ihnen/dir.

Tak, det var virkelig pænt af Dem/dig.

['tag de va 'viɐ̯gəli 'pɛːˀnd æ dɛm/dai̯]

Können Sie mir bitte sagen, ...?

Undskyld, kan De sige mig, ...? ['o̜n,sgylˀ kæ di 'siːə mai̯]

Können Sie mir bitte ... empfehlen?

Kunne De anbefale mig ...? [ku di 'ænbe,fɛ̜ːˀlə mai̯]

Danke!

Tak! [tag]

Danke, sehr gern!

Tak, meget gerne! ['tag 'mai̯əð 'gɛ̜ɐ̯nə]

Das ist nett, danke!

Det er fint, tak! [de ɛ̜ɐ̯ 'fiːˀnd 'tag]

Bitte sehr!/Gern geschehen!

Tak. Det var så lidt! ['tag de 'va sɔ 'led]

Entschuldigung

Entschuldigung!

Undskyld! ['o̜n,sgylˀ]

Das tut mir sehr Leid!

Det gør mig ondt! [de gœɐ̯ mai̯ 'o̜nˀd]

Es war nicht so gemeint.

Det var ikke ment sådan. [de va 'egə 'meːˀnd 'sɔdən]

Keine Ursache!/Macht nichts!

Det gør ikke noget! [de 'gœɐ̯ 'egə 'no̜ːəð]

Das ist leider nicht möglich.

Det er desværre ikke muligt. [de ɛ̜ɐ̯ de'svɛ̜ːɔ 'egə 'muːlid]

Wünsche

An Geburtstagen wird nicht nur dem Geburtstagskind gratuliert, sondern auch dessen Eltern. Sollten sie nicht anwesend sein, ist es üblich, ihnen telefonisch zum Geburtstag ihres Kindes zu gratulieren, auch wenn das Kind zwischenzeitlich erwachsen ist.

Herzlichen Glückwunsch!
Hjertelig tillykke! ['jɛ̝ɒ̯dəli te'løgə]

Herzlichen Glückwunsch zu ...
Hjertelig tillykke med ... ['jɛ̝ɒ̯dəli te'løgə mɛ]

Alles Gute zum Geburtstag!
Tillykke med fødselsdagen! [te'løgə mɛ 'føsəlsˌdɛ̝ːˀən]

Viel Glück!/Viel Erfolg!
Held og lykke! ['hɛlˀ ɔ 'løgə]

Ich drücke Ihnen die Daumen.
Jeg krydser fingre for Dem. [jai̯ krysɔ 'feŋɔ fɔ dɛm]

Gute Besserung!
God bedring! ['goːˀ 'bɛðʁeŋ]

Meinungen und Gefühle

Zustimmung und Gesprächsfortführung

Gut.
Godt. [gɔd]

Richtig.
Rigtigt. ['ʁɛgdid]

Einverstanden!/Abgemacht!
Enig!/Så er det en aftale! ['eːni/sɔ ɛ̝ɒ̯ 'de en 'au̯ˌtɛ̝ːlə]

Geht in Ordnung!
Det går i orden! [de gɒːˀ i 'ɒːˀdən]

Okay!
Okay! ['ọu̯'kɛi̯]

Genau!
Præcis!/Netop! [pʁɛ'siːˀs/'nɛdɔb]

Ach!
Ak! [ag]

Ach, so!
Nå, sådan! [nɔ 'sɔdən]

Wirklich?
Virkelig? ['viɐ̯gəli]

Interessant!
Interessant! [entʁɛ'sæn'd]

Wie schön!
Hvor dejligt! [vɒ 'dai̯lid]

Ich verstehe.
Jeg forstår. [jai̯ fɔ'sdɒːˀ]

So ist es eben.
Sådan er det bare. ['sɔdən ɛ̝ɐ̯ de 'baːa]

Ganz Ihrer Meinung.
Det synes jeg også. [de 'syːnəs jai̯ 'ɔsə]

Das stimmt.
Det passer. [de 'pasɔ]

Das finde ich (sehr) gut.
Det synes jeg er udmærket. [de 'syːnəs jai̯ ɛ̝ɐ̯ 'uðˌmɛ̝ɐ̯gəð]

Mit Vergnügen.
Med fornøjelse. [mɛ fɔ'nɔi̯ˀəlsə]

Gern.
Gerne. [gɛ̝ɐ̯nə]

Ablehnung

Ich will nicht.
Jeg vil ikke. [jai̯ 'vel 'egə]

Ich habe keine Zeit.
Jeg har ikke tid. [jai̯ haːˀ 'egə 'tiðˀ]

Dazu habe ich keine Lust.
Det har jeg ikke lyst til. [de haːˀ jai̯ 'egə 'løsd tel]

Damit bin ich nicht einverstanden.
Det er jeg ikke indforstået med. [de ɛ̝ɐ̯ jai̯ 'egə 'enfɔˌsdɔ̝ːˀəð mɛ]

Das kommt gar nicht in Frage!
Det kan der slet ikke være tale om!
[de kæ dɔ 'slɛd 'egə væːɔ 'tɛ̝ːˀlə 'ɔmˀ]

Auf gar keinen Fall!
Absolut ikke! [abso'lud 'egə]

Ohne mich!
Uden mig! ['u:ðən 'mai̯]

Das gefällt mir gar nicht.
Det synes jeg slet ikke om. [de sy:nəs jai̯ 'slɛd 'egə 'ɔm?]

Vorlieben

Das gefällt mir./Das gefällt mir nicht.
Det kan jeg godt lide./Det synes jeg ikke om.
[de kæ jai̯ 'gɔd 'li:?/de sy:nəs jai̯ 'egə 'ɔm?]

Ich möchte lieber ...
Jeg vil hellere ... [jai̯ vel 'hɛlɔɔ]

Darüber würde ich gerne mehr erfahren.
Det vil jeg gerne høre mere om. [de vel jai̯ 'gɛɐ̯nə hø:ɔ 'me:ɔ 'ɔm?]

Nichtwissen ausdrücken

Das weiß ich nicht.
Det ved jeg ikke. [de 've:?ð jai̯ 'egə]

Keine Ahnung.
Ingen anelse. ['eŋən 'ɛ:nəlsə]

Unentschlossenheit

Das ist mir egal.
Det er jeg ligeglad med. [de ɛɐ̯ jai̯ 'li:ə,glæð mɛ]

Ich weiß noch nicht.
Det ved jeg ikke endnu. [de 'vɛ:?ð jai̯ 'egə e'nu]

Vielleicht.
Måske. [mo'sge:?]

Wahrscheinlich.
Sandsynligvis. [sæn'sy:?nli,vi:?s]

Freude – Begeisterung

Hervorragend!
Fremragende! ['fʁæm,ʁa:?u̯ənə]

Vollkommen in Ordnung.
Helt i orden. ['he:?ld i 'ɒ:?dən]

Großartig!
Fantastisk! [fæn'tæsdisg]

Prima!
Fint! [fiːˀnd]

Lecker!
Lækkert!/Fedt! ['lɛgɔd/'fed]

Super!
Super! ['suːˀbɔ]

Wahnsinn!
Vanvittigt! ['vænˌvidid]

Zufriedenheit

Ich bin voll und ganz zufrieden.
Jeg er fuldt ud tilfreds. [jai̯ ɛɒ̯ 'fulˀd 'uðˀ te'fʁɛs]

Ich kann mich nicht beklagen.
Jeg kan ikke beklage mig. [jai̯ kæ 'egə be'klɛːˀə mai̯]

Das hat hervorragend geklappt.
Det gik strålende. [de 'gig 'sdʁɒ̯ːlənə]

Ich bin froh und zufrieden.
Jeg er glad og tilfreds. [jai̯ ɛɒ̯ 'glæð ɔ te'fʁɛs]

Langeweile

Wie langweilig!/So etwas von langweilig!
Hvor er det kedeligt! [vɒ 'ɛɒ̯ de 'keːðəlid]

... ist total öde.
... skrupkedeligt! ['sgʁɔ̯b'keːðəlid]

Erstaunen – Überraschung

Ist das möglich!
Er det virkelig muligt! [ɛɒ̯ de 'viɒ̯gəli 'muːlid]

Ist es richtig?
Er det rigtigt? [ɛɒ̯ de 'ʁɛgdid]

Wirklich?
Virkelig? ['viɒ̯gəli]

Das ist ja nicht zu fassen!
Det er jo ufatteligt! [de ɛɒ̯ jo u'fædəlid]

ZWISCHENMENSCHLICHES

Unglaublich!
Utroligt! [u'tʁoːˀlid]

Erleichterung

Ein Glück, dass ...!
Et held, at ... ! [ed 'hɛlˀ æd]

Gott sei Dank!
Gudskelov! ['guðsgəˈlɔu̯]

Endlich!
Endelig! ['ɛnəli]

Zum Glück!
Heldigvis! ['hɛldiˌviːˀs]

Gelassenheit

Nur keine Panik/Aufregung!
Der er ingen grund til panik!/ophidselse!
[dɔ ɛɐ̯ 'eŋən 'gʁɔnˀ tel pæ'nig/'ɔbˌhisəlsə]

Machen Sie sich keine Sorgen.
De skal ikke være urolig! [di sgæ 'egə vɛːɔ u'roːˀli]

Nur mit der Ruhe!
Tag det bare roligt! ['tɛːˀ de baːa 'ʁoːlid]

Ärger

Das ist aber ärgerlich!
Det er ærgerligt! [de ɛɐ̯ 'ɛɐ̯u̯ɔlid]

Verflixt!
Pokkers også! ['pɔgɔs 'ɔsə]

Jetzt reicht's!
Så er det nok! [sɔ ɛɐ̯ de 'nɔg]

... geht mir auf den Geist/Wecker/Keks.
... går mig på nerverne. [gɒːˀ mai̯ pɔ 'nɛɐ̯vɔnə]

Eine Unverschämtheit ist das!/So eine Frechheit!
Det er uforskammet!/Sådan en frækhed!
[de ɛɐ̯ 'ufɔˌsgamˀəð/'sɔdən en 'fʁɛgˌheːˀð]

Das darf doch wohl nicht wahr sein!
Er det virkelig sandt! [ɛɐ̯ de 'viɐ̯gəli 'sænˀd]

Zurechtweisung

Was fällt Ihnen ein!
Hvad bilder De Dem ind? [væ 'bilɔ 'di dɛm 'en?]

Kommen Sie mir bloß nicht zu nahe!
Kom bare ikke for tæt på! [kɔm 'baːa egə fɔ 'tɛd 'po̜?]

Das kommt gar nicht in Frage.
Det kan der ikke blive tale om! [de kæ dɔ 'egə bliːə 'tɛ̜ːlə 'ɔm?]

Das will ich nicht haben.
Det vil jeg ikke have! [de vel jai̯ 'egə 'hɛ̜ː?]

Das macht man nicht!
Det gør man ikke! [de 'gœ̜ɐ̯ mæn 'egə]

Bedauern – Enttäuschung

Oh je!
Åh, nej! ['o̜ː 'nai̯?]

Es tut mir Leid.
Det gør mig ondt. [de gœ̜ɐ̯ mai̯ 'o̜n?d]

Es tut mir richtig Leid für ...
Det gør mig rigtig ondt for ... [de gœ̜ɐ̯ mai̯ 'ʁɛgdi 'o̜n?d fɔ]

Schade!
Det er en skam! [de ɛ̜ɐ̯ en 'sgam?]

Körpersprache

Die nonverbale Verständigung mit Dänen ist einfach. Typische Gesichtsausdrücke und Handbewegungen unterscheiden sich kaum von der Gestik und Mimik in deutschsprachigen Ländern.

Komplimente

Wie schön!
Herligt! ['hɛ̜ɐ̯lid]

Das ist wunderbar!
Det er fantastisk! [de ɛ̜ɐ̯ fæn'tæsdisg]

Das ist sehr nett von Ihnen/dir!
Det er virkelig pænt af Dem/dig! [de ɛɐ̯ 'viɐ̯gəli 'pɛːˀnd æ dɛm/dai̯]

Ich finde Sie sehr sympathisch/nett.
Jeg synes, hun er meget sympatisk/rar.
[jai̯ 'syːnəs hun ɛɐ̯ 'mai̯əð sym'pɛːˀtisg/'ʁaːˀ]

Das Essen war ausgezeichnet!
Maden var udmærket! ['mɛːˀðən va 'uðˌmɛɐ̯gəð]

Wir haben selten so gut gegessen wie bei Ihnen.
Vi har sjældent spist så godt som hos Dem.
[vi haːˀ 'ʂɛlənd 'sbiːˀsd sɔ 'gɔd sɔm hos 'dɛm]

Es ist wirklich traumhaft hier!
Det er virkelig storartet/fantastisk her!
[de ɛɐ̯ 'viɐ̯gəli 'sdoɐ̯ˌaːˀdəð/fæn'tæsdisg 'hɛːˀɐ̯]

Das sieht gut aus!
Det ser godt ud! [de seːˀɐ̯ 'gɔd 'uðˀ]

Das Kleid steht Ihnen/dir gut.
Kjolen klæder Dem/dig godt. ['kjoːlən 'klɛːˀɐ̯ dɛm/dai̯ 'gɔd]

angenehm	behagelig [be'hɛːˀəli]
ausgezeichnet	udmærket ['uðˌmɛɐ̯gəð]
beeindruckend	imponerende [empo'neːˀɔnə]
freundlich	venlig ['vɛnli]
gemütlich	hyggelig ['hygəli]
herrlich	herlig ['hɛɐ̯li]
hübsch	køn/flot [kœnˀ/flɔd]
lecker	lækker ['lɛgɔ]
liebenswürdig	kærlig ['kɛɐ̯li]
schön	smuk [smog]

Smalltalk

Es gibt kaum Themen, über die man mit Dänen nicht reden kann ... einziges Tabu ist das Thema Gehalt. Das Wetter ist immer ein Volltreffer: Alle taler om vejret, men ingen gør noget ved det.– „Alle reden über das Wetter, aber niemand tut etwas."
Auch die Familie, Kinder, Schule und die Arbeit sind beliebte Gesprächsthemen.

Angaben zur Person

Wie alt sind Sie/bist du?
Hvor gammel er De/du? [vɒ 'gaməl ɛ̝ɒ̯ di/du]

Ich bin 39.
Jeg er niogtredive. [jai̯ ɛ̝ɒ̯ 'niːˀɔˌtʁæðvə]

Was machen Sie/machst du beruflich?
Hvad laver De/du? [væ 'lɛ̝ːvɔ di/du]

Ich bin …
Jeg er … [jai̯ ɛ̝ɒ̯]

Ich bin Beamter.
Jeg er tjenestemand. [jai̯ ɛ̝ɒ̯ 'tjɛːnəsdə'mænˀ]

Ich arbeite bei …
Jeg arbejder hos/på/i … [jai̯ 'aːˌbai̯ˀdɔ hos/pɔ̝/i]

Ich bin arbeitslos.
Jeg er arbejdsløs. [jai̯ ɛ̝ɒ̯ 'aːbai̯dsˌløːˀs]

Ich bin Rentner/in.
Jeg er pensionist. [jai̯ ɛ̝ɒ̯ paŋɕo'nisd]

Ich gehe noch zur Schule.
Jeg går i skole endnu. [jai̯ gɒːˀ i 'sgoːlə e'nu]

Ich bin Student/in.
Jeg studerer. [jai̯ sdu'deːˀɔ]

> Die abgeleiteten Berufsbezeichnungen für Frauen (z. B. lærerinde) sind im Dänischen eher unüblich bzw. haben einen negativen Beigeschmack. Deshalb wird im Allgemeinen die männliche Berufsbezeichnung gleichermaßen für Frauen wie für Männer benutzt.

Herkunft und Aufenthalt

Woher kommen Sie/kommst du?
Hvor kommer De/du fra? ['vɒːˀ 'kɔmˀɔ di/du 'fʁaːˀ]

Ich komme aus Stuttgart in Deutschland.
Jeg kommer fra Stuttgart i Tyskland.
[jai̯ 'kɔmˀɔ fʁa 'sdudˌgaːd i 'tysgˌlænˀ]

Sind Sie/Bist du schon lange in …?
Har De/du været længe i …? [haːˀ di/du 'vɛːɔð 'lɛŋə i]

Ich bin seit ... hier.
Jeg har været her siden ... [jai̯ haːˀ ˈvɛːɔð ˈhɛːˀɒ̯ ˈsiːðən]

Wie lange bleiben Sie/bleibst du?
Hvor længe skal De/du blive her? [vɒ ˈlɛŋə sgæ di/du ˈbliːə ˈhɛːˀɒ̯]

Sind Sie/bist du zum ersten Mal hier?
Er det første gang, De/du er her? [ɛ̝ɒ̯ de ˈfœ̝ɒ̯sdə gaŋˀ di/du ˈɛ̝ɒ̯ ˈhɛːˀɒ̯]

Gefällt es Ihnen?
Kan De lide at være her? [kæ di ˈliːˀ ɔ ˈvɛːɔ ˈhɛːˀɒ̯]

Familie

Sind Sie/Bist du verheiratet?
Er De/du gift? [ɛ̝ɒ̯ di/du gifd]

Haben Sie Kinder?
Har De børn? [haːˀ di ˈbœ̝ɒ̯ˀn]

Ja, aber sie sind schon erwachsen.
Ja, men de er allerede voksne. [ˈjæ mɛn di ɛ̝ɒ̯ ˈæləˌʁɛðə ˈvɔgsnə]

Wie alt sind Ihre Kinder?
Hvor gamle er Deres børn? [vɒ ˈgamlə ɛ̝ɒ̯ dɛ̝ːɔs ˈbœ̝ɒ̯ˀn]

Meine Tochter ist 8 und mein Sohn ist 5 Jahre alt.
Min datter er 8 og min søn er 5 år gammel.
[min ˈdædɔ ɛ̝ɒ̯ ˈo̝ːdə ɔ min ˈsœn ɛ̝ɒ̯ ˈfɛmˀ ˈɒːˀ ˈgaməl]

Hobbys ➢ auch Aktiv- und Kreativurlaub

Haben Sie/Hast du ein Hobby?
Har De/du en hobby? [ˈhaːˀ di/du en ˈhɔbi]

Ich verbringe viel Zeit mit meinen Kindern.
Jeg tilbringer meget tid med mine børn.
[jai̯ ˈtelˌbʁɛŋˀɔ ˈmai̯əð ˈtiðˀ mɛ miːnə ˈbœ̝ɒ̯ˀn]

Ich lese sehr gern.
Jeg læser meget gerne. [jai̯ ˈlɛːˀsɔ ˈmai̯əð ˈgɛ̝ɒ̯nə]

Ich surfe viel im Internet.
Jeg surfer meget på nettet. [jai̯ ˈsœːfɔ ˈmai̯əð po̝ ˈnɛdəð]

Ich arbeite gern im Garten.
Jeg arbejder gerne i haven. [jai̯ ˈaːˌbai̯ˀdɔ ˈgɛ̝ɒ̯nə i ˈhɛ̝ːvən]

Ich male ein wenig.
Jeg maler lidt. [jai̯ ˈmɛ̝ːˀlɔ led]

Ich sammle Antiquitäten/Briefmarken.
Jeg samler på antikviteter/frimærker.
[jai̯ 'samlɔ pǫ æntikvi'teːˀdɔ/'fʁiˌmɛ̞ɒ̯gɔ]

Wofür interessieren Sie sich so?
Hvilke interesser har De? ['velgə entə'ʁɛ̝sɔ 'haːˀ di]

Ich interessiere mich für ...
Jeg interesserer mig for ... [jai̯ entʁɛ'seːˀɔ mai̯ fɔ]

Ich bin Mitglied im ...
Jeg er medlem i ... [jai̯ ɛ̝ɒ̯ 'mɛðˌlɛmˀ i]

Ich bin bei ... aktiv.
Jeg er aktiv i ... [jai̯ ɛ̝ɒ̯ 'agˌtiːˀv i]

... ist eine meiner Lieblingsbeschäftigungen.
... er én af mine yndlingsbeskæftigelser.
[ɛ̝ɒ̯ 'eːˀn æ miːnə 'ønleŋsbeˌsgɛfdiːˀəlsɔ]

entspannen	slappe af [slabə 'ɛ̝ːˀ]
kochen	lave mad [lɛ̝ːvə 'mæð]
lesen	læse ['lɛːsə]
malen	male ['mɛ̝ːlə]
Musik hören	høre musik [høːɔ mu'sig]
musizieren	musicere [musi'seːˀɔ]
reisen	rejse ['ʁai̯sə]
Sport treiben	dyrke sport [dyɒ̯gɔ 'sbɒːd]
Sprachen lernen	lære sprog [læːɔ 'sbʁǫːˀu̯]
töpfern	lave keramik [lɛ̝ːvə keʁa'mig]
zeichnen	tegne ['tai̯nə]

Fitness ➢ auch Aktivurlaub

Wie hältst du dich fit?
Hvordan holder du dig i form? [vɒ'dæn hɔlˀɔ du dai̯ i 'fɒːˀm]

Ich jogge/schwimme/fahre Rad.
Jeg jogger/svømmer/cykler. [jai̯ 'djɔgɔ/'svœmɔ/'syglɔ]

Ich mache Nordic Walking.
Jeg går med stave. [jai̯ gɒːˀ mɛ 'sdɛ̝ːvə]

Ich spiele einmal die Woche Tennis/Volleyball.
Jeg spiller tennis/volleyball en gang om ugen.
[jai̯ sbelɔ 'tɛnis/'vɔliˌbɒːl 'eːˀn 'gaŋˀ ɔm 'uːən]

Ich gehe regelmäßig ins Fitnesscenter.
Jeg går regelmæssigt i motionscenter.
[jai̯ gɒːˀ 'ʁɛːˀəlˌmɛsid i mo'ɕoːˀnsˌsɛndɔ]

ZWISCHENMENSCHLICHES

Welchen Sport treiben Sie?
Hvilken sport dyrker De? ['velgən 'sbɒːd 'dyɐ̯gɔ 'di]

Ich spiele ...
Jeg spiller ... [jai̯ 'sbelɔ]

Ich bin ein Fan von ...
Jeg er ... -fan. [jai̯ ɛ̝ɐ̯ ...-'fɛ̝ːn]

Ich gehe gern ...
Jeg kan godt lide at ... [jai̯ kæ 'gɔd 'liːˀ ɔ]

Kann ich mitspielen?
Må jeg være med? [mo̝ jai̯ 'vɛːɔ 'mɛ]

Verabredung

Haben Sie/Hast du morgen Abend schon etwas vor?
Skal De/du noget i morgen aften? [sgæ di/du 'no̝ːəð i mɒːɒn 'afdən]
Har De/du allerede nogen planer for i morgen aften?
['haːˀ di/du 'æləˌʁɛðə noːən 'plɛ̝ːnɔ fɔ i mɒːɒn 'afdən]

Wollen wir zusammen hingehen?
Skal vi gå/tage derhen sammen? [sgæ vi go̝/tɛ̝ːˀ da'hɛnˀ 'samˀən]

Wollen wir heute Abend etwas gemeinsam unternehmen?
Skulle vi ikke lave noget sammen i aften?
[sgu vi 'egə 'lɛ̝ːvə no̝ːəð 'samˀən i 'afdən]

Darf ich Sie/dich morgen Abend zum Essen einladen?
Må jeg invitere Dem/dig ud at spise i morgen aften?
[mo̝ jai̯ envi'teːˀɔ dɛm/dai̯ 'uðˀ ɔ 'sbiːsə i mɒːɒn 'afdən]

Wann treffen wir uns?
Hvornår skal vi mødes? [vɒ'nɒːˀ sgæ vi 'møːðəs]

Treffen wir uns um 9 Uhr vor .../im ...
Vi mødes klokken 9/21 foran .../i ...
[vi 'møːðəs klɔgən 'niːˀ/'eːˀnɔˌtyːvə fɒːæn .../i]

Ich hole Sie/dich ab.
Jeg henter Dem/dig.[jai̯ 'hɛndɔ dɛm/dai̯]

Kann ich Sie/dich wieder sehen?
Kan vi ikke ses igen? [kæ vi 'egə 'seːˀs i'gɛn]

Das war wirklich ein netter Abend!
Det var virkelig en dejlig aften! [de va 'viɐ̯gəli en 'dai̯li 'afdən]

Flirten

Du hast wunderschöne Augen.
Du har vidunderlige øjne. [du haːˀ við'o̹nˀɔliːə 'ɔi̯nə]

Mir gefällt, wie du lachst.
Jeg kan godt lide den måde, du ler på.
[jai̯ kæ 'gɔd 'liːˀ dɛnˀ 'mo̹ːðə du 'leːˀɒ̯ 'po̹ːˀ]

Du gefällst mir./Ich mag dich.
Jeg synes, du er dejlig./Jeg kan godt lide dig.
[jai̯ 'syːnəs du ɛ̹ɒ̯ 'dai̯li/jai̯ kæ 'gɔd 'liːˀ dai̯]

Ich finde dich ganz toll!
Jeg synes, du er super! [jai̯ 'syːnəs du ɛ̹ɒ̯ 'suːˀbɔ]

Hast du einen Schatz?
Har du en kæreste? ['haːˀ du en 'kɛ̹ːɔsdə]

Hast du einen festen Freund/eine feste Freundin?
Har du en fast ven/veninde/fyr? ['haːˀ du en 'fæsd 'vɛn/vɛn'enə/'fyːˀɒ̯]

Lebst du mit jemandem zusammen?
Bor du sammen med nogen? ['boːˀɒ̯ du 'samˀən mɛ 'noːən]

Bist du verheiratet?
Er du gift? [ɛ̹ɒ̯ du 'gifd]

Ich bin geschieden.
Jeg er skilt. [jai̯ ɛ̹ɒ̯ 'sgelˀd]

Wir leben getrennt.
Vi er separeret./Vi bor hver for sig.
[vi ɛ̹ɒ̯ sepa'ʁɛːˀɔð/vi 'boːˀɒ̯ 'vɛːˀɒ̯ fɔ sai̯]

Kommst du mit zu mir?
Tager du med hjem til mig? [taːˀ du 'mɛ 'jɛmˀ tel 'mai̯]

Nein, das geht mir zu schnell!
Nej, det er lige hurtigt nok! ['nai̯ˀ de ɛ̹ɒ̯ 'liːə 'huɒ̯did nɔg]

Wir können schmusen.
Vi kunne jo hygge os sammen. [vi ku jo 'hygə ɔs 'samˀən].

Bitte geh jetzt!
Vær rar at gå nu! [vɛːˀɒ̯ 'ʁaːˀ ɔ 'go̹ːˀ nu]

Lassen Sie mich bitte in Ruhe!
Lad mig være i fred! [læ mai̯ 'vɛːɔ i 'fʁɛð]

Hören Sie sofort damit auf!
Hold øjeblikkelig op med det! ['hɔlˀ ɔi̯ə'blegəli 'ɔb mɛ 'de]

ZWISCHENMENSCHLICHES

Verständigungsschwierigkeiten

Verständigungsschwierigkeiten bleiben während einer Reise im Ausland nicht aus, und können manchmal auch zum Schmunzeln führen. Eine Stoßstange ist auf Dänisch ein kofanger („Kuhfänger"). Das Bier heißt auf Dänisch Øl, was sich wie das deutsche „Öl" anhört.

Wie bitte?
Hvadbehager? [vabəˈhaːˀ]

Ich verstehe leider nicht, was Sie sagen.
Jeg forstår desværre ikke, hvad De siger.
[jai̯ fɔˈsdɒːˀ deˈsvɛ̝ːɔ ˈegə ˈvæ di ˈsiːɔ]

Ich verstehe Sie nicht.
Jeg forstår Dem ikke. [jai̯ fɔˈsdɒːˀ dɛm ˈegə]

Könnten Sie das bitte wiederholen?
Vær venlig at gentage det. [vɛːˀɒ̯ ˈvɛnli ɔ ˈgɛnˌtɛ̝ːˀ de]

Könnten Sie bitte etwas langsamer/lauter sprechen?
Kunne De ikke tale lidt langsommere/højere?
[ku di ˈegə ˈtɛ̝ːlə led ˈlaŋˌsɔmˀɔɔ/ˈhɔi̯ɔɔ]

Ja, ich verstehe.
Ja, jeg forstår. [ˈjæ jai̯ fɔˈsdɒːˀ]

Sprechen Sie/Sprichst du ...
Taler De/du ...[ˈtɛ̝ːˀlɔ di/du]
Dänisch?
dansk? [ˈdænˀsg]
Deutsch?
tysk? [ˈtysg]
Englisch?
engelsk? [ˈɛŋˀəlsg]
Französisch?
fransk? [ˈfʁanˀsg]

Ich spreche nur wenig ...
Jeg taler kun lidt ... [jai̯ ˈtɛ̝ːˀlɔ ˈkon̩ ˈled]

Könnten Sie es mir bitte aufschreiben?
Vil De ikke skrive det op for mig? [vel di ˈegə sgʁiːvə de ˈɔb fɔ mai̯]

Unterwegs

Ob Sie mit dem eigenen PKW oder Motorrad unterwegs sind, es werden keine Mautgebühren verlangt. Kostenpflichtig ist lediglich das Benutzen der Brücken und Tunnelverbindungen zwischen Seeland /Fünen und Kopenhagen/Malmö in Schweden. Diese zwei Verbindungen dürfen nicht von Fußgängern und Radfahrern benutzt werden.
Es ist nicht Pflicht, aber ratsam, Ihren Ausweis, die Krankenversicherungskarte sowie für Auto- und Motorradfahrer die grüne Versicherungskarte, immer mitzuführen.

Fragen nach dem Weg

Ortsangaben

links	venstre ['vɛnsdʁɔ]
rechts	højre ['hɔi̯ʁɔ]
geradeaus	lige ud ['liːə 'uðˀ]
vor	før [fœːˀɒ̯]
hinter	efter ['ɛfdɔ]
neben	ved siden af [veð 'siːðən 'ɛ̝ːˀ]
gegenüber	overfor ['ou̯ˀɔˌfɔ]
hier	her [hɛːˀɒ̯]
dort	der [dɛːˀɒ̯]
nah	tæt [tɛd]
weit (weg)	langt (væk) ['laŋˀd 'vɛg]
nach/bis	mod/til [moːˀð/tel]
Ampel	lyskurv, -en, -e ['lysˌkuɒ̯ˀv]
Straße	gade, -n, -r ['gɛ̝ːðə]
Weg	vej, -en, -e [vai̯ˀ]
Straßenecke	gadehjørne, -t, -r ['gɛ̝ːðəˌjœ̝ɒ̯nə]
Kreuzung	kryds, -et, - [kʁys]
Kreisverkehr	rundkørsel, -en, -er ['ʁo̝nˌkøɒ̯ˀsəl]
Kurve	kurve, -n, -r ['kuɒ̯və]
Schild	skilt, -et, -e [sgelˀd]

Wegbeschreibung

Entschuldigen Sie bitte, wie komme ich nach …?
Undskyld, De kunne vel ikke sige mig, hvordan jeg kommer til …? ['o̝nˌsgylˀ di ku vɛl 'egə 'siːə mai̯ vɒ'dæn jai̯ 'kɔmˀɔ tel]

Immer geradeaus bis …
Hele tiden lige ud til … ['heːlə 'tiðˀən 'liːə 'uðˀ tel]

Dann bei der Ampel links/rechts abbiegen.

Drej så til venstre/til højre ved lyskurven.

[dʁai̯ˀ sɔ tel ˈvɛnsdʁɔ/tel ˈhɔi̯ʁɔ veð ˈlysˌkuɒ̯ˀvən]

Folgen Sie den Schildern.

Følg skiltene. [ˈfølˀ ˈsgeldənə]

Ist das weit von hier?

Er det langt væk herfra? [ɛ̝ɒ̯ de ˈlaŋˀd ˈhɛːˀɒ̯ˌfʁaːˀ]

Es ist ganz in der Nähe.

Det er lige i nærheden. [de ɛ̝ɒ̯ ˈliːə i ˈnɛɒ̯ˌheːˀðən]

Bitte, ist das die Straße nach …?

Undskyld, er det vejen til …? [ˈo̝nˌsgylˀ ɛ̝ɒ̯ de ˈvai̯ˀən tel]

Bitte, wo ist …?

Undskyld, hvor er …? [ˈo̝nˌsgylˀ ˈvɒːˀ ɛ̝ɒ̯]

Tut mir Leid, das weiß ich nicht.

Det gør mig ondt, det ved jeg desværre ikke.

[de gœ̝ɒ̯ mai̯ ˈo̝nd de ˈveːˀð jai̯ deˈsvɛ̝ːɔ ˈegə]

Ich bin nicht von hier.

Jeg er ikke herfra. [jai̯ ɛ̝ɒ̯ ˈegə ˈhɛːˀɒ̯ˌfʁaːˀ]

Gehen Sie geradeaus/nach links/nach rechts.

De skal gå lige ud/til venstre/til højre.

[di sgæ go̝ ˈliːə ˈuðˀ/tel ˈvɛnsdʁɔ/tel ˈhɔi̯ʁɔ]

Erste/Zweite Straße links/rechts.

Første/Anden gade til venstre/højre.

[ˈfœ̝ɒ̯sdə/ˈænən ˈgɛ̝ːðə tel ˈvɛnsdʁɔ/ˈhɔi̯ʁɔ]

Überqueren Sie …

De skal gå over … [di sgæ go̝ ˈɔu̯ˀɔ]

die Brücke.

broen. [ˈbʁoːˀən]

den Platz.

pladsen. [ˈplæsən]

die Straße.

gaden. [ˈgɛ̝ːðən]

Sie nehmen am besten den Bus Nr. …

Det er bedst, De tager bus nummer …

[de ɛ̝ɒ̯ ˈbɛsd di ˈtaːˀ bus no̝mˀ]

UNTERWEGS

An der Grenze

Passkontrolle

Ihren Pass, bitte!
Må jeg se Deres pas! [mo̜ jai̯ 'seːˀ dɛ̜ːɔs 'pæs]

Haben Sie ein Visum?
Har De et visum? ['haːˀ di ed 'viːso̜m]

Kann ich das Visum hier bekommen?
Kan jeg få visum her? [kæ jai̯ fo̜ 'viːso̜m 'hɛːˀɒ̯]

Zollkontrolle

Haben Sie etwas zu verzollen?
Har De noget at fortolde? ['haːˀ di 'no̜ːəð ɔ fɔ'tɔlˀə]

Fahren Sie bitte rechts/links heran!
Vær venlig at køre hen til højre/venstre!
[vɛːɒ̯ 'vɛnli ɔ køːɔ 'hɛnˀ tel 'hɔi̯ʁɔ/'vɛnsdʁɔ]

Öffnen Sie bitte den Kofferraum!/diesen Koffer!
Vær venlig at åbne bagagerummet!/den her kuffert!
[vɛːˀɒ̯ 'vɛnli ɔ 'o̜ːbnə bæ'gɛ̜ːʂəˌʁo̜mˀəð/dɛn 'hɛːˀɒ̯ 'ko̜fɔd].

Muss ich das verzollen?
Skal jeg fortolde det? [sgæ jai̯ fɔ'tɔlˀə 'de]

Personalien

Familienname	familienavn, -et, -e [fæ'milˀjəˌnau̯ˀn]
Familienstand	civilstand, -en [si'viːˀlˌsdænˀ]
ledig	ugift ['uˌgifd]
verheiratet	gift [gifd]
verwitwet	enkemand/enke ['ɛŋgəˌmænˀ/'ɛŋgə]
Geburtsdatum	fødselsdato, -en, -er ['føsəlsˌdɛ̜ːto]
Geburtsort	fødested, -et ['føːðəˌsdɛð]
Personalien	CPR-nr./Central-person-register-nummer ['seːˀ'peːˀ'ɛ̜ɒ̯'no̜mˀɔ/sɛn'tʁaːˀl pɛ̜ɒ̯'soːˀnrɛ'gisdɔ'no̜mˀɔ]
Staatsangehörigkeit	nationalitet, -en, -er [næʂonæli'teːˀd]
voller Name	fulde navn ['fulə 'nau̯ˀn]
Vorname	fornavn, -et, -e ['fɒːˌnau̯ˀn]
Wohnort	bopæl, -en, -e ['boˌpɛːˀl]

Grenze

Ausreise	udrejse, -n, -r ['uðˌʁai̯sə]
Einreise	indrejse, -n, -r ['enˌʁai̯sə]
EU-Bürger	EU-borger, -en, -e ['eːˀ'uːˀˌbɒːˀu̯ɔ]

Führerschein	kørekort, -et, - [ˈkøːɔˌkɒːd]
Grenze	grænse, -n, -r [ˈgʁænsə]
Grenzübergang	grænseovergang, -en, -e [ˈgʁænsəɔ̆u̯ɔˌgaŋˀ]
gültig	gyldig [ˈgyldi]
internationaler Impfpass	internationalt vaccinationskort, -et, - [ˈentɔnæʂoˌnɛ̹ːˀld vagsinæˈʂoːˀnsˌkɒːd]
Nationalitätskennzeichen	nationalitetsmærke, -n, -r [næʂonæliˈteːˀdsˌmɛ̹ɒ̯gə]
Nummernschild	nummerplade, -n, -r [ˈnɔ̹mɔˌplɛ̹ːðə]
Passkontrolle	paskontrol, -len, -ler [ˈpæskɔnˌtʁɔlˀ]
Personalausweis	identitetskort, -et, - [idɛntiˈteːˀdsˌkɒːd]
Reisepass	pas, -set, - [pæs]
grüne Versicherungskarte	grønt forsikringskort [ˈgʁœ̹nˀd fɔˈsegʁeŋsˌkɒːd]
Visum	visum, -et, visa [ˈviːsɔ̹m]
Zoll	told, -en [tɔlˀ]
zollfrei	toldfri [ˈtɔlˌfʁiːˀ]
Zollgebühren	toldafgift, -en, -er [ˈtɔlˌau̯gifd]
zollpflichtig	toldpligtig [ˈtɔlˌplegdi]

Auto und Motorrad

Hinweise und Informationen

Blind vej	Sackgasse
Ensrettet færdsel	Einbahnstraße
Farligt vejsving	Gefährliche Kurve
Gennemkørsel forbudt	Durchfahrt verboten
Grænse	Grenze
Hovedvej	Fernstraße
Højeste hastighed	Höchstgeschwindigkeit
Indkørsel	Einfahrt
Kør forsigtigt	Vorsichtig fahren
Kør langsomt	Langsam fahren
Lige ud	Geradeaus
Livsfare	Lebensgefahr
Overhaling forbudt	Überholen verboten
Omkørsel	Umleitung
Parkering forbudt	Parkverbot
Parkeringsplads	Parkplatz
Pas på!	Vorsicht!
Rabatten er blød!	Unbefestigte Seitenstreifen!
Spærret	Gesperrt
Stop	Halt
Sygehus	Krankenhaus
Tankstation	Tankstelle
Til højre	Nach rechts
Til leje	Zu vermieten
Til venstre	Nach links

Told	Zoll
Udkørsel	Ausfahrt
Ujævn vej	holpriger Weg
Vejarbejde	Straßenarbeiten

Reisewege, Vorschriften ...

Auf-/Abfahrt	til- /frakørsel ['tel-/'fʁaˌkøɐ̯ˀsəl]
Ausfahrt	udkørsel ['uðˌkøɐ̯ˀsəl]
Autobahn	motorvej, -en, -e ['moːtɒˌvai̯ˀ]
Bußgeld	bøde, -n, -r ['bøːðə]
Einfahrt	indkørsel ['enˌkøɐ̯ˀsəl]
Hauptstraße	hovedvej, -en, -e ['hoːəðˌgɛ̝ːðə]
Landstraße	landevej, -en, -e ['lænəˌvai̯ˀ]
Nebenstraße	sidegade, -n, -r ['siːðəˌgɛ̝ːðə]
Promillegrenze	promillegrænse, -n, -r [pʁo'miləˌgʁænsə]
Radarkontrolle	radarkontrol, -len, -ler ['ʁaːdakɔnˌtʁɔlˀ]
Rastplatz	rasteplads, -en, -er ['ʁasdəˌplæs]
Raststätte	rasteplads evt. med motel ['ʁasdəˌplæs evɛntu'ɛlˀd mɛ mo'tɛlˀ]
Schnellstraße	motortrafikvej, -en, -e [moːtɒtʁa'figˌvai̯ˀ]
Stau	kø, -en, -er [køːˀ]
Tramper	blaffer, -en, -e ['blafɔ]
Wegweiser	vejviser, -en, -e ['vai̯ˌviːsɔ]

An der Tankstelle ➢ auch Werkstatt

Wo ist bitte die nächste Tankstelle?
Undskyld, hvor er den nærmeste tankstation?
['o̝nˌsgylˀ 'vɒːˀ ɛ̝ɐ̯ dɛn 'nɛ̝ɐ̯məsdə 'taŋgsdæˌsoːˀn]

Ich möchte ... Liter ...
Jeg vil gerne have ... liter ... [jai̯ vel 'gɛ̝ɐ̯nə 'hɛ̝ːˀ ... lidɔ]

Normalbenzin.
oktan 93. [ɔg'tɛ̝ːˀn 'tʁɛːˀɔhæl'fɛmˀs]
Super.
oktan 96/98. [ɔg'tɛ̝ːˀn 'sɛgsɔhæl'fɛmˀs/'o̝ːdəɔhæl'fɛmˀs]
Diesel.
diesel. ['diːˀsəl]

Super bitte, für 200 Kronen.
Oktan 96/98 for 200 kroner, tak.
[ɔg'tɛ̝ːˀn 'sɛgsɔhæl'fɛmˀs/'o̝ːdəɔhæl'fɛmˀs fɔ 'toːˀ hunʁɔðə 'kʁoːnɔ 'tag]

Voll tanken, bitte!
Vær venlig at fylde helt op. [vɛːˀɐ̯ 'vɛnli ɔ fylə 'heːˀld 'ɔb]

Würden Sie bitte Ölstand/Kühlwasser/Reifendruck prüfen?
Vær venlig at kontrollere oliestanden/kølervæsken/dæktrykket?
[vɛːˀɒ̯ ˈvɛnli ɔ kɔntʁoˈleːˀɔ ˈoljəˌsdænˀən/ˈkøːlɔˌvɛsgən/ˈdɛgˌtʁœgəð]

Ich hätte gern eine Straßenkarte dieser Gegend.
Jeg vil gerne have et vejkort over dette område.
[jaj̯ vel ˈgɛ̝ɒ̯nə ˈhɛ̝ːˀ ed ˈvaj̯ˌkɒːd ɔu̯ˀɔ ˈdɛdə ˈɔmˌʁo̝ːðə]

Selbstbedienung
Selvbetjening [ˈsɛlbeˌtjɛːˀneŋ]

Parken

Einen Parkplatz zu finden ist meist kein Problem, außer in den Innenstädten. Eine Parkscheibe sollten Sie unbedingt im Auto haben, da diese häufig verlangt wird. Auf vielen Parkplätzen ist das Parken kostenlos, aber schauen Sie sich die Schilder hierzu genau an. Das Bußgeld und die Gebühren für Falschparker sind recht hoch.

Entschuldigen Sie bitte, gibt es hier in der Nähe eine Parkmöglichkeit?
Undskyld, er det muligt at parkere her i nærheden?
[ˈo̝nˌsgylˀ ɛ̝ɒ̯ de ˈmuːlid ɔ paˈkeːˀɔ hɛːˀɒ̯ i ˈnɛɒ̯ˌheːˀðən]

Kann ich den Wagen hier abstellen?
Må jeg stille vognen her? [mo̝ jaj̯ ˈsdelə ˈvɔu̯ˀnən ˈhɛːˀɒ̯]

Ist der Parkplatz bewacht?
Er der opsyn? [ɛ̝ɒ̯ dɔ ˈɔbˌsyːˀn]

Wie hoch ist die Parkgebühr pro Stunde?
Hvad koster det i timen at parkere her?
[væ ˈkɔsdɔ de i ˈtiːmən ɔ paˈkeːˀɔ hɛːˀɒ̯]

Ist das Parkhaus die ganze Nacht geöffnet?
Er parkeringshuset åbent hele natten?
[ɛ̝ɒ̯ paˈkeːˀɒ̯eŋsˌhuːˀsəð ˈo̝ːbənd ˈheːlə nædən]

Eine Panne

Sollten Sie auf der Autobahn in einen Unfall verwickelt werden, benachrichtigen Sie die Polizei von einer Notrufsäule aus. Bei einer Panne kann der Falckdienst (Pannenhilfe) angerufen werden, der mit dem ADAC zusammenarbeitet. Er ist rund um die Uhr unter der Tel. Nr. 0045 70 10 20 30 erreichbar. Rufen Sie über Handy an, dann wählen Sie die Nr. 0045 800 116 800. Diese Hilfe ist in der Regel kostenpflichtig.

UNTERWEGS

Ich habe ein Problem.
Jeg har et problem. [jaj̯ 'haːˀ ed pʁo'bleːˀm]

Gibt es hier in der Nähe eine Werkstatt?
Er der et værksted i nærheden? [ɛɐ̯ dɔ ed 'vɛ̝ɐ̯g̊ˌsdɛð i 'nɛɐ̯ˌheːˀðən]

Könnten Sie bitte für mich den Pannendienst anrufen?
Vil De være venlig at ringe til vejhjælpen?
[vel di vɛːɔ 'vɛnli ɔ 'ʁɛŋə tel 'vaj̯ˌjɛlˀbən]

Würden Sie mir bitte einen Mechaniker/einen Abschleppwagen schicken?
Vær rar at sende mig en mekaniker/en kranvogn.
[vɛːˀɐ̯ 'ʁaːˀ ɔ 'sɛnə maj̯ en me'kɛ̝ːˀnigɔ/en 'kʁaːnˌvɔu̯ˀn]

Könnten Sie mir mit etwas Benzin aushelfen?
De kunne vel ikke hjælpe mig med noget benzin?
[di ku vɛl 'egə 'jɛlbə maj̯ mɛ nǫːəð bɛn'siːˀn]

Könnten Sie mir beim Reifenwechsel helfen?
Kunne De hjælpe mig med at skifte dæk?
[ku di 'jɛlbə maj̯ 'mɛ ɔ sgifdə 'dɛg]

Würden Sie mich bis zur nächsten Werkstatt mitnehmen?
Kan De tage mig med til det nærmeste værksted?
[kæ di tɛ̝ːˀ maj̯ 'mɛ tel de 'nɛ̝ɐ̯məsdə 'vɛ̝ɐ̯g̊ˌsdɛð]

Abschleppdienst	Falck/FDM [fælˀg/'ɛf'deːˀ'ɛm]
abschleppen	slæbe bort [slɛːbə 'bɒːd]
Abschleppseil	slæbetov, -et, -e ['slɛːbəˌtɔu̯]
Abschleppwagen	kranvogn, -en, -e ['kʁaːnˌvɔu̯ˀn]
Benzinkanister	benzindunk, -en, -e [bɛn'siːˀnˌdǫŋˀg]
Ersatzrad	reservehjul, -et, - [ʁɛ'sɛ̝ɐ̯vəˌjuːˀl]
Notrufsäule	nødtelefon, -en, -er ['nøðteləˌfoːˀn]
Panne	uheld, -et, - ['uˌhɛlˀ]
Pannendienst	vejhjælp /vejpatrulje ['vaj̯ˌjɛlˀb/vaj̯pæˌtʁuljə]
Platten	punktering, -en, -er [pǫŋ'teːˀɐ̯eŋ]
Starthilfekabel	startkabel ['sdaːˀdˌkɛ̝ːˀbəl]
Wagenheber	donkraft, -en ['dǫnˌkʁafd]
Warnblinkanlage	advarselslys, -et, - ['æðvaːsəlsˌlyːˀs]
Warndreieck	advarselstrekant, -en, -er ['æðvaːsəlsˌtʁɛkænˀd]
Werkzeug	værktøj, -et, -er ['vɛ̝ɐ̯g̊ˌtɔj̯]

In der Werkstatt

Der Motor springt nicht an.
Motoren kan ikke starte. ['mo:tɒ:ɒn kæ 'egə 'sda:də]

Mit dem Motor stimmt was nicht.
Der er noget galt med motoren. [dɔ ɛɒ̯ no̹:əð 'gɛ̹:ˀld me 'mo:tɒ:ɒn]

… ist/sind defekt.
… er i stykker. [ɛ̹ɒ̯ i 'sdøgɔ]

Der Wagen verliert Öl.
Bilen mister olie. ['bi:ˀlən mesdɔ 'oljə]

Wann ist der Wagen/das Motorrad fertig?
Hvornår er bilen/motorcyklen færdig?
[vɒ'nɒ:ˀ ɛ̹ɒ̯ 'bi:ˀlən/'mo:tɒˌsyglən 'fɛ̹ɒ̯di]

Was wird es ungefähr kosten?
Hvad kommer det cirka til at koste? [væ kɔmɔ de 'siɒ̯gæ tel ɔ 'kɔsdə]

Abblendlicht	nærlys, -et, - ['nɛɒ̯ˌly:ˀs]
Alarmanlage	alarmsystem, -et, -er [æ'la:ˀmsyˌsde:ˀm]
Anlasser	starter, -en, -e ['sda:dɔ]
Auspuff	udstødningsrør, -et, - ['uðˌsdø:ˀðneŋsˌʁœ:ˀɒ̯]
Automatik(getriebe)	automatgear, -et, - [au̯to'mɛ̹:ˀdˌgi:ˀɒ̯]
Benzinpumpe	benzinpumpe, -n, -r [bɛn'si:ˀnˌpo̹mbə]
Blinklicht	blinklys, -et, - ['bleŋgˌly:ˀs]
Bremse	bremse, -n, -r ['bʁæmsə]
Bremsflüssigkeit	bremsevæske, -n, -r ['bʁæmsəˌvɛsgə]
Bremslichter	bremselys, -et, - ['bʁæmsəˌly:ˀs]
Defekt	defekt, -en [de'fɛgd]
Fernlicht	fjernlys, -et, - ['fjɛ̹ɒ̯nˌly:ˀs]
Frostschutzmittel	frostvæske, -n, -r ['fʁɔsdˌvɛsgə]
Gang	gear, -et, - [gi:ˀɒ̯]
erster Gang	første gear ['fœɒ̯sdə 'gi:ˀɒ̯]
Leerlauf	tomgang, -en ['tɔmˌgaŋˀ]
Rückwärtsgang	bakgear, -et, - ['bagˌgi:ˀɒ̯]
Gaspedal	speeder, -en, -e ['sbi:dɔ]
Getriebe	gearkasse, -n, -r ['gi:ˀɒ̯ˌkæsə]
Handbremse	håndbremse, -n, -r ['hɔnˌbʁæmsə]
Hupe	horn, -et, - [hoɒ̯ˀn]
Kofferraum	bagagerum, -met, - [bæ'gɛ̹:ʂəˌʁo̹mˀ]
Kühler	køler, -en, -e ['kø:lɔ]
Kühlwasser	kølervæske, -n, -r ['kø:lɔˌvɛsgə]
Kupplung	kobling, -en, -er ['kɔbleŋ]
Kurzschluss	kortslutning, -en, -er ['kɒ:dˌsludneŋ]
Lichtmaschine	dynamo, -en, -er [dy'nɛ̹:mo]

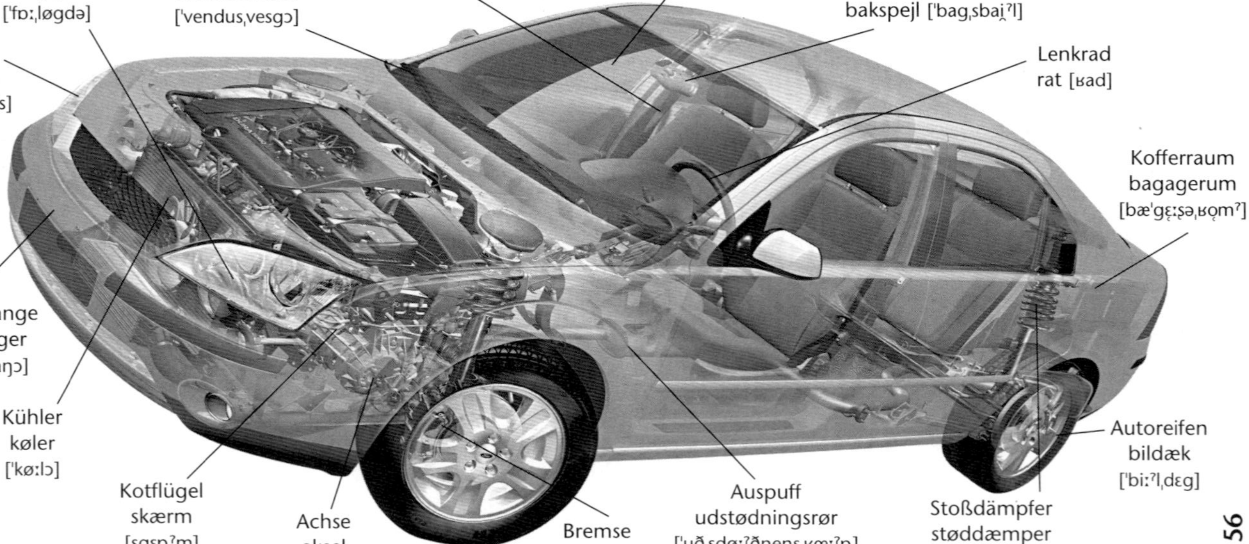

Scheinwerfer
forlygte
[ˈfɒːˌløgdə]
Scheibenwischer
vinduesvisker
[ˈvendusˌvesgɔ]
Sicherheitsgurt
sikkerhedssele
[ˈsegɔheðsˌseːlə]
Windschutzscheibe
vindspejl
[ˈvenˌsbai̯ˀl]
Rückspiegel
bakspejl [ˈbagˌsbai̯ˀl]
Blinker
blinklys
[ˈbleŋgˌlyːˀs]
Lenkrad
rat [ʁad]
Kofferraum
bagagerum
[bæˈgɛːɕəˌʁɔmˀ]
Stoßstange
kofanger
[ˈkoːˀˌfaŋɔ]
Kühler
køler
[ˈkøːlɔ]
Kotflügel
skærm
[sgɛɒ̯ˀm]
Achse
aksel
[ˈagsəl]
Bremse
bremse
[ˈbʁæmsə]
Auspuff
udstødningsrør
[ˈuðˌsdøːˀðneŋsˌʁœːˀɒ̯]
Stoßdämpfer
støddæmper
[ˈsdøðˌdɛmbɔ]
Autoreifen
bildæk
[ˈbiːˀlˌdɛg]

Luftfilter	luftfilter, -et, -e ['lofd,fil'dɔ]
Motor	motor, -en, -er ['mo:tɒ]
Motorhaube	motorhjelm, -en, -e ['mo:tɒ,jɛl'm]
Öl	olie, -n, -r ['oljə]
Ölwechsel	olieskift, -et, - ['oljə,sgifd]
Rad	hjul, -et, - [ju:'l]
Reifen	dæk, -ket, - [dɛg]
Rücklicht	baglys, -et, - ['bau,ly:'s]
Rückspiegel	bakspejl, -et, -e ['bag,sbai'l]
Schaden	skade, -en, -r ['sgɛ:ðə]
Scheibenwischer	vinduesvisker, -en, -e ['vendus,vesgɔ]
Scheinwerfer	forlygte, -n, -r ['fɒ:,løgdə]
Schraube	skrue, -n, -r ['sgʁu:ə]
Sicherheitsgurt	sikkerhedssele, -n, -r ['segɔheðs,se:lə]
Standlicht	parkeringslys, -et, - [pa'ke:'ɒeŋs,ly:'s]
Stoßstange	kofanger, -en, -e ['ko:',faŋɔ]
Tachometer	speedometer, -et, -e [sbido'me:'dɔ]
Tank	tank, -en, -e [taŋ'g]
Warnblinkanlage	advarselslys, -et, - ['æðva:səls,ly:'s]
elektronische Wegfahrsperre	elektronisk startspærre [elɛg'tʁo:'nisg 'sda:'d,sbɛ:ɔ]
Werkstatt	værksted, -et, -er ['vɛɒg,sdɛð]
Windschutzscheibe	vindspejl, -et, -e ['ven,sbai'l]
Zündkerze	tændrør, -et, - ['tɛn,ʁœ:'ɒ]
Zündung	tænding, -en, -er ['tɛneŋ]

Verkehrsunfall

Ein Unfall ist passiert!
Der er sket en ulykke! [dɔ ɛɒ 'sge:'d en 'u,løgə]

Rufen Sie bitte schnell ...
Tilkald hurtigt ... ['tel,kæl' 'huɒdid]
einen Krankenwagen!
en ambulance! [en ambu'laŋsə]
die Polizei!
politiet! [poli'ti:'əð]
die Feuerwehr!
brandvæsenet! ['bʁan,vɛ:'sənəð]

Haben Sie Verbandszeug?
Har De forbindingssager? [ha:' di fɔ'ben'eŋs,sɛ:ɔ]

Sie haben ...
De har ... [di ha]
die Vorfahrt nicht beachtet.
ikke overholdt vigepligten. ['egə 'ɔuɔ,hɔl'd 'vi:ə,plegdən]

UNTERWEGS

nicht geblinkt.
ikke blinket af. ['egə bleŋgəð 'ɛ̝ː']

Sie sind zu schnell gefahren.
De kørte for hurtigt. [di køɒ̯də fɔ 'huɒ̯did]

Geben Sie mir bitte Ihren Namen, Anschrift und Telefonnummer.
Vær venlig at give mig Deres navn, adresse og telefonnummer.
[vɛː'ɒ̯ 'vɛnli ɔ 'giː' mai̯ dɛ̝ːɔs 'nau̯'n æ'dʁæsə ɔ teləˈfoː'n,nɔ̝m'ɔ]

Auto-, Motorrad- und Fahrradvermietung

Ich möchte für zwei Tage/eine Woche … mieten.
Jeg vil gerne leje … i to dage/en uge.
[jai̯ vel 'gɛ̝ɒ̯nə 'lai̯ə … i toː' 'dɛ̝ːə/i en 'uːə]
einen (Gelände-)Wagen
en (terrængående) vogn [en tæ'ʁɛ̝ŋ,gɔ̝ː'ənə 'vɔu̯'n]
ein Motorrad
en motorcykel [en 'moːtɒ,sygəl]
einen Motorroller
en scooter [en 'sguːdɔ]
ein Mofa
en knallert [en 'knæl'ɔd]
ein Fahrrad
en cykel [en 'sygəl]

Wie viel kostet es pro Tag/Woche?
Hvad koster det om dagen/om ugen?
[væ 'kɔsdɔ de ɔm 'dɛ̝ːˀən/ɔm 'uːən]

Ist das einschließlich unbegrenzter Kilometerzahl?
Er det med ubegrænset kilometer?
[ɛɒ̯ de mɛ 'ubeˌgʁænˀsəð kilo'meːˀdɔ]

Wie viel verlangen Sie pro gefahrenen Kilometer?
Hvor meget forlanger De pr. kilometer?
[vɒ 'mai̯əð fɔ'laŋˀɔ di pɛɒ̯ kilo'meːˀdɔ]

Ist das Fahrzeug vollkaskoversichert?
Er den/det 100% kaskoforsikret?
[ɛɒ̯ dɛn/de 'hunʁɔðə pʁo'sɛnˀd 'kæsgofɔˌsegʁɔð]

Ist es möglich, das Fahrzeug in ... abzugeben?
Er det muligt at aflevere den/det i ...?
[ɛɒ̯ de 'muːlid ɔ 'au̯leˌveːˀɔ dɛn/de i]

Führerschein	kørekort, -et, - ['køːɔˌkɒːd]
hinterlegen	deponere, -de, -t [depo'neːˀɔ]
Kindersitz	autostol, -en, -e ['au̯toˌsdoːˀl]
Kaution	depositum [de'poːˀsitom]
Nierengurt	nyrebælte, -t, -r ['nyːɔˌbɛldə]
Papiere	papirer [pæ'piːˀɔ]
Schiebedach	skydetag, -et, -e ['sgyːðəˌtɛ̝ːˀ]
Sturzhelm	styrthjelm, -en, -e ['sdyɒ̯dˌjɛlˀm]
Teilkasko	delvis kaskoforsikring ['deːlˌviːˀs 'kæsgofɔˌsegʁɛŋ]
grüne Versicherungskarte	grønt forsikringskort [gʁœnˀd fɔ'segʁeŋsˌkɒːd]
Vollkasko	fuld kaskoforsikret ['fulˀ 'kæsgofɔ'segʁɔð]
Wochenendpauschale	fast weekendpris ['fæsd 'viːgɛndˌpʁiːˀs]
Zündschlüssel	tændingsnøgle, -n, -r ['tɛneŋsˌnɔi̯lə]

Flugzeug

Einen Flug buchen

Könnten Sie mir bitte sagen, wann die nächste Maschine nach ... fliegt?
Undskyld, kan De sige mig, hvornår den næste maskine flyver til ...? ['onˌsgylˀ kæ di 'siːə mai̯ vɒ'nɒːˀ dɛn 'nɛsdə mæ'sgiːnə 'flyːˀvɔ tel]

Sind noch Plätze frei?
Er der stadig pladser? [ɛɒ̯ dɔ 'sdɛ̝ːði 'plæsɔ]

Ich möchte einen einfachen Flug nach ...
Jeg vil gerne have en enkeltbillet til ....
[jai̯ vel 'gɛ̝ɒ̯nə 'hɛ̝ːˀ en 'ɛŋˀgəldbiˌlɛd tel]

Ich möchte einen Hin- und Rückflug nach ... buchen.
Jeg vil gerne booke en returbillet til ...
[jai̯ vel 'gɛ̝ɒ̯nə 'bugə en ʁɛ'tuːˀɒ̯biˌlɛd tel]

Was kostet bitte der Flug Touristenklasse/1. Klasse?
Undskyld, hvad koster det på turistklasse/første klasse?
['o̝nˌsgylˀ væ 'kɔsdɔ de po̝ tu'ʁisdˌklæsə/'fœɒ̯sdə 'klæsə]

Raucher oder Nichtraucher?
Ryger eller ikkeryger? ['ʁyːɔ ɛlɔ 'egəˌʁyːɔ]

Ich möchte bitte ...
Jeg vil gerne ... [jai̯ vel 'gɛ̝ɒ̯nə]
einen Fensterplatz.
have en vinduesplads. ['hɛ̝ːˀ en 'vendusˌplæs]
einen Platz am Gang.
sidde ved gangen. ['seðə veð 'gaŋˀən]

Ich möchte diesen Flug stornieren.
Jeg vil gerne annullere den her flyrejse.
[jai̯ vel 'gɛ̝ɒ̯nə ænu'leːˀɔ dɛn 'hɛːˀɒ̯ 'flyːˀˌrai̯sə]

Ich möchte diesen Flug umbuchen.
Jeg vil gerne ombooke denne flyrejse.
[jai̯ vel 'gɛ̝ɒ̯nə 'ɔmˌbugə dɛnə 'flyːˀˌʁai̯sə]

Am Flughafen

Wo ist bitte der Schalter der ...-Fluggesellschaft?
Hvor er flyselskabet - ... information?
['vɒːˀ ɛ̝ɒ̯ 'flyːˀˌsɛlsgɛ̝ːˀbəð ... enfɒmæ'ɕoːˀn]

Könnte ich bitte Ihren Flugschein sehen?
Må jeg se Deres boardingkort? [mo̝ jai̯ 'seːˀ dɛ̝ːɔs 'bɒːdeŋˌkɒːd]

Kann ich das als Handgepäck mitnehmen?
Kan jeg tage det med som håndbagage?
[kæ jai̯ tɛ̝ːˀ de 'mɛ sɔm 'hɔnbæˌgɛ̝ːɕə]

An Bord

Könnten Sie mir bitte ein Glas Wasser bringen?
Kan jeg få et glas vand? [kæ jai̯ fo̝ ed glæs 'vænˀ]

Könnte ich bitte noch ein Kissen/eine Decke haben?
Kunne jeg få en pude/et tæppe ekstra?
[ku jai̯ fo̩ en 'pu:ðə/ed 'tɛbə 'egsdʁa]

Würde es Ihnen etwas ausmachen, mit mir den Platz zu tauschen?
Undskyld, kan vi bytte plads? ['o̩nˌsgylˀ kæ vi bydə 'plæs]

Ankunft ➢ auch Fundbüro

Mein Gepäck ist verloren gegangen.
Min bagage er væk. [min bæ'gɛ̝:ʂə ɛ̝ɒ̯ 'vɛg]

Mein Koffer/Reisetasche ist beschädigt worden.
Min kuffert/rejsetaske er blevet beskadiget.
[min 'ko̩fɔd/'ʁai̯səˌtæsgə ɛ̝ɒ̯ ble:əð be'sgɛ̝:ˀðiəð]

An wen kann ich mich wenden?
Hvem kan jeg henvende mig til? ['vɛmˀ kæ jai̯ 'hɛnˌvɛnˀə mai̯ tel]

Wo fährt der Bus in Richtung … ab?
Hvorfra kører bussen til …? ['vɒ:'ˌfʁa:' kø:ɔ 'busən tel]

➢ **auch Eisenbahn**

Abflug	afrejse, -n, -r ['au̯ˌʁai̯sə]
Ankunft	ankomst, -en ['ænˌkɔmˀsd]
Anschluss	forbindelse, -n, -r [fɔ'benˀəlsə]
Auslandsflug	udenrigsfly, -et, -e ['uðənʁisˌfly:ˀ]
Bordkarte	boardingkort, -et, - ['bɒ:deŋˌkɒ:d]
einchecken	tjekke ind, -de, -t [tjɛgə 'enˀ]
Flug	flyrejse, -n, -r ['fly:ˀˌʁai̯sə]
Fluggesellschaft	flyselskab, -et, -er ['fly:ˀˌsɛlsgɛ̝:ˀb]
Flughafen	lufthavn, -en, -e ['lo̩fdˌhau̯ˀn]
Flughafenbus	lufthavnsbus, -sen, -ser ['lo̩fdhau̯nsˌbus]
Flughafengebühr	lufthavnsskat, -ten, -ter ['lo̩fdhau̯nsˌsgæd]
Flugsteig	gate, -n, -s [gɛ̝i̯d]
Gepäck	bagage, -n [bæ'gɛ̝:ʂə]
Gepäckdepot	bagageopbevaring, -en, -er [bæ'gɛ̝:ʂəɔbbeˌva:ˀeŋ]
Gepäckabfertigung	bagageekspedition, -en, -er [bæ'gɛ̝:ʂəɛgsbediˌʂo:ˀn]
Gepäckausgabe	bagageudlevering, -en, -er [bæ'gɛ̝:ʂəuðleˌve:ˀɒ̯eŋ]
Gepäckwagen	bagagevogn, -en, -e [bæ'gɛ̝:ʂəˌvɔu̯ˀn]
Inlandsflug	indenrigsfly, -et, - ['enənʁisˌfly:ˀ]
Landung	landing, -en, -er ['læneŋ]

Notausgang	nødudgang, -en, -e ['nøðuð,gaŋ?]
Notlandung	nødlanding, -en, -er ['nøð,lænen]
Notrutsche	nødslisk, -en, -er ['nøð,slisg]
Passagier	passager, -en, -er [pæsæ'ɕe:?ɐ]
Pilot	pilot, -en, -er [pi'lo:?d]
Schwimmweste	svømmevest, -en, -e ['svœmə,vɛsd]
Sicherheitsgebühr	sikkerhedsgebyr, -et, - ['segɔheðsge,by:?ɐ]
Sicherheitskontrolle	sikkerhedstjek -ket, - ['segɔheðs,tjɛg]
Steward/ess	steward, -en, -er/stewardesse, -n, -r ['sdju:ad/sdjua'dɛsə]
stornieren	afbestille, -te, -t ['aube,sdel?ə]
Terminal	terminal, -en, -er [tɛɐmi'nɛ:?l]
Übergewicht	overvægt, -en, - ['ɔuɔ,vɛgd]
umbuchen	booke om [bugə 'ɔm?]
Verspätung	forsinkelse, -n, -r [fɔ,seŋ?gəlsə]
zollfreier Laden	toldfri butik, -ken, -ker ['tɔl,fʁi:? bu'tig]
Zwischenlandung	mellemlanding, -en, -er ['mɛləm,lænen]

Bahnfahrt

Fahrkarten kaufen

Zwei Karten nach ..., einfach bitte.
To enkeltbilletter til ..., tak. ['to:' 'ɛŋ'gəldbi,lɛdɔ tel ... 'tag]

2. Klasse/1. Klasse
Anden klasse/Første klasse ['ænən 'klæsə/'fœɐsdə 'klæsə]

Nichtraucher/Raucher?
Ryger/Ikkeryger? ['ʁy:ɔ/'egə,ʁy:ɔ]

Bitte eine Rückfahrkarte nach ...
En returbillet til ..., tak. [en ʁɛ'tu:?ɐbi,lɛd tel ... 'tag]

Gibt es eine Ermäßigung für Kinder/Studenten/Senioren?
Er der rabat til børn/studerende/pensionister?
[ɛɐ dɔ ʁa'bæd tel 'bœɐ'n/sdu'de:'ɔnə/paŋɕo'nisdɔ]

Ich möchte gern zwei Nichtraucherplätze reservieren:
Jeg vil gerne reservere to ikkeryger pladser:
[jai vel 'gɛɐnə ʁɛsɛɐ've:?ɔ 'to:? 'egə,ʁy:ɔ 'plæsɔ]
für den EC nach ...
i IC-toget til ... [i entɔ'sidi,to:?uəð tel]
am ... um ...Uhr
den ... klokken ... [dɛn ... 'klɔgən]

im Liegewagen
i liggevogn [i ˈlegəvɔu̯ˀn]
im Schlafwagen
i sovevogn [i ˈsɔu̯əvɔu̯ˀn]
im Speisewagen
i spisevogn [i ˈsbiːsəˌvɔu̯ˀn]

Gibt es einen Autoreisezug?
Er der et biltog? [ɛ̝ɒ̯ dɔ ed ˈbiːˀlˌto̝ːˀu̯]

Um wie viel Uhr habe ich in ... Anschluss nach ...?
Hvornår har jeg i ... forbindelse til ...?
[vɒˈnɒːˀ haːˀ jai̯ i ... fɔˈbenˀəlsə tel]

Wie oft muss ich da umsteigen?
Hvor ofte skal jeg skifte? [vɒ ˈɔfdə sgæ jai̯ ˈsgifdə]

Im Bahnhofsgebäude

Ich möchte diesen Koffer als Reisegepäck aufgeben.
Jeg vil gerne indskrive denne kuffert som rejsegods.
[jai̯ vel ˈgɛ̝ɒ̯nə ˈenˌsgʁiːˀvə dɛnə ˈko̝fɔd sɔm ˈʁai̯səˌgo̝s]

Wo kann ich mein Fahrrad aufgeben?
Hvor kan jeg aflevere min cykel? [ˈvɒːˀ kæ jai̯ ˈau̯leˌveːˀɔ min ˈsygəl]

Entschuldigen Sie bitte, von welchem Gleis fährt der Zug nach ... ab?
Undskyld, hvilket spor kører toget til ... fra?
[ˈo̝nˌsgylˀ ˈvelgəð ˈsboːˀɒ̯ køːɔ ˈto̝ːˀu̯əð tel ... ˈfʁaːˀ]

Der IC ... aus ... hat voraussichtlich 10 Minuten Verspätung.
IC-toget fra ... er sandsynligvis ti minutter forsinket.
[entɔˈsidiˌto̝ːˀu̯əð fʁa ... ɛ̝ɒ̯ sænˈsyːˀnliˌviːˀs ˈtiːˀ miˈnudɔ fɔˈseŋˀgəð]

Im Zug

Ist dieser Platz noch frei?
Undskyld, er pladsen ledig/fri? [ˈo̝nˌsgylˀ ɛ̝ɒ̯ plæsən ˈleːði/ˈfʁiːˀ]

Darf ich bitte das Fenster aufmachen/schließen?
Må jeg åbne/lukke vinduet? [mo̝ jai̯ ˈo̝ːbnə/ˈlo̝gə ˈvenˌduəð]

Entschuldigen Sie, ich glaube, das ist mein Platz.
Undskyld, jeg tror det er min plads. Jeg har pladsbillet.
[ˈo̝nˌsgylˀ jai̯ ˈtʁoːˀɒ̯ de ɛ̝ɒ̯ ˈmiːˀn ˈplæs jai̯ haːˀ ˈplæsbiˌlɛd]

Hier ist meine Platzreservierung.
Her er min pladsbillet. [ˈhɛːˀɒ̯ ɛ̝ɒ̯ min ˈplæsbiˌlɛd]

UNTERWEGS

Die Fahrkarten, bitte.
Må jeg se billetterne? [mo̜ jai̯ 'se:ˀ bi'lɛdɔnə]

Hinweise und Informationen

Adgang forbudt	Kein Zutritt
Afgang	Abfahrt
Ankomst	Ankunft
Billetter	Fahrkarten
Elevator	Fahrstuhl
Fri	Frei
Garderobe	Garderobe
Bagageopbevaring	Gepäckdepot
Ikkerygere	Nichtraucher
Indgang	Eingang
Liggevogn	Liegewagen
Luk dørene	Türe schließen
Lukket	Geschlossen
Læn Dem ikke ud	Nicht hinauslehnen
Nødbremse	Notbremse
Nødudgang	Notausgang
Oplysning	Auskunft
Optaget	Besetzt
Overgang forbudt	Übergang verboten
Rygere	Raucher
Sovevogn	Schlafwagen
Spisevogn	Speisewagen
Spor	Gleis
Toiletter Damer/Herrer	Toiletten Damen/Herren
Tryk	Drücken
Træk	Ziehen
Udgang	Ausgang
Udstigning	Ausstieg
Ventesal	Wartesaal
Åben	Geöffnet

➢ **auch Flugzeug**

Abfahrt . . . . afgang, -en, -e ['au̯ˌgaŋˀ]
Abteil . . . . kupé, -en, -er [ku'pe:ˀ]
Ankunft . . . . ankomst, -en ['ænˌkɔmˀsd]
Aufenthalt . . . . ophold, -et, - ['ɔbˌhɔlˀ]
aussteigen . . . . stige ud, steg, steget [sdi:ə 'uðˀ]
Autoreisezug . . . . biltog, -et, -e ['bi:ˀlˌto̜:ˀu̯]
Bahnhof . . . . banegård, -en, -e ['bɛ̝:nəˌgɒ:ˀ]
Begleitperson . . . . ledsager, -en, -e ['leðˌsɛ̝:ˀɔ]
Bistrowagen . . . . bistrovogn, -en, -e ['bisdʁoˌvɔu̯ˀn]
EC (EuroCity) . . . . EC (Eurocity) ['e:ˀ'se:ˀ/'œu̯ʁoˌsiti]
einsteigen . . . . stige ind, steg, steget [sdi:ə 'enˀ]
entwerten . . . . stemple, -de, -t ['sdɛmblə]
Ermäßigung . . . . rabat, -ten, -ter [ʁa'bæd]

Fahrkarte	billet, -ten, -ter [bi'lɛd]
Fahrkartenkontrolle	billetkontrol, -len, -ler [bi'lɛdkɔnˌtʁɔlˀ]
Fahrkartenschalter	billetluge, -n, -r [bi'lɛdˌluːə]
Fahrplan	køreplan, -en, -er ['køːɔˌplɛ̝ːˀn]
Fahrpreis	billetpris, -en, -er [bi'lɛdˌpʁiːˀs]
Fensterplatz	vinduesplads, -en, -er ['vendusˌplæs]
Gang	gang, -en, -e [gaŋˀ]
Gepäck	bagage, -n [bæ'gɛ̝ːɕə]
Gepäckaufbewahrung	bagageopbevaring, -en, -er [bæ'gɛ̝ːɕəɔbbeˌvaːˀeŋ]
Gepäckschalter	bagageluge, -n, -r [bæ'gɛ̝ːɕəˌluːə]
Gleis	spor, -et, - [sboːˀɒ̯]
Großraumwagen	vogn uden kupeopdeling ['vɔu̯ˀn uðən ku'peːˀɔbˌdeːˀleŋ]
Hauptbahnhof	hovedbanegård, -en, -e ['hoːəðbɛ̝ːnəˌgɒːˀ]
IC (InterCity)	IC (Intercity) ['iːˀ'seːˀ/entɔˌsidi]
ICE (InterCityExpress)	ICE (Intercity Expres) ['iːˀ'seːˀ'eːˀ/entɔ'sidi ɛgs'pʁæs]
Interrail	interrail ['entɔˌʁɛi̯l]
Kinderfahrkarte	børnebillet, -ten, -ter ['bœɒ̯nəbiˌlɛd]
Liegewagenplatz	liggevognsplads, -en, -er ['legəvɔu̯nsˌplæs]
Minibar	minibar, -en, -er ['miniˌbaːˀ]
Nichtraucherabteil	ikkeryger kupé, -en, -er ['egəˌʁyːɔ ku'peːˀ]
Platzreservierung	pladsreservering, -en, -er ['plæsʁɛsɛ̝ɒ̯ˌveːˀɒ̯eŋ]
Raucherabteil	rygerkupé, -en, -er ['ʁyːɔkuˌpeːˀ]
Rollstuhlfahrer/in	kørestolsbruger, -en, e ['køːɔsdolsˌbʁuːɔ]
Rückfahrkarte	returbillet, -ten, -ter [ʁɛ'tuːˀɒ̯biˌlɛd]
Schaffner/in	konduktør, -en, er [kɔndug'tøːɒ̯ˀ]
Schließfach	(bagage)boks, -en, e [bæ'gɛ̝ːɕəˌbɔgs]
Schwerbehinderte	svært handicappede ['svɛːˀɒ̯d 'hændikabəðə]
Sonn- und Feiertage	søn- og helligdage ['sœnˀ ɔ 'hɛliˌdɛ̝ːə]
Speisewagen	spisevogn, -en, -e ['sbiːsəˌvɔu̯ˀn]
Wagennummer	vognnummer, -et, -e ['vɔu̯nˌnɔ̝mˀɔ]
Wartesaal	ventesal, -en, -e ['vɛndəˌsɛ̝ːˀl]
Werktag	hverdag, -en, -e ['vɛɒ̯ˌdɛ̝ːˀ]
Zug	tog, -et, - [tɔ̝ːˀu̯]
Zugbegleitpersonal	togbetjent, -en, -e ['tɔ̝u̯beˌtjɛnˀd]
Zugchef/in	togfører, -en, e ['tɔ̝u̯ˌføːɔ]
Zuschlag	tillæg, -get, - ['teˌlɛːˀg]

UNTERWEGS

Schifffahrt

Wussten Sie, dass der älteste Raddampfer der Welt, Hjejlen (Stapellauf 25.Mai 1861), kein Museumsstück ist, sondern auf den Silkeborgseen in Jütland immer noch verkehrt, und dass die größte Katamaranfähre der Welt die Städte Rönne auf der Insel Bornholm und Ystad in Südschweden verbindet?

Auskunft

Könnten Sie mir bitte sagen, wann das nächste Schiff/die nächste Fähre nach … abfährt?
Kan De sige mig, hvornår den næste sejler/færge til …?
[kæ di ˈsiːə mai̯ vɒˈnɒːˀ dɛn ˈnɛsdə ˈfɛ̞ɒ̯u̯ə ˈsai̯lɔ tel … ˈau̯ˌgɒːˀ]

Wie lange dauert die Überfahrt?
Hvor længe varer overfarten? [vɒ ˈlɛŋə vaːa ˈɔu̯ɔˌfaːˀdən]

Wann legen wir in … an?
Hvornår lægger vi til i …? [vɒˈnɒːˀ lɛgɔ vi ˈtel i]

Wie lange haben wir in … Aufenthalt?
Hvor længe har vi ophold i …? [vɒ ˈlɛŋə haːˀ vi ˈɔbˌhɔlˀ i]

Ich möchte bitte …
Jeg vil gerne have …[jai̯ vel ˈgɛ̞ɒ̯nə ˈhɛ̝ː]
- **eine Schiffskarte nach …**
  billet til … [biˈlɛd tel]
- **1. Klasse**
  første klasse [ˈfœ̞ɒ̯sdə ˈklæsə]
- **Touristenklasse**
  turistklasse [tuˈʁisdˌklæsə]
- **eine Einzelkabine**
  en enkeltkahyt [en ˈɛŋˀgəldlkæˌhyd]
- **eine Zweibettkabine**
  en dobbeltkahyt [en ˈdɔbəldkæˌhyd]

Ich möchte eine Karte für die Rundfahrt um … Uhr.
Jeg vil gerne have en billet til rundfarten klokken …
[jai̯ vel ˈgɛ̞ɒ̯nə ˈhɛ̝ːˀ en biˈlɛd tel ˈʁɔ̝nˌfaːˀdən klɔgən]

Wo ist bitte der Speisesaal?
Undskyld, hvor er restauranten/cafeteriaet?
['ɔn,sgyl' 'vɒːˀ ɛɐ̯ ʁɛsdo'ʁaŋˀən/kafə'teːˀɐ̯iæəð]

Ich fühle mich nicht wohl.
Jeg føler mig utilpas. [jai̯ føːˀlɔ mai̯ 'utel,pæs]

Könnten Sie bitte den Schiffsarzt rufen?
Vær venlig at tilkalde skibslægen. [vɛːˀɐ̯ 'vɛnli ɔ 'tel,kælˀə 'sgibs,lɛːən]

Könnten Sie mir bitte ein Mittel gegen Seekrankheit geben?
Kan De give mig et middel mod søsyge?
[kæ di 'giːˀ mai̯ ed 'miðˀəl moð 'sø,syːə]

anlegen in	lægge til i, lagde, lagt [lɛgə 'tel i]
Boot	båd, -en, -e [bɔ̞ːˀð]
Buchung	bestilling, -en, -er [be'sdelˀeŋ]
Dampfer	damper, -en, -e ['dambɔ]
Deck	dæk, -ket, - [dɛg]
Fähre	færge, -n, -r ['fɛ̞ɐ̯u̯ə]
Fahrkarte	billet, -ten, -ter [bi'lɛd]
Festland	fastland, -et ['fæsd,lænˀ]
Hafen	havn, -en, -e [hau̯ˀn]
Kabine	kabine, -n, -r [kæ'biːnə]
Kai	kaj, -en, -er [kai̯ˀ]
Kapitän	kaptajn, -en, -er [kab'tai̯ˀn]
Kreuzfahrt	krydstogt, -et, -er ['kʁys,tɔgd]
Küste	kyst, -en, -er [køsd]
Landausflug	udflugt, -en, -er ['uð,flɔ̞gd]
Luftkissenboot	luftpudebåd, -en, -e ['lɔ̞fdpuːðə,bɔ̞ːˀð]
Rettungsboot	redningsbåd, -en, -e ['ʁɛðneŋs,bɔ̞ːˀð]
Rettungsring	redningskrans, -en, -e ['ʁɛðneŋs,kʁanˀs]
Rettungsweste	redningsvest, -en, -e ['ʁɛðneŋs,vɛsd]
Rundfahrt	rundfart, -en, -er ['ʁɔ̞n,faːˀd]
Seegang	søgang ['sø,gaŋˀ]
seekrank	søsyg ['sø,syːˀ]
Tragflügelboot	flyvebåd, -en, -e ['flyːvə,bɔ̞ːˀð]

UNTERWEGS

Nahverkehrsmittel

Bitte, wo ist die nächste …
Undskyld, hvor er det/den nærmeste …
['o̜nˌsgylˀ 'vɒːˀ ɛ̜ɒ̯ de/dɛn 'nɛ̜ɒ̯məsdə]

Bushaltestelle?
busstoppested? ['bussdɔbəˌsdɛð]

Metro-Station?
metrostation? ['meːtʁosdæˌsoːˀn]

S-Bahnstation?
S-togsstation? ['ɛsto̜u̯sdæˌsoːˀn]

Welche Linie fährt nach …?
Hvilken linie kører til …? ['velgən 'linjə køːɔ tel]

Wann fährt die erste/letzte S-Bahn nach …?
Hvornår kører det første/sidste S-tog til …?
[vɒ'nɒːˀ 'køːɔ de 'fœɒ̯sdə/'sisdə 'ɛsˌto̜ːˀu̯ tel]

Entschuldigen Sie, ist das der Bus nach …?
Undskyld, er det her bussen til …? ['o̜nˌsgylˀ ɛ̜ɒ̯ 'de 'hɛːˀɒ̯ 'busən tel]

Wie viel Haltestellen sind es bis …?
Hvor mange stoppesteder er der til …?
[vɒ 'maŋə 'sdɔbəˌstɛːðɔ ɛ̜ɒ̯ dɔ tel]

Entschuldigen Sie, wo muss ich aussteigen/umsteigen?
Undskyld, hvor skal jeg stige ud/skifte?
['o̜nˌsgylˀ 'vɒːˀ sgæ jai̯ sdiːə 'uðˀ/'sgifdə]

Könnten Sie mir bitte Bescheid geben, wenn ich aussteigen muss?
Vær venlig at sige til, når jeg skal stå af.
[vɛːɒ̯ 'vɛnli ɔ siːə 'tel 'nɒːˀ jai̯ sgæ sdo̜ 'ɛ̜ːˀ]

Bitte, einen Fahrschein nach …
En billet til …, tak. [en bi'lɛd tel … 'tag]

Der Fahrkartenautomat ist defekt.
Billetautomaten er defekt. [bi'lɛdau̯toˌmɛ̜ːˀdən ɛ̜ɒ̯ de'fɛgd]

Der Automat nimmt keine Geldscheine an.
Automaten tager ikke sedler. [au̯to'mɛ̜ːˀdən taːˀ 'egə 'sɛðlɔ]

Abfahrt	afgang, -en, -e ['au̯ˌgaŋˀ]
Bus	bus, -sen, -ser [bus]
Busbahnhof	rutebilstation ['ʁudəbilsdæˌsoːˀn]
einsteigen	stige ind, steg, steget [sdiːə 'enˀ]
Endstation	endestation, -en, -er ['ɛnəsdæˌsoːˀn]
entwerten	stemple, -r, -de, -t ['sdɛmblə]

Fahrkartenautomat	billetautomat, -en, -er [bi'lɛdau̯to,mɛ̝ːˀd]
Fahrplan	køreplan, -en, -er ['køːɔ,plɛ̝ːˀn]
Fahrpreis	billetpris, -en, -er [bi'lɛd,pʁiːˀs]
Fahrschein	billet, -ten, -ter [bi'lɛd]
Fahrscheinentwerter	stempelautomat, -en, -er ['sdɛmˀbəl,au̯to,mɛ̝ːˀd]
Haltestelle	stoppested, -et, -er ['sdɔbə,sdɛð]
Kontrolleur	kontrollør, -en, -er [kɔntʁo'løːˀɒ̯]
Mehrfahrtenkarte	stempelkort, -et, - ['sdɛm'bəl,kɒːd]
Monatskarte	månedskort, -et, - ['mɔ̝ːnəðs,kɒːd]
Nahverkehrszug	lokaltog, -et, -e [lo'kɛ̝ːˀl,tɔ̝ːˀu̯]
Obus	omnibus, -sen, -ser ['ɔmni,bus]
Richtung	retning, -en, -er ['ʁædneŋ]
S-Bahn	S-tog, -et, - ['ɛs,tɔ̝ːˀu̯]
Schaffner	konduktør, -en, -er [kɔndug'tøːˀɒ̯]
Stadtbus	bybus, -sen, -ser ['by,bus]
Straßenbahn	sporvogn, -en, -e ['sboɒ̯,vɔu̯ˀn]
Tageskarte	endagsbillet, -ten, -ter ['eːndæsbi,lɛd]
Überlandbus	rutebil, -en, -er ['ʁudə,biːˀl]
Wochenkarte	ugekort, -et, - ['uːə,kɒːd]

Taxi

Entschuldigen Sie bitte, wo ist denn der nächste Taxistand?
Undskyld, hvor er den nærmeste taxaholdeplads?
['ɔ̝n,sgylˀ 'vɒːˀ ɛ̝ɒ̯ dɛn 'nɛ̝ɒ̯məsdə 'tagsæ,hɔləplæs]

Zum Bahnhof, bitte.
Til banegården, tak. [tel 'bɛ̝ːnə,gɒːˀɒn 'tag]

Zum ... Hotel, bitte.
Til hotel ..., tak. [tel hotɛl ... 'tag]

In die ...-Straße, bitte.
Til ... gade/vej, tak. [tel ... ,gɛ̝ːðə/,vai̯ˀ 'tag]

Nach ..., bitte.
Til ..., tak. [tel ... 'tag]

Wie viel kostet es nach ...?
Hvor meget koster det til ...? [vɒ 'mai̯əð 'kɔsdɔ de tel]

Könnten Sie bitte hier halten?
Vær venlig at holde her, tak. [vɛːˀɒ̯ 'vɛnli ɔ 'hɔlə 'hɛːˀɒ̯ 'tag]

Könnten Sie mir bitte eine Quittung ausstellen?
Må jeg bede om en kvittering? [mɔ̝ jai̯ 'beːˀ ɔm en kvi'teːˀɒ̯eŋ]

Das ist für Sie.
Det er til Dem. [de ɛɒ̯ tel 'dɛm]

anhalten .... stoppe, -de, -t ['sdɔbə]
anschnallen .... spænde, spandt, spændt ['sbɛnə]
Hausnummer .... husnummer, -et, -e ['hus,nɔ̰mˀɔ]
Kilometerpreis .... kilometerpris, -en, -er [kilo'meːˀdɔ,pʁiːˀs]
Quittung .... kvittering, -en, -er [kvi'teːˀɒ̯eŋ]
Sicherheitsgurt .... sikkerhedssele, -n, -r ['segɔheðs,seːlə]
Taxifahrer/in .... taxachauffør, -en, -er ['tagsæʂo,føːˀɒ̯]
Taxistand .... taxiholdeplads, -en, -er ['tagsi,hɔləplæs]
Trinkgeld .... drikkepenge *pl* ['dʁɛgə,pɛŋə]

Reisen mit Kindern

Dänemark ist ein kinderfreundliches Land und eignet sich hervorragend für einen Familienurlaub. Es sind keine langen Autofahrten nötig, um von Ihrer Unterkunft aus zu den verschiedenen Attraktionen, die Sie besuchen oder besichtigen möchten, zu kommen. Sollten Sie mit der Bahn unterwegs sein, gibt es Züge, vor allem IC3-Züge, die spezielle Abteile für Kinder und Abstellplätze für die Kinderwagen haben. Hier haben die Kinder Platz zum Spielen und Sie können auch Kindermahlzeiten und Getränke kaufen. Auskunft hierzu erhalten Sie an allen Bahnhöfen.
Es wird viel getan, um die Ferienangebote für Familien mit Kindern attraktiv, interessant und abwechslungsreich zu gestalten. Die Palette reicht vom Schlittschuhlaufen im Sommer über das Reiten am Strand, LEGOLAND, Mittelalter- und Wikinger-Museen, Tiergärten, bis hin zum Besuch in der größten Kalkmine der Welt. Sie finden auch viele Naturparks, die so konzipiert sind, dass der Besuch für die ganze Familie zum Erlebnis wird.

Nützliche Fragen

Gibt es hier eine Kinderbetreuung?
Er der børnepasning? [ɛ̝ɒ̯ dɔ ˈbœ̝ɒ̯nəˌpæsneŋ]

Ab welchem Alter?
Fra hvilken alder? [fʁa ˈvelgən ˈælˀɔ]

Kennen Sie jemanden, der bei uns babysitten könnte?
Kender De nogen, som kan være babysitter hos os?
[ˈkɛnɔ di ˈnoːən sɔm kæ væːɔ ˈbɛi̯biˌsidɔ hos ˈɔs]

Haben Sie ein Babyfon?
Har De en babyalarm? [ˈhaːˀ di en ˈbɛi̯biæˌlaːˀm]

Gibt es eine Ermäßigung für Kinder?
Er der børnerabat? [ɛ̝ɒ̯ dɔ ˈbœ̝ɒ̯nəʁaˌbæd]

Unterwegs

Wir reisen mit einem Kleinkind. Könnten wir Plätze ganz vorn bekommen?
Vi rejser med et lille barn. Kunne vi få pladser helt foran?
[vi ˈʁai̯ˀsɔ mɛ ed ˈlilə ˈbaːˀn ku vi fo̝ ˈplæsɔ ˈheːˀld ˈfɒːˌænˀ]

Haben Sie einen Kindersicherheitsgurt?
Har De en sikkerhedssele til barnet?
[ˈhaːˀ di en ˈsegɔheðsˌseːlə tel ˈbaːˀnəð]

Haben Sie vielleicht Stifte und Papier/ein Malbuch?
Har De måske farveblyanter og papir/malebog?
[haːˀ di mọ'sgeːˀ 'faːvəˌblyːænˀdɔ ɔ pæ'piːˀɒ̯/'mɛ̝ːləˌbọːˀu̯]

Verleihen Sie Kinderautositze?
Udlejer De børnesæder til biler? ['uðˌlai̯ˀɔ di 'bœ̝ɒ̯nəˌsɛːðɔ tel 'biːˀlɔ]

Im Restaurant

Könnten Sie bitte noch einen Kinderstuhl bringen?
Kunne De komme med en børnestol til?
[ku di 'kɔmə mɛ en 'bœ̝ɒ̯nəˌsdoːˀl 'tel]

Gibt es auch Kinderportionen?
Har De også børneportioner? [haːˀ di 'ɔsə 'bœ̝ɒ̯nəˌpɒ'ʂoːˀnɔ]

Gibt es hier einen Wickelraum?
Er der et puslerum her? [ɛ̝ɒ̯ dɔ ed 'pusləˌʁọmˀ 'hɛːˀɒ̯]

Babynahrung	babymad, -en, - ['bɛi̯biˌmæð]
Babyschale *(fürs Auto)*	babystol, -en, -e (til bilen) ['bɛi̯biˌsdoːˀl]
Fläschchenwärmer	flaskevarmer, -en, -e ['flæsgəˌvaːmɔ]
Kinderbecken	børnebassin, -et, -er ['bœ̝ɒ̯nəbæˌsɛŋ]
Kinderbetreuung	børnepasning, -en, -er ['bœ̝ɒ̯nəˌpæsneŋ]
Kinderbett	barneseng, -en, -e ['baːnəˌsɛŋˀ]
Kinderermäßigung	børnerabat, -ten, -ter ['bœ̝ɒ̯nəʁaˌbæd]
Kinderkleidung	børnetøj, et, - ['bœ̝ɒ̯nəˌtɔi̯]
Kindersitz	børnesæde, -t, -r ['bœ̝ɒ̯nəˌsɛːðə]
Kindersitzkissen *(fürs Auto)*	siddepude til børn i bilen ['seːðəˌpuːðə tel 'bœ̝ɒ̯ˀn i 'biːˀlən]
Malbuch	malebog, -en, -bøger ['mɛ̝ːləˌbọːˀu̯]
Planschbecken	soppebassin, -et, -er ['sɔbəbæˌsɛŋ]
Sandburg	sandslot, -tet, -te ['sænˌslɔd]
Sandkasten	sandkasse, -n, -r ['sænˌkæsɔ]
Sauger	sut, -ten, -ter [sud]
Saugflasche	sutteflaske, -n, -r ['sudəˌflæsgə]
Schnuller	(narre)sut, -ten, -ter [('naːa)'sud]
Schwimmflügel	svømmevinger *pl* ['svœməˌveŋɔ]
Schwimmkurs	svømmekursus, -et, -er ['svœməˌkuɒ̯sus]
Schwimmring	badering, -en, -e ['bɛ̝ːðəˌʁɛŋ]
Sonnenschutz	solcreme, -en, -er ['soːlˌkʁɛːˀm]
Spielkamerad	legekammerat, -en, -er ['lai̯əkaməˌʁaːd]
Spielplatz	legeplads, -en, -er ['lai̯əˌplæs]
Trinkflasche	drikkeflaske, -en, -er ['dʁɛgəˌflæsgə]
Vergnügungspark	forlystelsespark, -en, -er [fɔ'løsdəlsəsˌpaːg]
Wickeltisch	puslebord, -et, -e ['puslәˌboːˀɒ̯]
Windeln	bleer [bleːˀɔ]

Gesundheit

Könnten Sie mir bitte sagen, ob es hier einen Kinderarzt gibt?
Kan De sige mig, om der er en børnelæge her?
[kæ di ˈsiːə mai̯ ɔm dɔ ˈɛ̝ɒ̯ en ˈbœ̝ɒ̯nəˌlɛːə ˈhɛːˀɒ̯]

Mein Kind hat ...
Mit barn har ... [mid ˈbaːˀn haːˀ]

Es ist allergisch gegen ...
Det er allergisk mod ... [de ɛ̝ɒ̯ æˈlɛ̝ːˀɒ̯gisg moð]

Es hat erbrochen.
Det har kastet op. [de haːˀ kæsdəð ˈɔb]

Es hat Durchfall.
Det har diarré. [de haːˀ diaˈʁɛːˀ]

Es ist gestochen worden.
Det er blevet stukket. [de ɛ̝ɒ̯ bleːəð ˈsdo̝gəð]

Allergie	allergi, -en, -er [ælɛ̝ɒ̯ˈgiːˀ]
Ausschlag	udslæt, -tet, - [ˈuðˌslɛd]
Elektrolytlösung	elektrolytopløsning, -en, -er [elɛgtʁoˈlydɔbˌløːˀsneŋ]
Erkältung	forkølelse, -n, -r [fɔˈkøːˀləlsə]
Fieber	feber, -en [ˈfeːˀbɔ]
Grippe	influenza, -en, -er [enfluˈɛnsæ]
Impfpass	vaccinationsattest, -en, -er [vagsinæˈɕoːˀnsæˌtɛsd]
Insektenstich	insektstik, -ket, - [enˈsɛgdˌsdeg]
Keuchhusten	kighoste, -n [ˈkiˌhoːsdə]
Kinderkrankenhaus	børnesygehus, -et, -e [ˈbœ̝ɒ̯nəsyːəˌhuːˀs]
Kinderkrankheit	børnesygdom, -men, -me [ˈbœ̝ɒ̯nəsyːˌdɔmˀ]
Krankenhaus	sygehus, -et, -e [ˈsyːəˌhuːˀs]
Masern	mæslinger [ˈmɛsleŋɔ]
Mittelohrentzündung	mellemørebetændelse, -n, -r [ˈmɛləmøːɔbeˌtɛnˀəlsə]
Mumps	fåresyge, -n [ˈfɒːɒˌsyːə]
Notfallaufnahme/Unfallstation	skadestue, -n, -r [ˈsgɛ̝ːðəˌsduːə]
Röteln	røde hunde [ˈʁœːðə ˈhunə]
Scharlach	skarlagensfeber, -en [ˈsgaːlɛ̝ːˀənsˌfeːˀbɔ]
Windpocken	skoldkopper [ˈsgɔlˌkɔbɔ]

Unterwegs mit Handicap

In ganz Dänemark ist man stets bemüht, das Reisen für Menschen mit Handicaps zu ermöglichen und zu erleichtern. Viele Hotels, Landgasthöfe (Kroer), Ferienhäuser und Campingplätze sind entsprechend ausgestattet. Bereits vom Parkplatz aus, der häufig mit einem speziell für Rollstuhlfahrer geeigneten Belag versehen ist, wird meist durch einen stufenlosen Zugang und eine automatische Türöffnung für problemlosen Zutritt gesorgt. Vielerorts sind feste Zugangswege angelegt, die den Zugang zum Strand für Rollstuhlfahrer, Gehbehinderte, aber auch für Familien mit Kleinkindern erleichtern. In vielen Wäldern werden Sie breite Wege finden, so dass Sie die Natur intensiv und hautnah erleben können. Sollten Sie mit dem Zug unterwegs sein: Die DSB (Dänische Eisenbahn Gesellschaft) bietet einen Handicapservice an. Es gibt Ermäßigungen auf Fahrkarten, ungeachtet dessen, ob Sie alleine oder mit einer Begleitperson reisen.
Besorgen Sie sich am besten Broschüren, um sich vorab in Ruhe über die verschiedenen Möglichkeiten zu informieren. Fachkundige Auskünfte erhalten Sie unter anderem bei „Dansk Handicap Forbund, Hans Knudsens Plads 1 A, DK-2100 København" oder Sie senden eine E-Mail an: dhf@dhf-net.dk
Auch der Allgemeinen Behindertenverband in Deutschland e. V. wird Ihnen diesbezüglich behilflich sein. Die Anschrift ist: Friedrichstr. 95, 10117 Berlin, oder Sie senden eine E-Mail an: abid.bv@t-online.de
Fachkundige Auskünfte zum barrierefreien Reisen bietet auch der deutsche *Bundesverband Selbsthilfe Körperbehinderter e.V.* kostenlos an. (E-Mail: Reiseservice@bsk-ev.de; Internet: www.bsk-ev.de).

Ich bin …
Jeg er … [jai̯ ɛɐ̯]
hörgeschädigt.
hørehæmmet. [ˈhøːɔˌhɛməð]
körperbehindert.
bevægelseshæmmet. [beˈvɛːˀəlsəsˌhɛməð]
sehbehindert.
synshæmmet. [ˈsyːˀnsˌhɛməð]
gehbehindert.
gangbesværet. [ˈgaŋbeˌsvɛːˀɔð]
zuckerkrank.
sukkersyg. [ˈsɔ̝gɔˌsyːˀ]

Ich habe Multiple Sklerose.
Jeg har multipel sklerose. [jai̯ haːˀ mulˈtiːˀbel sgleˈʁoːsə]

Unterwegs

Kann ich einen eigenen (faltbaren) Rollstuhl im Flugzeug mitnehmen?
Kan jeg tage min kørestol (den kan klappes sammen) med i flyveren? [kæ jai̯ tɛ̝ːˀ min ˈkøːɔˌsdoːˀl (dɛn kæ klabəs ˈsamˀən) ˈmɛ i ˈflyːvɔɔn]

Wird ein Rollstuhl am Abflug-/Zielflughafen bereitgestellt?
Står der en kørestol til rådighed i afgangs-/ankomstlufthavnen? [sdɒːˀ dɔ en ˈkøːɔˌsdoːˀl tel ˈʁɔ̝ːðiˌheːˀð i ˈau̯gaŋs-/ˈænkɔmsdlo̝fdˌhau̯ˀnən]

Könnte ich einen Sitz am Gang haben?
Jeg vil gerne have en gangplads. [jai̯ vel ˈgɛ̝ɒ̯nə ˈhɛ̝ːˀ en ˈgaŋˌplæs]

Gibt es eine Behindertentoilette mit Armstützen?
Er der et handicaptoilet med armstøtter?
[ɛ̝ɒ̯ dɔ ed ˈhændikabtoæˌlɛd mɛ ˈaːmˌsdødɔ]

Gibt es einen Behindertenwaschraum?
Er der et badeværelse til handicappede?
[ɛ̝ɒ̯ dɔ ed ˈbɛ̝ːðəˌvɛːɔlsə tel ˈhændikabəðə]

Könnte mir jemand beim Umsteigen behilflich sein?
Er der nogen, som kan hjælpe mig, når jeg skal skifte?
[ɛ̝ɒ̯ dɔ ˈnoːən sɔm kæ ˈjɛlbə mai̯ ˈnɒːˀ jai̯ sgæ ˈsgifdə]

Ist der Einstieg in die Wagen ebenerdig?
Er adgangen til vognen niveaufri?
[ɛ̝ɒ̯ ˈæðˌgaŋˀən tel ˈvɔu̯ˀnən niˈvoˌfʁiːˀ]

Gibt es Niederflurbusse?
Er der busser med lav indgang? [ɛ̝ɒ̯ dɔ ˈbusɔ mɛ ˈlɛ̝ːˀv ˈenˌgaŋˀ]

Sind die Bahnsteige über Rampen für Rollstuhlfahrer zugänglich?
Er der for kørestolbrugere adgang til perronerne via ramper?
[ɛ̝ɒ̯ dɔ fɔ ˈkøːɔsdolsˌbʁuːɔɔ ˈæðˌgaŋˀ tel pɛ̝ˈʁɔŋˀɔnə viːæ ˈrambɔ]

Haben Sie Autos mit Handgas für Körperbehinderte?
Har De biler med håndgas til fysisk handicappede?
[haːˀ di ˈbiːˀlɔ mɛ ˈhɔnˌgæs tel ˈfyːˀsisg ˈhændikabəðə]

Vermieten Sie behindertengerechte Wohnmobile?
Udlejer De handicapegnede autocampere?
[ˈuðˌlai̯ˀɔ di ˈhændikabˌai̯nəðə ˈau̯toˌkæːmbɔɔ]

Kann man hier irgendwo Behindertenfahrräder leihen?
Kan man leje handicap-cykler et eller andet sted her i nærheden? [kæ mæn lai̯ə ˈhændikabˌsyglɔ ed ɛlɔ ænəð ˈsdɛð ˈhɛːˀɒ̯ i ˈnɛɒ̯ˌheːˀðən]

Unterkunft

Könnten Sie mir bitte Informationen senden, welche ...
Kunne De sende informationer til mig om, hvilke ...
[ku di sɛnə enfɒmæ'ɕoːˀnɔ tel mai̯ 'ɔmˀ 'velgə]

Hotels
hoteller [ho'tɛlˀɔ]
Ferienhäuser
feriehuse ['feːˀɐ̯iə,huːsə]
Ferienwohnungen
ferielejligheder ['feːˀɐ̯iə'lai̯li,heːˀðɔ]

in ... für Behinderte geeignet sind?
i ..., der er egnet til handicappede?
[i ... dɔ ɛɐ̯ 'ai̯nəð tel 'hændikabəðə]

Könnten Sie mir bitte sagen, welche Campingplätze behindertengerechte Einrichtungen haben?
Kan De sige mig, hvilke campingpladser, der er handicapvenligt indrettet? [kæ de 'siːə mai̯ 'velgə 'kambeŋ,plæsɔ dɔ ɛɐ̯ 'hændikab,vɛnlid 'en,ʁædəð]

Was für einen Bodenbelag hat das Zimmer/hat der Parkplatz?
Hvilken gulvbelægning har værelset?/Hvilken belægning er der på parkeringspladsen? ['velgən 'gɔ̝lbe,lɛgneŋ 'haːˀ 'vɛːɔlsəð/'velgən be'lɛgneŋ ɛɐ̯ dɔ pɔ̝ pa'keːˀɐ̯eŋs,plæsən]

Museen, Sehenswürdigkeiten, Theater ...

Ist die Ausstellung für Gehbehinderte über Aufzüge erreichbar?
Er der elevator til udstillingen for gangbesværede?
[ɛɐ̯ dɔ elə'vɛ̝ːtɒ tel 'uð,sdelˀeŋən fɔ 'gaŋbe,svɛːˀɔðə]

Gibt es spezielle (Stadt-)Führungen für Gehörlose?
Er der specielle (by-)sightseeings for døve?
[ɛɐ̯ dɔ sbe'sjɛlˀə ('by-)'sai̯d,siːeŋs fɔ 'døːvə]

Können Induktionsschleifen für Hörbehinderte eingeschaltet werden?
Kan der anvendes teleslynger for hørehæmmede?
[kæ dɔ 'æn,vɛnˀəs 'teːlə,sløŋɔ fɔ 'høːɔ,hɛməðə]

Gibt es Museumsführungen/Theateraufführungen für Taubstumme/Blinde?
Er der museumsrundvisninger/teaterstykker for døvstumme/blinde? [ɛɐ̯ dɔ mu'sɛːɔ̝msʁɔ̝n,viːˀsneŋɔ/te'ɛ̝ːˀdɔ,sdøgɔ fɔ 'døu̯,sdɔ̝mˀə/'blenə]

Auffahrtrampe (für Rollstühle)	tilkørselsrampe (for kørestolsbrugere) ['telkøɒ̯səlsˌrambə (fɔ 'kø:ɔsdolsˌbʁu:ɔɔ)]
barrierefrei	uden barriere ['u:ðən baʁi'ɛ:ɔ]
Begleitperson	ledsager, -en, -e ['leðˌsɛ̝:ˀɔ]
Behindertenausweis	handicaplegitimation ['hændikablegitimæˌɕo:ˀn]
behindertengerecht	handicapvenlig ['hændikabˌvɛnli]
Behindertenparkplatz	parkeringsplads for handicappede [pa'ke:ˀɒ̯eŋsˌplæs fɔ 'hændikabəðə]
Behindertentoilette	handicaptoilet, -tet, -ter ['hændikabtoæ'lɛd]
Behindertenverband	Handicapforbund ['hændikabˌfɒ:bɔ̝nˀ]
Betreuungsdienst für Behinderte	hjælpetjeneste for handicappede ['jɛlbəˌ'tjɛ:nəsdə fɔ 'hændikabəðə]
blind	blind ['blenˀ]
Blindenhund	blindehund, -en, -e ['blenəˌhunˀ]
Braille *(Blindenschrift)*	blindeskrift, -en, - ['blenəˌsgʁɛfd]
Breite	bredde, -n, -r ['bʁɛ:ˀdə]
Duschsitz/Badesitz	brusestol/badestol ['bʁu:səˌsdo:ˀl/'bɛ̝:ðəˌsdo:ˀl]
ebenerdig	niveaufri adgang [ni'voˌfʁi:ˀ 'æðˌgaŋˀ]
Einstiegshilfe	hjælp til på-/indstigning ['jɛlˀb tel 'pɔ-/'enˌsdi:ˀneŋ]
Epilepsie	epilepsi [epilɛb'si:ˀ]
Fahrdienst	transporttjeneste, -n, -r [tʁans'pɒ:dˌtjɛ:nəsdə]
Flurbreite	gangbredde ['gaŋˌbʁɛ:ˀdə]
Gebärdensprache	tegnsprog ['tai̯nˌsbʁo̝:ˀu̯]
gehörlos	døv [dø:ˀv]
geistig behindert	psykisk syg ['sygisg 'sy:ˀ]
gelähmt	lammet ['laməð]
Haltegriff	håndgreb, -et ['hɔnˌgʁɛ:ˀb]
Handbike	hånddrevet cykel ['hɔnˌdʁɛ:ˀvəð 'sygəl]
Handgas *(Auto)*	bil med håndgas ['bi:ˀl mɛ 'hɔnˌgæs]
behindertengerecht	handicapvenlig ['hændikabˌvɛnli]
Handlauf	håndtag/håndgreb, -et, - ['hɔnˌtɛ̝:ˀ/'hɔnˌgʁɛ:ˀb]
Höhe	højde, -n, -r ['hɔi̯ˀdə]
Hörgerät	høreapparat, -et, -er ['hø:ɔapa'ʁa:ˀd]
hörgeschädigt	hørehæmmet ['hø:ɔˌhɛməð]
Hublift	handicaplift ['hændikabˌlifd]
Induktionsschleife	teleslynge til hørehæmmede ['te:ləˌsløŋə tel 'hø:ɔˌhɛməðə]
Kopfhörer	hovedtelefon, -en, -er ['ho:əðteləˌfo:ˀn]
Körperbehinderung	fysisk handicap ['fy:ˀsisg 'hændikab]
Krücke	krykke, -n, -r ['kʁœgə]

Lenkrad-Drehknopf *(Auto)* . . styreknop på rattet ['sdyːɔˌknɔ̞b pɔ̞ 'ʁadəð]
Mehrfachbehindert . . . . . . multihandicappet ['multiˌhændikabəð]
Mobilitätsbehinderte/r . . . . bevægelseshæmmet [be'vɛːˀəlsəsˌhɛməð]
pflegebedürftig . . . . at have brug for pleje (har, havde) [ɔ hɛ̝ːˀ 'bʁuːˀ fɔ 'plaj̯ə]
ambulante Pflegestation . . . ambulant plejeafdeling [ambu'lænˀd 'plaj̯əau̯ˌdeːˀleŋ]
querschnittsgelähmt . . . . . . lammet fra ryggen og nedefter ['laməð fʁa 'ʁœgən ɔ 'neðˀˌɛfdɔ]
Rampe . . . . rampe, -n, -r ['rambə]
Rollstuhl . . . . kørestol, -en, -e ['køːɔˌsdoːˀl]
Elektrorollstuhl . . . . elektrisk kørestol [e'lɛgtʁisg 'køːɔˌsdoːˀl]
Faltrollstuhl . . . . sammenklappelig kørestol [samən'klabəli 'køːɔˌsdoːˀl]
Rollstuhlfahrer . . . . kørestolsbruger, -en, -er ['køːɔsdolsˌbʁuːɔ]
rollstuhlgängiger Wagen *(Zug)* . . togvogn, velegnet til kørestole ['tɔ̞u̯ˌvɔu̯ˀn 'vɛlˌaj̯ˀnəð tel 'køːɔˌsdoːlə]
rollstuhlgerecht . . . . kørestolsegnet ['køːɔsdolsˌaj̯nəð]
Rollstuhlkabine *(Schiff)* . . . . kørestolsegnet kabine/kahyt ['køːɔsdolsˌaj̯nəð kæ'biːnə/kæ'hyd]
Sanitäreinrichtungen . . . . . sanitære anlæg [sæni'tɛːˀɔ 'ænˌlɛːˀg]
Schreibtelefon . . . . teksttelefon til døve/blinde ['tɛgsdteləˌfoːˀn tel 'døːvə/'blenə]
schwerstbehindert . . . . særlig stærkt handicappet ['sɛ̝ɒ̯li 'sdɛ̝ɒ̯gd 'hændikabəð]
sehbehindert . . . . synshæmmet ['syːˀnsˌhɛməð]
sozialer Hilfsdienst . . . . social hjælpetjeneste [so'ɕɛ̝ːˀl 'jɛlbəˌtjɛːnəsdə]
Sozialstation . . . . socialstation [so'ɕɛ̝ːˀlsdæˌɕoːˀn]
Steigung . . . . stigning, -en, er ['sdiːneŋ]
Stufe . . . . trin, -net, - [tʁin]
stufenloser Zugang . . . . indgang uden trapper ['enˌgaŋˀ uðən 'tʁabɔ]
stumm . . . . stum [sdɔ̞mˀ]
Taststock . . . . blindestok, -ken, - ke ['blenəˌsdɔg]
taub . . . . døv ['døːˀv]
taubstumm . . . . døvstum ['døu̯ˌsdɔ̞mˀ]
automatische Türöffnung . . automatisk døråbning [au̯to'mɛ̝ːˀtisg 'dœɒ̯ˌɔ̞ːbneŋ]
Türschwelle . . . . dørtrin, -net, - ['dœɒ̯ˌtʁin]
Zeichensprache . . . . tegnsprog, -et, - ['taj̯nˌsbʁɔ̞ːˀu̯]
zugänglich . . . . tilgængelig [te'gɛŋˀəli]

Unterkunft

Die Auswahl an Hotels reicht von ganz modern bis zu traditionsreich, von Familienbetrieben bis zu Hotels internationaler Hotelgruppen.
Landgasthöfe (Kroer), die überwiegend in ruhigen und idyllischen Orten gelegen sind, bieten eine Alternative für Gäste, die eher Ruhe und Erholung suchen. Die Kroer mit der zusätzlichen Bezeichnung Kongelig Priviligeret Kro erhielten dieses Privileg zu der Zeit, als man noch mit Pferdekutschen durch das Land reiste.

Auskunft

Können Sie mir bitte … empfehlen?
Kunne De anbefale mig … [ku di ˈænbeˌfɛ̝ːlə mai̯]
ein gutes Hotel
et godt hotel? [ed ˈgɔd hoˈtɛlˀ]
ein einfaches Hotel
et billigt hotel? [ed ˈbilid hoˈtɛlˀ]
eine Pension
et pensionat? [ed paŋɕoˈnɛ̝ːˀd]
einen Krug
en kro? [en ˈkʁoːˀ]
ein Zimmer mit Frühstück hier in der Nähe
værelse(r) med morgenmad her i nærheden?
[ˈvɛːɔlsə(ɔ) mɛ ˈmɒːɒnˌmæð ˈhɛːˀɒ̯ i ˈnɛɒ̯ˌheːˀðən]

Ist es zentral/ruhig/in Strandnähe gelegen?
Ligger det centralt/roligt/i nærheden af en strand?
[ˈlegɔ de sɛnˈtʁaːˀld/ˈʁoːlid/i ˈnɛɒ̯ˌheːˀðən æ en ˈsdʁanˀ]

Gibt es hier auch …
Er der også … [ɛ̝ɒ̯ dɔ ˈɔsə]
einen Campingplatz?
en campingplads her? [en ˈkambeŋˌplæs ˈhɛːˀɒ̯]
eine Jugendherberge?
et vandrerhjem her? [ed ˈvandʁɔˌjɛmˀ ˈhɛːˀɒ̯]

Hotel – Pension – Jugendherberge

An der Rezeption

Ich habe hier ein Zimmer reserviert. Mein Name ist …
Jeg har reserveret et værelse her. Mit navn er …
[jai̯ haːˀ ʁɛsɛ̝ɒ̯ˈveːˀɔð ed ˈvɛːɔlsə ˈhɛːˀɒ̯ mid ˈnau̯ˀn ɛ̝ɒ̯]

Erwähnt werden sollen auch Ferien auf dem Bauernhof – Bondegårdsferie.
Jugendherbergen – Vandrerhjem – bieten Familien- und Einzelzimmer an, und sind als Unterkunft für Rundreisen ideal. Die Vandrerhjem sind sehr gut ausgestattet, z. B. mit Waschmaschinen, Trocknern, Feuerstellen, Grill- und Spielplätzen.

Haben Sie noch Zimmer frei?
Har De endnu ledige værelser? [haːˀ di ˈenu ˈleːðiə ˈvɛːɔlsɔ]
… für eine Nacht
… for en nat [fɔ ˈeːˀn ˈnæd]
… für zwei Tage
… for to dage [fɔ ˈtoːˀ ˈdɛ̝ːə]
… für eine Woche
… for en uge [fɔ en ˈuːə]

Nein, wir haben leider keine mehr.
Nej, vi har desværre ikke nogen/noget mere.
[ˈnai̯ˀ vi ˈhaːˀ deˈsvɛ̝ːɔ ˈegə noːən/nǫːəð ˈmeːɔ]

Ja, was für ein Zimmer wünschen Sie?
Ja, hvad slags værelse ønsker De? [ˈjæ ˈvæ slags ˈvɛːɔlsə ˈønsgɔ di]

Ich hätte gern …
Jeg ville gerne have … [jai̯ vilə ˈgɛ̝ɒ̯nə ˈhɛ̝ːˀ]
ein Einzelzimmer
et enkeltværelse [ed ˈɛŋˀgəldˌvɛːɔlsə]
ein Doppelzimmer
et dobbeltværelse [ed ˈdɔbəldˌvɛːɔlsə]
ein ruhiges Zimmer
et roligt værelse [ed ˈʁoːlid ˈvɛːɔlsə]
mit Dusche
med brusebad [mɛ ˈbʁuːsəˌbæð]
mit Bad
med bad [mɛ ˈbæð]
mit Balkon/Terrasse
med altan/terrasse [mɛ ælˈtɛ̝ːˀn/tæˈʁasə]
mit Blick aufs Meer
med udsigt over havet [mɛ ˈuðˌsegd ɔu̯ˀɔ ˈhɛ̝ːˀvəð]
im Innenhof gelegen
mod gården [moð ˈgɒːˀɒn]

Kann ich das Zimmer ansehen?
Må jeg se værelset? [mǫ jai̯ ˈseːˀ ˈvɛːɔlsəð]

Kann ich bitte noch ein anderes sehen?
Vær venlig at vise mig et andet. [vɛːˀɒ̯ ˈvɛnli ɔ ˈviːsə mai̯ ed ˈænəð]

Dieses Zimmer nehme ich.
Det tager jeg. [de 'ta:ˀ jai̯]

Könnten Sie bitte noch ein drittes Bett/ein Kinderbett dazustellen?
Er det muligt at få en tredje seng/en barneseng ind på værelset? [ɛɒ̯ de 'mu:lid ɔ fo̜ en 'tʁɛðjə 'sɛŋˀ/en 'ba:nə,sɛŋˀ 'enˀ po̜ 'vɛ:ɔlsəð]

Was kostet das Zimmer mit ...
Hvad koster værelset med ... [væ 'kɔsdɔ 'vɛ:ɔlsəð mɛ]

Frühstück?
morgenmad? ['mɒ:ɒn,mæð]
Halbpension?
halvpension? ['hælpaŋ,ʂo:ˀn]
Vollpension?
helpension? ['he:lpaŋ,ʂo:ˀn]

Wollen Sie bitte den Anmeldeschein ausfüllen?
Vil De være så venlig at udfylde tilmeldelsespapirerne?
[vel di vɛ:ɔ 'vɛnli ɔ 'uð,fylˀə 'telmɛləlsəspæ,pi:ˀɔnə]

Darf ich Ihren Reisepass/Personalausweis sehen?
Må jeg se Deres pas/identitetskort?
[mo̜ jai̯ 'se:ˀ dɛ̜:ɔs 'pæs/idɛnti'te:ˀds,kɒ:d]

Könnten Sie bitte mein Gepäck auf das Zimmer bringen lassen?
Vær venlig at bringe min bagage op på værelset.
[vɛ:ˀɒ̯ 'vɛnli ɔ bʁɛŋə min bæ'gɛ̜:ʂə 'ɔb po̜ 'vɛ:ɔlsəð]

Wo kann ich den Wagen abstellen?
Hvor kan jeg stille bilen? ['vɒ:ˀ kæ jai̯ 'sdelə 'bi:ˀlən]

In unserer Garage.
I vores garage. [i vɒ:ɒs ga'ʁa:ʂə]
Auf unserem Parkplatz.
På vores parkeringsplads. [po̜ vɒ:ɒs pa'ke:ˀɒ̯eŋs,plæs]

Fragen und Bitten ➢ auch Frühstück

Bitte meinen Schlüssel, danke.
Jeg vil gerne have min nøgle, tak. [jai̯ vel 'gɛ̜ɒ̯nə 'hɛ̜:ˀ min 'nɔi̯lə 'tag]

Ab wann gibt es Frühstück?
Fra hvornår er der morgenmad? [fʁa vɒ'nɒ:ˀ ɛ̜ɒ̯ dɔ 'mɒ:ɒn,mæð]

Wann sind die Essenszeiten?
Hvornår spises der? [vɒ'nɒ:ˀ 'sbi:səs dɔ]

Wo ist der Speisesaal/das Restaurant?
Hvor er spisesalen/restauranten? ['vɒ:ˀ ɛ̜ɒ̯ 'sbi:sə,sɛ̜:ˀlən/ʁɛsdo'ʁaŋˀən]

Könnten Sie mich bitte morgen früh um 7 Uhr wecken?
Vær venlig at vække mig i morgen tidlig klokken syv, tak.
[vɛːˀɒ̯ ˈvɛnli ɔ ˈvɛgə mai̯ i mɒːɒn ˈtiːðli klɔgən ˈsyu̯ˀ ˈtag]

Würden Sie mir bitte ... bringen?
Vil De være så venlig at bringe mig ...
[vel di ˈvɛːɔ sɔ ˈvɛnli ɔ ˈbʁɛŋə mai̯]

ein Badetuch
et badehåndklæde, tak? [ed ˈbɛ̝ːðəhɔnˌklɛðə ˈtag]

noch eine Decke
en plaid mere, tak? [en ˈplɛːˀd ˈmeːɔ ˈtag]

Wie funktioniert ...?
Hvordan fungerer ...? [vɒˈdæn fo̝ŋˈgeːˀɔ]

Zimmernummer 24, bitte!
Værelse nummer 24, værsgo! [ˈvɛːɔlsə no̝mɔ ˈfiːɔˌtyːvə ˈvɛ̝ɒ̯ˈsgoːˀ]

Gibt es hier einen Internetanschluss?
Undskyld, er der internetadgang her?
[ˈo̝nˌsgylˀ ɛ̝ɒ̯ dɔ ˈentɔnɛdˌæðgaŋˀ ˈhɛːˀɒ̯]

Ist Post für mich da?
Er der post til mig? [ɛ̝ɒ̯ dɔ ˈpɔsd tel ˈmai̯]

Wo kann ich ...
Hvor kan jeg ... [ˈvɒːˀ kæ jai̯]

ein Auto mieten?
leje en bil? [ˈlai̯ə en ˈbiːˀl]

hier telefonieren?
telefonere her? [teləfoˈneːˀɔ ˈhɛːˀɒ̯]

Kann ich meine Wertsachen bei Ihnen in den Safe geben?
Kan jeg opbevare mine værdisager i Deres boks?
[kæ jai̯ ˈɔbbeˌvaːˀa miːnə vɛ̝ɒ̯ˈdiˌsɛ̝ːɔ i ˈdɛ̝ːɔs ˈbɔgs]

Kann ich mein Gepäck hier lassen?
Må jeg lade min bagage stå her? [mo̝ jai̯ læ min bæˈgɛ̝ːɕə ˈsdo̝ːˀ ˈhɛːˀɒ̯]

Beanstandungen

Das Zimmer ist heute nicht geputzt worden.
Der er ikke gjort rent på værelset i dag.
[dɔ ɛ̝ɒ̯ ˈegə gjoɒ̯ˀd ˈʁɛːˀnd po̝ ˈvɛːɔlsəð i ˈdɛ̝ːˀ]

Die Klimaanlage funktioniert nicht.
Klimaanlægget virker ikke. [ˈkliːmaæænˌlɛːˀgəð ˈviɒ̯gɔ ˈegə]

Die Heizung funktioniert nicht.
Der kommer ingen varme. [dɔ kɔmɔ ˈeŋən ˈvaːmə]

UNTERKUNFT

Der Wasserhahn tropft.
Vandhanen drypper. ['væn,hɛ̞ːnən 'dʁœbɔ]

Es kommt kein (warmes) Wasser.
Der kommer ikke noget (varmt) vand.
[dɔ kɔmɔ 'egə nɔ̞ːəð ('vaːˀmd) 'vænˀ]

Die Toilette/Das Waschbecken ist verstopft.
Toilettet/Håndvasken er tilstoppet.
[toæ'lɛdəð/'hɔn,væsgən ɛ̞ɒ̯ 'tel,sdɔbəð]

Ich hätte gern ein anderes Zimmer.
Jeg ville gerne have et andet værelse.
[jai̯ vilə 'gɛ̞ɒ̯nə 'hɛ̞ːˀ ed 'ænəð 'vɛːɔlsə]

Abreise

Ich reise heute Abend/morgen um ... Uhr ab.
Jeg rejser i aften/i morgen klokken ...
[jai̯ 'ʁai̯ˀsɔ i 'afdən/i 'mɒːɒn klɔgən]

Bis wann müssen wir das Zimmer räumen?
Hvornår skal vi være ude af værelset?
[vɒ'nɒːˀ sgæ vi vɛːɔ 'uːðə æ 'vɛːɔlsəð]

Könnten Sie bitte die Rechnung fertig machen?
Vil De være venlig at gøre min regning færdig?
[vel di vɛːɔ 'vɛnli ɔ 'gœ̞ːɔ min 'ʁai̯neŋ 'fɛ̞ɒ̯di]

Nehmen Sie Kreditkarten?
Tager De kreditkort? [taːˀ di kʁɛ'did,kɒːd]

Könnten Sie mir bitte ein Taxi rufen?
Vær venlig at ringe efter en taxa til mig.
[vɛːˀɒ̯ 'vɛnli ɔ 'ʁɛŋə ɛfdɔ en 'tagsæ tel 'mai̯]

Vielen Dank für alles! Auf Wiedersehen!
Mange tak for alt! Farvel! ['maŋə 'tag fɔ 'ælˀd fa'vɛl]

Abendessen .... aftensmad, -en ['afdəns,mæð]
Abfalleimer .... skraldespand, -en, -e ['sgʁalə,sbænˀ]
Anmeldung .... indtjekning, -en, -er ['en,tjɛgneŋ]
Aschenbecher .... askebæger, -et, -e ['æsgə,bɛːɔ]
Aufenthaltsraum .... opholdsstue, -n, -r ['ɔbhɔls,sduːə]
Aufzug .... elevator, -en, -er [elə'vɛ̞ːtɒ]
Badetuch .... håndklæde, -t, -r ['hɔn,klɛðə]
Badewanne .... badekar, -ret, - ['bɛ̞ːðə,ka]
Badezimmer .... badeværelse, -t, -r ['bɛ̞ːðə,vɛːɔlsə]
Balkon .... balkon, -en, -er [bæl'kɔŋ]
Becher .... bæger, -et, -e ['bɛːɔ]
Bett .... seng, -en, -e [sɛŋˀ]

Bettdecke	sengetæppe, -t, -r ['sɛŋəˌtɛbə]
Adapter	adapter, -en, -e [æ'dabtɔ]
Bettwäsche	sengetøj, -et, - ['sɛŋəˌtɔi̯]
Bidet	bidet, -et, - [bi'de]
Briefpapier	brevpapir, -et, - ['bʁɛu̯pæˌpiːˀɒ̯]
Dusche	brusebad, -et, -e ['bʁuːsəˌbæð]
Duschkopf	brusehoved, -et, -er ['bʁuːsəˌhoːəð]
Duschvorhang/Schiebetür	badeforhæng/skydedør, -en, -e ['bɛ̞ːðəfɒˌhɛŋˀ/'sgyːðəˌdœ̞ˀɒ̯]
Empfangshalle	reception, -en, -er [ʁɛsɛb'ɕoːˀn]
Etage	etage, -n, -r [e'tɛ̞ːˀɕə]
Fenster	vindue, -t, -r ['vendu]
Fernseher	fjernsyn, -et, - ['fjɛ̞ɒ̯nˌsyːˀn]
Fernsehraum	fjernsynsstue, -n, -r ['fjɛ̞ɒ̯nsynsˌsduːə]
Frühstück	morgenmad, -en ['mɒːɒnˌmæð]
Frühstücksbüfett	morgenmadsbuffet, -ten, -ter ['mɒːɒnmæðsbyˌfe]
Garage	garage, -n, -r [ga'ʁaːɕə]
Gedeck *(für das Frühstück)*	kuvert *(til morgenmad)* [ku'vɛ̞ɒ̯d tel 'mɒːɒnˌmæð]
Glas	glas, -et, - [glæs]
Glühbirne	pære, -n, -r ['pɛːɔ]
Halbpension	halvpension, -en, - ['hælpaŋˌɕoːˀn]
Handbrause	håndbruser, -en, -e ['hɔnˌbʁuːsɔ]
Handtuch	håndklæde, -t, -r ['hɔnˌklɛːðə]
Hauptsaison	højsæson, -en, -er ['hɔi̯sɛˌsɔŋ]
Heizung	varme, -n ['vaːmə]
Kleiderbügel	bøjle, -n, -r ['bɔi̯lə]
Klimaanlage	klimaanlæg, -get, - ['kliːmæænˌlɛːˀg]
Kopfkissen	hovedpude, -n, -r ['hoːəðˌpuːðə]
Lampe	lampe, -n, -r ['lambə]
Landgasthaus	kro, -en, -er [kʁoːˀ]
Licht	lys, -et, - [lyːˀs]
Lichtschalter	lyskontakt, -en, -er ['lyskɔnˌtagd]
Matratze	madras, -sen, -ser [mæ'dʁas]
Minibar	minibar, -en, -er ['miniˌbaːˀ]
Mittagessen	middagsmad, -en ['medæsˌmæð]
Motel	motel, -let, -ler [mo'tɛlˀ]
Nachsaison	eftersæson, -en, -er ['ɛfdɔsɛˌsɔŋ]
Nachttisch	natbord, -et, -e ['nædˌboːˀɒ̯]
Nachttischlampe	natlampe, -n, -r ['nædˌlambə]
Notizblock	notesblok, -ken, -ke ['noːdəsˌblɔg]
Parkplatz	parkeringsplads, -en, -er [pa'keːˀɒ̯eŋsˌplæs]
Pension	pensionat, -et, -er [paŋ̊so'nɛ̞ːˀd]
Portier	portier, -en, -er [pɒ'tje]
Preisliste *(z.B. für die Minibar)*	prisliste, -n, -r ['pʁiːsˌlesdə]

Radio	radio, -en, -er ['ʁaːˀdio]
reinigen	rense, -de, -t ['ʁænsə]
reparieren	reparere, -de, -t [ʁɛpa'ʁɛːˀɔ]
Reservierung	reservering, -en, -er [ʁɛsɛ̝ɒ̯'veːˀɒ̯eŋ]
Rezeption	reception, -en, -er [ʁɛsɛb'ʂoːˀn]
Safe	boks, -en, -e [bɔgs]
Saison, außerhalb	uden for sæsonen ['uːðən fɔ sɛˌsɔŋˀən]
Schlüssel	nøgle, -n, -r ['nɔi̯lə]
Schrank	skab, -et, -e [sgɛ̝ːˀb]
Schuhputzzeug	skopudsegrej, -et, - ['sgopusəˌgrai̯ˀ]
Sessel	lænestol, -en, -e ['lɛːnəˌsdoːˀl]
Speisesaal	spisesal, -en, -e ['sbiːsəˌsɛ̝ːˀl]
Spiegel	spejl, -et, -e [sbai̯ˀl]
Steckdose	stikkontakt, -en, -er ['sdegkɔnˌtagd]
Stecker	stik, -ket, - [sdeg]
Stuhl	stol, -en, -e [sdoːˀl]
Swimmingpool	swimmingpool, -en, -s ['svemeŋˌpuːl]
Terrasse	terrasse, -n, -r [tæ'ʁasə]
Tisch	bord, -et, -e ['boːˀɒ̯]
Toilette	toilet, -tet, -ter [toæ'lɛd]
Toilettenpapier	toiletpapir, -et, - [toæ'lɛdpæˌpiːˀɒ̯]
Transferbus	transferbus, -sen, -ser [tʁans'fœɒ̯ˌbus]
Türcode	kode til døren ['koːðə tel 'dœ̝ːˀɔn]
Übernachtung	overnatning, -en, -er ['ɔu̯ɔˌnædneŋ]
Ventilator	ventilator, -en, -er [vɛnti'lɛ̝ːtɒ]
Verlängerungswoche	en uge mere [en 'uːə 'meːɔ]
Vollpension	helpension ['heːlpaŋˌʂoːˀn]
Vorsaison	forsæson, -en, -er ['fɒːsɛˌsɔŋ]
Waschbecken	håndvask, -en, -e ['hɔnˌvæsg]
Wäschewechsel	skift af sengetøj/håndklæder [sgifd æ 'sɛŋəˌtɔi̯/hɔnˌklɛːðɔ]
Wasser	vand, -et, -e [vænˀ]
kaltes Wasser	koldt vand ['kɔlˀd 'vænˀ]
warmes Wasser	varmt vand ['vaːˀmd 'vænˀ]
Wasserglas	vandglas, -set, - ['vænˌglæs]
Wasserhahn	vandhane, -n, -r ['vænˌhɛ̝ːnə]
Wolldecke	uldtæppe, -t, -r ['ulˌtɛbə]
Zimmer	værelse, -t, -r ['vɛːɔlsə]
Zimmermädchen	stuepige, -n, -r ['sduːəˌpiːə]
Zimmertelefon	telefon på værelset [telə'foːˀn pɔ̝ 'vɛːɔlsəð]

Ferienhäuser und Ferienwohnungen

Es gibt sehr viele Ferien- und Sommerhäuser, die Sie mieten können. Sie sind immer gut ausgestattet und gemütlich (hyggeligt) eingerichtet.

Ist der Strom-/Wasserverbrauch im Mietpreis enthalten?
Er el- og vandforbruget indregnet i prisen?
[ɛɐ̯ ˈɛl ɔ ˈvænfɔˌbʁuˀːəð ˈenˌʁai̯ˀnəð i pʁiːˀsən]

Sind Haustiere erlaubt?
Er husdyr tilladt? [ɛɐ̯ ˈhusˌdyːˀɐ̯ ˈtelæd]

Wo befinden sich die Mülltonnen?
Hvor er skraldespanden? [ˈvɒːˀ ɛɐ̯ ˈsgʁaləˌsbænˀən]

Müssen wir die Endreinigung selbst übernehmen?
Skal vi selv gøre rent til sidst? [sgæ vi ˈsɛlˀ gœːɔ ˈʁɛːˀnd tel ˈsisd]

Wo bekommen wir die Schlüssel?
Hvor kan vi hente nøglerne? [ˈvɒːˀ kæ vi hɛndə ˈnɔi̯lɔnə]

Können wir sie auch dort zurückgeben?
Kan vi også aflevere dem dér? [kæ vi ˈɔsə au̯leˈveːˀɔ dem ˈdɛːˀɐ̯]

➢ auch Hotel – Pension – Privatzimmer

Anreisetag	ankomstdag, -en, -e [ˈænkɔmsdˌdɛːˀ]
Apartment	lejlighed, -en, -er [ˈlai̯liˌheːˀð]
Bauernhof	bondegård, -en, -e [ˈbonəˌgɒːˀ]
Endreinigung	sidste rengøring [ˈsisdə ˈʁɛːnˌgœːˀɐ̯eŋ]
Etagenbett	køjeseng, -en, -e [ˈkɔiəˌsɛŋˀ]
Ferienanlage	ferieanlæg, -get, - [ˈfeːˀɐ̯iəænˌlɛːˀg]
Ferienhaus	sommerhus, -et, -e [ˈsɔmɔˌhuːˀs]
Geschirr	porcelæn, -et, - [pɒsəˈlɛːˀn]
Geschirrtuch	viskestykke, -et, -r [ˈvesgəˌsdøgə]
Geschirrspülmaschine	opvaskemaskine, -n, -r [ˈɔbvæsgəmæˌsgiːnə]
Hausbesitzer	husejer, -en, -e [ˈhusˌai̯ɔ]
Haustier	husdyr, -et, - [ˈhusˌdyːˀɐ̯]
Herd	komfur, -et, - [kɔmˈfuːˀɐ̯]
Elektroherd	elkomfur, -et, - [ˈɛlkɔmˌfuːˀɐ̯]
Gasherd	gaskomfur, -et, - [ˈgæskɔmˌfuːˀɐ̯]
Kaffeemaschine	kaffemaskine, -n, -r [ˈkafəmæˌsgiːnə]
Kochnische	tekøkken, -et, -er [ˈteːˀˌkøgən]
Küche	køkken, -et, -er [ˈkøgən]
Kühlschrank	køleskab, -et, -e [ˈkøːləˌsgɛːˀb]
Miete	leje, -n [ˈlai̯ə]

Mikrowelle	mikrobølgeovn ['mikʁobøljə,ɔu̯ˀn]
Müll	affald, -et, - ['au̯,fælˀ]
Nebenkosten	ekstraudgifter ['ɛgsdʁauð,gifdɔ]
Schlafcouch	sovesofa, -en, -er ['sɔu̯ə,so:fæ]
Schlafzimmer	soveværelse, -t, -r ['sɔu̯ə,vɛ:ɔlsə]
Schlüsselübergabe	hente/aflevere nøgler [hɛndə/au̯leve:ˀɔ 'nɔi̯lɔ]
Strom	strøm, -men, - [sdʁœmˀ]
Stromspannung	strømspænding, -en, -er ['sdʁœm,sbɛneŋ]
Studio	etværelseslejlighed, -en, -er ['edvɛ:ɔlsəslai̯li,he:ˀð]
Toaster	brødrister, -en, -e ['bʁœð,ʁɛsdɔ]
Trockner	tørretumbler, -en, -e ['tœ:ɔ,tɔmblɔ]
vermieten	udleje, -de, -t ['uð,lai̯ə]
Waschmaschine	vaskemaskine, -n, -r ['væsgəmæ,sgi:nə]
Wasserverbrauch	forbrug af vand [fɔ'bʁu:ˀ æ 'vænˀ]
Wohnzimmer	stue, -n, -r ['sdu:ə]
Zentralheizung	centralvarme, -n [sɛn'tʁa:ˀl,va:mə]

Camping

Könnten Sie mir bitte sagen, ob es in der Nähe einen Campingplatz gibt?
Undskyld, er der en campingplads i nærheden?
['ɔn,sgylˀ ɛɐ̯ dɔ en 'kambeŋ,plæs i 'nɛɐ̯,he:ˀðən]

Haben Sie noch Platz für einen Wohnwagen/ein Zelt?
Har De plads til en campingvogn/et telt?
[ha:ˀ di 'plæs tel en 'kambeŋ,vɔu̯ˀn/ed 'tɛlˀd]

Wie hoch ist die Gebühr pro Tag und Person?
Hvad koster det pr. dag og person?
[væ 'kɔsdɔ de pɛɐ̯ 'dɛ:ˀ ɔ pɛɐ̯ pɛɐ̯'so:ˀn]

Wie hoch ist die Gebühr für ...
Hvad koster ... [væ 'kɔsdɔ]
- **das Auto?**
  bilen? ['bi:ˀlən]
- **den Wohnwagen?**
  campingvognen? ['kambeŋ,vɔu̯ˀnən]
- **das Wohnmobil?**
  autocamperen? ['au̯to,kæ:mbɔɔn]
- **das Zelt?**
  teltet? ['tɛlˀdəð]

Vermieten Sie stationäre Wohnwagen?
Udlejer De hytter/campingvogne her på pladsen?
['uð̞ˌlai̯ˀɔ di 'hydɔ/'kambeŋˌvɔu̯nə 'hɛːˀɒ̯ pɔ̞ 'plæsən]

Wir bleiben ... Tage/Wochen.
Vi bliver ... dage/uger. [vi 'bliːˀɒ̯ ... 'dɛ̝ːə/'uːɔ]

Wo sind ...
Hvor er ... ['vɒːˀ ɛ̝ɒ̯]
die Toiletten?
toiletterne? [toæ'lɛdɔnə]
die Waschräume?
vaskerummene? ['væsgəˌʁɔ̝mˀənə]
die Duschen?
brusebadet? ['bʁuːsəˌbɛ̝ːˀðed]

Gibt es hier ...
Er der ... [ɛ̝ɒ̯ dɔ]
Stromanschluss?
tilslutning til el? ['telˌsludneŋ tel 'ɛl]
einen Spielplatz für Kinder?
legeplads til børn? ['lai̯əˌplæs tel 'bœ̝ɒ̯ˀn]

Wo kann ich Gasflaschen umtauschen?
Hvor kan jeg bytte gasflasker? ['vɒːˀ kæ jai̯ bydə 'gæsˌflæsgɔ]

Ist der Campingplatz bei Nacht bewacht?
Er der opsyn på pladsen om natten?
[ɛ̝ɒ̯ dɔ 'ɔbˌsyːˀn pɔ̞ 'plæsən ɔm 'nædən]

Camping .... camping ['kambeŋ]
Campingausweis .... campingpas, -set, - ['kambeŋˌpæs]
Campingführer .... campingguide, -n, -r ['kambeŋˌgai̯d]
Campingplatz .... campingplads, -en, -er ['kambeŋˌplæs]
Gasflasche .... gasflaske, -n, -r ['gæsˌflæsgə]
Gaskartusche .... gaspatron, -en, -er ['gæspæˌtʁoːˀn]
Gaskocher .... gasapparat, -et, -er ['gæsapa'ʁaːˀd]
Geschirrspülbecken ...... køkkenvask ['køgənˌvæsg], opvaskebalje, -n, -r ['ɔbvæsgəˌbæljə]
Hammer .... hammer, -en, -e ['hamɔ]
Hering .... teltpløk, -ken, -ke ['tɛldˌpløg]
Kocher .... kogeapparat, -et, -er ['kɔ̝ːu̯əapaˌʁaːˀd]
Petroleumlampe .... petroleumslampe, -n, -r [pe'tʁoːˀleɔ̝msˌlambə]
Propangas .... propangas, -sen, - [pʁo'pɛ̝ːˀnˌgæs]
Steckdose .... stikkontakt, -en, -er ['sdegkɔnˌtagd]
Stecker .... stik, -ket, - [sdeg]
Strom .... strøm, -men [sdʁœ̝mˀ]
Stromanschluss .... strømtilslutning, -en, -er ['sdʁœ̝mtelˌsludneŋ]

UNTERKUNFT

Trinkwasser . . . . drikkevand, -et, - ['dʁɛgə,væn?]
Voranmeldung . . . . forudgående anmeldelse ['fɒːuð,gǫː?ənə 'æn,mɛl?əlsə]
Waschraum . . . . vaskerum, -met, - ['væsgə,ʁǫm?]
Wäschetrockner . . . . tørretumbler, -en, -e ['tœ̞ːɔ,tǫmblɔ]
Wasser . . . . vand, -et, -e [væn?]
Wasserkanister . . . . dunk, -en, -e [dǫŋ?g]
Wohnmobil . . . . autocamper, -en, -e ['au̯to,kæːmbɔ]
Wohnwagen . . . . campingvogn, -en, -e ['kambeŋ,vɔu̯?n]
Zelt . . . . telt, -et, -e [tɛl?d]
Zelturlaub . . . . teltferie, -n, -r ['tɛld,feː?ɒ̯iə]
Zeltschnur . . . . bardun, -en, -er [ba'duː?n]
Zeltstange . . . . teltstang, -en, -stænger ['tɛld,sdaŋ?]

Gastronomie

Bezeichnung dänischer Gaststätten
bar – Lokal, in dem man allerlei Getränke bekommt
café – Wirtshaus, in dem man oft auch essen kann
cafeteria – Cafeteria, Selbstbedienungsrestaurant
konditori – entspricht dem deutschen Café, Konditorei
kro – Wirtshaus, in dem man auch essen kann
restaurant – Restaurant
snackbar – Schnellimbiss

Essen gehen

Wo gibt es hier ...
Hvor er der ... [ˈvɒːˀ ɛɒ̯ dɔ]
ein gutes Restaurant?
en god restaurant? [en ˈgoːˀ ʁɛsdoˈʁaŋ]
ein nicht zu teures Restaurant?
en ikke for dyr restaurant? [en ˈegə fɔ ˈdyːˀɒ̯ ʁɛsdoˈʁaŋ]
ein typisch dänisches Restaurant?
en typisk dansk restaurant? [en ˈtybisg ˈdænˀsg ʁɛsdoˈʁaŋ]
einen Schnellimbiss?
en snackbar? [en ˈsnæg͵baːˀ]

Wo kann man hier in der Nähe gut/preiswert essen?
Kan man spise godt/billigt her i nærheden?
[ˈkæ mæn ˈsbiːsə ˈgɔd/ˈbilid ˈhɛːˀɒ̯ i ˈnɛɒ̯͵heːˀðən]

In den Städten werden Sie Frokostrestaurants sehen. Um die Mittagszeit wird allgemein frokost gegessen. Das kann ein Buffet – „Tag selv bord" – sein. Es kann auch das beliebte smørrebrød sein. Das sind belegte Butterbrote mit Leberpastete, Schinken, Roastbeef, gebratenen Fischfilets, kaltem Braten, Frikadellen, Lachs, Krabben, Käse, um nur einige der unzähligen Variationen zu nennen. Der Clou dabei ist, dass die smørrebrød alle reichhaltig belegt und sehr schön garniert werden. Zum frokost trinkt man gern Bier und Schnaps. Und wundern Sie sich nicht, wenn der Kellner die Schnapsflasche auf dem Tisch stehen lässt, nachdem er die erste Schnapsrunde eingeschenkt hat. Sie schenken dann selbst nach, und der Kellner hat bei der Abrechnung ein sicheres „Augenmaß".

Im Restaurant

Ich möchte für heute Abend einen Tisch für 4 Personen reservieren.
Vil De være venlig at reservere et bord til i aften til fire personer? [vel di vɛːɔ 'vɛnli ɔ ʁɛsɛɐ̯'veːˀɔ ed 'boːˀɐ̯ tel i 'afdən tel 'fiːɔ pɛɐ̯'soːˀnɔ]

Ist dieser Tisch noch frei?
Undskyld, er det bord optaget? ['ɔnˌsgylˀ ɛɐ̯ 'de 'boːˀɐ̯ 'ɔbˌtɛːˀəð]

Einen Tisch für zwei/drei Personen, bitte.
Et bord til to/tre personer, tak. [ed 'boːˀɐ̯ tel 'toːˀ/'tʁɛːˀ pɛɐ̯'soːˀnɔ 'tag]

Wo sind bitte die Toiletten?
Undskyld, hvor er toiletterne? ['ɔnˌsgylˀ 'vɒːˀ ɛɐ̯ toæ'lɛdɔnə]

Darf ich rauchen?
Må jeg ryge? [mɔ̝ jai̯ 'ʁyːə]

Bestellung

Die Dänen essen üblicherweise abends eine warme Mahlzeit. Leckere Fischgerichte, Steaks vom Rind, Gerichte vom Schwein, Geflügel und Wild haben alle, je nach Jahreszeit, einen festen Platz auf den Menükarten. Als Beilage sind Kartoffeln unterschiedlicher Zubereitung nicht weg zu denken. Die Auswahl an frischem Gemüse ist groß: Wer gern vegetarisch isst, kommt nicht zu kurz.
Die Desserts sind ein Kapitel für sich. Unbedingt probieren sollten Sie Rote Grütze mit Sahne (Rødgrød med fløde) was so viel wie ein dänisches Nationalgericht ist.
Abends trinkt man gern noch einen Kaffee. In vielen Restaurants und Gaststätten bekommen Sie eine Kanne Kaffee, oder der Kaffee wird (gratis) nachgeschenkt, auch wenn Sie nur eine Tasse Kaffee bestellt haben.
Viele Gaststätten bieten ein dagens ret (Tagesgericht) an. Es sind meistens Gerichte der regionalen Küche.

Herr Ober/Bedienung,
Tjener, ['tjɛːnɔ]
die Speisekarte, bitte!
jeg vil gerne se spisekortet! [jai̯ vel 'gɛɐ̯nə 'seː 'sbiːsəˌkɒːdəð]
die Getränkekarte, bitte!
må jeg se vinkortet? [mo jai̯ 'seːˀ 'viːnˌkɒːdəð]

Was können Sie mir empfehlen?
Hvad kan De anbefale mig? ['væ kæ di 'ænbeˌfɛːˀlə mai̯]

GASTRONOMIE

Haben Sie vegetarische Gerichte/Diätkost?
Har De vegetariske retter/diætmad?
[haːˀ di vegəˈtaːˀisgə ˈʁædɔ/diˈɛːˀdˌmæð]

Gibt es auch Kinderportionen?
Har De også børnemenuer? [haːˀ di ɔsə ˈbœ̞ɐ̯nəmeˈnyːˀɔ]

> Für den kleinen Hunger probieren Sie einmal einen Hotdog. Sie bekommen ihn beim "Pølsemand i en pølsevogn". Schauen Sie sich aber vorher an, was die Dänen dort kaufen. Denn die Zutaten und die Kombinationen sind für den „Unerprobten" schier unüberschaubar.

Haben Sie schon gewählt?
Har De allerede bestemt Dem? [haːˀ di ˈæləˌʁɛðə beˈsdɛmˀd dɛm]

Ich nehme ...
Jeg tager ... [jai̯ ˈtaːˀ]

Als Vorspeise/Hauptgericht/Nachtisch nehme ich ...
Som forret/hovedret/efterret tager jeg ...
[sɔm ˈfɒːˌʁæd/ˈhoːəðˌʁæd/ˈɛfdɔˌʁæd ˈtaːˀ jai̯]

Ich möchte keine Vorspeise, danke.
Jeg vil ikke have nogen forret, tak. [jai̯ vel ˈegə hɛ̝ːˀ noːən ˈfɒːˌʁæd ˈtag]

Wir haben leider kein/e ... (mehr).
Vi har desværre ikke nogen/noget ... mere.
[vi haːˀ deˈsvɛ̝ːɔ ˈegə noːən/no̞ːəð ... ˈmeːɔ]

Dieses Gericht servieren wir nur auf Bestellung.
Denne ret serveres kun på bestilling.
[ˈdɛnə ʁæd sɛ̝ɐ̯ˈveːˀɔs ˈko̞n po̞ beˈsdelˀeŋ]

Könnte ich statt ... ... haben?
Kan jeg få ... i stedet for ...? [kæ jai̯ fo̞ ... i ˈsdɛːˀðəd fɔ]

Ich vertrage kein/e ... Könnten Sie das Gericht ohne ... zubereiten?
Jeg kan ikke tåle .... Kan De tilberede retten uden ...?
[jai̯ kæ ˈegə ˈto̞ːlə ... kæ di ˈtelbeˌʁɛːˀðə ˈʁædən ˈuːðən]

Wie möchten Sie Ihr Steak haben?
Hvordan vil De have Deres steak/bøf?
[vɒˈdæn vel di ˈhɛ̝ːˀ dɛ̝ːɔs ˈsdɛ̝i̯g/ˈbøf]

gut durch
godt gennemstegt [ˈgɔd ˈgɛnɛmˌsdɛgd]
halb durch
medium/halvrød [ˈmedio̞m/ˈhælˌʁœðˀ]
englisch
rød [ʁœðˀ]

Was möchten Sie trinken?
Hvad ønsker De at drikke? ['væ 'ønsgɔ di ɔ 'dʁɛgə]

Bitte ein Glas …
Et glas …,tak. [ed 'glæs … 'tag]

Bitte eine (halbe) Flasche … Wein.
En (halv) flaske … vin, tak. [en ('hælˀ) flæsgə 'viːˀn 'tag]

Mit Eis, bitte.
Med is, tak [mɛ 'iːˀs tag]

Guten Appetit!
Velbekomme! ['vɛlbeˌkɔmˀə]

Bitte sehr!
Værsgo! ['vɛɒ̯'sgoːˀ]

Zum Wohl!
Skål! [sgɔ̝ːˀl]

Haben Sie noch einen Wunsch?
Ellers andet? ['ɛlˀɔs 'ænəð]

Bitte bringen Sie uns …
Vær venlig at bringe os … [vɛːˀɒ̯ 'vɛnli ɔ 'bʁɛŋə ɔs]

Könnten Sie uns noch etwas Brot/Wasser/Wein bringen?
Kunne vi få lidt mere brød/vand/vin?
[ku vi 'fɔ̝ːˀ led 'meːɔ 'bʁœðˀ/'vænˀ/'viːˀn]

Beanstandungen

Hier fehlt ein/e …
Der mangler en/et … [dɔ 'maŋlɔ en/ed]

Haben Sie mein/e … vergessen?
Har De glemt min/mit/mine …? [haːˀ di 'glɛmˀd min/mid/miːnə]

Das habe ich nicht bestellt.
Det har jeg ikke bestilt. [de haːˀ jai̯ 'egə be'sdelˀd]

Die Suppe ist kalt/versalzen.
Suppen er kold/for salt. ['sɔ̝bən ɛɒ̯ 'kɔlˀ/fɔ 'sælˀd]

Das Fleisch ist zäh/zu fett.
Kødet er sejt/for fedt. ['køːˀðəd ɛɒ̯ 'sai̯ˀd/fɔ 'fed]

Der Fisch ist nicht frisch.
Fisken er ikke frisk. ['fesgən ɛɒ̯ 'egə 'fʁɛsg]

Nehmen Sie es bitte zurück.
Vær venlig at tage det tilbage. [vɛːˀɒ̯ ˈvɛnli ɔ tɛ̝ːˀ de teˈbɛ̝ːə]

Holen Sie bitte den Chef.
Vær venlig at hente chefen. [vɛːɒ̯ ˈvɛnli ɔ ˈhɛndə ˈɕɛːˀfən]

Die Rechnung

Im Rechnungsbetrag sind Bedienung und die MwSt. (auf Dänisch kurz "moms" genannt) bereits enthalten. Dennoch ist es üblich, dem Personal ein zusätzliches Trinkgeld zu geben, wenn Sie mit der Bedienung zufrieden waren.

Nehmen Sie auch Kreditkarten?
Kan jeg også betale med kreditkort?
[kæ jai̯ ˈɔsə beˈtɛ̝ːˀlə mɛ kʁɛˈdidˌkɒːd]

Die Rechnung/Bezahlen, bitte!
Regningen/Jeg vil gerne betale, tak.
[ˈʁai̯neŋən/jai̯ vel ˈgɛ̝ɒ̯nə beˈtɛ̝ːˀlə ˈtag]

Bitte alles zusammen.
Det hele på én regning, tak. [de ˈheːlə pɔ̝ ˈeːˀn ˈʁai̯neŋ ˈtag]

Könnten Sie bitte getrennte Rechnungen machen?
Vi betaler hver for sig. Kan vi få hver sin regning, tak?
[vi beˈtɛ̝ːˀlɔ ˈvɛːˀɒ̯ fɔ sai̯ kæ vi ˈfɔ̝ːˀ ˈvɛːˀɒ̯ ˈsiːˀn ˈʁai̯neŋ ˈtag]

Ist die Bedienung/MwSt inklusive?
Er det inklusive betjening/moms?
[ɛ̝ɒ̯ de enkluˈsiːˀvə beˈtjɛːˀneŋ/ˈmɔmˀs]

Die Rechnung scheint mir nicht zu stimmen.
Jeg synes ikke regningen stemmer. [jai̯ syːnəs ˈegə ˈʁai̯neŋən ˈsdɛmɔ]

Das habe ich nicht gehabt. Ich hatte ...
Det har jeg ikke fået. Jeg fik ... [de haːˀ jai̯ ˈegə ˈfɔ̝ːəð jai̯ feg]

Hat es geschmeckt?
Smagte det godt? [ˈsmagdə de ˈgɔd]

Das Essen war ausgezeichnet.
Maden var udmærket. [ˈmɛ̝ːˀðən va ˈuðˌmɛ̝ɒ̯gəð]

Das ist für Sie.
Det er til Dem. [de ɛ̝ɒ̯ tel ˈdɛm]

Es stimmt so.
Det passer. [de ˈpæsɔ]

Café

> In einem Café oder einer Konditorei werden Sie außer Getränken, Torten und Kuchen auch kleinere Speisen wie Salatteller mit Fisch oder Fleisch und Baguettes mit Käse oder Aufschnitt bekommen.

Was trinken Sie?
Hvad drikker De? ['væ dʁɛgə 'di]

Einen frisch gepressten Orangensaft.
Tak, jeg vil gerne have et glas friskpresset appelsinsaft.
['tag jai̯ vel 'gɛɐ̯nə 'hɛːˀ ed glæs 'fʁɛsg͵pʁæsəð abəl'siːˀn͵safd]

Ich hätte gern einen Tee/mit Milch/mit Zitrone.
Jeg tager te med mælk/med citron?
[jai̯ taːˀ 'teːˀ mɛ 'mɛlˀg/mɛ si'tʁoːˀn]

Ich möchte ...
Kan jeg få ... [kæ jai̯ 'fɔːˀ]
... einen Kaffee, bitte.
... en kop kaffe/en kande kaffe? [en kɔb 'kafə/en kænə 'kafə]
... mit Milch und Zucker
... med fløde og sukker? [mɛ 'fløːðə ɔ 'sɔgɔ]
... einen schwarzen Kaffee.
... en kop/kande sort kaffe? [en kɔb/kænə 'soɐ̯d 'kafə]
... einen Espresso.
... en espresso? [en ɛs'pʁæso]
... einen Milchkaffee.
... en café au lait? [en ka'fe o 'lɛ]
... Schokolade/Kakao.
... chokolade/kakao? [ɕoko'lɛːðə/kæ'kɛːo]

Ein Bier vom Fass, bitte.
En fadøl, tak. [en 'fæð͵øl 'tag]

Groß oder klein?
Stor eller lille? ['sdoːˀɐ̯ ɛlɔ 'lilə]

Das ist meine Runde.
Det er min omgang. [de ɛɐ̯ 'miːˀn 'ɔm͵gaŋˀ]

Das Gleiche noch einmal, bitte.
Det samme en gang til, tak. [de 'samə en 'gaŋˀ 'tel 'tag]

Was gibt es bei Ihnen zu essen?
Hvad kan vi få at spise hos Dem/dig?
['væ kæ vi 'fɔːˀ ɔ 'sbiːsə hos 'dɛm/'dai̯]

➢ **auch Lebensmittel**

Abendessen	aftensmad, -en, - ['afdəns,mæð]
alkoholfrei	alkoholfri ['ælkohɔl,fʁiːˀ]
Aschenbecher	askebæger, -et, -e ['æsgə,bɛːɔ]
Bar	bar, -en, -er ['baːˀ]
Beilage	tilbehør, -et, - ['telbe,høːˀɒ̯]
Besteck	bestik, -ket, - [be'sdeg]
Büfett	buffet, -ten, -ter [by'fe]
Diabetiker/in	diabetiker, -en, -e [diæ'beːˀtigɔ]
Dressing	dressing, -en, -er ['dʁɛseŋ]
Essig	eddike, -n ['ɛðigə]
vom Fass (Bier)	fra fad (øl) [fʁa 'fæð (øl)]
Fleck	plet, -ten, -ter ['plɛd]
Frisch	frisk [fʁɛsg]
Frühstück	morgenmad, -en, - ['mɒːɒn,mæð]
Gabel	gaffel, -en, gafler ['gafəl]
Gang	ret, -ten, -ter [ʁæd]
Gedeck	kuvert, -en, -er [ku'vɛ̝ɒ̯d]
Gericht	ret, -ten, -ter [ʁæd]
Getränk	drik, -ken, -ke [dʁɛg]
Gewürz	krydderi, -et, -er [kʁyðə'ʁiːˀ]
Glas	glas, -set, - [glæs]
Bierglas	ølglas, -set, - ['øl,glæs]
Wasserglas	vandglas, -set, - ['væn,glæs]
Weinglas	vinglas, -set, - ['viːn,glæs]
Gräte	ben *pl* [beːˀn]
hart	hård [hɒːˀ]
Hauptspeise	hovedret, -ten, -ter ['hoːəð,ʁæd]
hausgemacht	hjemmelavet ['jɛmə,lɛ̝ːˀvəð]
heiß	varm [vaːˀm]
hungrig sein	være sulten [vɛːɔ 'suldən]
kalt	kold [kɔlˀ]
Karaffe	karaffel, -en, karafler [ka'ʁafəl]
Kellner/in	tjener, -en, -e/servitrice, -n, -r ['tjɛːnɔ/sɛ̝ɒ̯vi'tʁiːsə]
Ketschup	ketchup, -pen ['kɛdsub]
Kinderteller	børneportion, -en, -er ['bœ̝ɒ̯nəpɒ,soːˀn]
Knochen	ben, -et, -/knogle, -n, -r [beːˀn/knɔu̯lə]
Koch/Köchin	kok, -ken, -ke [kɔg]
Korkenzieher	proptrækker, -en, -e ['pʁɔb,tʁægɔ]
lieblich *(Wein)*	en mild og let (*vin*) [en 'milˀ ɔ 'lɛd ('viːˀn)]
Löffel	ske, -en, -er [sgeːˀ]
Teelöffel	teske, -en, -er ['teːˀ,sgeːˀ]
Mayonnaise	mayonnaise, -n, -r [majo'nɛːsə]
Menü	menu, -en, -er [me'ny]
Messer	kniv, -en, -e [kniːˀv]
Mittagessen	middagsmad, -en, - ['medæs,mæð]

Nachtisch . . . . dessert, -ten, -ter [dɛ'sɛːˀɒd]
Ober . . . . tjener, -en, -e ['tjɛːnɔ]
Öl . . . . olie, -n, -r ['oljə]
Pfannengericht . . . . panderet, -ten, -ter ['pænəˌʁæd]
Pfeffer . . . . peber, -et, - ['peʊ̯ɔ]
Pfefferstreuer . . . . peberbøsse, -n, -r ['peʊ̯ɔˌbøsə]
Portion . . . . portion, -en, -er [pɒ'ɕoːˀn]
Rost . . . . grill, -en, -er [gʁil]
Salz . . . . salt, -et, - [sælˀd]
Salzstreuer . . . . saltbøsse, -n, -r ['sældˌbøsə]
satt sein . . . . være mæt [vɛːɔ 'mɛd]
Scheibe . . . . skive, -n, -r ['sgiːvə]
Schnaps . . . . snaps, -en, -e [snabs]
Schonkost . . . . skånekost, -en ['sgǫːnəˌkɔsd]
Schüssel . . . . fad, -et, -e [fæð]
Senf . . . . sennep, -en ['senəb]
Serviette . . . . serviet, -ten, -ter [sɛ̹ɒ̯vi'ɛd]
Soße . . . . sovs, -en, -e [sɔʊ̯ˀs]
Speisekarte . . . . spisekort, -et, - ['sbiːsəˌkɒːd]
Spezialität . . . . specialitet, -en, -er [sbeɕæli'teːˀd]
Strohhalm . . . . sugerør, -et, - ['suːəˌʁœ̹ːˀɒ̯]
Suppe . . . . suppe, -n, -r ['sǫbə]
Suppenteller . . . . suppetallerken, -en, -er ['sǫbətæˌlɛ̹ɒ̯gən]
Süßstoff . . . . sødemiddel, -et, -er ['søːðəˌmiðˀəl]
Tagesgericht . . . . dagens ret ['dɛ̹ːˀəns 'ʁæd]
Tasse . . . . kop, -pen, -per [kɔb]
  Untertasse . . . . underkop, -pen, -per ['ǫnɔˌkɔb]
Teller . . . . tallerken, -en, -er [tæ'lɛ̹ɒ̯gən]
Tischtuch . . . . dug, -en, -e [duːˀ]
Trinkgeld . . . . drikkepenge *pl* ['dʁɛgəˌpɛŋə]
trocken *(Wein)* . . . . tør vin ['tœ̹ːˀɒ̯ ('viːˀn)]
vegetarisch . . . . vegetarisk [vegə'taːˀisg]
Vorspeise . . . . forret, -ten, -ter ['fɒːˌʁæd]
Wasser . . . . vand, -et, -[vænˀ]
würzen . . . . krydre, -ede ['kʁyðʁɔ]
Zahnstocher . . . . tandstikker, -en, -e ['tænˌsdegɔ]
Zucker . . . . sukker, -et ['sǫgɔ]

Zubereitung

durchgebraten . . . . gennemstegt ['gɛnəmˌsdɛgd]
gar . . . . mør [møːˀɒ̯]
gebacken . . . . bagt [bagd]
gebraten . . . . stegt [sdɛgd]
  am Spieß . . . . på spid [pǫ 'sbið]
  vom Grill . . . . fra grillen [fʁa 'gʁilˀən]
  in der Pfanne . . . . på panden [pǫ 'pænən]
gedämpft/gedünstet . . . . . dampkogt ['dambˌkɔgd]

GASTRONOMIE

gefüllt	fyldt [fylˀd]
gekocht	kogt [kɔgd]
geräuchert	røget ['ʁɔi̯əð]
geröstet	ristet ['ʁɛsdəð]
geschmort	grydestegt ['gʁyːðəˌsdɛgd]
gewürzt	krydret ['kʁyðʁɔð]
mager	mager ['mɛ̝ːˀɔ]
roh	rå [ʁɔ̝ːˀ]
saftig	saftig ['safdi]
sauer	sur [suːˀɒ̯]
scharf	stærk [sdɛ̝ɒ̯g]
süß	sød [søːˀð]
überbacken	gratinere, -de, -t [gʁati'neːˀɔ]
zäh	sej [sai̯ˀ]
zart (Fleisch)	mørt (kød) ['møːˀɒ̯d 'køð]

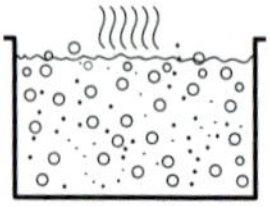
gekocht
kogt

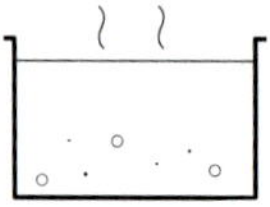
gegart
simret

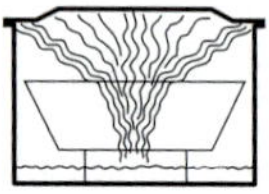
gedämpft
dampet

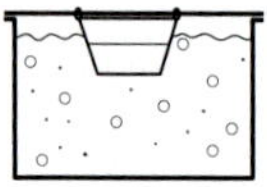
im Wasserbad
i vandbad

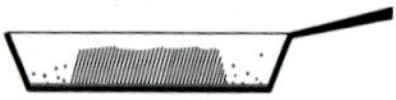
gebraten
stegt

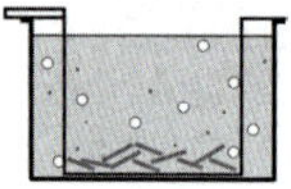
frittiert
friteret

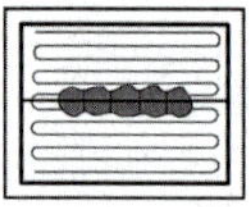
gegrillt
grillet

Ich hätte gern …
Jeg vil gerne have …

Ich hätte gern …
Jeg vil gerne have …

Ingwer ingefær

Knoblauch
hvidløg

Zwiebel
løg

Dill
dild

Lorbeer
laurbær

Rosmarin
rosmarin

Majoran/Oregano
merian/oregano

Koriander
koriander

Petersilie
persille

Basilikum
basilikum

Chili
chili

Peperoni
peperoni

Schnittlauch
purløg

Salbei
salvie

Kerbel
kørvel

Thymian
timian

Bohnenkraut
krydderi til retter med bønner

Liebstöckl
løvstikke

Ich hätte gern …
Jeg vil gerne have …

ORANGINA

Spisekort — Speisekarte

Morgenmad — Frühstück

sort kaffe ['soɐ̯d 'kafə]	schwarzer Kaffee
kaffe med mælk ['kafə mɛ 'mɛlˀg]	Kaffee mit Milch
koffeinfri kaffe [kɔfə'iːˀnˌfʁiːˀ 'kafə]	koffeinfreien Kaffee
te med mælk/citron ['teːˀ mɛ 'mɛlˀg/si'tʁoːˀn]	Tee mit Milch/Zitrone
urtete ['uɐ̯dəˌteːˀ]	einen Kräutertee
chokolade [ɕoko'lɛ̝ːðə]	Schokolade
frugtsaft ['fʁɔ̝gdˌsafd]	einen Fruchtsaft
et blødkogt æg [ed 'bløðˌkɔgd ɛːˀg]	ein weiches Ei
røræg ['ʁœɐ̯ˌɛːˀg]	Rührei
bacon og æg ['bɛi̯kɔn ɔ 'ɛːˀg]	Eier mit Speck
brød [bʁœðˀ]	Brot
rundstykker ['ʁɔ̝nˌsdøgɔ]	Brötchen
ristet brød/toast ['ʁɛsdəð bʁœðˀ/tɔ̝u̯sd̥]	Toast
et horn [ed 'hoɐ̯ˀn]	ein Hörnchen
smør [smœɐ̯]	Butter
ost [ɔ̝sd]	Käse
pølse ['pølsə]	Wurst
pålæg ['pɔˌlɛːg]	Aufschnitt
skinke ['sgeŋgə]	Schinken
honning ['hɔneŋ]	Honig
marmelade [mamə'lɛ̝ːðə]	Marmelade
mysli ['mysli]	ein Müsli
yoghurt ['joˌguɐ̯ˀd]	ein Joghurt
noget frugt [nɔ̝ːəð 'fʁɔ̝gd]	etwas Obst
syltetøj ['syldəˌtɔi̯]	Konfitüre
Wienerbrød ['viːˀnɔˌbʁœðˀ]	Kopenhagener Gebäck/Dänischer Plunder

Forretter — Vorspeisen

Fiskesalat ['fesgəsæˌlɛ̝ːˀd]	Fischsalat
Forskellige forretter [fɔ'sgɛlˀiə 'fɔːˌʁædɔ]	Diverse Vorspeisen
Fyldte tarteletter ['fylˀdə tadə'lɛdɔ]	Königin-Pasteten
Hønsesalat ['hœnsəsæˌlɛ̝ːˀd]	Geflügelsalat
Italiensk salat [itæli'eːˀnsg sæ'lɛ̝ːˀd]	Gemüsesalat
Karrysalat ['kaːisæˌlɛ̝ːˀd]	Heringssalat mit Curry

Kold steg ['kɔlˀ 'sdai̯ˀ]	Kalter Braten
Pålæg ['pɔ,lɛ:g]	Aufschnitt
Røget sild ['ʁɔi̯əð silˀ]	Bückling/geräucherter Hering
Sildeanretning ['siləæn,ʁædneŋ] .	kalte Fischplatte

Det kolde bord	**Kaltes Buffet**

(bei dem es auch warme Gerichte gibt.)

Smørrebrød ['smœ̞:ɔ,bʁœðˀ]	Mit Aufschnitt belegtes und bunt garniertes Brot

Supper	**Suppen**
Aspargessuppe [æ'sbaːˀs,so̞bə] . .	Spargelsuppe
Kærnemælkskoldskål . . . . ['kɛ̞ɒ̯nəmɛlg,kɔlˀsgo̞ːˀl]	Buttermilchkaltschale
Ærtesuppe ['ɛ̞ɒ̯də,so̞bə]	Erbsensuppe
Øllebrød ['ølə,bʁœðˀ]	Bier-Brot-Suppe

Fisk og skaldyr	**Fisch und Schaltiere**
Ål [o̞ːˀl]	Aal
Blåmuslinger ['blɔ,musleŋɔ]	Miesmuscheln
Fiskeboller ['fesgə,bɔlɔ]	Fischklößchen
Flynder ['fløn:ɔ]	Flunder
Gedde ['geðə]	Hecht
Helleflynder ['hɛlə,flønɔ]	Heilbutt
Klipfisk ['kleb,fesg]	Stockfisch
Nordsøhummer ['noɒ̯sø,ho̞mˀɔ] .	Hummer
Ørred ['œ̞ːɔð]	Forelle
Pighvar ['pig,vaːˀ]	Steinbutt
Rejer ['ʁai̯ɔ]	Krabben, Garnelen
Rødspætte ['ʁœð,sbɛdə]	Scholle
Sandart ['sæn,aːˀd]	Zander
Sild [silˀ]	Hering
Søtunge ['sø,to̞ŋə]	Seezunge
Torsk [tɒːsg]	Dorsch

Kødretter	**Fleischgerichte**
Bajerske pølser ['bai̯ˀɔsgə 'pølsɔ] .	Würstchen
Bedekølle ['beːðə,kølə]	Hammelkeule
Benløse fugle ['beːnløːˀsə 'fuːlə] . .	Rouladen
Bikscmad med spejlæg . . . . . . ['begsə,mæð mɛ 'sbai̯l,ɛːˀg]	Bauernfrühstück mit Spiegelei

GASTRONOMIE

Engelsk bøf ['ɛŋ'əlsg 'bøf]	Rumpsteak
Flæskesteg med sprød svær og brunede kartofler ['flɛsgəˌsdaj' mɛ 'sbʁœð' 'svɛːˀɒ ɔ 'bʁuːnəðə ka'tɔflɔ]	Schweinebraten mit knuspriger Schwarte und karamellisierten Kartoffeln
Frikadeller [fʁɛgə'dɛlɔ]	Frikadellen
Hakkebøf ['hagəˌbøf]	Hackbraten
Kalveskank ['kælvəˌsgaŋ'g]	Kalbshaxe
Kødboller ['køðˌbɔlɔ]	Fleischklößchen
Lammekølle ['laməˌkølə]	Lammkeule
Lever med kartoffelmos ['leː'vɔ mɛ ka'tɔfəlˌmoː's]	Leber mit Kartoffelbrei
Mørbrad ['møːˀɒˌbʁað]	Lendenbraten/Schweinefilet
Nyrer ['nyːɔ]	Nieren
Stegt medisterpølse ['sdɛgd me'disdɔˌpølsə]	Bratwurst
Svinekotelet ['sviːnəkɔdəˌlɛd]	Schweinekotelett
Tunge ['tɔŋə]	Zunge

Vildt og fjerkræ	Wild und Geflügel
Agerhøne ['ɛː'ɔˌhœːnə]	Rebhuhn
And [æn']	Ente
Due ['duːə]	Taube
Gås [gɔː's]	Gans
Hare ['haːa]	Hase
Hjort [jɒːd]	Hirsch
Kalkun [kæl'kuː'n]	Truthahn
Kylling ['kyleŋ]	Hähnchen
Rådyr ['ʁɔˌdyː'ɒ]	Reh

Salater	Salate
Agurkesalat [æ'guɒgəsæˌlɛː'd]	Gurkensalat
Blandet salat ['blænəð sæ'lɛː'd]	Gemischter Salat
Endiviesalat [ɛn'diː'viəsæˌlɛː'd]	Endiviensalat
Grøn salat ['gʁœn' sæ'lɛː'd]	Grüner Salat
Julesalat ['juːləsæˌlɛː'd]	Chicorée
Tomatsalat [to'mɛːˀdsæˌlɛː'd]	Tomatensalat

Garniture	Gemüsebeilage
Blomkål ['blɔmˌkɔː'l]	Blumenkohl
Brasede kartofler ['bʁaːsəðə ka'tɔflɔ]	Bratkartoffeln
Brunede kartofler ['bʁuːnəðə ka'tɔflɔ]	glacierte Kartoffeln

Gulerødder ['gulə,ʁœð'ɔ]	Möhren
Kartoffelmos [ka'tɔfəl,mo:'s]	Kartoffelbrei
Pillekartofler ['peləka,tɔflɔ]	Pellkartoffeln
Syltede rødbeder ['syldəðə ʁœð'be:ðɔ]	Rote Beete
Rødkål ['ʁœð,kɔ:'l]	Rotkohl
Rørhatte ['ʁœɐ̯,hædə]	Steinpilze
Savojkål [sæ'vɔi̯',kɔ:'l]	Wirsing
Svampe ['svambə]	Pilze
Ærter ['ɛɐ̯dɔ]	Erbsen

Efterretter	**Dessert**
Bondepige med slør ['bonə,pi:ə mɛ 'slø:'ɐ̯]	Apfelauflauf mit Schlagsahne *(wörtlich: Bauernmädchen mit Schleier)*
Citronfromage [si'tʁo:'nfʁo,mɛ:ʂə]	Zitronen-Cremespeise
Frugtsalat ['fʁogdsæ,lɛ:'d]	Obstsalat
Is [i:'s]	Eis
Jordbæris ['joɐ̯bɛɐ̯,i:'s]	Erdbeereis
Omelet med syltetøj [omə'lɛd mɛ 'syldə,tɔi̯]	Omelette mit Konfitüre
Piskefløde ['pisgəflø:ðə]	Schlagsahne
Rødgrød med fløde ['ʁœð',gʁœð' mɛ 'flø:ðə]	Rote Grütze mit Sahne
Æblegrød med fløde ['ɛ:blə,gʁœð' mɛ 'flø:ðə]	Apfelgrütze mit Sahne
Pandekager ['pænə,kɛ:ɔ]	Pfannkuchen
Æbleskiver ['ɛ:blə,sgivɔ]	*(ähnlich wie)* Krapfen

Kager	**Kuchen und Gebäck**
Boller ['bɔlɔ]	Süßes Hefegebäck
Kransekage ['kʁansə,kɛ:ə]	Kuchen aus Mandelteig
Kvarkkage ['kva:g,kɛ:ə]	Käsekuchen
Lagkage ['lau̯,kɛ:ə]	Sahnetorte
Roulade [ʁu'lɛ:ðə]	Biskuitrolle
Småkager ['smɔ,kɛ:ɔ]	Teegebäck, Kekse
Søsterkage ['søsdɔ,kɛ:ə]	Napfkuchen
Wienerbrød ['vi:'nɔ,bʁœð']	Kopenhagener Gebäck/Dänischer Plunder

Vinkort — Getränkekarte

Alkoholiske drikke	Alkoholische Getränke
Øl [øl]	Bier
Fadøl ['fæð,øl]	Fassbier
Akvavit/Brændevin/Snaps [akvæ'við/'bʁænə,viː'n/snabs]	Branntwein/Aquavit/Schnaps
Likør [li'køː'ɒ̯]	Likör
Rom [ʁɔm']	Rum
Vin [vi'n]	Wein
Hvidvin ['við,viː'n]	Weißwein
Rødvin ['ʁœð,viː'n]	Rotwein
Hedvin ['heð,viː'n]	Dessertwein

Alkoholfrie drikke	Alkoholfreie Getränke
Kaffe ['kafə]	Kaffee
Te med citron ['teː' mɛ si'tʁoː'n]	Tee mit Zitrone
Æblemost ['ɛːblə,mɔsd]	Apfelsaft
Mineralvand [minə'ʁaː'l,væn']	Mineralwasser
Juice [djuːs]	Fruchtsaft
Mælk [mɛl'g]	Milch
Chokolade [ʂoko'lɛːðə]	Schokolade
Kakao [kæ'kɛ̝ːo]	Kakao
Appelsinjuice [abəl'siː'n,djuːs]	Orangensaft
Appelsinvand [abəl'siː'n,væn']	Orangenlimonade

Besichtigungen und Ausflüge

Das kulturelle Angebot ist für Erwachsene und Kinder so vielfältig, dass Ihnen nicht einmal ein Regenguss den Ferientag „vermiesen" kann.
Wie wäre es mit einem Museumsbesuch? Überall in Dänemark können Sie Museen vieler Kunstrichtungen und Zeitepochen, z.B. das Louisiana-Kunstmuseum in Humlebäk, besuchen. Sie finden auch viele Museen mit Ausstellungen über die Wikingerzeit bis hin zur Zeitgenössischen Kunst. Mancherorts können Sie eine Art Touristenkarte kaufen, die Ihnen beim Besuch von Sehenswürdigkeiten einen Rabatt gewährt. Seit Jahren gibt es zum Beispiel die Copenhagen Card. Nähere Informationen dazu erhalten Sie in den Touristeninformationsbüros.

Im Fremdenverkehrsamt

Ich hätte gern einen Stadtplan von …
Jeg vil gerne have et bykort over …
[jai̯ vel ˈgɛ̝ɒ̯nə ˈhɛ̝ːˀ ed ˈbyˌkɒːd ɔu̯ˀɔ]

Haben Sie einen Veranstaltungskalender für diese Woche?
Har De en oversigt over, hvad der sker i denne uge?
[ˈhaːˀ di en ˈɔu̯ɔˌsegd ˈɔu̯ˀɔ ˈvæ dɔ ˈsgeːˀɒ̯ i ˈdɛnə ˈuːə]

Gibt es Stadtrundfahrten?
Er der rundture/sightseeings? [ɛ̝ɒ̯ dɔ ˈʁɔ̝nˌtuːɔ/ˈsai̯dˌsiːeŋs]

Was kostet denn die Rundfahrt, bitte?
Undskyld, men hvad koster rundturen?
[ˈɔ̝nˌsgylˀ mɛn væ ˈkɔsdɔ ˈʁɔ̝nˌtuːˀɔn]

Sehenswürdigkeiten – Museen

Öffnungszeiten, Führungen, Eintrittskarten

Können Sie mir bitte sagen, welche Sehenswürdigkeiten es hier gibt?
Kan De sige mig, hvilke seværdigheder der er her?
[kæ di ˈsiːə mai̯ ˈvelgə seˈvɛ̝ɒ̯ˀdiˌheːˀðɔ dɔ ˈɛ̝ɒ̯ ˈhɛːˀɒ̯]

Wann ist das Museum geöffnet?
Hvornår er museet åbent? [vɒˈnɒːˀ ɛ̝ɒ̯ muˈsɛːəð ˈɔ̝ːbənd]

Wann beginnt die nächste Führung?
Hvornår begynder den næste rundvisning?
[vɒˈnɒːˀ beˈgønˀɔ dɛn ˈnɛsdə ˈʁɔ̝nˌviːˀsneŋ]

Gibt es auch eine Führung in Deutsch?
Er der også en rundvisning på tysk?
[ɛ̝ɒ̯ dɔ ˈɔsə en ˈʁɔ̝nˌviːˀsneŋ pɔ̝ ˈtysg]

Darf man hier fotografieren?
Må man fotografere her? [mǫ mæn fotogʁaˈfeːˀɔ ˈhɛːˀɒ̯]

Zwei Eintrittskarten, bitte!
To billetter, tak! [ˈtoːˀ biˈlɛdɔ ˈtag]

Zwei Erwachsene und ein Kind.
To voksne og et barn. [ˈtoːˀ ˈvɔgsnə ɔ ed ˈbaːˀn]

Gibt es Ermäßigungen für ...
Er der rabat for ... [ɛ̝ɒ̯ dɔ ʁaˈbæd fɔ]
Kinder?
børn? [bœ̝ɒ̯ˀn]
Studenten?
studerende? [sduˈdeːˀɔnə]
Senioren?
pensionister? [paŋɕoˈnisdɔ]
Gruppen?
grupper? [ˈgʁubɔ]

Besichtigung

Ist das ...?
Er det ...? [ɛ̝ɒ̯ ˈde]

Wann wurde dieses Gebäude erbaut/restauriert?
Hvornår blev den her bygning bygget/restaureret?
[vɒˈnɒːˀ bleːˀ dɛn ˈhɛːˀɒ̯ ˈbygneŋ ˈbygəð/ʁɛsdoˈʁɛːˀɔð]

Von wem ist dieses Bild?
Hvem har malet dette billede? [ˈvɛmˀ haːˀ ˈmɛ̝ːləð ˈdɛdə ˈbeləðə]

Haben Sie das Bild als Poster/Postkarte/Dia?
Undskyld, har De det her billede som plakat/postkort/dia?
[ˈǫnˌsgylˀ ˈhaːˀ di de ˈhɛːˀɒ ˈbeləðə sɔm plæˈkɛ̝ːˀd/ˈpɔsdˌkɒːd/ˈdia]

Allgemeines

besichtigen . . . . besigtige -de, -t [beˈsegˌdiːˀə]
Denkmal . . . . mindesmærke, -t, -r [ˈmenəsˌmɛ̝ɒ̯gə]
Denkmalgeschützt . . . . fredet [ˈfʁɛːðəd]
Freilichtmuseum . . . . frilandsmuse|um, -et, -er [ˈfʁilænsmuˌsɛːǫm]
Fremdenführer/in . . . . fremmedfører, -en, -e, guide, -n, -r [ˈfʁæməðˌføːɔ], [gai̯d]
Fremdenverkehrsamt . . . . . turistinformation, -en, -er [tuˈʁisdenfɒmæˌɕoːˀn]
Führung . . . . omvisning, rundvisning, -en, -er [ˈɔmˌviːˀsneŋ], [ˈʁǫnˌviːˀsneŋ]
Funde . . . . fund, -et, - [fǫnˀ]
Fußgängerzone . . . . gågade, -n, -r [ˈgǫːˀˌgɛ̝ːðə]

Gasse	stræde, -t, -r ['sdʁɛːðə]
Geburtsstadt	fødeby, -en, -er ['føːðəˌbyːˀ]
Geschichte	historie, -n, -r [hi'sdoːˀɒ̯iə]
Gottesdienst	gudstjeneste, -n, -r ['guðsˌtjɛːnəsdə]
Haus	hus, -et, -e [huːˀs]
Heimatmuseum	hjemstavnsmuse|um, -et, -er ['jɛmsdau̯nsmuˌsɛːɔ̣m]
Kaiser/in	kejser, -en, -e, kejserinde, -n, -r ['kai̯sɔ], [kai̯sɔ'enə]
König	konge, -n, -r ['kɔŋə]
Königin	dronning, -en, -er ['dʁɔneŋ]
Kunst	kunst, -en, - [kɔ̣nˀsd]
Leuchtturm	fyrtårn, -et, -e ['fyɒ̯ˌtɒːˀn]
Markt	torv, -et, -e [tɒːˀv]
Museum	muse|um, -et, -er [mu'sɛːɔ̣m]
Öffnungszeiten	åbningstider *pl* ['ɔ̣ːbneŋsˌtiðɔ]
Park	park, -en, -er [paːg]
rekonstruieren	rekonstruere, -de, -t [ʁɛkɔnsdʁu'eːˀɔ]
Religion	religion, -en, -er [ʁɛli'gioːˀn]
restaurieren	restaurere, -de, -t [ʁɛsdo'ʁɛːˀɔ]
Schloss	slot, -tet, -te [slɔd]
Sehenswürdigkeiten	seværdigheder *pl* [se'vɛ̣ɒ̯ˀdiˌheːˀðɔ]
Stadtrundfahrt	byrundtur, -en, -e ['byʁɔ̣nˌtuːˀɒ̯]
Stadtteil	bydel, -en, -e ['byˌdeːˀl]
Stadtzentrum	bymidte, -n, - ['byˌmedə]
Straße	gade, -n, -r ['gɛ̣ːðə]
Überreste	levn/danefæ [lɛu̯ˀn/'dɛ̣ːnəˌfɛːˀ]
Vorort	forstad, -en, -stæder ['fɒːˌsdæð]
Wachablösung	vagtafløsning, -en, -er ['vagdau̯ˌløːˀsneŋ]
Wahrzeichen	vartegn, -et, - ['vaːˌtai̯ˀn]

Architektur

Abtei	kloster, -et, klostre ['klɔsdɔ]
Altar	alter, -et, altre ['ældɔ]
Altstadt	den gamle bydel [dɛn 'gamlə 'byˌdeːˀl]
Archäologie	arkæologi, -en [aːkɛolo'giːˀ]
Architekt	arkitekt, -en, -er [aki'tɛgd]
Architektur	arkitektur, -en, -er [akitɛg'tuːˀɒ̯]
Ausgrabungen	udgravning, -en, -er ['uðˌgʁaːˀvneŋ]
Bauwerk	bygningsværk, -et, -er ['bygneŋsˌvɛ̣ɒ̯g]
Bogen	bue, -n, -r ['buːə]
Brücke	bro, -en, -er [bʁoːˀ]
Brunnen	brønd, -en, -e [bʁœ̣nˀ]
Burg	borg, -en, -e [bɒːˀu̯]
Dach	tag, -et, -e [tɛ̣ːˀ]
Decke	loft, -et, -er [lɔfd]

Denkmal	mindesmærke, -t, -r ['menəs,mɛ̞ɐ̯gə]
Dom	domkirke, -n, -r ['dɔm,kiɐ̯gə]
Fassade	facade, -n, -r [fæ'sɛ̞:ðə]
Fenster	vindue, -t, -r ['vendu]
Festung	fæstning, -en, -er ['fɛsdneŋ]
Flügel	fløj, -en, -e [flɔi̯ˀ]
Friedhof	kirkegård, -en, -e ['kiɐ̯gə,gɒ:ˀ]
Gebäude	bygning, -en, -er ['bygneŋ]
Gedenkstätte	mindested, -et, -er ['menə,sdɛð]
Gewölbe	hvælving, -en, -er ['vɛlveŋ]
Giebel	gavl, -en, -e [gau̯ˀl]
Grab	grav, -en, -e [gʁa:ˀv]
Grabmal	gravmæle, -t, -r ['gʁau̯,mɛ:lə]
Innenhof	atriumgård, -en, -e ['ɛ̞:ˀtʁiom̩,gɒ:ˀ]
Inschrift	inskription, -en, -er [ensgʁib'so̞:ˀn]
Dorfkirche	landsbykirke, -n, -r ['lænsby,kiɐ̯gə]
Kanzel	prædikestol, -en, -e ['pʁɛðgə,sdo:ˀl]
Kapelle	kapel, -let, -ler [kæ'pɛlˀ]
Kirche	kirke, -n, -r ['kiɐ̯gə]
Kirchturm	kirketårn, -et, -e ['kiɐ̯gə,tɒ:ˀn]
Kloster	kloster, -et, -klostre ['klɔsdɔ]
Kreuzgang	korsgang, -en, -e ['kɒ:s,gaŋˀ]
Krypta	krypt, -en, -er [kʁybd]
Kuppel	kuppel, -en, kupler ['kubəl]
Markthalle	torvehal, -len, -ler ['tɒ:və,hælˀ]
Mauer	mur, -en, -e [mu:ˀɐ̯]
Mausoleum	mausolelum, -et, -er [mau̯so'lɛ:om̩]
Oper	opera, -en, -er ['o:ˀbə,ʁa]
Palast	palads, -et, -er [pæ'læs]
Platz	plads, -en, -er [plæs]
Portal	portal, -en, -er [pɒ'tɛ̞:ˀl]
Rathaus	rådhus, -et, -e ['ʁɔð,hu:ˀs]
Ruine	ruin, -en, -er [ʁu'i:ˀn]
Säule	søjle, -n, -r ['sɔi̯lə]
Schatzkammer	skatkammer, -et, -kamre ['sgæd,kamˀɔ]
Schloss	slot, -tet, -te [slɔd]
Springbrunnen	springvand, -et - ['sbʁɛŋ,vænˀ]
Stadtmauer	bymur, -en, -e ['by,mu:ˀɐ̯]
Tempel	tempel, -et, templer ['tɛmˀbəl]
Theater	teater, -et, teatre [te'ɛ̞:ˀdɔ]
Tor	port, -en, -e [poɐ̯ˀd]
Turm	tårn, -et, -e [tɒ:ˀn]
Universität	universitet, -et, -er [univɛ̞ɐ̯si'te:ˀd]
Wallfahrtskirche	valfartskirke, -n, -r ['vælfa:ds,kiɐ̯gə]
wieder aufbauen	genopbygge, -de, -t ['gɛnɔb,bygə]

Bildende Künste

Akt .... nøgenstudie, -t, -r [ˈnɔi̯ən̩sdu:ˀdjə]
Aquarell .... akvarel, -len, -ler [akvaˈʁælˀ]
Ausstellung .... udstilling, -en, -er [ˈuð̩sdelˀeŋ]
Bild .... billede, -t, -r [ˈbeləðə]
Bildhauer .... billedhugger, -en, -e [ˈbeləð̩hogɔ]
Bronze .... bronze, -n [ˈbʁɔŋsə]
Exponat .... udstillingsgenstand, -en, -e [ˈuðsdeleŋs̩gɛnstænˀ]
Fotografie .... fotografi, -et, -er [fotogʁaˈfi:ˀ]
Galerie .... galleri, -et, -er [gæləˈʁi:ˀ]
Gemälde .... maleri, -et, -er [mɛ:ləˈʁi:ˀ]
Glasmalerei .... glasmaleri, -et, -er [ˈglæsmɛ:lə̩ʁi:ˀ]
Goldschmiedekunst ...... guldsmedekunst, -en, - [ˈgulsme:ðə̩konˀsd]
Grafik .... grafik, -ken, -ker [gʁaˈfig]
Holzschnitt .... træsnit, -tet, - [ˈtʁæ̩snid]
Keramik .... keramik, -ken, [keʁaˈmig]
Kopie .... kopi, -en, -er [koˈpi:ˀ]
Kreuz .... kors, -et, - [kɒ:s]
Kruzifix .... krucifiks, -et, -er [kʁusiˈfigs]
Kunstgewerbe .... kunsthåndværk, -et, - [ˈkonsdhɔn̩vɛɒ̯g]
Lithografie .... litografi, -et, -er [litogʁaˈfi:ˀ]
Maler .... maler, -en, -e [ˈmɛ:lɔ]
Malerei .... maleri, -et, -er [mɛ:ləˈʁi:ˀ]
Modell .... model, -len, -ler [moˈdɛlˀ]
Mosaik .... mosaik, -ken, -ker [mosæˈig]
Original .... original, -en, -er [ɒigiˈnɛ:ˀl]
Plakat .... plakat, -en, -er [plæˈkɛ:ˀd]
Plastik .... billedhuggerkunst, -en, - [ˈbeləðhogɔ̩konˀsd]
Porträt .... portræt, -tet, -ter [pɒˈtʁæd]
Porzellan .... porcelæn, -et, - [pɒsəˈlɛ:ˀn]
Radierung .... radering, -en, -er [ʁaˈde:ˀɒ̯eŋ]
Schnitzerei .... billedskærerarbejde, -t, -r [ˈbeləðsgɛ:ɔ̩a:bai̯ˀdə]
Skulptur .... skulptur, -en, -er [sgulbˈtu:ˀɒ̯]
Statue .... statue, -n, -r [ˈsdɛ:ˀ̩tu:ə]
Stillleben .... stilleben [ˈsdel̩le:bən]
Terrakotta .... terrakotta, -en, -er [tæʁaˈkɔtæ]
Töpferei .... pottemagerværksted, -et, -er [ˈpɔdəmɛ:ɔ̩vɛɒ̯gsdɛð]
Torso .... torso, -en, -er [ˈtɒ:so]
Vase .... vase, -n, -r [ˈvɛ:sə]
Zeichnung .... tegning, -en, -er [ˈtai̯neŋ]

Stilrichtungen und Epochen

antik .... antik [æn'tig]
Barock .... barok [bæ'ʁɔg]
Blütezeit .... blomstringstid, -en, -er ['blɔmsdʁɛŋsˌtið?]
Bronzezeit .... bronzealder, -en ['bʁɔŋsəˌæl?ɔ]
Christentum .... kristendom, -men ['kʁɛsdənˌdɔm?]
Dynastie .... dynasti, -et, -er [dynæ'sdiː?]
Epoche .... periode, -n, -r [pɛ̞ʁ̞i'oːðə]
Expressionismus .... ekspressionisme [egspʁæso'nismə]
Gotik .... gotik [go'tig]
griechisch .... græsk [gʁæsg]
heidnisch .... hedensk ['heː?ðənsg]
Impressionismus .... impressionisme [empʁæso'nismə]
Jahrhundert .... århundrede, -t, -r [ɒ'hunʁɔðə]
Jugendstil .... jugendstil ['juːgəndˌsdiː?l]
keltisch .... keltisk ['kɛl?tisg]
Klassizismus .... klassicisme [klæsi'sismə]
Kubismus .... kubisme [ku'bismə]
Manierismus .... manierisme [maniə'ʁismə]
Mittelalter .... middelalder, -en ['mið?əlˌæl?ɔ]
modern .... moderne [mo'dɛ̞ʁ̞nə]
normannisch .... normansk [nɒ'mɛ̞ː?nsg]
Renaissance .... renæssance [ʁɛnɛ'saŋsə]
Rokoko .... rokoko [ʁo'kɔgo]
romanisch .... romansk [ʁo'mɛ̞ː?nsg]
Romanik .... romansk kunststil [ʁo'mɛ̞ː?nsg 'kɔ̞nsdˌsdiː?l]
Romantik .... romantik, -ken [ʁomæn'tig]
Steinzeit .... stenalder, -en ['sdeː?nˌæl?ɔ]
Stil .... stil, -en, - [sdiː?l]
Surrealismus .... surrealisme ['syʁɛæˌlismə]
vorgeschichtlich .... forhistorisk ['fɒːhiˌsdoː?ʁ̞isg]
Wikinger .... viking, -en, -er ['vikeŋ]
Zisterzienser .... cistercienser [sisdɔ'ʂɛn?sɔ]

Ausflüge

Wo fahren wir los?
Hvor tager vi hen? ['vɒː? taː? vi 'hɛn?]

Wann treffen wir uns?
Hvornår skal vi mødes? [vɒ'nɒː? sgæ vi 'møːðəs]

Kommen wir am/an ... vorbei?
Kommer vi forbi ...? [kɔmɔ vi fɒ'biː?]

Besichtigen wir auch ...?
Skal vi også se ...? [sgæ vi 'ɔsə 'seː?]

Entlang der Strände und Küsten können Sie ausgedehnte Wanderungen unternehmen – das ganze Land hat rund 5.000 km Küstenlänge. Die einzige Grenze, die Ihnen hier gesetzt wird dürfte das Meer sein.
Falls Sie zu den Frühaufstehern gehören, können Sie vielleicht das Gold Dänemarks, Bernstein (rav), mit Erfolg suchen gehen. Typisch dänisch sind die offenen Werkstätten der Künstler und Kunsthandwerker. In Dänemark gibt es außerdem viele Schlösser, sowohl staatlich wie privat, zu besichtigen.

Ausflug . . . . udflugt, -en, -er [ˈuðˌflɔ̝gd]
Aussichtspunkt . . . . udsigtspunkt, -et, -er [ˈuðsegdsˌpɔ̝ŋˀd]
Botanischer Garten . . . . botanisk have [boˈtɛ̝ːˀnisg ˈhɛ̝ːvə]
Deich . . . . dige, -t, -r [ˈdiːə]
Fischerort . . . . fiskerleje, -t, -r [ˈfesgɔˌlai̯ə]
Freizeitpark . . . . forlystelsespark, -en, -er [fɔˈløsdəlsəsˌpaːg]
Gebirge . . . . bjerge *pl* [ˈbjɛ̝ɒ̯u̯ə]
Gipfel . . . . top, -pen, -pe [tɔb]
Grotte . . . . grotte, -n, -r [ˈgʁɔdə]
Heide . . . . hede, -n, -r [ˈheːðə]
Hinterland . . . . opland, -et, -e [ˈɔbˌlænˀ]
Höhle . . . . hule, -n, -r [ˈhuːlə]
Insel . . . . ø, -en, -er [øːˀ]
Inselrundfahrt . . . . ørundtur, -en, -e [ˈøːˀˌʁɔ̝ntuːˀɒ̯]
Landschaft . . . . landskab, -et, -er [ˈlænˌsgɛ̝ːˀb]
Leuchtturm . . . . fyrtårn, -et, -e [ˈfyɒ̯ˌtɒːˀn]
Museumsdorf . . . . museumslandsby, -en, -er [muˈsɛːɔ̝msˌlænˀsbyːˀ]
Nationalpark . . . . nationalpark, -en, -er [næɕoˈnɛːˀlˌpaːg]
Naturschutzgebiet . . . . fredet område [ˈfʁɛːðəd ˈɔmˌʁɔ̝ːðə]
Quelle . . . . kilde, -n, -r [ˈkilə]
Rundfahrt . . . . rundfart, -en, -er [ˈʁɔ̝nˌfaːˀd]
Schlucht . . . . slugt, -en, -er [slugd]
See . . . . hav, -et, -e [hau̯], sø, -en, -er [søːˀ]
Sternwarte . . . . observatorilum, -et, -er [ɔbsɛ̝ɒ̯væˈtoːˀɒ̯iɔ̝m]
Sumpf *(Moor)* . . . . sump *(mose)* [sɔ̝mˀb (ˈmoːsə)]
Tagesausflug . . . . heldagsudflugt, -en, -er [ˈheːldɛ̝ːˀsˌuðflɔ̝gd]
Tal . . . . dal, -en, -e [dɛ̝ːˀl]
Tropfsteinhöhle . . . . drypstenshule, -n, -r [ˈdʁœbsdeːnsˌhuːlə]
Vogelschutzgebiet . . . . fuglereservat, -et, -er [ˈfuːləʁɛsɛ̝ɒ̯ˌvɛ̝ːˀd]
Wald . . . . skov, -en, -e [sgɔu̯ˀ]
Waldbrand . . . . skovbrand, -en, -e [ˈsgɔuˌbʁanˀ]
Wallfahrtsort . . . . valfartssted, -et, -er [ˈvælfaːdsˌsdɛð]
Wasserfall . . . . vandfald, -et, - [ˈvænˌfælˀ]
Wildpark . . . . park med vilde dyr [ˈpaːg mɛ ˈvilə ˈdyːˀɒ̯]
Zoologischer Garten . . . . . . zoologisk have [sooˈloːˀisg ˈhɛ̝ːvə]

Bade-, Aktiv- und Kreativurlaub

Sie haben die Qual der Wahl zwischen den vielen Möglichkeiten, die Ihnen Dänemark bietet, um Ihren Urlaub aktiv zu gestalten. Sie können wandern, Wasserski fahren, schwimmen, tauchen, angeln an einem See, an der Küste oder vom Boot aus, Tennis und Golf spielen, Fahrrad fahren (Fahrräder gibt es fast überall in den Ferienregionen und auch in vielen Städten zu mieten), und die Liste ließe sich noch erweitern. Es findet sich mit Sicherheit für jeden etwas.
Das Beste ist, Sie informieren sich bei Ihrem Vermieter oder bei der Touristeninformation.

Badeurlaub

Entschuldigen Sie bitte, gibt es hier ein …
Er der … her? [ɛɒ̯ dɔ … ˈhɛːˀɒ̯]
  Erlebnisbad?
  et badeland [ed ˈbɛ̝ːðəˌlænˀ]
  Freibad?
  et friluftsbad [ed ˈfʁilo̝fdsˌbæð]
  Hallenbad?
  en svømmehal [en ˈsvœməˌhælˀ]

Eine Eintrittskarte, bitte!
En billet, tak. [en biˈlɛd ˈtag]

Können Sie mir bitte sagen, wo die … sind?
Kan De sige mig, hvor … er? [kæ di ˈsiːə mai̯ ˈvɒːˀ … ɛɒ̯]
  Duschen
  bruserne [ˈbʁuːsɔnə]
  Umkleidekabinen
  omklædningsrummene [ˈɔmklɛðneŋsˌro̝mˀənə]

Kun for svømmere!	**Nur für Schwimmer!**
Udspring forbudt!	**Hineinspringen verboten!**
Badning forbudt!	**Baden verboten!**
Farlig strømning!	**Gefährliche Strömung!**

Ist der Strand …
Er stranden … [ɛɒ̯ ˈsdʁanˀən]
  steinig?
  stenet? [ˈsdeːnəð]

Gibt es hier Seeigel/Quallen/Algen?
Er der søpindsvin/vandmænd/alger her?
[ɛɒ̯ dɔ ˈsøpenˌsviːˀn/ˈvænˌmɛnˀ/ˈæljɔ ˈhɛːˀɒ̯]

Sicherheit am Strand
An den Stränden werden Sie unter Umständen verschiedene Hinweisschilder wie z.B.: Badning Forbudt oder Farlig Strømning – „Baden verboten!“ oder „Gefährliche Strömung“ sehen. Sie sollten dann nicht ins Wasser gehen. Dasselbe gilt, wenn die rote Fahne gehisst ist.
Die Strände sind für jedermann zugänglich, und es wird kein Eintrittsgeld verlangt.
Sollte das Wetter für einen Strandausflug nicht geeignet sein, dann besuchen Sie mal eines der „Badelande“. Hier gibt es alles was ein Kinderherz, aber auch das der Erwachsenen, höher schlagen lässt: Wasserrutschen, Whirlpools, Wellen, Sauna, Wasserdisco, Cafeteria und kleine Restaurants.

Ist die Strömung stark?
Er strømmen stærk? [ɛɐ̯ 'sdʁœmˀən 'sdɛɐ̯g]

Können Sie mir sagen, ob es für Kinder gefährlich ist?
Kan De sige mig, om det er farligt for børn?
[kæ di 'siːə mai̯ ɔm de ɛɐ̯ 'faːlid fɔ 'bœɐ̯ˀn]

Wann ist Ebbe/Flut?
Hvornår er her lavvande/højvande? [vɒ'nɒːˀ ɛɐ̯ ha 'lau̯ˌvænə/'hɔiˌvænə]

Ich möchte ... mieten.
Jeg vil gerne leje ... [jai̯ vel 'gɛɐ̯nə 'lai̯ə]
einen Liegestuhl
en liggestol. [en 'legəˌsdoːˀl]
einen Sonnenschirm
en parasol. [en paʁa'solˀ]
einen Strandkorb
En strandkurv. [en 'sdʁanˌkuɐ̯ˀv]
ein Boot
en båd. [en 'bọːˀð]
ein Paar Wasserski
et par vandski. [ed pa 'vænˌsgiːˀ]

Was kostet das je Stunde/pro Tag?
Hvad koster det i timen/pr. dag? [væ 'kɔsdɔ de i 'tiːmən/pɛɐ̯ 'dɛːˀ]

Bademeister/in	bademester, -en, -mestre ['bɛːðəˌmɛsdɔ]
Beach-Volleyball	beachvolley ['biːdsˌvɔli]
FKK-Strand	nudiststrand, -en, -e [nu'disdˌsdʁanˀ]
Kinderbecken	børnebassin, -et, -er ['bœɐ̯nəbæˌsɛŋ]
Liegewiese	græsplæne -n, -r (til at sole sig på) ['gʁæsˌplɛːnə (tel ɔ 'soːlə sai̯ 'pọːˀ)]
Luftmatratze	luftmadras, -sen, -ser ['lọfdmæˌdʁas]

Planschbecken	soppebassin, -et, -er ['sɔbəbæˌsɛŋ]
schwimmen	svømme, -de -t ['svœmə]
Schwimmer	svømmer, -en, -e ['svœmɔ]
Schwimmflossen	svømmefødder *pl* ['svœməˌføð'ɔ]
Schwimmflügel	svømmevinger *pl* ['svœməˌveŋɔ]
Tretboot	vandcykel, -en, -cykler ['vænˌsygəl]
Wasserski	vandski *pl* ['vænˌsgiː']
Wasserski fahren	stå på vandski [sdǫ pǫ 'vænˌsgiː']
Wasserskooter	vandscooter ['vænˌsguː'dɔ]
Windschirm	læskærm, -en, -e ['lɛː'ˌsgɛɒ'm]

Aktivurlaub und Sport

Welche Sportmöglichkeiten gibt es hier?
Hvilke sportsgrene kan man dyrke her?
[velgə 'sbɒːdsˌgʁɛːnə kæ mæn 'dyɒgə 'hɛː'ɒ]

Gibt es hier ...
Er der ... [ɛɒ dɔ]
einen Golfplatz?
en golfbane? [en 'gɔl'fˌbɛːnə]
einen Tennisplatz?
en tennisbane? [en 'tɛnisˌbɛːnə]
eine Pferderennbahn?
en hestevæddeløbsbane? [en 'hɛsdəvɛðəløbsˌbɛːnə]

Entschuldigung, ist es erlaubt hier in der Nähe zu angeln?
Undskyld, må man fiske her i nærheden?
['ǫnˌsgyl' mǫ mæn 'fesgə 'hɛː'ɒ i 'nɛɒˌheː'ðən]

Muss ich einen Angelschein haben?
Skal jeg have et fiskekort? [sgæ jai̯ 'hɛː' ed 'fesgəˌkɒːd]

Wo bekomme ich ...?
Hvor kan jeg få ...? ['vɒː' kæ jai̯ 'fǫː']

Wo kann ich ... ausleihen?
Hvor kan jeg leje ...? ['vɒː' kæ jai̯ 'lai̯ə]

Ich möchte ... mieten.
Jeg vil gerne leje ... [jai̯ vel 'gɛɒnə 'lai̯ə]

Ich möchte einen ...kurs für Anfänger/Fortgeschrittene machen.
Jeg vil gerne melde mig til et kursus i ... for begyndere/viderekomne.
[jai̯ vel 'gɛɒnə mɛlə mai̯ 'tel ed 'kuɒsus i ... fɔ be'gøn'ɔɔ/'viðɔɔˌkɔm'nə]

Wassersport

Bootsführerschein	navigationsbevis til en motorbåd [nævigæ'ʂoːˀnsbeˌviːˀs tel en 'moːtɒˌbo̞ːˀð]
Hausboot	husbåd, -en, -e ['husˌbo̞ːˀð]
Kanu	kano, -en, -er ['kɛ̞ːno]
Motorboot	motorbåd, -en, -e ['moːtɒˌbo̞ːˀð]
Paddelboot	kajak, -ken, -ker [kæ'jag]
paddeln	padle, -de, -t ['pæðlə]
Regatta	regatta, -en, -er [ʁɛ'gætæ]
Rückholservice	afhentningsservice ['au̯hɛndnəŋsˌsœːvis]
Ruder	åre, -n, -r ['ɒːɒ]
Ruderboot	robåd, -en, -e ['ʁoːˀˌboːˀð]
rudern	ro, -ede, -et [ʁoːˀ]
Schlauchboot	gummibåd, -en, -e ['go̞miˌbo̞ːˀð]
Segelboot	sejlbåd, -en, -e ['sai̯lˌbo̞ːˀð]
Segel	sejl, -et, - [sai̯ˀl]
Segeln	sejle, -de, -t ['sai̯lə]
Segeltörn	sejltørn, -en, -e ['sai̯lˌtœ̞ɒ̯ˀn]
Surfbrett	surfbræt, -tet, -ter ['sœːfˌbʁæd]
surfen	surfe, -de, -t ['sœːfə]
Windsurfen	windsurfing ['venˌsœːfeŋ]
Windrichtung	vindretning, -en, -er ['venˌʁædneŋ]

Tauchen

Gerätetauchen	dykke med apparat ['døgə mɛ apa'ʁaːˀd]
Harpune	harpun, -en, -er [ha'puːˀn]
Neoprenanzug	neoprendragt, -en, -er [neo'pʁɛːˀnˌdʁagd]
Sauerstoffgerät	iltapparat, -et, -er ['ildapaˌʁaːˀd]
Schnorchel	snorkel, -en, snorkler ['snɒːgəl]
schnorcheln	snorkle, -de, -t ['snɒːglə]
tauchen	dykke, -de, -t ['døgə]
Taucherausrüstung	dykkerudstyr, -et, - ['døgɔuðˌsdyːˀɒ̯]
Taucherbrille	dykkerbriller *pl* ['døgɔˌbʁɛlɔ]

Angeln

Angel	fiskestang, -en, -stænger ['fesgəˌsdaŋˀ]
angeln	fiske, -de, -t ['fesgə]
Angelschein	fiskekort, -et, - ['fesgəˌkɒːd]
Hafenmeisterei	havnekontor, -et, -er ['hau̯nəkɔnˌtoːˀɒ̯]

Hochseeangeln	havfiskeri, -et, - ['haʊ̯fesgəˌʁiːˀ]
Schonzeiten	skånetid, -en, -er ['sgɔ̹ːnəˌtiðˀ]

Ballspiele

Ball	bold, -en, -e [bɔlˀd]
Basketball	basketball ['baːsgədˌbɒːl]
Fußball	fodbold, -en, -e ['foðˌbɔlˀd]
Fußballplatz	fodboldbane, -n, -r ['foðbɔldˌbɛ̝ːnə]
Fußballspiel	fodboldkamp, -en, -e ['foðbɔldˌkamˀb]
Halbzeit	halvleg, -en, -e ['hæˌlai̯ˀ]
Handball	håndbold, -en, -e ['hɔnˌbɔlˀd]
Mannschaft	hold, -et, - [hɔlˀ]
Netz	net, -tet, - [nɛd]
Rugby	rugby ['ʁɔgbi]
Tor	mål, -et, - [mɔ̹ːˀl]
(*Schuss*)	målspark, -et, - ['mɔ̹ːˀlˌsbaːg]
Torwart	målmand, -en, mænd ['mɔ̹ːlˌmænˀ]
Volleyball	volleyball ['vɔliˌbɒːl]

Tennis und Badminton

Badminton	badminton ['bædmenˌtɔn]
Doppel	double ['dɔbəl]
Einzel	single ['seŋgəl]
Federball	fjerbold ['fjeɐ̯ˌbɔlˀd]
Schläger	kølle, -n, -r ['kølə],
	ketsjer, -en, -e ['kɛdʂɔ]
Squash	squash [sgʊ̯ɔʂ]
Tennis	tennis ['tɛnis]
Tennisschläger	tenniskelsjer, -en, -e ['tɛnisˌkɛdʂɔ]
Tischtennis	bordtennis ['boɐ̯ˌtɛnis]

Fitness- und Krafttraining

Aerobic	aerobic [ɛ'ʁɔbig]
Bodybuilding	bodybuilding ['bɔdiˌbildeŋ]
Fitnesscenter	fitnesscenter, -et, -centre ['fidnɛsˌsɛnˀdɔ]
Gymnastik	gymnastik, -ken, - [gymnæ'sdig]
Jazzgymnastik	jazzgymnastik ['djæsgymnæˌsdig]
joggen	jogge, -de, -t ['djɔgə]
Jogging	jogging ['djɔgeŋ]

Konditionstraining .... konditionstræning, -en, -er [kɔndiˈʂoːˀnsˌtʁɛːneŋ]
Nordic Walking .... gå med stave [gɔ̞ mɛ ˈsdɛ̞ːvə]
Stretching .... stretching [ˈsdʁɛdʂeŋ]
Wirbelsäulengymnastik .... hvirvelsøjlegymnastik, -ken, - [ˈviɐ̯ˀvəlsɔi̯ləgymnæˌsdig]

Wellness

Dampfbad .... dampbad, -et, -e [ˈdambˌbæð]
Massage .... massage, -n, - [mæˈsɛ̞ːʂə]
Sauna .... sauna, -en, -er [ˈsau̯næ]
Schwimmbad .... svømmehal, -en, -er [ˈsvœməˌhælˀ]
Solarium .... solarium, -et, -er [soˈlaːˀiɔ̞m]
Whirlpool .... whirlpool, -en [ˈvœ̞ɐ̯lˌpuːl]

Radfahren

Fahrrad .... cykel, -en, -er [ˈsygəl]
Fahrradhelm .... cykelhjelm, -en, -e [ˈsygəlˌjɛlˀm]
Fahrradweg .... cykelsti, -en, -er [ˈsygəlˌsdiːˀ]
Flickzeug .... lappegrej, -et, - [ˈlabəˌgʁai̯ˀ]
Luftpumpe .... luftpumpe, -n, -r [ˈlɔ̞fdˌpɔ̞mbə]
Mountainbike .... mountainbike [ˈmau̯ntənˌbai̯g]
Rad fahren .... cykle, -de, -t [ˈsyglə]
Radsport .... cykelsport, -en, - [ˈsygəlˌsbɒːd]
Radtour .... cykeltur, -en, -e [ˈsygəlˌtuːˀɐ̯]
Rennrad .... racercykel, -en, -er [ˈʁɛːsɔˌsygəl]
Schlauch .... slange, -n, -r [ˈslaŋə]

Wandern

Können Sie mir eine interessante Route auf der Karte zeigen?
Vær rar at vise mig en interessant rute på det her kort.
[vɛːˀɐ̯ ˈʁaːˀ ɔ ˈviːsə mai̯ en entʁɛˈsænˀd ˈʁuːdə pɔ̞ de ˈhɛːˀɐ̯ ˈkɒːd]

klettern .... klatre, -de, -t [ˈklædʁɔ]
Gehzeiten .... vandretid, -en, -er [ˈvandʁɔˌtiðˀ]
Route .... rute, -n, -r [ˈʁuːdə]
Sicherungsseil .... sikkerhedsreb, -et, -e [ˈsegɔheðsˌʁɛːˀb]
Tagestour .... dagstur, -en, -e [ˈdau̯sˌtuːˀɐ̯]
Trekking .... trekking [ˈtʁɛgeŋ]

Wanderkarte	vandrekort, -et, - ['vandʁɔˌkɒːd]
Wandern	vandresport ['vandʁɔˌsbɒːd]
wandern	vandre, -de, -t ['vandʁɔ]
Wanderweg	vandrevej, -en, -e ['vandʁɔˌvai̯ˀ]

Reiten

Ausritt	ridetur, -en, -e ['ʁiːðəˌtuːˀɒ̯]
Parcours	parcours [pa'kuːɒ̯]
Pferd	hest, -en, -e [hɛsd]
Polo	polo ['poːlo]
reiten	ride, red, redet ['ʁiːðə]
Reiterferien	rideferie, -en, -er ['ʁiːðəˌfeːˀɒ̯iə]
Reitlehrer	ridelærer, -en, - e ['ʁiːðəˌlɛːɔ]

Golf

18-Loch-Platz	18-hullersbane, -n, -r ['ædənhọlɔsˌbɛ̨ːnə]
abschlagen	tee off ['tiː ɔf]
Clubhaus	klubhus, -et, -e ['klubˌhuːˀs]
Golf	golf [gɔlˀf]
Golfclub	golfklub, -ben, -ber ['gɔlˀfˌklub]
Golfschläger	golfkølle, -n, -r ['gɔlˀfˌkølə]
Greenfee	green fee ['gʁiːn fiː]

Flugsport

Aufstieg	opstigning, -en, -er ['ɔbˌsdiːˀneŋ]
Drachenfliegen	drageflyvning ['dʁaːu̯əˌflyu̯neŋ]
Fallschirmspringen	faldskærmsudspring, -et, - ['fælsgɛ̨ɒ̯msˌuðsbʁɛŋˀ]
Heißluftballon	varmluftballon ['vaːˀmlọfdbæˌlɔŋ]
Paragliding	paragliding/hanggliding ['pæʁaˌglai̯deŋ/'hæːŋˌglai̯deŋ]
Segelfliegen	svæveflyvning ['svɛːvəˌflyu̯neŋ]
Versicherung	forsikring, -en, -er [fɔ'segʁɛŋ]
Weltumrundung	Jorden rundt ['joːˀɔn 'ʁọnd]

Winterurlaub

Eine Tageskarte, bitte.
En endagsbillet, tak. [en 'eːˀndæsbi,lɛd 'tag]

Langlaufski	langrendsski *pl* ['laŋʁæns,sgiːˀ]
Loipe	løjpe, -n, -r ['lɔi̯bə]
Pulverschnee	pulversne ['pol̥ˀvɔ,sneːˀ]
Schlitten	slæde, -n, -r ['slɛːðə]
Stuhlschlitten	sparkstøtting, -en, -er ['sbaːg,sdøden̩]
Schlitten fahren	køre med slæde, ['køːɔ mɛ 'slɛːðə]
Ski	ski, -en, -er [sgiːˀ]
Ski laufen	stå på ski [sdɔ̩ pɔ̩ 'sgiːˀ]
Skibindung	skibinding, -en, -er ['sgi,benen̩]
Skibrille	skibriller *pl* ['sgi,bʁɛlɔ]
Skikurs	skikursus, -et, -er ['sgi,kuɐ̯sus]
Skilehrer/in	skilærer, -en, -ere ['sgi,lɛːɔ]
Skistöcke	skistave *pl* ['sgi,sdɛ̝ːvə]
Wochenpass	ugekort, -et, - ['uːə,kɒːd]
Curling	curling ['kœːlen̩]
Eisbahn	skøjtebane, -n, -r ['sgɔi̯də,bɛ̝ːnə]
Eishockey	ishockey ['is,hɔgi]
Eislauf	skøjteløb, -et ['sgɔi̯də,løːˀb]
Schlittschuhe	skøjter *pl* ['sgɔi̯dɔ]
Schlittschuh laufen	stå på skøjter [sdɔ̩ pɔ̩ 'sgɔi̯dɔ]

Sonstige Sportarten

Boulespiel	boccia ['bɔdsæ]
Bowling	bowling ['bɔu̯len̩]
Bungeejumping	bungeejumping ['bɔndji,djɔmpen̩]
Inliner	inliner ['en,lainɔ]
Inline skaten	løbe på inliner [løːbə pɔ̩ 'en,lainɔ]
kegeln	spille kegler [sbelə 'kai̯lɔ]
Athletik	atletik, -ken, - [ædlə'tig]
Minigolf	minigolf ['mini,gɔlˀf]
Rollschuh	rulleskøjter *pl* ['ʁulə,sgɔi̯dɔ]
Rollschuh fahren	løbe på rulleskøjter [løːbə pɔ̩ 'ʁulə,sgɔi̯dɔ]
Skateboard	skateboard, -et, ['sgɛi̯d,bɒːd]
Skateboard fahren	skateboarding ['sgɛi̯d,bɒːden̩]

Könnten Sie mir bitte sagen, welche Sportveranstaltungen es hier gibt?
Undskyld, kan De sige mig, hvilke sportsarrangementer der er her? ['o̜n,sgylˀ kæ di 'si:ə mai̯ 'velgə 'sbɒ:dsaaŋʂə,maŋˀɔ dɔ ɛ̝ɒ̝ 'hɛ:ˀɒ̝]

Ich möchte mir das Fußballspiel ansehen.
Jeg vil gerne se fodboldkampen. [jai̯ vel 'gɛ̝ɒ̝nə 'se:ˀ 'foðbɔld,kamˀbən]

Wann/Wo findet es statt?
Hvornår/Hvor er det? [vɒ'nɒ:ˀ/'vɒ:ˀ ɛ̝ɒ̝ de]

Was kostet der Eintritt?
Hvad koster entreen? [væ 'kɔsdɔ aŋ'tʁɛ:ˀən]

Wie steht's?
Hvad står det? [væ 'sdɒ:ˀ de]

2 zu 1.
To – et. ['to:ˀ 'ed]

Unentschieden. Eins – eins.
Uafgjort. Et – et. ['uau̯,gjoɒ̝ˀd 'ed 'ed]

Foul!
Frispark! ['fʁi,sba:g]

Schöner Schuss!
Godt skud! ['gɔd 'sguð]

Tor!
Mål! [mo̜:ˀl]

abseits	offside [ɔf'sai̯d]
Anstoß	kampen fløjtes i gang ['kamˀbən flɔi̯dəs i 'gaŋˀ]
Eintrittskarte	adgangsbillet, -ten, -ter ['æðgaŋsbi,lɛd]
Elfmeter	straffespark, -et, -['sdʁafə,sba:g]
Flanke	centring/aflevering [sɛn'tʁeŋ/'au̯le,ve:ˀɒ̝eŋ]
Freistoß	frispark, -et, - ['fʁi,sba:g]
gewinnen	vinde, vandt, vundet ['venə]
Kasse	kasse, -n, -r ['kæsə]
Meisterschaft	mesterskab, -et, -er ['mɛsdɔ,sgɛ̝:ˀb]
Niederlage	nederlag, -et, - ['ne:ðɔ,lɛ̝:ˀ]
Olympische Spiele	Olympiske Lege [o'lømˀpisgə 'lai̯ə]
Pass	aflevering ['au̯le,ve:ˀɒ̝eŋ]
Programm	program, -met, -mer [pʁo'gʁamˀ]
Radrennen	cykelløb, -et, - ['sygəl,lø:ˀb]
Rennen	væddeløb, -et, - ['vɛðə,lø:ˀb]

Schiedsrichter .... dommer, -en, -e ['dɔmɔ]
Sieg .... sejr, -en, -e ['sai̯ˀɔ]
Spiel .... spil, -let, - [sbel]
Sportler/in .... sportsmand, -en, -mænd ['sbɒːdsˌmænˀ]/ sportskvinde, -n, -r ['sbɒːdsˌkvenə]
Sportplatz .... sportsplads, -en, -er ['sbɒːdsˌplæs]
Stadion .... stadion, -et, - ['sdɛ̝ːˀdjɔn]
Strafraum .... straffesparksfelt, -et, - ['sdʁafəsbaːgsˌfɛlˀd]
unentschieden .... uafgjort ['uau̯ˌgjoɒ̯ˀd]
verlieren .... tabe, tabte, tabt ['tɛ̝ːbə]
Wettkampf .... konkurrence/ væddekamp [kɔŋgu'ʁaŋsə/'vɛðəˌkamˀb]

Kreativurlaub

Ich möchte ... belegen.
Jeg vil gerne deltage (i) ... [jai̯ vel 'gɛ̝ɒ̯nə 'delˌtɛ̝ːˀ (i)]
einen Töpferkurs
et pottemager-/keramikkursus [ed 'pɔdəmɛ̝ːɔ-/keʁa'migˌkuɒ̯sus]
für Anfänger
for begyndere [fɔ be'gønˀɔɔ]
für Fortgeschrittene
for viderekomne [fɔ 'viðɔɔˌkɔmˀnə]

Wie viele Stunden sind pro Tag vorgesehen?
Hvor mange timer varer det dagligt? [vɒ 'maŋə 'tiːmɔ 'vaːa de 'dau̯lid]

Ist die Teilnehmerzahl begrenzt?
Er deltagerantallet begrænset? [ɛ̝ɒ̯ 'deltɛ̝ːɔˌæntælˀəð be'gʁænsəð]

Sind Vorkenntnisse erforderlich?
Er forkundskaber nødvendige? [ɛ̝ɒ̯ 'fɒːkonˌsgɛ̝ːˀbɔ nøð'vɛnˀdiə]

Bis wann muss man sich anmelden?
Hvornår skal man senest tilmelde sig? [vɒ'nɒːˀ sgæ mæn 'seːnəsd 'telˌmɛlˀə sai̯]

Sind die Materialkosten inklusive?
Er det inklusive udgifter til materialer? [ɛ̝ɒ̯ de enklu'siːˀvə 'uðˌgifdɔ tel mætʁi'ɛ̝ːlɔ]

Was ist mitzubringen?
Hvad skal man have med? ['væ sgæ mæn hɛ̝ːˀ 'mɛ]

Aktzeichnen .... croquistegning [kʁo'kiˌtai̯neŋ]
Aquarellmalen .... akvarelmaling [akva'ʁælˀˌmɛ̝ːleŋ]
Bauchtanz .... mavedans ['mɛ̝ːvəˌdænˀs]

Fotografieren . . . . fotografere, -de, -t [fotogʁaˈfeːˀɔ]
Goldschmieden . . . . smede guld [smeːðə ˈgul]
Kochen . . . . madlavningskursus
['mæðlæu̯neŋsˌkuɐ̯sus]
Kurs . . . . kursus, -et, -er ['kuɐ̯sus]
Malen . . . . malekursus ['mɛ̝ːləˌkuɐ̯sus]
Ölmalerei . . . . oliemaleri ['oljəmɛ̝ːləˌʁiːˀ]
Schauspielworkshop . . . . . . teaterworkshop [teˈɛ̝ːˀdɔˌvœːgɕɔb]
Seidenmalerei . . . . silkemaleri ['silgəmɛ̝ːləˌʁiːˀ]
Sprachkurs . . . . sprogkursus ['sbʁo̝u̯ˌkuɐ̯sus]
Tanztheater . . . . danseteater ['dænsəteˌɛ̝ːˀdɔ]
Theatergruppe . . . . teatergruppe [teˈɛ̝ːˀdɔˌgʁubə]
Trommeln . . . . slå på tromme [slo̝ po̝ ˈtʁo̝mə]
Werkstatt . . . . værksted, -et, -er ['vɛ̝ɐ̯gˌsdɛð]
Workshop . . . . workshop ['vœːgˌɕɔb]
Yoga . . . . yoga ['jogæ]

Unterhaltung

Von den vielen Theatern soll hier nur "Det Kongelige Teater" mit dem weltberühmten Ballett und das neue "Operaen", beide in Kopenhagen, erwähnt werden.
Auch die Festivals mit Klassischer Musik, Rock- und Popmusik decken ein breites Spektrum der musikalischen Szene ab. Die jährlich stattfindenden Festivals der Folklore, die Musikwoche in Aarhus und das Open-Air-Konzert in Roskilde sind über die Grenzen Dänemarks hinaus bekannt. Nicht zuletzt gibt es, insbesondere in Kopenhagen, eine internationale Jazzszene. In Dänemark sagt man gern: Die Nacht gehört uns – Natten er vor egen. Ein Besuch in den unzähligen Discos, Bars und Kneipen lohnt sich immer. Im Sommer finden häufig Kirchenkonzerte, Stadtfeste und Straßentheater mit örtlichen Künstlern statt. Erwähnenswert sind auch die Floh-, Trödler- und Pferdemärkte.. In den Kinos (biografen) werden ausländische Filme in der Originalsprache mit dänischen Untertiteln gezeigt. Dies gilt übrigens auch für Filme im Fernsehen.
Die dänische „Kleiderordnung" ist weitgehend sportlich und leger, doch wenn man ins Theater oder in die Oper geht, zieht man sich auch feiner an.

Theater – Konzert – Kino

Könnten Sie mir bitte sagen, welches Stück heute Abend im Theater gespielt wird?
Undskyld, hvad spilles der på teatret i aften?
['o̹n,sgylˀ væ 'sbeləs dɔ po̹ te'ɛ̹ːˀdʁɔð i 'afdən]

Was läuft morgen Abend im Kino?
Hvad går der i biografen i morgen aften?
[væ 'gɒːˀ dɔ i bio'gʁaˀːfən i mɒːɒn 'afdən]

Werden im Dom Konzerte veranstaltet?
Bliver der arrangeret koncerter i domkirken?
[bliːˀɒ̯ dɔ aaŋ'ʂeːˀɔð kɔn'sɛ̹ɒ̯dɔ i 'dɔm,kiɒ̯gən]

Können Sie mir ein gutes Theaterstück empfehlen?
Kan De anbefale mig et godt teaterstykke?
[kæ di 'ænbe,fɛ̹ːˀlə mai̯ ed 'god te'ɛ̹ːˀdɔ,sdøgə]

Wann beginnt die Vorstellung?
Hvornår begynder forestillingen? [vɒ'nɒːˀ be'gønˀɔ 'fɒːɒ,sdelˀeŋən]

Wo bekommt man Karten?
Hvor får man billetter? ['vɒːˀ fɒːˀ mæn bi'lɛdɔ]

Bitte zwei Karten für heute Abend.
To billetter til i aften, tak. ['to:ˀ bi'lɛdɔ tel i 'afdən 'tag]

Bitte zwei Plätze zu ... Kronen!
To pladser til ... kroner, tak. ['to:ˀ 'plæsɔ tel ... 'kʁo:nɔ 'tag]

Kann ich bitte ein Programm haben?
Må jeg få et program? [mo̜ jai̯ 'fo̜:ˀ ed pʁo'gʁamˀ]

Eintrittskarte	adgangsbillet, -ten, -ter ['æðgaŋsbiˌlɛd]
Festival	festival, -en, -er ['fɛsdivæl]
Garderobe	garderobe, -n, -r [ga:də'ʁo:bə]
Kasse	kasse, -n, -r ['kæsə]
Pause	pause, -n, -r ['pau̯sə]
Programmheft	programhæfte, -t, -r [pʁo'gʁamˀˌhɛfdə]
Vorstellung	forestilling, -en, -er ['fɒ:ɒˌsdelˀeŋ]
Vorverkauf	forsalg, -et, - ['fɒ:ˌsælˀ]

Theater

Akt	akt, -en, -er [agd]
Aufführung	opførelse, -n, -r ['ɔbˌfø:ˀɔlsə]
Ballett	ballet, -ten, -ter [bæ'lɛd]
Drama	drama, -et, -er ['dʁa:mæ]
Freilufttheater	friluftsteater, -et, -teatre ['fʁilo̜fdsteˌɛ̜:ˀdɔ]
Inszenierung	iscenesættelse, -n, -r [i'se:nəˌsɛdəlsə]
Kleinkunstbühne	kabaretscene, -n, -r [kaba'ʁɛˌse:nə]
Komödie	komedie, -n, -r [ko'meðˀjə]
Loge	loge, -n, -r ['lo:ʂə]
Musical	musical, -en, -s ['mju:siˌkæl]
Oper	opera, -en, -er ['o:ˀbəˌʁa]
Operette	operette, -n, -r [obə'ʁædə]
Parkett	parket, -tet, -ter [pa'kɛd]
Premiere	premiere, -n, -r [pʁɛm'jɛ:ɔ]
1. Rang	på balkonen [po̜ bæl'kɔŋˀən]
Schauspiel	skuespil, -let, - ['sgu:əˌsbel]
Schauspieler/in	skuespiller, -en, -e ['sgu:əˌsbelɔ]
Spielplan	spilleplan, -en, -er/ repertoire ['sbeləˌplɛ̜:ˀn/ʁɛpato'a:a]
Tänzer/in	danser, -en, -e ['dænsɔ]
Theater	teater, -et, teatre [te'ɛ̜:ˀdɔ]
Theaterstück	teaterstykke, -t, -r [te'ɛ̜:ˀdɔˌsdøgə]
Tragödie	tragedie, -n, -r [tʁa'geðˀjə]
Varietee	variete, -en, -er [vaʁiə'te]

Konzert

Blues	blues ['blu:s]
Chor	kor, -et, - [ko:ˀɒ̯]
Dirigent/in	dirigent, -en, -er [diʁi'gɛnˀd]

Folkmusic	countrymusik ['kɔntʁimuˌsig]
Jazz	jazz [djæs]
Klassik	klassisk ['klæsisg]
Komponist/in	komponist, -en, -er [kɔmpo'nisd]
Konzert	koncert, -en, -er [kɔn'sɛ̝ɐ̯d]
Kammerkonzert	kammerkoncert, -en, -er ['kamˀɔkɔnˌsɛ̝ɐ̯d]
Kirchenkonzert	kirkekoncert, -en, -er ['kiɐ̯gəkɔnˌsɛ̝ɐ̯d]
Sinfoniekonzert	symfonikoncert, -en, -er [symfo'nikɔnˌsɛ̝ɐ̯d]
Musik	musik, -ken, - [mu'sig]
Orchester	orkester, -et, orkestre [ɒ'kɛsdɔ]
Pop	pop [pɔb]
Rap	rap [ʁab]
Reggae	reggae ['ʁɛˌgɛi̯]
Rock	rock [ʁɔg]
Sänger/in	sanger, -en, -e ['saŋɔ]
Solist/in	solist, -en, -er [so'lisd]
Soul	soul [so̝u̯l]
Techno	tekno ['tɛgnɔ]
Volksmusik	folkemusik ['fɔlgəmuˌsig]

Kino

Film	film, -en, - [filˀm]
Actionfilm	actionfilm ['ægșənˌfilˀm]
Dokumentarfilm	dokumentarfilm [dokumɛn'taːˀˌfilˀm]
Drama	drama, -et, -er ['dʁaːmæ]
Klassiker	klassiker ['klæsigɔ]
Komödie	komedie, -n, -r [ko'meðˀjə]
Kurzfilm	kortfilm ['kɒːdˌfilˀm]
Schwarzweißfilm	sort-hvid film ['soɐ̯dˌviðˀ 'filˀm]
Sciencefictionfilm	science fiction-film [sai̯əns 'figșənˌfilˀm]
Thriller	gyser, -en ['gyːsɔ]
Western	western, cowboyfilm ['vɛsdɔn/'kɔu̯bɔi̯ˌfilˀm]
Zeichentrickfilm	tegnefilm ['tai̯nəˌfilˀm]
Filmschauspieler/in	filmskuespiller, -en, -e ['filˀmsguːəˌsbelɔ]
Hauptrolle	hovedrolle, -n, -r ['hoːəðˌʁɔlə]
Kino	biograf, -en, -er [bio'gʁaːˀf]
Freilichtkino	friluftsbiograf, -en, -er ['fʁilo̝fdsbioˌgʁaːˀf]
Originalfassung	originalversion, -en, -er [ɒigi'nɛ̝ːˀlvɛɐ̯ˌșoːˀn]
Regie	regi/instruktion [ʁɛ'șiːˀ/ensdʁug'șoːˀn]
Spezialeffekte	specielle effekter [sbe'șɛlˀə e'fɛgdɔ]
Untertitel	undertekst ['o̝nɔˌtɛgsd]

Nachtleben

Was kann man hier abends unternehmen?
Hvad kan man lave her om aftenen?
[væ kæ mæn 'lɛ̝ːvə 'hɛːˀɒ̯ ɔm 'afdənən]

Gibt es hier eine gemütliche Kneipe?
Er der et hyggeligt værtshus i nærheden?
[ɛ̝ɒ̯ dɔ ed 'hygəlid 'vɛ̝ɒ̯dsˌhuːˀs i 'nɛɒ̯ˌheːˀðən]

Ist dort ein eher junges oder älteres Publikum?
Er publikummet dér snarere ældre eller yngre?
[ɛ̝ɒ̯ 'publiˌkɔ̝mˀəð 'dɛːˀɒ̯ snaːaa 'ɛldʁɔ ɛlɔ 'øŋʁɔ]

Wo kann man hier tanzen gehen?
Hvor kan man gå hen at danse? ['vɒːˀ kæ mæn gɔ̝ 'hɛnˀ ɔ 'dænsə]

Wollen wir (noch einmal) tanzen?
Skal vi danse (igen)? [sgæ vi 'dænsə (i'gɛn)]

Abendgarderobe .... aftengarderobe, -n, -r ['afdəngaːdə'ʁoːbə]
ausgehen .... gå, gik, gået ud [gɔ̝ 'uðˀ]
Band .... gruppe, -n, -r ['gʁubə]
Bar .... bar, -en, -er [baːˀ]
Diskothek .... diskotek, -et, -er [disgo'teːˀg]
Folklore .... folklore, -n [fɔlg'loːɔ]
Folkloreabend .... folkloreaften, -en, -er [fɔlg'loːɔˌafdən]
Glücksspiel .... hasardspil, -let, -/tombola, -en, -er [hæ'saːˀˌsbelˀ/tɔm'boːlæ]
Kneipe .... værtshus, -et, -e ['vɛ̝ɒ̯dsˌhuːˀs]
Livemusik .... livemusik, -ken, - ['lai̯vmuˌsig]
Nachtklub .... natklub, -ben, -ber ['nædˌklub]
Party .... party/fest/selskab ['paːti/fɛsd/'sɛlˌsgɛ̝ːˀb]
Show .... show, -et, -s [ʂɔ̝u̯]
Spielkasino .... spillekasino, -et, -er ['sbeləkæˌsiːno]
tanzen .... danse, -de, -t ['dænsə]
Tanzkapelle .... danseorkester, -et, -orkestre ['dænsəɒˌkɛsdɔ]

UNTERHALTUNG

Feste und Veranstaltungen

Könnten Sie mir bitte sagen, wann das ...Festival/das Konzert stattfindet?
Kunne De være rar at sige mig, hvornår ... festivalen/koncerten begynder?
[ku 'di 'vɛːɔ 'ʁaːˀ ɔ 'siːə mai̯ vɒ'nɒːˀ 'fɛsdiˌvælˀən/kɔn'sɛ̝ɒ̯dən be'gønˀɔ]

vom ... bis ...
fra ... til ... [fʁa ... tel]
jedes Jahr im August
hvert år i august ['vɛːˀɒ̯d 'ɒːˀ i ɑu̯'gǫsd]
alle 2 Jahre
hvert andet år [vɛːˀɒ̯d 'ænəð 'ɒːˀ]

Kann jeder teilnehmen?
Kan alle deltage? [kæ 'ælə 'delˌtɛ̝ːˀ]

Typische Festivitäten und Veranstaltungen

Blaskapelle	hornorkester, -et, -e ['hoɒ̯nɒˌkɛsdɔ]
Erntedankfest	høstfest, -en, -er ['høsdˌfæsd]
Festival	festival, -en, -er ['fɛsdivæl]
Feuerwerk	fyrværkeri, -et, -er [fyɒ̯vɛ̝ɒ̯gə'ʁiːˀ]
Flohmarkt	loppemarked, -et, -er ['lɔbəˌmaːgəð]
Markt	marked, -et, -er ['maːgəð]
Karneval	fastelavn [fæsdə'lau̯ˀn]
Kirmes	høstfest, -en, -er ['høsdˌfæsd]
Länderspiel	landskamp, -en, -e ['lænˀsˌkamˀb]
Prozession	procession -en, -er [pʁosɛ'ʂoːˀn]
Tennisturnier	tennisturnering, -en, -er ['tɛnistuɒ̯ˌneːˀɒ̯eŋ]
Umzug	optog, -et, -e ['ɔbˌtǫu̯ˀ]
Zirkus	cirkus, -set, - ['siɒ̯kus]

Einkaufen

In Dänemark sind die Öffnungszeiten kundenfreundlich: In der Regel öffnen die Geschäfte zwischen 9.30 und 10.00 Uhr und schließen zwischen 18.00 und 20.00 Uhr; fast alle Geschäfte sind durchgehend geöffnet. Die Einkaufsmärkte sind oft auch an Sonntagen geöffnet. In der Feriensaison, also während der Sommerferienzeit, ist es auch möglich, in einem kleinen Supermarkt – auf Dänisch: daglig-vare – in den Ferienhausgebieten einzukaufen. Achten Sie in den Läden darauf, eine „Nummer" zu ziehen! Und auch beim Bäcker oder Metzger, in der Bank, Apotheke, im Postamt oder beim Arztbesuch. Danach brauchen Sie nicht ständig darauf zu achten, wann Sie an der Reihe sind. Hier noch ein paar sehr nützliche Begriffe: udsalg ... Ausverkauf, tilbud ... Angebot, særtilbud ... Sonderangebot und zum Schluss: Køb 3 og betal 1 ... Kaufe 3 und bezahle 1.

Fragen

Ich suche ...
Jeg kigger efter ... [jai̯ 'kigɔ ɛfdɔ]

Ich möchte ...
Jeg vil gerne ... [jai̯ vel 'gɛ̝ɒ̯nə]

Werden Sie schon bedient?
Får De? ['fɒːˀ 'di]

Danke, ich sehe mich nur um.
Tak, jeg kigger bare. ['tag jai̯ 'kigɔ 'baːa]

Haben Sie ...?
Har De ...? [haːˀ di]

Darf es sonst noch etwas sein?
Ellers andet?/Var der ellers noget? ['ɛlˀɔs 'ænəð/va dɔ 'ɛlˀɔs 'no̞ːəð]

Handeln und kaufen

Wie viel kostet das?
Hvad koster det? [væ 'kɔsdɔ de]

Das ist aber teuer!
Det er dyrt! [de ɛ̝ɒ̯ 'dyːˀɒ̯d]

Geben Sie einen Rabatt?
Giver De rabat? [giːˀɒ̯ de ʁa'bæd]

Gut, ich nehme es.
Fint, det tager jeg. ['fiːˀnd 'de 'taːˀ jai̯]

Nehmen Sie Kreditkarten?
Tager De kreditkort? [taːˀ de kʁɛ'did,kɒːd]

Geschäfte

Åbningstider	Öffnungszeiten
åbent	offen
lukket	geschlossen
Vi holder ferie til ...	Betriebsferien bis ...

Entschuldigen Sie bitte, wo finde ich ...?
Undskyld, hvor finder jeg ...? ['o̜nˌsgylˀ 'vɒːˀ 'fenɔ jai̯]

Antiquitätengeschäft ..... antikvitetsforretning, -en, -er [æntikvi'teːˀdsfɔˌʁædneŋ]
Apotheke .... apotek, -et, -er [apo'teːˀg]
Bäckerei .... bageri, -et, -er [bɛ̝ːə'ʁiːˀ]
Bioladen .... forretning, -en, -er med økologiske varer [fɔ'ʁædneŋ mɛ øko'loːˀisgə 'vaːa]
Blumengeschäft .... blomsterforretning, -en, -er ['blɔmsdɔfɔˌʁædneŋ]
Boutique .... boutique, -en, -s [bu'tig]
Buchhandlung .... boghandel, -en, -er ['bo̜u̯ˌhænˀəl]
Drogerie .... materialhandel, -en, -er [mætʁi'ɛ̝ːˀlˌhænˀəl]
Eisenwarengeschäft ...... isenkramforretning, -en, -er ['isənkʁamfɔˌʁædneŋ]
Elektrohandlung .... elinstallationsforretning, -en, -er ['ɛlensdælæˌ̩ɕoːˀnsfɔˌʁædneŋ]
Feinkostgeschäft .... delikatesseforretning, -en, -er [delikæ'tɛsəfɔˌʁædneŋ]
Fischgeschäft .... fiskeforretning, -en, -er ['fesgəfɔˌʁædneŋ]
Flohmarkt .... loppemarked, -et, -er ['lɔbəˌmaːgəð]
Fotogeschäft .... fotoforretning, -en, -er ['fotofɔˌʁædneŋ]
Geschäft, Laden .... butik, -ken, -ker, forretning, -en, -er [bu'tig], [fɔ'ʁædneŋ]
Friseur .... frisør, -en, -er [fʁi'søːˀɒ̯]
Juwelier .... juvelér, -en, -er [juvə'leːˀɒ̯]
Kaufhaus .... varehus, -et, -e ['vaːaˌhuːˀs]
Kiosk .... kiosk, -en, -er [ki'ɔsg]
Konditorei .... konditori, -et, -er [kɔndidɔ'ʁiːˀ]
Kunsthändler .... kunsthandler, -en, -e ['ko̜nsdˌhænlɔ]
Lebensmittelgeschäft ..... levnedsmiddelforretning, -en, -er ['lɛu̯nəðsmiðˀəlfɔˌʁædneŋ]
Lederwarengeschäft ...... lædervareforretning, -en, -er ['lɛðˀɔvaːafɔˌʁædneŋ]

EINKAUFEN

Markt . . . . torv, -et, -e ['tɒːˀv]
Metzgerei . . . . slagter- og pålægsforretning, -en, -er ['slagdɔ ɔ 'pɔ̝lɛgsfɔˌʁædneŋ]
Obst- und Gemüseladen . . . frugt- og grønthandel, -en, - ['fʁɔ̝gd ɔ 'gʁœ̝ndˌhænˀəl]
Optiker . . . . optiker, -en, -e ['ɔbtigɔ]
Parfümerie . . . . parfumeri, -et, -er [pafymə'ʁiːˀ]
Reformhaus . . . . helsekostforretning, -en, -er ['hɛlsəkɔsdfɔˌʁædneŋ]
Reinigung . . . . renseri, -et, -er [ʁænsə'ʁiːˀ]
Reisebüro . . . . rejsebureau, -et, -er ['ʁaisəbyˌʁo]
Schneider/in . . . . skrædder, -en, -e ['sgʁæðɔ]
Schreibwarengeschäft . . . . . papirhandel, -en, -er [pæ'piːˀɒˌhænˀəl]
Schuhgeschäft . . . . skobutik, -ken, -ker ['sgobuˌtig]
Schuhmacher . . . . skomager, -en, -e ['sgoˌmɛːˀɔ]
Souvenirladen . . . . souvenirforretning, -en, -er [suvə'niːɒfɔˌʁædneŋ]
Spielwarengeschäft . . . . legetøjsforretning, -en, -er ['laiətɔisfɔˌʁædneŋ]
Spirituosengeschäft . . . . . . vin- og spiritushandel, -en, -er ['viːn ɔ 'sbiːˀɒitusˌhænˀəl]
Sportartikel . . . . sportsartiklel, -en, -er ['sbɒːdsaˌtigəl]
Supermarkt . . . . supermarked, -et, -er ['suːˀbɔˌmaːgəð]
Süßwarengeschäft . . . . slikbutik, -ken, -ker ['slegbuˌtig]
Tabakladen . . . . tobaksforretning, -en, -er [to'bagsfɔˌʁædneŋ]
Trödler . . . . marskandiser, -en, -e [maːsgæn'diːˀsɔ]
Uhrmacher . . . . urmager, -en, -e ['uːɒˌmɛːˀɔ]
Waschsalon . . . . møntvaskeri, -et, -er ['møndvæsgəˌʁiːˀ]
Weinhandlung . . . . vinhandel, -en, -handler ['viːnˌhænˀəl]
Zeitungshändler . . . . aviskiosk, -en, -er [æ'viːˀskiˌɔsg]

Bücher, Zeitschriften und Schreibwaren

Ich hätte gern ...
Jeg vil gerne have ... [jai vel 'gɛɒnə 'hɛːˀ]
eine deutsche Zeitung.
en tysk avis. [en 'tysg æ'viːˀs]
eine Wochenzeitschrift.
et ugeblad. [ed 'uːəˌblæð]
eine Zeitschrift.
et tidsskrift. [ed 'tiðsˌsgʁɛfd]
einen Reiseführer von ....
en rejsefører over ... [en 'ʁaisəˌføːɔ ɔuˀɔ]
eine Wanderkarte dieser Gegend.
et vandrekort over dette område. [ed 'vandʁɔˌkɒːd ɔuˀɔ 'dɛdə 'ɔmˌʁɔ̝ːðə]

Bücher, Zeitschriften und Zeitungen

Buch	bog, -en, bøger [bo̝ːˀu̯]
Comic-Heft	tegneserieblad, -et, -e [ˈtai̯nəseːˀɒ̯iəˌblæð]
Illustrierte	ugeblad, -et, -e [ˈuːəˌblæð]
Kochbuch	kogebog, -en, -bøger [ˈko̝ːu̯əˌbo̝ːˀu̯]
Kriminalroman	kriminalroman, -en, -er [kʁimiˈnɛ̝ːˀlʁoˌmɛ̝ːˀn]
Landkarte	landkort, -et, - [ˈlænˌkɒːd]
Reiseführer für …	rejsefører over …[ˈʁai̯səˌføːɔ ɔu̯ˀɔ]
Roman	roman, -en, -er [ʁoˈmɛ̝ːˀn]
Stadtplan	bykort, -et, - [ˈbyˌkɒːd]
Straßenkarte	vejkort, -et, - [ˈvai̯ˌkɒːd]
Tageszeitung	dagens avis, -en, -er [ˈdɛ̝ːˀəns æˈviːˀs]
Taschenbuch	pocketbog/paperback [ˈpɔgədˌbo̝ːu̯/ˈpɛi̯bɔˌbæg]
Zeitschrift	tidsskrift, -et, -er [ˈtiðsˌsgʁɛfd]
Zeitung	avis, -en, -er [æˈviːˀs]

Schreibwaren

Ansichtskarte	postkort, -et, - [ˈpɔsdˌkɒːd]
Bleistift	blyant, -en, -er [ˈblyːˌænˀd]
Block	blok, -ken, -ke [blɔg]
Briefpapier	brevpapir, -et, - [ˈbʁɛu̯pæˌpiːˀɒ̯]
Briefumschlag	konvolut, -ten, -ter [kɔnvoˈlud]
Farbstift	farveblyant, -en, -er [ˈfaːvəˌblyːænˀd]
Kugelschreiber	kuglepen, -nen, -ne [ˈkuːləˌpɛnˀ]
Malbuch	malebog, -en, -bøger [ˈmɛ̝ːləˌbo̝ːˀu̯]
Tuschstifte	tusser [ˈtusɔ]
Notizblock	notesblok, -ken, -ke [ˈnoːdəsˌblɔg]
Papier	papir, -et, - [pæˈpiːˀɒ̯]
Schreibware	skrive- og papirartikler *pl* [ˈsgʁiːvə ɔ pæˈpiːˀɒ̯aˌtiglɔ]

CDs und Kassetten

Haben Sie CDs von …?
Har De cd'er med …? [haːˀ di ˈseːˀˈdeːˀɔ mɛ]

Ich hätte gern eine CD mit … Musik.
Jeg vil gerne have en cd med … musik.
[jai̯ vel ˈgɛ̝ɒ̯nə ˈhɛ̝ːˀ en ˈseːˀˈdɛːˀ mɛ … muˈsig]

Kann ich hier bitte einmal reinhören?
Må jeg høre den her? [mo̝ːˀ jai̯ ˈhøːɔ dɛn ˈhɛːˀɒ̯]

CD (Compactdisc)	cd (compactdisk), -en, -s [ˈseːˀˈdeːˀ /kɔmˈpagdˌdisg]
CD-Spieler	cd-afspiller, -en, -e [ˈseːˀˈdɛˌau̯sbelɔ]

tragbarer CD-Spieler .... en bærbar cd-afspiller [en 'bɛɐ̯ˌbaːˀ 'seːˀ'deːˀˌau̯sbelɔ]
DVD .... en dvd [en deve'deːˀ]
Kassette .... kassette, -n, -r [kæ'sɛdə]
Kopfhörer .... hovedtelefon, -en, -er ['hoːəðteləˌfoːˀn]
Lautsprecher .... højttaler, -en, -e ['hɔi̯ˌtɛ̝ːlɔ]
Walkman® .... walkman, -en, ~men ['vɒːgˌmæn]

Drogerieartikel

Drogerieartikel heißen auf Dänisch Materialistvarer. Es wird sehr darauf geachtet, dass die Artikel umweltfreundlich sind.

Bürste .... børste, -n, -r ['bœ̝ɐ̯sdə]
Creme .... creme, -n, -r [kʁɛːˀm]
Damenbinden .... hygiejnebind [hygi'ai̯nəˌbenˀ]
De(o)dorant) .... deodorant, -en, -er [deodo'ʁanˀd]
Drogerieartikel .... materialistvare, -n, -r [mætʁiæ'lisdˌvaːa]
Duschgel .... flydende sæbe ['flyːðənə 'sɛːbə]
Fleckenentferner .... pletfjerner ['plɛdˌfjɛ̝ɐ̯nɔ]
Feuchtigkeitscreme .... fugtighedscreme, -n, -r ['fo̝gdiheðsˌkʁɛːˀm]
Haarfestiger .... setting lotion, -en ['sɛdeŋ 'lo̝u̯sən]
Haargel .... hårgelé, -en, -er ['hɒːʂeˌle]
Haargummi .... elastik, -ken, -ker til håret [elæ'sdig tel 'hɒːˀɒð]
Haarklammern .... hårklemmer *pl* ['hɒːˌklɛmɔ]
Handcreme .... håndlotion, -en, -er ['hɔnˌlo̝u̯sən]
Kamm .... kam, -men, -me [kamˀ]
Lichtschutzfaktor .... (lys)beskyttelsesfaktor, -en, -er [('lyːs)be'sgødəlsəsˌfagtɒ]
Lippenstift .... læbestift, -en, -er ['lɛːbəˌsdefd]
Lippenpomade .... læbepomade, -en, -er ['lɛːbəpoˌmɛ̝ːðə]
Nachtcreme .... natcreme, -n, -r ['nædˌkʁɛːˀm]
Nagellack .... neglelak, -ken, -ker ['nai̯ləˌlag]
Nagellackentferner .... neglelakfjerner, -en, -e ['nai̯ləlagˌfjɛ̝ɐ̯nɔ]
Nagelschere .... neglesaks, -en, -e ['nai̯ləˌsags]
Papiertaschentücher ...... papirslommetørklæder *pl* [pæ'piːˀɐ̯slɔmətœ̝ɐ̯ˌklɛːðɔ]
Parfüm .... parfume, -n, -r [pa'fyːmə]
Pflaster .... plaster, -et, plastre ['plæsdɔ]
Pinzette .... pincet, -ten, -ter [pen'sɛd]
Präservativ .... præservativ, -et, -er [pʁɛ'sɛ̝ɐ̯væˌtiːˀv]
Puder .... pudder, -et, - ['puðˀɔ]
Rasierapparat .... barbermaskine, -n, -r [ba'beːˀɐ̯mæˌsgiːnə]

Ich hätte gern ...
Jeg vil gerne have ...

Rasierklingen	barberblad, -et, -e [baˈbeːˀɒ̯ˌblæð]
Rasierpinsel	barberkost, -en, -e [baˈbeːˀɒ̯ˌkǫsd]
Rasierschaum	barberskum, -met, - [baˈbeːˀɒ̯ˌsgǫmˀ]
Rasierwasser	barbervand, -et, - [baˈbeːˀɒ̯ˌvænˀ]
Seife	sæbe, -n, -r [ˈsɛːbə]
Shampoo	shampoo, -en, -er [ˈɕampo]
Slipeinlagen	bind, -et, - [benˀ]
Sonnencreme	solcreme, -n, -r [ˈsoːlˌkʁɛːˀm]
Sonnenmilch	sollotion, -en, -er [ˈsoːlˌlǫu̯ɕən]
Sonnenöl	sololie, -en, -er [ˈsoːlˌoljə]
Spiegel	spejl, -et, -e [sbai̯ˀl]
Spülbürste	opvaskebørste, -n, -r [ˈɔbvæsgəˌbœ̝ɒ̯sdə]
Spülmittel	opvaskemiddel, -et, -midler [ˈɔbvæsgəˌmiðˀəl]
Spültuch	karklud, -en, -e [ˈkaːˌkluðˀ]
Tampons	tamponer *pl* [tamˈpɔŋˀɔ]
Toilettenpapier	toiletpapir, -et, - [toæˈlɛdpæˌpiːˀɒ̯]
Waschlappen	vaskeklud, -en, -e [ˈvæsgəˌkluðˀ]
Waschmittel	vaskemiddel, -et, -midler [ˈvæsgəˌmiðˀəl]
Watte	vat, -tet, - [væd]
Wattestäbchen	vatpind, -en, -e [ˈvædˌpenˀ]
Wimperntusche	mascara, -en, -er [mæˈsgaːʁa]
Zahnbürste	tandbørste, -n, -r [ˈtænˌbœ̝ɒ̯sdə]
Zahncreme/Zahnpasta	tandpasta, -en, -er [ˈtænˌpæsdæ]
Zahnseide	tandtråd, -en, -e [ˈtænˌtʁǫːˀð]
Zahnstocher	tandstikker, -en, -e [ˈtænˌsdegɔ]

Elektroartikel

➢ auch Fotoartikel, CDs und Kassetten

Adapter	adapter, -en, -e [æˈdabtɔ]
Batterie	batteri, -et, -er [bædəˈʁiːˀ]
Dampfbügeleisen	dampstrygejern, -et, - [ˈdambsdʁyːəˌjɛ̝ɒ̯ˀn]
Föhn	føntørrer, -en, -e [ˈfønˌtœ̝ːɔ]
Glühbirne	pære, -n, -r [ˈpɛːɔ]
Ladegerät	(op)lader, en, -e [ˈɔbˌlɛ̝ːˀðɔ]
Notebook	en (lille) bærbar pc [en (ˈlilə) ˈbɛɒ̯ˌbaːˀ ˈpeːˀseːˀ]
Organizer	planlægnings-kalender, -en, e [ˈplɛ̝ːˀnlɛgneŋskæˌlɛnˀɔ]
Stecker	stik, -ket, - [sdeg]
Taschenrechner	lommeregner, -en, -e [ˈlɔməˌʁai̯nɔ]
Verlängerungsschnur	forlængerledning, -en, -er [fɔˈlɛŋˀɔˌleðneŋ]
Wecker	vækkeur, -et, -e [ˈvɛgəˌuːˀɒ̯]

Fotoartikel

➢ auch Filmen und Fotografieren

Ich hätte gern ...
Jeg vil gerne have ... [jai̯ vel 'gɛɐ̯nə 'hɛ:ˀ]
einen Film für diesen Fotoapparat.
en film til det her kamera. [en 'filˀm tel de 'hɛ:ˀɐ̯ 'kɛ:ˀməʁa]
einen Farbfilm.
en farvefilm. [en 'fa:vəˌfilˀm]
einen Diafilm.
en diafilm. [en 'diæˌfilˀm]
einen Film mit 36/24/12 Aufnahmen.
en film med 36/24/12 billeder.
[en 'filˀm mɛ 'sɛgsɔˌtʁæðvə/'fi:ɔˌty:və/'tɔlˀ 'beləðɔ]

... funktioniert nicht mehr.
... virker ikke mere. [... 'viɐ̯gɔ 'egə 'me:ɔ]

Das ist kaputt. Können Sie es bitte reparieren?
Det virker ikke. Vil De være venlig at reparere det?
[de 'viɐ̯gɔ 'egə vel di vɛ:ɔ 'vɛnli ɔ ʁɛpa'ʁɛ:ˀɔ de]

Auslöser	udløser, -en, -e ['uðˌlø:ˀsɔ]
Belichtungsmesser	eksponeringsmåler, -en, -e [ɛgspo'ne:ˀɐ̯eŋsˌmo:lɔ]
Blitzgerät	blitzapparat, -et, -er ['blidsapaˌʁa:ˀd]
Camcorder	Camcorder ['kæ:mˌkɒ:dɔ]
Digitalkamera	digitalkamera, -et, -er [digi'tɛ:ˀlˌkɛ:ˀməʁa]
DVD	dvd, -en, -er [deve'de:ˀ]
Farbfilm	farvefilm, -en, - ['fa:vəˌfilˀm]
Filmempfindlichkeit	filmfølsomhed, -en ['filˀmfø:lsɔmˌhe:ˀð]
Linse	linse, -n, -r ['lensə]
Objektiv	objektiv, -et, -er [ɔbjɛg'ti:ˀv]
Schwarzweiß-Film	sort-hvid film ['soɐ̯dˌviðˀ 'filˀm]
Selbstauslöser	selvudløser, -en, -e ['sɛluðˌlø:ˀsɔ]
Sofortbildkamera	polaroidkamera, -et, er [polaʁo'iðˀˌkɛ:ˀməʁa]
Stativ	stativ, -et, -er [sdæ'ti:ˀv]
Sucher	søger, -en, -e ['sø:ɔ]
Teleobjektiv	teleobjektiv, -et, -er ['teləobjɛgˌti:ˀv]
Unterwasserkamera	undervandskamera, -et, -er ['ɔnɔvænˀsˌkɛ:ˀməʁa]
Videofilm	videofilm, -en, - ['vi:ˀdeoˌfilˀm]
Videokamera	videokamera, -et, -er ['vi:ˀdeoˌkɛ:ˀməʁa]
Videokassette	videokassette, -n, -r ['vi:ˀdeokæˌsɛdə]
Videorekorder	videobåndoptager, -en, -e ['vi:ˀdeobɔnɔbˌtɛ:ˀɔ]

Friseur

Waschen und föhnen, bitte.
Vaskes og føntørres, tak. ['væsgəs ɔ 'føn,tœ̞:ɔs 'tag]

Schneiden mit/ohne Waschen, bitte.
Klippes med/uden vask, tak. ['klebəs mɛ/'u:ðən 'væsg 'tag]

Ich möchte …
Jeg vil gerne … [jai̯ vel 'gɛ̞ɒ̯nə]

Nur die Spitzen.
Kun spidserne. [kɔ̞n 'sbesɔnə]

Nicht zu kurz/Ganz kurz/Etwas kürzer, bitte.
Ikke for kort/Helt kort/Lidt kortere, tak.
['egə fɔ 'kɒ:d/'he:ˀld 'kɒ:d/led 'kɒ:dɔɔ 'tag]

Die Ohren sollen frei sein/bedeckt bleiben.
Ørerne skal være fri/dækket. ['ø:ɔnə sgæ vɛ:ɔ 'fʁi:ˀ/'dɛgəð]

Rasieren, bitte.
Barberes, tak. [ba'be:ˀɔs 'tag]

Stutzen Sie mir bitte den Schnurrbart/Bart.
Vær rar at klippe mit overskæg/skæg.
[vɛ:ˀɒ̯ 'ʁa:ˀ ɔ 'klebə mid 'ɔu̯ɔ,sgɛ:ˀg/'sgɛ:ˀg]

Vielen Dank. Es ist sehr gut.
Mange tak. Det er fint. ['maŋə 'tag de ɛ̞ɒ̯ 'fi:ˀnd]

Bart	skæg, -get, - [sgɛ:ˀg]
blond	blond [blɔnˀ]
Dauerwelle	permanent, -en, -er [pɛ̞ɒ̯mæ'nɛnˀd]
färben	farve, -de, -t ['fa:və]
föhnen	føntørre, -de, -t ['føn,tœ̞:ɔ]
frisieren	frisere, -de, -t [fʁi'se:ˀɔ]
Frisur	frisure, -n, -r [fʁi'sy:ɔ]
Haar	hår, -et, - [hɒ:ˀ]
fettiges Haar	fedtet hår ['fedəð 'hɒ:ˀ]
trockenes Haar	tørt hår ['tœ̞:ˀɒ̯d 'hɒ:ˀ]
Haarteil	halvparyk, -ken, -ker ['hælpa,ʁœg]
kämmen	rede, redte, redt ['ʁɛ:ðə]
Koteletten	bakkenbarter ['bagən,ba:ˀdɔ]
legen	sætte, satte, sat ['sɛdə]
Locken	krøller ['kʁœlɔ]
Lockenwickler	curlere *pl* ['kœ:lɔɔ]
Perücke	paryk, -ken, -ker [pa'ʁœg]
Pony	pandehår, -et, - ['pænə,hɒ:ˀ]
Scheitel	skilning, -en, -er ['sgelneŋ]

Schnurrbart .... overskæg, -get, - ['ɔu̯ɔˌsgɛːˀg]
Schuppen .... skæl *pl* [sgɛlˀ]
Shampoo .... shampoo, -en, -er ['ʂampo]
Strähnchen .... lyse totter ['lyːˀsə 'tɔdɔ]
Stufenschnitt .... etageklipning, -en, -er [e'tɛːˀʂəˌklebneŋ]
Tönung .... toning, -en, -er ['toːneŋ]
tönen .... tone, -de, -t ['toːnə]
Toupet .... tupé, -en, -er [tu'pe]

Haushaltswaren

> Kennen Sie das Wort Isenkræmmer? Wenn nicht, dann gehen Sie mal in einem solchen Laden. Hier finden Sie alles vom Käsehobel bis hin zu Geschirr und Töpfen. Und viele dieser Gebrauchsgegenstände sind von namhaften dänischen Designern entworfen.

Abfallbeutel .... affaldspose, -n, -r ['au̯fælsˌpoːsə]
Alufolie .... stanniol, -et, - [sdæni'oːˀl]
Bindfaden .... sejlgarn, -et, - ['sai̯lˌgaːˀn]
Brennspiritus .... brændsprit, -ten, - ['bʁænˌsbʁid]
Dosenöffner .... dåseåbner, -en, -e ['dɔ̝ːsəˌɔ̝ːbnɔ]
Draht .... tråd, -en, -e [tʁɔ̝ːˀð]
Flaschenöffner .... flaskeåbner, -en, -e ['flæsgəˌɔ̝ːbnɔ]
Frischhaltefolie .... film, -en, - [filˀm]
Gabel .... gaffel, -en, -er ['gafəl]
Glas .... glas, -set, - [glæs]
Grill .... grill, -en, -er [gʁil]
Grillanzünder .... grilltænder, -en, -e ['gʁilˌtɛnɔ]
Grillkohle .... grillkul, -let, - ['gʁilˌkɔ̝l]
Haushaltswaren .... husholdningsvarer ['hushɔlˀneŋsˌvaːa]
Kerzen .... stearinlys *pl* [sdæ'ʁiːˀnˌlyːˀs]
Korkenzieher .... proptrækker, -en, -e ['pʁɔbˌtʁægɔ]
Kühlelement .... køleelement, -et, -er ['køːləeləˌmɛnˀd]
Kühltasche .... køletaske, -n, -r ['køːləˌtæsgə]
Löffel .... ske, -en, -er [sgeːˀ]
Messer .... kniv, -en, -e [kniːˀv]
Nadel .... nål, -en, -e [nɔ̝ːˀl]
Papierservietten .... papirservietter *pl* [pæ'piːˀɒ̯sɛ̝ɒ̯viˌɛdɔ]
Petroleum .... petroleum, -en, - [pe'tʁoːˀleɔ̝m]
Plastikbecher .... plasticbæger, -et, -e ['plæsdigˌbɛːɔ]
Plastikbeutel .... plasticpose, -n, -r ['plæsdigˌpoːsə]
Sicherheitsnadel .... sikkerhedsnål, -en, -e ['segɔheðs'nɔ̝ːˀl]
Schere .... saks, -en, -e [sags]
Taschenmesser .... lommekniv, -en, -e ['lɔməˌkniːˀv]

Thermosflasche®	termoflaske, -n, -r ['tɛɒmo,flæsgə]
Trockenständer	tørrestativ, -et, -er ['tœːɔsdæ,tiːˀv]
Wäscheklammern	tøjklemmer *pl* ['tɔi̯,klɛmɔ]
Wäscheleine	tørresnor, -en, -e ['tœːɔ,snoːˀɒ]

Lebensmittel

Was darf es sein?
Hvad skulle det være? ['væ sgu de 'vɛːɔ]

Geben Sie mir bitte ...
Vær venlig at give mig ... [vɛːˀɒ 'vɛnli ɔ 'giːˀ mai̯]

ein Kilo ...
et kilo ... [ed kilo]
10 Scheiben ...
ti skiver ... ['tiːˀ sgiːvɔ]
ein Stück von ...
et stykke ... [ed sdøgə]
eine Packung ...
en pakke ... [en pagə]
ein Glas ...
et glas ... [ed glæs]
eine Dose ...
en dåse ... [en doːsə]
eine Flasche ...
en flaske ... [en flæsgə]
eine Tube ...
en tube ... [en tuːbə]
eine Einkaufstüte.
en bærepose. [en 'bɛːɔ,poːsə]

Darf es auch etwas mehr sein?
Må det være lidt mere? [moːˀ de 'vɛːɔ 'led 'meːɔ]

Darf es noch etwas sein?
Ellers andet? ['ɛlˀɔs 'ænəð]

Dürfte ich vielleicht etwas hiervon probieren?
Må jeg få lov at smage lidt af det der?
[mo jai̯ fo 'lɔu̯ ɔ 'smɛːə 'led æ de 'dɛːˀɒ]

Danke, das ist alles.
Nej tak, det var det hele. ['nai̯ˀ 'tag de va de 'heːlə]

Obst	**Frugt**
Ananas	ananas, -en, -er ['ænæ,næs]
Apfel	æble, -t, -r ['ɛːblə]
Apfelsine	appelsin, -en, -er [abəl'siːˀn]
Aprikose	abrikos, -en, -er [abʁi'kɔːˀs]

Bananen	bananer *pl* [bæ'nɛ̝ːˀnɔ]
Birnen	pærer *pl* ['pɛːɔ]
Brombeeren	brombær *pl* ['bʁɔ̝m,bɛ̝ɒ̯]
Dattel	daddel, -en, -er ['dæðˀəl]
Erdbeeren	jordbær *pl* ['joɒ̯,bɛ̝ɒ̯]
Feigen	figner *pl* ['fiːnɔ]
Grapefruit	grapefrugt, -en, -er ['gʁɛi̯b,fʁɔ̝gd]
Honigmelone	honningmelon, -en, -er ['hɔneŋme,loːˀn]
Kirschen	kirsebær *pl* ['kiɒ̯sə,bɛ̝ɒ̯]
Kokosnuss	kokosnød, -den, -der ['koːgos,nøðˀ]
Mandarine	mandarin, -en, -er [mænda'ʁiːˀn]
Mandeln	mandler *pl* ['mænˀlɔ]
Nuss	nød, -den, -der [nøðˀ]
Obst	frugt, -en, -er [fʁɔ̝gd]
Pfirsiche	ferskener *pl* ['fɛ̝ɒ̯sgənɔ]
Pflaumen	blommer *pl* ['blɔmɔ]
Pflaumen (getrocknete)	svesker, (tørrede) *pl* ['svesgɔ ('tœ̝ːɔðə)]
Wassermelone	vandmelon, -en, -er ['vænme,loːˀn]
Weintrauben	vindruer *pl* ['viːn,dʁuːɔ]
Zitronen	citroner *pl* [si'tʁoːˀnɔ]

Gemüse	**Grøntsager**
Artischocke	artiskok, -ken, -ker [ati'sgɔg]
Aubergine	aubergine, -n, -r [obɛ̝ɒ̯'ʂiːnə]
Avocado	avocado, -en, -er [ævo'kɛ̝ːdo]
Blumenkohl	blomkål, -en, - ['blɔm,kɔ̝ːˀl]
Bohnen	bønner *pl* ['bœnɔ]
grüne Bohnen	grønne bønner *pl* ['gʁœ̝nə 'bœnɔ]
weiße Bohnen	hvide bønner *pl* ['viːðə 'bœnɔ]
Chicoree	cikorie, -n, -r [si'koːˀɒ̯iə]
Erbsen	ærter *pl* ['ɛ̝ɒ̯dɔ]
Fenchel	fenniklel, -en, -er ['fɛnˀigəl]
Gemüse	grøntsager *pl* ['gʁœ̝nd,sɛ̝ːɔ]
Gurke	agurk, -en, -er [æ'guɒ̯g]
Kartoffeln	kartofler *pl* [ka'tɔflɔ]
Knoblauch	hvidløg, -et, - ['við,lɔi̯ˀ]
Kohl	kål, -en, - [kɔ̝ːˀl]
Kürbis	græskar, -ret, - ['gʁæs,ka]
Lauch	porre, -n, -r ['pɒːɒ]
Linsen	linser *pl* ['lensɔ]
Mais	majs, -en, - [mai̯ˀs]
Möhre	gulerod, -en, rødder ['gulə,ʁoːˀð]
Oliven	oliven [o'liːˀvən]
Paprika(schote)	paprika/peberfrugt, -en, er ['pabʁikæ/'peu̯ɔ,fʁɔ̝gd]
Petersilie	persille, -n, - [pɛ̝ɒ̯'selə]
Salat	salat, -en, -er [sæ'lɛ̝ːˀd]

EINKAUFEN

Kopfsalat	hovedsalat, -en, -er ['ho:əðsæˌlɛ̝:ˀd]
Sellerie	selleri, -en, -er ['seləˌʁi:ˀ]
Spargel	asparges, -en, - [æ'sba:ˀs]
Spinat	spinat, -en, - [sbi'nɛ̝:ˀd]
Tomaten	tomater *pl* [to'mɛ̝:ˀdɔ]
Zwiebeln	løg, -et, - [lɔj̯ˀ]

Backwaren, Süßwaren	**Brød, kager og slik**
Bonbons	bolsjer *pl* ['bɔlˀsjɔ]
Brot	brød, -et, - [bʁœðˀ]
Graubrot	sigtebrød, -et, - ['segdəˌbʁœðˀ]
Schwarzbrot	rugbrød, -et, - ['ʁuˌbʁœðˀ]
Sonnenkernbrot	solsikkebrød, -et, - ['so:lsegəˌbʁœðˀ]
Weißbrot	franskbrød, -et, - ['fʁansˌbʁœðˀ]
Brötchen	rundstykker *pl* ['ʁo̝nˌsdøgɔ]
Eis	is, -en, - [i:ˀs]
Gebäck	bagværk ['bau̯ˌvɛ̝ɒ̯g]
Haferflocken	havregryn ['hau̯ʁɔˌgʁy:ˀn]
Honig	honning, -en, -er ['hɔneŋ]
Kaugummi	tyggegummi, -et, - ['tygəˌgo̝mi]
Kekse	kiks *pl* [kigs]
Kuchen	kage, -n, -r ['kɛ̝:ə]
Marmelade	marmelade, -n, -r ['maməˌlɛ̝:ðə]
Müsli	mysli, -en, -['mysli]
Pralinen	fyldt chokolade [fylˀd ɕoko'lɛ̝:ðə]
Schokolade	chokolade, -n, -r [ɕoko'lɛ̝:ðə]
Schokotafel	en plade chokolade [en plɛ̝:ðə ɕoko'lɛ̝:ðə]
Süßigkeiten	slik, -ket, - [sleg]
Toast	toastbrød, -et, - ['to̝u̯sdˌbʁœðˀ]
Torte	lagkage, -n, -r ['lau̯ˌkɛ̝:ə]

Eier und Milchprodukte	**Æg og mølkeprodukter**
Butter	smør, -ret, - [smœɒ̯]
Eier	æg, -get, - [ɛ:ˀg]
Joghurt	yoghurt, -en, -er ['joˌguɒ̯ˀd]
Käse	ost, -en, - [o̝sd]
Schafskäse	fåreost, -en, -e ['fɒ:ɒˌo̝sd]
Schimmelkäse	skimmelost, -en, -e ['sgemˀəlˌo̝sd]
Weichkäse	camembert, brie [kamam'bɛ̝:ɒ̯/'bʁi:ə]
Ziegenkäse	gedeost, -en, -e ['ge:ðəˌo̝sd]
Milch	mælk, -en, - [mɛlˀg]
Buttermilch	kærnemælk, -en, - ['kɛ̝ɒ̯nəˌmɛlˀg]
fettarme Milch	letmælk, -en, - ['lɛdˌmɛlˀg]
Dickmilch	tykmælk, -en, - ['tygˌmɛlˀg]
Quark	kvark, -en, - [kva:g]

Sahne	fløde, -n, - ['flø:ðə]
saure Sahne	cremefraiche, -n, - [kʁɛm'fʁɛş]
Schlagsahne	piskefløde, -n ['pisgəˌflø:ðə]

Fleisch und Wurstwaren	**Kød og pålæg**
Aufschnitt	pålæg, -get, - ['pɔˌlɛ:ˀg]
Bacon	bacon ['bɛi̯kɔn]
Fleisch	kød, -et, - [køð]
Gulasch	gullasch, -en, - ['gulæş]
Hackfleisch	fars, -en, -er [fa:ˀs]
Hähnchen	kylling, -en, -er ['kyleŋ]
Hammelfleisch	fårekød, -et, - ['fɒ:ɒˌkøð]
Kalbfleisch	kalvekød, -et, - ['kælvəˌkøð]
Kaninchen	kanin, -en, -er [kæ'ni:ˀn]
Kotelett	kotelet, -ten, -ter [kodə'lɛd]
Lammfleisch	lammekød, -et, ['laməˌkøð]
Leberpastete	leverpostej, -en, -er ['le:ˀvɔpoˌsdai̯ˀ]
Rindfleisch	oksekød, -et, - ['ɔgsəˌkøð]
Salami	spegepølse, -n, -r [sbai̯əˌpølsə]
Schinken	skinke, -n, -r ['sgeŋgə]
gekochter Schinken	kogt skinke ['kɔgd 'sgeŋgə]
Schweinefleisch	svinekød, -et, - ['svi:nəˌkøð]
Wurst	pølse, -n, -r ['pølsə]
Würstchen	pølser *pl* ['pølsɔ]

Fisch und Meeresfrüchte	**Fisk og alt godt fra havet**
Aal	ål, -en, - [o̜:ˀl]
Austern	østers, -en, - ['øsdɔs]
Barsch	aborre, -n, -r ['aˌbɒ:ɒ]
Fisch	fisk, -en, - [fesg]
Garnelen	rejer (små) *pl* ['ʁai̯ɔ ('smo̜:ˀ)]
Goldbrasse	brasen ['bʁa:ˀsən]
Hering	sild, -en, - [silˀ]
Krabben	rejer *pl* ['ʁai̯ɔ]
Krebs	krebs, -en, - [kʁæbs]
Lachs	laks, -en, - [lags]
Makrele	makrel, -len, -ler [ma'kʁælˀ]
Miesmuscheln	blåmuslinger *pl* ['blɔˌmusleŋɔ]
Muscheln	muslinger *pl* ['musleŋɔ]
Schwertfisch	sværdfisk, -en, - ['svɛɒ̯ˌfesg]
Seezunge	søtunge, -n, -r ['søˌto̜ŋə]
Thunfisch	tunfisk, -en, - ['tu:nˌfesg]
Tintenfisch	blæksprutte, -n, -r ['blɛgˌsbʁudə]

Dies und das	**Lidt af hvert**
Butter	smør, -ret, - [smœ̜ɒ̯]

EINKAUFEN

Essig	eddike, -n, -r ['ɛðigə]
Gemüsebrühwürfel	suppeterning, -en, -er ['sɔ̞bəˌtɛ̞ɐ̯neŋ]
Margarine	margarine, -n, -r [maga'ʁiːnə]
Mayonnaise	mayonnaise, -n [majo'nɛːsə]
Mehl	mel, -et, - [meːˀl]
Nudeln	nudler *pl* ['nuðˀlɔ]
Öl	olie, -n, -r ['oljə]
Olivenöl	olivenolie, -n, -r [o'liːˀvənˌoljə]
Pfeffer	peber, -et, - ['peu̯ɔ]
Reis	ris, -en, - [ʁiːˀs]
Salz	salt, -et, - [sælˀd]
Senf	sennep, -pen, - ['senəb]
Teigwaren	pasta *pl* ['pæsdæ]
Weinessig	vineddike, -n, -r ['viːˀnˌɛðigə]
Zucker	sukker, -et, - ['sɔ̞gɔ]

Getränke	**Drikkevarer**
Apfelsaft	æblemost, en, - ['ɛːbləˌmɔsd]
Bier	øl, -let, -ler [øl]
alkoholfreies Bier	alkoholfrit øl ['ælkohɔlˌfʁid 'øl]
Champagner	champagne, -n, - [ɕam'pænjə]
Kaffee	kaffe, -n, - ['kafə]
koffeeinfreier Kaffee	koffeinfri kaffe [kɔfə'iːˀnˌfʁiːˀ 'kafə]
Limonade	limonade, -n, -r [limo'nɛ̞ːðə]
Mineralwasser	danskvand, -et, - ['dænˀsgˌvænˀ], mineralvand, -et, - [minə'ʁaːˀlˌvænˀ]
mit/ohne Kohlensäure	med/uden kulsyre [mɛ/uðən 'kɔ̞lsyːʁə]
Orangensaft	appelsinjuice, -n [abəl'siːˀnˌdjuːs]
Tee	te, -en [teːˀ]
Grüner Tee	grøn te ['gʁœ̞nˀ 'teːˀ]
Früchtetee	frugtte ['fʁɔ̞gdˌteːˀ]
Hagebuttentee	hybente ['hyːˀbənˌteːˀ]
Kamillentee	kamillete [kæ'miləˌteːˀ]
Kräutertee	urtete ['uɐ̯dəˌteːˀ]
Pfefferminztee	pebermyntete [peu̯ɔ'møndəˌteːˀ]
Rooibostee	Rooibos-te ['ʁɔi̯bɔsˌteːˀ]
Schwarztee	sort te ['soɐ̯d 'teːˀ]
Teebeutel	tepose, -n, -r ['teːˀˌpoːsə]
Wein	vin, -en, -e [viːˀn]
Rosé	rosévin, -en, -e [ʁo'seˌviːˀn]
Rotwein	rødvin, -en, -e ['ʁœðˌviːˀn]
Sekt	mousserende hvidvin/sekt [mu'seːˀɔnə 'viðˌviːˀn/sɛgd]
Weißwein	hvidvin, -en, -e ['viðˌviːˀn]

Mode

➢ auch Farben

Kleidung

Können Sie mir bitte ... zeigen?
Undskyld, kan De vise mig ...? ['o̜nˌsgylˀ kæ di 'viːsə mai̯]

Kann ich es anprobieren?
Må jeg prøve det? [mo̜ jai̯ 'pʁœːvə de]

Welche (Konfektions-)Größe haben Sie?
Hvad for størrelser har De? [væ fɔ 'sdœ̝ːɔlsɔ 'haːˀ di]
Hvilken størrelse bruger De? ['velgən 'sdœ̝ːɔlsɔ 'bʁuːə di]

Das ist mir zu ...
Det er for ... til mig [de ɛ̝ɒ̯ fɔ ... tel 'mai̯]
eng/weit.
snævert/vidt ['snɛːˀvɔd/'vid]
kurz/lang.
kort/langt ['kɒːd/'laŋˀd]
klein/groß.
lille (småt)/stort ['lilə ('smɔd)/'sdoɒ̯ˀd]

Das passt gut. Ich nehme es.
Det passer godt. Jeg tager det. [de 'pæsɔ 'gɔd jai̯ 'taːˀ de]

Das ist nicht ganz, was ich möchte.
Det er ikke helt, som jeg havde forestillet mig.
[de ɛ̝ɒ̯ 'egə 'heːˀld sɔm jai̯ hɛ̝ːðə 'fɒːɒˌsdelˀəð mai̯]

Anorak	anorak, -ken, -ker [æno'ʁag]
Anzug	et sæt tøj [ed sɛd 'tɔi̯]
Ärmel	ærme, -t, -r ['ɛ̝ɒ̯mə]
Badeanzug	badedragt, -en, -er ['bɛ̝ːðəˌdʁagd]
Badehose	badebukser *pl* ['bɛ̝ːðəˌbo̜gsɔ]
Bademantel	badekåbe, -n, -r ['bɛ̝ːðəˌko̜ːbə]
Bademütze	badehætte, -n, -r ['bɛ̝ːðəˌhɛdə]
Baumwolle	bomuld, -en, - ['bɔmˌulˀ]
BH	brystholder, -en, -e ['bʁœsdˌhɔlɔ]
Bikini	bikini, -en, -er [bi'kini]
Blazer	blazer, -en, -e ['blɛ̝i̯sɔ]
Bluse	bluse, -n, -r ['bluːsə]
Body	body, -en, - ['bɔdi]
Fausthandschuhe	vanter *pl* ['vændɔ]
Fliege	butterfly, -en, - ['bɔdɔˌflai̯]
Halstuch	halstørklæde, -t, -r ['hælstœ̝ɒ̯ˌklɛːðə]
Handschuhe	handske, -n, -r ['hænsgə]

EINKAUFEN

Hemd	skjorte, -n, -r ['sgjo̰ɒdə]
Hose	bukser *pl* ['bo̤gsɔ]
Hosenanzug	buksedragt, en, er ['bo̤gsəˌdʁagd]
Hut	hat, -ten, -te [hæd]
Sonnenhut	solhat, -ten, -te ['so:lˌhæd]
Jacke	jakke, -n, -r ['jagə]
Jeans	(et par) jeans [(ed pa) 'dji:ns], (et par) cowboybukser [(ed pa) 'kɔu̯bɔi̯ˌbo̤gsɔ]
Jogginganzug	joggingtøj, -et, - ['djɔgeŋˌtɔi̯]
Jogginghose	joggingbukser *pl* ['djɔgeŋˌbo̤gsɔ]
Kleid	kjole, -n, -r ['kjo:lə]
Kleidung	tøj, -et, - [tɔi̯]
Kostüm	dragt, -en, -er [dʁagd]
Krawatte	slips, -et, - [slebs]
Leggins	leggings ['lɛgeŋs]
Leinen	linned, -et, - ['lenəð]
Mantel	frakke, -n, -r ['fʁagə]
Mütze	hue, -n, -r ['hu:ə]
Pullover	pullover, -en, -e [pul'œu̯vɔ]
Regenmantel	regnfrakke, -n, -r ['ʁai̯nˌfʁagə]
Rock	nederdel, -en, -e ['neðɔˌde:ˀl]
Schal	sjal, -et, -er [ʂɛ:ˀl]
Schirm	paraply, -en, -er [paʁa'ply:ˀ]
Schiebermütze	kasket, -ten, -ter [kæ'sgɛd]
Seide	silke, -n, - ['selgə]
Shorts	shorts *pl* [ʂɒ:ds]
Skihose	skibukser *pl* ['sgiˌbo̤gsɔ]
Slip *(Damen)*	trusser *pl* ['tʁusɔ]
Socken	sokker *pl* ['sɔgɔ]
Söckchen	ankelsokker *pl* ['aŋˀgəlˌsɔgɔ]
Strickjacke	strikket trøje ['sdʁɛgəð 'tʁɔi̯ə]
Strümpfe	strømper *pl* ['sdʁœ̞mbɔ]
Strumpfhose	strømpebukser *pl* ['sdʁœ̞mbəˌbo̤gsɔ]
Tuch	tørklæde, -et, -er ['tœ̞ɒklɛ:ðə]
T-Shirt	T-shirt, -en, -s ['ti:ˌʂœ:d]
Unterhemd	undertrøje, -n, -r ['o̤nɔˌtʁɔi̯ə]
Unterhose *(Herren)*	underbukser (mænd) *pl* ['o̤nɔˌbo̤gsɔ]
Unterwäsche	undertøj, -et, - ['o̤nɔˌtɔi̯]
Weste	vest, -en, -e [vɛsd]
Wolle	uld, -en, - [ulˀ]

Reinigung

Ich möchte diese Sachen reinigen/waschen lassen.
Jeg vil gerne have disse ting renset/vasket.
[jai̯ vel 'gɛ̝ɒnə hɛ̝:ˀ 'disə teŋˀ 'ʁænsəð/'væsgəð]

Wann sind sie fertig?
Hvornår er de færdige? [vɒˈnɒːˀ ɛɒ̯ di ˈfɛɒ̯diə]

bügeln .... stryge, strøg, strøget [ˈsdʁyːə]
chemisch reinigen .... kemisk rensning [ˈkeːˀmisg ˈʁænsneŋ]
Wäsche .... vasketøj, et, - [ˈvæsgəˌtɔi̯]

Optiker

Würden Sie mir bitte diese Brille/das Gestell reparieren?
Vil De være venlig at reparere de her briller/det her stel?
[vel di vɛːɔ ˈvɛnli ɔ ʁɛpaˈʁɛːˀɔ di ˈhɛːˀɒ̯ ˈbʁɛlɔ/de ˈhɛːˀɒ̯ ˈsdɛlˀ]

Ich bin kurzsichtig/weitsichtig.
Jeg er nærsynet/langsynet. [jai̯ ɛɒ̯ ˈnɛɒ̯ˌsyːˀnəð/ˈlaŋˌsyːˀnəð]

Wie ist Ihre Sehstärke?
Hvilken styrke har De? [ˈvelgən ˈsdyɒ̯gə ˈhaːˀ di]

rechts ..., links ...
til højre ..., til venstre ... [tel ˈhɔi̯ʁɔ], [tel ˈvɛnsdʁɔ]

Wann kann ich die Brille abholen?
Hvornår kan jeg hente brillerne? [vɒˈnɒːˀ kæ jai̯ ˈhɛndə ˈbʁɛlɔnə]

Ich hätte gern ...
Jeg ville gerne have ... [jai̯ vilə ˈgɛɒ̯nə ˈhɛːˀ]
eine Aufbewahrungslösung
en opbevaringsvæske [en ˈɔbbevaːˀeŋsˌvɛsgə]
eine Reinigungslösung
en rensevæske [en ˈʁænsəˌvɛsgə]
für harte/weiche Kontaktlinsen.
til hårde/bløde kontaktlinser. [tel ˈhɒːɒ/ˈbløːðə kɔnˈtagdˌlensɔ]
eine Sonnenbrille.
et par solbriller. [ed pa ˈsoːlˌbʁɛlɔ]
ein Fernglas.
en kikkert. [en ˈkigɔd]

Schuhe und Lederwaren

Ich hätte gern ein Paar Schuhe.
Jeg ville gerne se på et par sko. [jai̯ vilə ˈgɛɒ̯nə ˈseːˀ pɔ̣ ed pa ˈsgoːˀ]

Ich habe Schuhgröße ...
Jeg bruger nummer ... i sko. [jai̯ ˈbʁuːɔ nɔ̣mɔ ... i ˈsgoːˀ]

Sie sind zu eng/zu groß.
De er for små/for store. [di ɛɒ̯ fɔ ˈsmɔ̣ːˀ/fɔ ˈsdoːɔ]

Absatz	hæl, -en, -e [hɛːˀl]
Badeschuhe	badetøfler *pl* [ˈbɛ̝ːðəˌtøflɔ]
Gummistiefel	gummistøvle, -n, -r [ˈgomiˌsdœu̯lə]
Gürtel	bælte, -t, -r [ˈbɛldə]
Gürteltasche	bæltetaske, -n, -r [ˈbɛldəˌtæsgə]
Handtasche	håndtaske, -n, -r [ˈhɔnˌtæsgə]
Koffer	kuffert, -en, -er [ˈkofɔd]
Lederhose	læderbukser *pl* [ˈlɛðˀɔˌbogsɔ]
Lederjacke	læderjakke, -n, -r [ˈlɛðˀɔˌjagə]
Ledermantel	læderfrakke, -n, -r [ˈlɛðˀɔˌfʁagə]
Reisetasche	rejsetaske, -n, -r [ˈʁai̯səˌtæsgə]
Rucksack	rygsæk, -ken, -ke [ˈʁœgˌsɛg]
Sandalen	sandaler *pl* [sænˈdɛ̝ːˀlɔ]
Schulterriemen	skulderrem, -men, -me [ˈsgulɔˌʁæmˀ]
Schnürsenkel	snørebånd, -et, - [ˈsnœ̝ːɔˌbonˀ]
Schuh	sko, -en, - [sgoːˀ]
Schuhbürste	skobørste, -n, -r [ˈsgoˌbœɒ̯sdə]
Schuhcreme	skocreme, -n, -r [ˈsgoˌkʁɛːˀm]
Skistiefel	skistøvler *pl* [ˈsgiˌsdœu̯lɔ]
Sohle	sål, -en, -er [soːˀl]
Stiefel	støvle, -n, -r [ˈsdœu̯lə]
Strandschuhe	strandsko *pl* [ˈsdʁanˌsgoːˀ]
Tasche	taske, -n, -r [ˈtæsgə]
Trolley(koffer/-tasche)	trolleykuffert, -en, -er, trolleytaske, -n, -r [ˈtʁɔliˌkofɔd], [ˈtʁɔliˌtæsgə]
Turnschuhe	joggingsko *pl* [ˈdjɔgeŋˌsgoːˀ]
Umhängetasche	skuldertaske, -n, -r [ˈsgulɔˌtæsgə]
Wanderstiefel	vandrestøvler *pl* [ˈvandʁɔˈsdœu̯lə]

Souvenirs

Ich hätte gern …
Jeg vil gerne have … [jai̯ vel ˈgɛɒ̯nə ˈhɛːˀ]
ein hübsches Andenken.
en pæn souvenir/gave. [en ˈpɛːˀn suvəˈniːˀɒ̯/ˈgɛːvə]
etwas Typisches aus dieser Gegend hier.
noget typisk fra denne egn. [noːəð ˈtybisg fʁa ˈdɛnə ˈai̯ˀn]

Wie viel wollen Sie ausgeben?
Hvor meget vil De give ud? [vɒ ˈmai̯əð vel di ˈgiːˀ ˈuðˀ]

Wie viel darf es kosten?
Hvor meget må det koste? [vɒ ˈmai̯əð mo de ˈkɔsdə]

Ich möchte etwas nicht zu Teures.
Jeg vil gerne have noget, der ikke er for dyrt.
[jai̯ vel ˈgɛɒ̯nə ˈhɛːˀ noːəð dɔ ˈegə ɛɒ̯ fɔ ˈdyːɒ̯ˀd]

Das ist aber hübsch.
Det ser virkelig godt ud. [de seːˀɒ̯ ˈviɒ̯gəli ˈgɔd uðˀ]

Danke schön, ich konnte nichts finden, das mir gefällt.
Mange tak, jeg kan ikke finde noget, som jeg synes om.
[ˈmaŋə ˈtag jai̯ kæ ˈegə ˈfenə no̞ːəð sɔm jai̯ ˈsyːnəs ˈɔmˀ]

Dänisches Kunsthandwerk	dansk kunsthåndværk [ˈdænˀsg ˈko̞nˀsdˌhɔnvɛ̝ɒ̯g]
echt	ægte [ˈɛgdə]
handgemacht	håndlavet [ˈhɔnˌlɛ̝ːˀvəð]
Keramik	keramik, -ken, - [keʁaˈmig]
kitschig	kitsch, juks [kids̩] [jo̞gs]
Mitbringsel	medbragt gave, -n, -r [ˈmɛðbʁagd ˈgɛ̝ːvə]
regionales Produkt/Spezialität	regionalt produkt/regional specialitet [ʁɛgioˈnɛ̝ːˀld pʁoˈdo̞gd/ʁɛgioˈnɛ̝ːˀl sbes̩æliˈteːˀd]
Schmuck	smykke, -t, -r [ˈsmøgə]
Spieldose	spilledåse, -en, -r [ˈsbeləˌdo̞ːsə]
Stickerei	broderi, -et, -er [bʁodəˈʁiːˀ]
Töpferwaren	pottemagervarer *pl* [ˈpɔdəmɛ̝ːɔˌvaːa]
Trachtenpuppe	dukke i nationaldragt [ˈdo̞gə i næs̩oˈnɛ̝ːˀlˌdʁagd]

Tabakwaren

Eine Schachtel/Eine Stange Zigaretten
En pakke/En karton cigaretter [en pagə/en kaˈtɔŋ sigaˈʁædɔ]
mit/ohne Filter, bitte!
med eller uden filter! [ˈmɛ ɛlɔ ˈuːðən ˈfilˀdɔ]

Zehn Zigarren/Zigarillos, bitte.
Ti cigarer/cerutter, tak. [tiːˀ siˈgaːˀa/seˈʁudɔ ˈtag]

Ein Päckchen/Eine Dose Zigaretten-/Pfeifentabak, bitte.
En lille pakke/En dåse cigaret-/pibetobak, tak.
[en ˈlilə pagə/en do̞ːsə sigaˈʁæd/ˈpiːbatoˌbag ˈtag]

Aschenbecher	askebæger, -et, -e [ˈæsgəˌbɛːɔ]
Feuerzeug	fyrtøj, -et, -, lighter, -en, -e [ˈfyɒ̯ˌtɔi̯], [ˈlai̯dɔ]
Pfeife	pibe, -n, -r [ˈpiːbə]
Streichhölzer	tændstikker *pl* [ˈtɛnˌsdegɔ]
Zigarette	cigaret, -ten, -ter [sigaˈʁæd]
Zigarillo	cerut, -ten, -ter [seˈʁud]
Zigarre	cigar, -en, -er [siˈgaːˀ]

Uhren und Schmuck

Anhänger	vedhæng, -et, - ['veðhɛŋˀ]
Armband	armbånd, -et, - ['aːmˌbɔnˀ]
Armbanduhr	armbåndsur, -et, -e ['aːmbɔnsˌuːˀɒ̯]
für Damen/für Herren	til damer/til herrer [tel 'dɛ̝ːmɔ/tel 'hɛ̝ːɔ]
Brosche	broche, -n, -r ['bʁɔɕə]
Gold	guld, -et, - [gul]
Kette	kæde, -n, -r ['kɛːðə]
Krawattennadel	slipsenål, -en, -e ['slebsəˌnɔ̝ːˀl]
Kristall	krystal [kʁy'sdælˀ]
Modeschmuck	modesmykke, -t, -r ['moːðəˌsmøgə]
Ohrringe	øreringe *pl* ['øːɔˌʁɛŋə]
Perle	perle, -n, -r ['pɛ̝ɒ̯lə]
Reisewecker	rejsevækkeur, -et, -e ['ʁai̯səvɛgəˌuːˀɒ̯]
Ring	ring, -en, -e [ʁɛŋˀ]
Schmuck	smykke, -t, -r ['smøgə]
Silber	sølv, -et, - [søl]
wasserdichte Uhr	vandtæt ur ['vænˌtɛd 'uːˀɒ̯]

Gesundheit

Sollten Sie während des Urlaubes erkranken, und ein Arztbesuch wird notwendig, dann suchen Sie tagsüber einen allgemeinen Arzt auf (Huslægen). Sollten Sie einen Unfall haben oder wegen akuter Krankheit eine Ambulanz brauchen, dann rufen Sie die Telefonnummer 112 an. Außerdem gibt es in vielen Krankenhäusern eine Notaufnahme (Skadestue). Diese können Sie auch außerhalb der Sprechstundenzeiten, aufsuchen. Erkundigen Sie sich aber zuerst bei dem ärztlichen Bereitschaftsdienst. Die Telefonnummer erfahren Sie über die Telefonauskunft oder in den örtlichen Zeitungen.
Für ärztliche Leistungen müssen Sie oft Zuzahlungen leisten. Es ist deshalb für spätere Abrechnungen einfacher, wenn Sie Ihre Krankenversicherungskarte und ein von Ihnen unterschriebenes Formular EHIC (ersetzt seit 2004 E 111) mitnehmen. Für rezeptpflichtige Medikamente müssen Sie einen Anteil selbst bezahlen. Nicht verschreibungspflichtige Mittel können Sie sowohl in der Apotheke als auch in den Drogerie- und Supermärkten erhalten.

In der Apotheke

Könnten Sie mir bitte sagen, wo die nächste Apotheke (mit Nachtdienst) ist?
Undskyld, hvor er det nærmeste apotek (med natåbent)?
['o̜nˌsgylˀ 'vɒːˀ ɛɒ̯ de 'nɛɒ̯məsdə apo'teːˀg (mɛ 'nædˌo̜ːbənd)]

Könnten Sie mir bitte etwas gegen … geben?
Vær venlig at give mig noget mod …
[vɛːˀɒ̯ 'vɛnli ɔ 'giːˀ mai̯ 'no̜ːəð moð]

Das hier bekommen Sie ohne Rezept.
Det her får De uden recept. [de 'hɛːˀɒ̯ 'fɒːˀ di uðən ʁɛ'sɛbd]

Dieses Mittel ist leider verschreibungspflichtig.
Der skal desværre recept til dette medikament.
[dɔ sgæ de'svɛ̝ːɔ ʁɛ'sɛbd tel 'dɛdə medikæ'menˀd]

Abführmittel .... afføringsmiddel, -et, -midler ['au̯føɒ̯eŋsˌmiðˀəl]
Aspirin .... aspirin, -en, -er [æsbi'ʁiːˀn]
Augentropfen .... øjendråber *pl* ['ɔi̯ənˌdʁo̜ːbɔ]
Beruhigungsmittel .... beroligende middel, -et, -midler [be'ʁoːˀliːənə 'miðˀəl]
Brandsalbe .... brandsalve, -n, -r ['bʁanˌsælvə]
Desinfektionsmittel .... desinfektionsmiddel, -et, midler [desenfɛg'ʂoːˀnsˌmiðˀəl]

Elastikbinde	elastikbind, -et, - [elæ'sdig,ben?]
Fieberthermometer	termometer, -et, -e [tɛɐmo'meːˀdɔ]
Halstabletten	halstabletter *pl* ['hælstæ,blɛdɔ]
Heftpflaster	hæfteplaster, -et, -e ['hɛfdə,plæsdɔ]
Hustensaft	hostesaft, -en, -er ['hoːsdə,safd]
Mittel gegen Insektenstiche	middel mod insektstik ['miðˀəl moð en'sɛgd,sdeg]
Insulin	insulin, -et, - [ensu'liːˀn]
Jod	jod *pl* [joːˀð]
Kondom	præservativ, -et, -er [pʁɛ'sɛɐvæ,tiːˀv]
Kopfschmerztabletten	hovedpinepiller *pl* ['hoːəðpiːnə,pelɔ]
Kreislaufmittel	kredsløbsmiddel, -et, -midler ['kʁɛːsløːbs,miðˀəl]
Medikament	medikament, -et, -er [medikæ'menˀd]
Mittel	middel, -et, -midler ['miðˀəl]
Mullbinde	gazebind, -et, - ['gɛːsə,benˀ]
Ohrentropfen	øredråber *pl* ['øːɔ,dʁɔːbɔ]
Pflaster	plaster, -et, -e ['plæsdɔ]
Puder	pudder, -et, - ['puðˀɔ]
Rezept	recept, -en, -er [ʁɛ'sɛbd]
Salbe	salve, -n, -r ['sælvə]
Schlaftabletten	sovepiller *pl* ['sɔuə,pelɔ]
Schmerztabletten	smertestillende piller *pl* ['smɛɐdə,sdelˀənə 'pelɔ]
Sonnenbrandsalbe	middel mod solskoldning ['miðˀəl moð 'soːl,sgɔlneŋ]
Tablette	pille, -n, -r ['pelə]
Tropfen	dråber *pl* ['dʁɔːbɔ]
Vitamintabletten	vitaminpiller *pl* [vitæ'miːˀn,pelɔ]
Watte	vat, -tet, - [væd]
Zäpfchen	stikpille, -n, -r ['sdeg,pelə]

Arztbesuch

➢ auch Reisen mit Kindern

Könnten Sie mir ... empfehlen?
Kan De anbefale mig en ... [kæ di 'ænbe,fɛːˀlə mai en]
Arzt/Ärztin
læge? ['lɛːə]
Augenarzt
øjenlæge? ['ɔiən,lɛːə]
Frauenarzt
gynækolog? [gynɛko'loːˀ]
Hals-Nasen-Ohren-Arzt
hals-næse-ørelæge? ['hælˀs'nɛːsə'øːɔ,lɛːə]

Hautarzt
hudlæge? ['huð,lɛːə]
Kinderarzt
børnelæge? ['bœɐ̯nə,lɛːə]
Praktischen Arzt
praktiserende læge? [pʁagti'seːˀɔnə 'lɛːə]
Urologen
specialist i urinvejssygdomme? [sbes̹æ'lisd i u'ʁiːˀnvai̯s,syːdɔmə]
Zahnarzt
tandlæge? ['tæn,lɛːə]

Wo ist ihre/seine die Praxis?
Hvor er hendes/hans praksis? ['vɒːˀ ɛɐ̯ 'henəs/hæns 'pʁagsis]

Brugsanvisning	**Beipackzettel**
sammensætning	**Zusammensetzung**
anvendes til/mod	Anwendungsgebiete
kontraindikationer	Gegenanzeigen
bivirkninger	Nebenwirkungen
vekselvirkninger	Wechselwirkungen
doseringsvejledning:	**Dosierungsanleitung:**
indtages 1 x/ flere gange om dagen	1 x/mehrmals täglich … einnehmen
1 tablet/pille	1 Tablette
20 dråber	20 Tropfen
1 målebæger	1 Messbecher
før måltidet/maden	vor dem Essen
efter måltidet/maden	nach dem Essen
på tom mave	auf nüchternen Magen
indtages med væske, må ikke tygges.	unzerkaut mit etwas Flüssigkeit einnehmen
opløses i vand	in etwas Wasser auflösen
opløses i munden	im Mund zergehen lassen
udvortes	äußerlich
smøres tyndt på huden og gnides ind	dünn auf die Haut auftragen und einreiben
spædbørn, babys	Säuglinge
småbørn (i alderen fra ..... til år)	Kleinkinder (bis zu … Jahren)
skolebørn	Schulkinder
teenagers	Jugendliche
voksne	Erwachsene
opbevares utilgængeligt for børn!	Für Kinder unzugänglich aufbewahren!

Beschwerden

Was für Beschwerden haben Sie/hast du?
Hvad fejler De/du? [væ 'fai̯ˀlɔ di/du]

Wo tut es weh?
Hvor gør det ondt? ['vɒːˀ gœɐ̯ de 'o̹nˀd]

Ich habe Fieber.
Jeg har feber. [jai̯ ha 'feːˀbɔ]

Mir ist oft ...
Jeg er ofte ... [jai̯ ɛ̹ɐ̯ 'ɔfdə]
schlecht/übel.
dårlig tilpas. ['dɒːli te'pæs]
schwindlig.
svimmel. ['svemˀəl]

Ich war ohnmächtig geworden.
Jeg var besvimet. [jai̯ vaː be'sviːˀməð]

Ich bin stark erkältet.
Jeg er stærkt forkølet. [jai̯ ɛ̹ɐ̯ 'sdɛ̹ɐ̯gd fɔ'køːˀləð]

Ich glaube, dass es Grippe ist.
Jeg tror, det er influenza. [jai̯ tʁoːˀɔ : de ɛ̹ɐ̯ enflu'ɛnsæ]

Ich habe Kopfschmerzen.
Jeg har hovedpine. [jai̯ ha 'hoːəð,piːnə]

Ich habe Halsschmerzen.
Jeg har ondt i halsen. [jai̯ ha 'o̹nˀd i 'hælˀsən]

Ich habe einen starken Husten.
Jeg har en stærk hoste. [jai̯ ha e sdɛ̹ɐ̯g 'hoːsdə]

Ich bin ...
Jeg er ... [jai̯ ɛ̹ɐ̯]
gestochen worden.
blevet stukket. [bleːəð 'sdo̹gəð]
gebissen worden.
blevet bidt. [bleːəð 'bid]

Ich habe Schmerzen im Magen.
Jeg har ondt i maven. [jai̯ haːˀ 'o̹nˀd i 'mɛ̹ːvən]

Ich habe ...
Jeg har ... [jai̯ haːˀ]
Durchfall.
diarré. [dia'ʁɛːˀ]
Magenschmerzen.
mavepine. ['mɛ̹ːvə,piːnə]
Verstopfung.
forstoppelse. [fɔ,sdɔbəlsə]

Ich vertrage das Essen/die Hitze nicht.
Jeg kan ikke tåle maden/varmen. [jai̯ kæ 'egə 'to̹ːlə 'mɛ̹ːˀðən/'vaːmən]

GESUNDHEIT

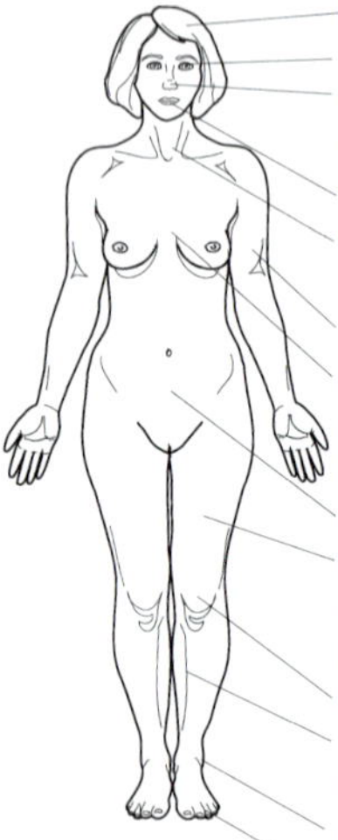

Kopf	hoved ['hoːəð]
Auge	øje ['ɔje̯]
Nase	næse ['nɛːsə]
Ohr	øre ['øːɔ]
Mund	mund [mo̝nˀ]
Hals	hals [hælˀs]
Schulter	skulder ['sgulɔ]
Arm	arm [aːˀm]
Brust	bryst [bʁœsd]
Rücken	ryg [ʁœg]
Hüfte	hofte ['hɔfdə]
Bauch	mave ['mɛ̝ːvə]
Bein	ben [beːˀn]
Hand	hånd [hɔnˀ]
Finger	finger ['feŋˀɔ]
Knie	knæ [knɛːˀ]
Schienbein	skinneben ['sgenəˌbeːˀn]
Knöchel	ankel ['aŋˀgəl]
Fuß	fod [foːˀð]
Zehe	tå [to̝ːˀ]

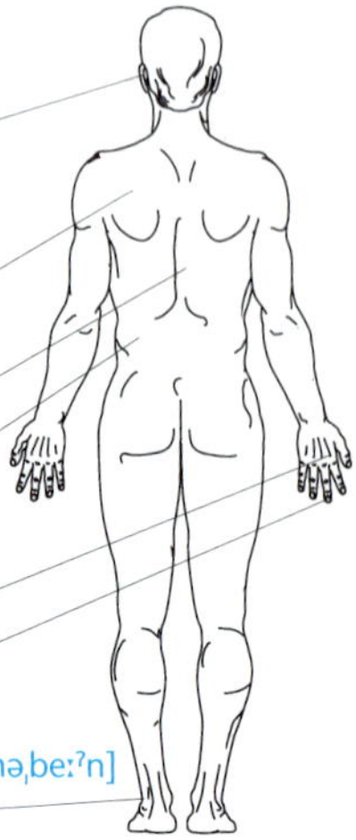

Ich habe mich verletzt.
Jeg er kommet til skade. [jai̯ ɛ̝ɒ̯ kɔməð tel 'sgɛ̝ːðə]

Ich bin gestürzt.
Jeg er faldet. [jai̯ ɛ̝ɒ̯ 'fæləð]

Können Sie mir bitte etwas gegen … geben/verschreiben?
Kan De give mig noget mod …? [kæ di 'giːˀ mai̯ 'no̝ːəð moð]

Normalerweise nehme ich …
Normalt tager jeg … [nɒ'mɛ̝ːˀld 'taːˀ jai̯]

Ich habe einen hohen/niedrigen Blutdruck.
Jeg har for højt/lavt blodtryk. [jai̯ haːˀ fɔ 'hɔi̯ˀd/'lɛ̝ːˀvd 'bloðˌtʁœg]

Ich bin Diabetiker/in.
Jeg er diabetiker. [jai̯ ɛ̝ɒ̯ diæ'beːˀtigɒ]

Ich bin schwanger.
Jeg er gravid. [jai̯ ɛ̝ɒ̯ gʁa'viðˀ]

Ich hatte vor kurzem …
Jeg havde … for ikke så længe siden.
[jai̯ hɛ̝ːðə … fɔ 'egə sɔ 'lɛŋə 'siːðən]

Untersuchung

Was kann ich für Sie tun?
Hvad kan jeg gøre for Dem/dig? [væ kæ jai̯ 'gœ̞ːɔ fɔ 'dɛm/'dai̯]

Wo tut es weh?
Hvor gør det ondt? ['vɒːˀ gœ̞ɐ̯ de 'o̞nˀd]

Ich habe hier Schmerzen.
Jeg har ondt her. [jai̯ haːˀ 'o̞nˀd 'hɛːˀɐ̯]

Bitte machen Sie ... frei.
Vær venlig at tage ... af. [vɛːˀɐ̯ 'vɛnli ɔ tɛ̞ːˀ ... 'ɛ̞ːˀ]

Bitte tief einatmen. Atem anhalten.
Ånd dybt ind. Hold vejret, tak. [o̞n 'dybd 'enˀ 'hɔlˀ 'vɛːˀɔð 'tag]

Ich brauche eine Blut-/Urinprobe.
Jeg har brug for en blod-/urinprøve.
[jai̯ haːˀ 'bʁuːˀ fɔ en 'bloð/u'ʁiːˀnˌpʁœːvə]

Sie müssen geröntgt werden.
De skal røntgenfotograferes. [di sgæ 'ʁœnˀdgənfotogʁaˌfeːˀɔs]

Sie müssen operiert werden.
De skal opereres. [di sgæ obə'ʁɛːˀɔs]

Sie sollten ein paar Tage Bettruhe halten.
De skal blive i sengen et par dage. [di sgæ 'bliːə i 'sɛŋˀen ed pa 'dɛ̞ːe]

Es ist nichts Ernstes.
Det er ikke noget alvorligt. [de ɛ̞ɐ̯ 'egə no̞ːəð æl'vɒːˀlid]

Haben Sie einen Impfschein?
Har De et vaccinationskort? ['haːˀ di ed vagsinæ'ʂoːˀnsˌkɒːd]

Ich bin gegen ... geimpft.
Jeg er vaccineret mod ... [jai̯ ɛ̞ɐ̯ vagsi'neːˀɔð moð]

Im Krankenhaus

Wie lange muss ich hier bleiben?
Hvor længe skal jeg blive her? [vɒ 'lɛŋə sgæ jai̯ 'bliːə 'hɛːˀɐ̯]

Geben Sie mir bitte ...
Vær venlig at give mig ... [vɛːˀɐ̯ 'vɛnli ɔ 'giːˀ mai̯]
ein Glas Wasser.
et glas vand. [ed 'glæs 'vænˀ]
eine Schmerztablette.
en smertestillende tablet. [en 'smɛ̞ɐ̯dəˌsdelˀənə tæ'blɛd]

eine Schlaftablette.
en sovepille. [en 'sɔu̯əˌpelə]
eine Wärmflasche/ein Wärmekissen.
en varmeflaske/varmepude. [en 'vaːməˌflæsgə/'vaːməˌpuːðə]

Ich kann nicht einschlafen.
Jeg kan ikke falde i søvn. [jai̯ kæ 'egə fælə i 'sœu̯ˀn]

Wann darf ich aufstehen?
Hvornår må jeg stå op? [vɒ'nɒːˀ mǫ jai̯ sdǫ 'ɔb]

Krankheiten und Beschwerden

Abszess	absces, -sen, -ser [ab'sɛs]
Aids	aids/hiv-smittet ['ɛi̯ds/'hiu̯ˌsmedəð]
Allergie	allergi, -en, -er [ælɛɐ̯'giːˀ]
allergisch sein gegen ...	være allergisk mod ... ['vɛːɔ æ'lɛːˀɐ̯gisg moð]
Angina	halsbetændelse, -n, -r ['hælsbeˌtɛnˀəlsə]
ansteckend	smittende ['smedənə]
Asthma	astma, -en, - ['æsdmæ]
Atembeschwerden	åndedrætsbesvær, -et, - ['ɔnədʁædsbeˌsvɛːˀɐ̯]
Ausschlag	udslæt, -tet, - ['uðˌslɛd]
Bänderriss	sprængning af ledbånd ['sbʁæŋneŋ æ 'leðˌbǫnˀ]
Blähungen	flatulens, -en, - [flætu'lɛnˀs]
Blinddarmentzündung	blindtarmsbetændelse, -n, -r blentaːmsbeˌtɛnˀəlsə]
Blutung	blødning, -en, -er ['bløðneŋ]
Bluthochdruck	forhøjet blodtryk [fɔ'hɔi̯ˀəd 'bloðˌtʁœg]
Blutvergiftung	blodforgiftning, -en, -er ['bloðfɔˌgifdneŋ]
Brechreiz	opkastningsfornemmelse, -n, -r ['ɔbkæsdneŋsfɔˌnɛmˀəlsə]
Bronchitis	bronkitis, -en, - [bʁɔŋ'kitis]
Bruch	brud, -det, - [bʁuð]
Cholera	kolera, -en, - ['koːˀləˌʁa]
Diabetes	sukkersyge, -n, - ['sǫgɔˌsyːə]
Diphtherie	difteri, -en, - [difdə'ʁiːˀ]
Durchfall	diarré, -en, -er [dia'ʁɛːˀ]
Entzündung	betændelse, -n, -r [be'tɛnˀəlsə]
Erbrechen	kaste op, -de, -t [kæsdə 'ɔb]
Erkältung	forkølelse, -n, -r [fɔ'køːˀləlsə]
Fehlgeburt	abort, -en, -er [æ'bɒːd]
Fieber	feber, -en, - [feːˀbɔ]
Gallenstein	galdesten, -en, - ['gæləˌsdeːˀn]
gebrochen	brækket ['bʁægəð]
Gehirnerschütterung	hjernerystelse, -n, -r ['jɛɐ̯nəˌʁœsdəlsə]

Gehirnschlag	hjerneblødning, -en, -er ['jɛɐ̯nəˌbløðneŋ]
Gelbfieber	gul feber ['gu:ˀl 'fe:ˀbɔ]
Gelbsucht	gulsot, -en, - ['gu:lˌso:ˀd]
Geschlechtskrankheit	kønssygdom, -men, -me ['kœnˀssy:ˌdɔmˀ]
geschwollen	opsvulmet ['ɔbˌsvulˀməð]
Geschwulst	svulst, -en, -er [svulˀsd]
Geschwür	byld, -en, -er [bylˀ]
Gleichgewichtsstörungen	ligevægtsforstyrrelser ['li:əvɛgdsfɔˌsdy:ˀɔlsɔ]
Grippe	influenza, -en, -er [enflu'ɛnsæ]
Halsschmerzen	halssmerter *pl* ['hælsˌsmɛɐ̯dɔ]
Hämorriden	hæmorider *pl* [hɛmo'ʁi:ðɔ]
heiser sein	være hæs [vɛ:ɔ 'hɛ:ˀs]
Herzanfall	hjerteanfald, -et, - ['jɛɐ̯dəænˌfælˀ]
Herzbeschwerden	problemer med hjertet [pʁo'ble:ˀmɔ mɛ 'jɛɐ̯dəð]
Herzfehler	hjertefejl, -en, - ['jɛɐ̯dəˌfai̯ˀl]
Herzinfarkt	hjerteinfarkt, -en, -er ['jɛɐ̯dəenˌfa:gd]
Herzrasen	hjertebanken ['jɛɐ̯dəˌbaŋgən]
Heuschnupfen	høfeber, -en, - ['høˌfe:ˀbɔ]
Hexenschuss	hekseskud, -det, - ['hɛgsəˌsguð]
Infektion	infektion, -en, -er [enfɛg'ɕo:ˀn]
Innere Verletzungen	indre kvæstelser *pl* ['endʁɔ 'kvɛsdəlsɔ]
Ischias	iskias, -en, - ['iskiˌæs]
jucken	klø, -ede, -et [klø:ˀ]
Kinderlähmung	børnelammelse, -n, -r ['bœɐ̯nəˌlaməlsə]
Knochenbruch	knoglebrud, -det, - ['knɔu̯ləˌbʁuð]
Kolik	kolik, -ken, -ker [ko'lig]
Kopfschmerzen	hovedpine, -n, - ['ho:əðˌpi:nə]
Krampf	krampe, -n, -r ['kʁambə]
Krankheit	sygdom, -men, -me ['sy:ˌdɔmˀ]
Krebs	kræft, -en, - [kʁæfd]
Kreislaufstörung	kredsløbsforstyrrelse, -n, -r ['kʁɛ:slø:bsfɔˌsdy:ˀɔlsə]
Lähmung	lammelse, -n, -r ['laməlsə]
Lebensmittelvergiftung	madforgiftning, -en, -er ['mæðfɔˌgifdneŋ]
Leistenbruch	lyskebrok, -ken, - ['lysgəˌbʁɔg]
Lungenentzündung	lungebetændelse, -n, -r ['lɔ̝ŋəbeˌtɛnˀəlsə]
Magenschmerzen	mavepine, -n, - ['mɛ̝:vəˌpi:nə]
Malaria	malaria, -en, -er [mæ'la:ˀiæ]
Mandelentzündung	mandelbetændelse, -n, -r ['mænˀəlbeˌtɛnˀəlsə]
Migräne	migræne, -n, -r [mi'gʁɛ:nə]

Mittelohrentzündung	mellemørebetændelse, -n, -r ['mɛləmøːɔbeˌtɛnˀəlsə]
Nasenbluten	næseblod, -et, - ['nɛːsəˌbloːˀð]
Nierenentzündung	nyrebetændelse, -n, -r ['nyːɔbeˌtɛnˀəlsə]
Nierenstein	nyresten, -en, - ['nyːɔˌsdeːˀn]
niesen	nyse, nøs, nyset ['nyːse]
Ohnmacht	besvimelse, -n, -r [be'sviːˀməlsə]
Prellung	slag, -et, -/blåt mærke [slɛ̝ːˀ/ˌ'blɔd 'mɛ̝ɐ̯gə]
Rheuma	reumatisme, -n, - [ʁɔi̯mæ'tismə]
Rückenschmerzen	ondt i ryggen ['o̝nˀd i 'ʁœgən]
Schlaflosigkeit	søvnløshed, -en, - ['sœu̯nløsˌheːˀð]
Schlaganfall	slagtilfælde, -t, - ['slau̯telˌfɛlˀə]
Schmerzen	smerter *pl* ['smɛ̝ɐ̯dɔ]
Schnittwunde	snitsår, -et, - ['snidˌsɒːˀ]
Schnupfen	snue, -n, - ['snuːə]
Schüttelfrost	kuldegysninger *pl* ['kuləˌgyːˀsneŋɔ]
Schwellung	hævelse, -n, -r ['hɛːvəlsə]
Schwindel	svimmelhed, -e, - ['svemˀəlˌheːˀð]
Sehstörungen	synsforstyrrelser *pl* ['syːˀnsfɔˌsdyːˀɔlsɔ]
Seitenstich	sidestik, -ket, - ['siːðəˌsdeg]
Sodbrennen	halsbrand, -en, - ['hælsˌbʁanˀ]
Sonnenbrand	solskoldning, -en, -er ['soːlˌsgɔlneŋ]
Sonnenstich	solstik, -ket, - ['soːlˌsdeg]
Stirnhöhlenentzündung	pandehulebetændelse, -n, -r ['pænəhuːləbeˌtɛnˀəlsə]
Tetanusimpfung	stivkrampevaccination, -en, -er ['sdiu̯kʁambəvagsinæˌ'ʂoːˀn]
Typhus	tyfus ['tyfus]
Übelkeit	kvalme, -n, -r ['kvælmə]
Verbrennung	forbrænding, -en, -er [fɔ'bʁænˀeŋ]
Verdauungsstörung	fordøjelsesbesvær, -et, - [fɔ'dɔi̯ˀəlsəsbeˌsvɛːˀɐ̯]
Vergiftung	forgiftning, -en, -er [fɔ'gifdneŋ]
verletzen	kvæste, -de, -t ['kvɛsdə]
Verletzung	læsion, -en, -er [lɛ'ʂoːˀn]
verstaucht	forstuvet [fɔ'sduːˀəð]
Verstopfung	forstoppelse, -n, -r [fɔ'sdɔbəlsə]
wehtun	gøre ondt [gœ̝ːɔ 'o̝nˀd]
Wunde	sår, -et, - [sɒːˀ]
Zerrung	forstrækning, -en, -er [fɔˌsdʁægneŋ]

Körper – Arzt – Krankenhaus

Arm	arm, -en, -e [aːˀm]
Arztattest	lægeattest, -en, -er ['lɛːəæ'tɛsd]
atmen	ånde, -de, -t ['ɔnə]
Augen	øjne, *pl* ['ɔi̯nə]

Bauch	mave, -n, -r ['mɛ̝ːvə]
Bein	ben, -et, - [beːˀn]
Bescheinigung	attest, -en, -er [æ'tɛsd]
Besuchszeit	besøgstid, -en, -er [be'søːˀsˌtiðˀ]
Betäubung	bedøvelse, -n, -r [be'døːˀvəlsə]
bewusstlos	bevidstløs [be'vesdˌløːˀs]
Blase *(Harn~)*	blære, -n, -r ['blɛːɔ]
(Haut~)	vable, -n, -r [vɛ̝ːblə]
Blinddarm	blindtarm, -en ['blenˌtaːˀm]
Blut	blod, -et, - [bloːˀð]
Blutdruck	blodtryk, -ket, - ['bloðˌtʁœg]
bluten	bløde, -te, -t ['bløːðə]
Blutgruppe	blodtype, -n, -r ['bloðˌtyːbə]
Bronchien	bronkier *pl* ['bʁɔŋˀkiɔ]
Brust	bryst, -et, -er [bʁœsd]
Bypass	bypass ['bai̯ˌpɒs]
Bypassoperation	bypassoperation, -en, -er ['bai̯paːsobəʁa'ɕoːn]
Chirurg/in	kirurg, -en, -er [ki'ʁuːˀɒ̯u̯]
Darm	tarm, -en, -e [taːˀm]
desinfizieren	desinficere, -de, -t [desenfi'seːˀɔ]
Diagnose	diagnose, -n, -r [diæ'gnoːsə]
Diät	diæt, -en, -er [di'ɛːˀd]
Eiter	materie, -n, -r [mæ'teːˀɒ̯iə]
sich erbrechen	kaste op, -de, -t [kæsdə 'ɔb]
Facharzt/ärztin	speciallæge, -n, -r [sbe'ɕɛ̝ːˀlˌlɛːə]
Finger	finger, -en, -e ['feŋˀɔ]
Fuß	fod, -en, fødder [foːˀð]
Gallenblase	galdeblære, -n, -r ['gæləˌblɛːɔ]
Gehirn	hjerne, -n ['jɛ̝ɒ̯nə]
Gehör	hørelse, -n, - ['høːɔlsə]
Gelenk	led, -det, - [leð]
Geschlechtsorgane	kønsorganer *pl* ['kœnˀsɒˌgɛ̝ːˀnɔ]
Gesicht	ansigt, -et, -er ['ænˌsegd]
Hals	hals, -en, -e [hælˀs]
Hand	hånd, -en, hænder [hɔnˀ]
Haut	hud, -en, - [huðˀ]
Herz	hjerte, -t, -r ['jɛ̝ɒ̯də]
Herzschrittmacher	hjertepacemaker, -en, -e ['jɛ̝ɒ̯də'pɛi̯sˌmɛi̯gɔ]
Herzspezialist	hjertespecialist, -en, -er ['jɛ̝ɒ̯dəsbeɕæˌlisd]
Hüfte	hofte, -n, -r ['hɔfdə]
Husten	hoste, -n, - ['hoːsdə]
Impfpass	vaccinationsattest, -en, -er [vagsinæ'ɕoːˀnsæˌtɛsd]
Impfung	vaccination, -en, -er [vagsinæ'ɕoːˀn]
Infusion	infusion, -en, -er [enfu'ɕoːˀn]

Knie	knæ, -et, - [knɛːˀ]
Knöchel	ankel, -en, -er [ˈaŋˀgəl]
Knochen	ben/knogle [beːˀn/ˈknɔu̯lə]
Kopf	hoved, -et, -er [ˈhoːəð]
krank	syg [syːˀ]
Krankenhaus	sygehus, -et, -e [ˈsyːəˌhuːˀs]
Krankenkasse	sygekasse, -n, -r [ˈsyːəˌkæsə]
Krankenpfleger	sygeplejer, -en, -e [ˈsyːəˌplai̯ɔ]
Krankenschein	sygekassekort, -et, - [ˈsyːəkœsəˌkɒːd]
Krankenschwester	sygeplejerske, -n, -r [ˈsyːəˌplai̯ˀɔsgə]
Leber	lever, -en, -e [ˈleːˀvɔ]
Lippe	læbe, -n, -r [ˈlɛːbə]
Lunge	lunge, -n, -r [ˈlo̜ŋə]
Magen	mave, -n, -r [ˈmɛ̝ːvə]
Mandeln	mandler *pl* [ˈmænˀlɔ]
Menstruation	menstruation, -en, -er [mɛnsdʁuæˈɕoːˀn]
Mund	mund, -en, -e [mo̜nˀ]
Muskel	muskel, -en, -er [ˈmusgəl]
nähen	sy, -ede, -et [syːˀ]
Narbe	ar, -ret, - [aːˀ]
Narkose	narkose, -n, -r [naˈkoːsə]
Nase	næse, -n, -r [ˈnɛːsə]
Nerv	nerve, -n, -r [ˈnɛ̝ɒ̯və]
nervös	nervøs [nɛ̝ɒ̯ˈvøːˀs]
Niere	nyre, -n, -r [ˈnyːɔ]
Ohr	øre, -t, -r [ˈøːɔ]
Operation	operation, -en, -er [obəʁaˈɕoːn]
Prothese	protese, -n, -r [pʁoˈteːsə]
Puls	puls, -en, - [pulˀs]
Rippe	ribben, -et, - [ˈʁiˌbeːˀn]
röntgen	røntgenfotografere, -de, -t [ˈʁœnˀdgənfotogʁaˈfeːˀɔ]
Röntgenaufnahme	røntgenoptagelse, -n, -r [ˈʁœnˀdgənˌɔbtɛ̝ːˀəlsə]
Rücken	ryg, -gen, -ge [ʁœg]
Rückgrat	rygsøjle, -n, -r [ˈʁœgˌsɔi̯lə]
Schiene	skinne, -n, -r [ˈsgenə]
Schienbein	skinneben, -et, - [ˈsgenəˌbeːˀn]
Schlüsselbein	nøgleben, -et, - [ˈnɔi̯ləˌbeːˀn]
Schulter	skulder, -en, -e [ˈsgulɔ]
Schwangerschaft	svangerskab, -et, -er [ˈsvaŋˀɔˌsgɛ̝ːˀb]
schwitzen	svede, -te, -t [ˈsveːðə]
Speiseröhre	spiserør, -et, - [ˈsbiːsəˌʁœ̝ːˀɒ̯]
Sprechstunde	konsultationstid, -en, -er [kɔnsultæˈɕoːˀnsˌtiðˀ]
spritzen	sprøjte, -de, -t [ˈsbʁɔi̯də]
Spritze	injektion, -en, -er [enjægˈɕoːˀn]

Station/Zimmer	afdeling, -en, -er/ stue, -n, -r ['au̯ˌdeːˀleŋ/'sduːə]
Stich	stik, -ket, - [sdeg]
Stuhlgang	afføring, -en, -er ['au̯ˌføːˀɐ̯eŋ]
Trommelfell	trommehinde, -n, -r ['tʁɔ̝məˌhenə]
Ultraschalluntersuchung	ultralydsundersøgelse, -n, -r ['ultʁalyðs'ɔ̝nɔˌsøːˀəlsə]
Unterleib	underliv, -et, - ['ɔ̝nɔˌliːˀv]
Untersuchung	undersøgelse, -n, -r ['ɔ̝nɔˌsøːˀəlsə]
Urin	urin, -en, - [u'ʁiːˀn]
Verband	forbindssager *pl* [fɔ'benˀsˌsɛ̝ːɔ]
verbinden	forbinde, -bandt, -bundet [fɔ'benˀə]
Verdauung	fordøjelse, -n, - [fɔ'dɔi̯ˀəlsə]
verschreiben	ordinere, -de, -t [ɒdi'neːˀɔ]
Virus	virus, -en, - ['viːʁus]
Wartezimmer	ventværelse, -t, -r ['vɛndəˌvɛːɔlsə]
Wirbelsäule	hvirvelsøjle, -n, -r ['viɐ̯ˀvəlˌsɔi̯lə]
Zehe	tå, -en, tæer [tɔ̝ːˀ]
Zunge	tunge, -n, -r ['tɔ̝ŋə]

Beim Zahnarzt

Ich habe (starke) Zahnschmerzen.
Jeg har (en kraftig) tandpine. [jai̯ 'haːˀ (en 'kʁafdi) 'tænˌpiːnə]

Es tut sehr weh!
Det gør meget ondt! [de gœɐ̯ 'mai̯əð 'ɔ̝nˀd]

Dieser Zahn (oben/unten/vorn/hinten) tut weh.
Denne tand (foroven/forneden/foran/bagved) gør ondt.
['dɛnə 'tænˀ (fɔ'ɔu̯ən/fɔ'neːðən/'fɒːˌænˀ/'bɛ̝ːˀˌveð) gœɐ̯ 'ɔ̝nˀd]

Ich habe eine Füllung verloren.
Jeg har tabt en plombe. [jai̯ haːˀ 'tabd en 'plɔ̝mbə]

Mir ist ein Zahn abgebrochen.
Jeg har knækket en tand. [jai̯ haːˀ 'knɛgəð en 'tænˀ]

Ich behandle ihn nur provisorisch.
Jeg behandler den kun provisorisk.
[jai̯ be'hænˀlɔ dɛn kɔ̝n pʁovi'soːˀɐ̯isg]

Bitte, betäuben Sie mich (nicht).
Vil De være venlig (ikke) at bedøve mig.
[vel di vɛːɔ 'vɛnli ('egə) ɔ be'døːˀvə mai̯]

GESUNDHEIT

Geben Sie mir bitte eine Spritze.
Vær rar at give mig en indsprøjtning.
[vɛːˀɒ̯ ˈʁaːˀ ɔ ˈgiːˀ mai̯ en ˈen͵sbʁɔi̯ˀdneŋ]

Bitte ohne Spritze.
Uden indsprøjtning, tak. [ˈuːðən ˈen͵sbʁɔi̯ˀdneŋ ˈtag]

Backenzahn	kindtand, -en, -tænder [ˈken͵tænˀ]
Brücke	bro, -en, -er [bʁoːˀ]
Kiefer	kæbe, -n, -r [ˈkɛːbə]
Krone	krone, -n, -r [ˈkʁoːnə]
Loch	hul, -let, -ler [hɔ̰l]
Plombe	plombe, -n, -r [ˈplɔ̰mbə]
Prothese	protese, -n, -r [pʁoˈteːsə]
Schneidezahn	fortand, -en, -tænder [ˈfɒː͵tænˀ]
Weisheitszahn	visdomstand, -en, -tænder [ˈviːsdɔms͵tænˀ]
Zahn	tand, -en, tænder [tænˀ]
Zahnfleisch	tandkød, -et, - [ˈtæn͵køð]
Zahnschmerzen	tandpine, -n, - [ˈtæn͵piːnə]
ziehen	trække, trak, trukket ud [tʁægə ˈuðˀ]

Wichtiges von A bis Z

Bank

Es wird oft gesagt, dass Geld nicht glücklich macht, aber es beruhigt. Auf Dänisch: Penge bringer ikke umiddelbart lykke, men de beroliger!
Es beruhigt auch zu wissen, wo und wie Sie im Urlaub „zu Geld kommen" können. Geldautomaten finden Sie in allen Geldinstituten, Postämtern, oder in vielen Supermärkten und an Tankstellen.
In vielen Geschäften können Sie problemlos an der Kasse mit Ihrer EC-Karte bezahlen. Sie werden womöglich gefragt: På beløbet? Das bedeutet soviel wie: „Bezahlen Sie den Rechnungsbetrag oder soll aufgerundet werden?" Wenn Sie ja zum Aufrunden sagen, dann sparen Sie Wechselgebühren. In Dänemark sind die Banken und Sparkassen (wie die übrigen Geschäfte auch) durchgehend geöffnet.

Können Sie bitte sagen, wo hier eine Bank ist?
Undskyld, kan De sige, hvor der er en bank?
[ˈo̹nˌsgylˀ kæ di ˈsiːə ˈvɒːˀ dɔ ɛ̹ɐ̯ en ˈbaŋˀg]

Ich möchte ... Euro in dänische Kronen wechseln.
Jeg vil gerne veksle ... euro til danske kroner.
[jai̯ vel ˈgɛ̹ɐ̯nə vɛgslə ... ˈœu̯ʁo tel ˈdænsgə ˈkʁoːnɔ]

Können Sie mir bitte sagen, wie heute der Wechselkurs ist?
Undskyld, hvordan er vekselkursen i dag?
[ˈo̹nˌsgylˀ vɒˈdæn ɛ̹ɐ̯ ˈvɛgsəlˌkuɐ̯ˀsən i ˈdɛ̹ːˀ]

Ich möchte ... einlösen.
Jeg vil gerne indløse ... [jai̯ vel ˈgɛ̹ɐ̯nə ˈenˌløːˀsə]
diesen Reisescheck
den her rejsecheck. [dɛn ˈhɛːˀɐ̯ ˈʁai̯səˌsɛg]

Auf welchen Betrag kann ich ihn maximal ausstellen?
På hvilket beløb kan den maksimalt udstedes?
[po̹ ˈvelgəð beˈløːˀb kæ dɛn magsiˈmɛ̹ːˀld ˈuðˌsdɛːˀðəs]

Darf ich bitte ... sehen?
Må jeg se ... [mo̹ jai̯ ˈseːˀ]
Ihren Ausweis
Deres identitetskort? [dɛ̹ːɔs idɛntiˈteːˀdsˌkɒːd]
Ihren Pass
Deres pas? [dɛ̹ːɔs ˈpæs]

Würden Sie bitte hier unterschreiben?
Vil De være venlig at underskrive her.
[vel di vɛːɔ ˈvɛnli ɔ ˈo̹nɔˌsgʁiːˀvə ˈhɛːˀɐ̯]

Der Geldautomat gibt meine Karte nicht mehr heraus.
Mit kort blev i pengeautomaten. [mid ˈkɒːd ˈbleːˀ i ˈpɛŋəau̯toˌmɛ̝ːˀdən]

auszahlen	udbetale, udbetalte, udbetalt [ˈuðbeˌtɛ̝ːˀlə]
Bank	bank, -en, -er [baŋˀg]
bar	kontant [kɔnˈtænˀd]
Bargeld	kontanter *pl* [kɔnˈtænˀdɔ]
Bearbeitungsgebühr	administrationsgebyr, -et, - [æðminisdʁaˈɕoːˀnsgeˌbyːˀɒ̯]
Betrag	beløb, -et, - [beˈløːˀb]
Cent	cent, en, - [sɛnˀd]
Chipkarte	chipkort, -et, - [ˈtjibˌkɒːd]
Devisen	fremmed valuta, -en, -er [ˈfʁæməð væˈlutæ]
Euro	euro, -en, - [ˈœu̯ʁo]
Formular	formular, -en, -er [fɒmuˈlaːˀ]
Geheimzahl	pinkode [ˈpenˌkoːðə]
Geld	penge *pl* [ˈpɛŋə]
Geldautomat	pengeautomat, -en, -er [ˈpɛŋəau̯toˌmɛ̝ːˀd]
Geldüberweisung	pengeoverførsel, -en, -er [ˈpɛŋəɔu̯ɔˌføɒ̯ˀsəl]
Geldschein	pengeseddel, -en, -er [ˈpɛŋəˌsɛðˀəl]
Geldwechsel	veksling (af valuta) [ˈvɛgsleŋ (æ væˈlutæ)]
Kleingeld	småpenge *pl* [ˈsmɔˌpɛŋə]
Konto	konto, -en, konti [ˈkɔnto]
Kreditkarte	kreditkort, -et, - [kʁɛˈdidˌkɒːd]
Münze	mønt, -en, -er [mønˀd]
Quittung	kvittering, -en, -er [kviˈteːˀɒ̯eŋ]
Reisescheck	rejsecheck, -en, -s [ˈʁai̯səˌɕɛg]
Scheck	check, -en, -s [ɕɛg]
einen Scheck ausstellen	udstede en check [ˈuðˌstɛːˀðə en ˈɕɛg]
Schweizer Franken	schweizerfrancs *pl* [ˈsvai̯ˀdsɔˌfʁaŋˀg]
Überweisung	overlførsel, -en, --er [ˈɔu̯ɔˌføɒ̯ˀsəl]
via Internet	via internetbanking [ˈviːæ ˈentɔnɛdˌbæːŋkeŋ]
telegrafisch	pr. telegraf [ˈpɛ̝ɒ̯ teləˈgʁaːˀf]
umtauschen	veksle, -de, -t [ˈvɛgslə]
Unterschrift	underskrift, -en, -er [ˈɔ̝nɔˌsgʁɛfd]
Währung	valuta, -en, -er [væˈlutæ]
Wechselkurs	vekselkurs, -en, -er [ˈvɛgsəlˌkuɒ̯ˀs]
Zahlung	betaling, -en, -er [beˈtɛ̝ːˀleŋ]

Filmen und Fotografieren

➢ auch Fotoartikel

Könnten Sie bitte ein Foto von uns machen?
Kunne De/du ikke tage et billede af os?
[ku di/du 'egə 'tɛːˀ ed 'beləðə æ 'ɔs]

Das ist sehr freundlich!
Det er meget venligt! [de ɛɐ̯ 'maiəð 'vɛnlid]

Drücken Sie hier, danke!
Tryk her, tak! ['tʁœg 'hɛːˀɐ̯ 'tag]

Die Entfernung/Blende stellt man so ein.
Afstanden/blænden indstilles sådan.
['au̯ˌsdænˀən/blɛnən 'enˌsdelˀəs 'sɔdən]

Dürfte ich Sie/Dich wohl fotografieren?
Må jeg fotografere Dem/dig? [mo jai̯ fotogʁa'feːˀɔ 'dɛm/'dai̯]

So haben wir eine schöne Erinnerung an unseren Urlaub.
Sådan får vi et dejligt minde fra vores ferie.
['sɔdən 'fɒːˀ vi ed 'dai̯lid 'menə fʁa vɒːɒs 'feːˀɐ̯iə]

Foto	foto, -et, -er ['foto]
Fotoapparat	fotografiapparat, -et, -er [fotogʁa'fiapaˌʁaːˀd]
fotografieren	fotografere, -de, -t [fotogʁa'feːˀɔ]
Hochformat	højformat, -et, -er ['hɔi̯fɔˌmɛːˀd]
Kamera	kamera, -et, -er ['kɛːˀməʁa]
Querformat	tværformat, -et, -er ['tvɛɐ̯fɔˌmɛːˀd]
Schnappschuss	snapshot, et, - ['snabˌsɔd]

Fundbüro

Können Sie mir bitte sagen, wo das Fundbüro ist?
Undskyld, ved De/du hvor hittegodskontoret er?
['onˌsgylˀ 'veːˀð di/du 'vɒːˀ 'hidəgoskɔnˌtoːˀɔð ɛɐ̯]

Würden Sie mir bitte die Telefonnummer des Büros geben?
Kan De give mig kontorets telefonnummer?
[kæ di 'giːˀ mai̯ kɔn'toːˀɔðs telə'foːˀnˌnomˀɔ]

Ich habe ... verloren.
Jeg har tabt ... [jai̯ haːˀ 'tabd]

Ich habe meine Handtasche im Zug vergessen.
Jeg har glemt min håndtaske i toget.
[jai̯ haːˀ 'glɛmˀd min 'hɔnˌtæsgə i 'toːˀu̯əð]

Würden Sie mich bitte benachrichtigen, wenn sie gefunden werden sollte?
Vær så rar/venlig at informere mig, hvis det bliver afleveret.
[vɛːˀɒ̯ sɔ ˈʁaːˀ/ˈvɛnli ɔ enfɒˈmeːˀɔ mai̯ ˈves de bliːˀɒ̯ ˈau̯leˌveːˀɔð]

Ich habe eine Mailadresse.
Jeg har en e-mail-adresse. [jai̯ ˈhaːˀ en ˈiːmɛi̯læˌdʁæsə]

Hier ist meine Hotelanschrift/Heimatadresse.
Her er min hoteladresse/adresse hjemme.
[ˈhɛːˀɒ̯ ɛɒ̯ min hoˈtɛlˀæˌdʁæsə/æˈdʁæsə ˈjɛmə]

Polizei

Fundbüros (Hittegodskontor) finden Sie auf Polizeistationen. Hier wird man Ihnen behilflich sein, wenn Sie etwas verloren haben oder Ihnen etwas gestohlen wurde. Sollte dies passiert sein, während Sie mit öffentlichen Verkehrsmitteln oder in einem Taxi unterwegs waren, kann Ihnen die Polizei die Telefonnummer und Adresse des zuständigen Fundbüros geben.

Könnten Sie mir bitte sagen, wo das nächste Polizeirevier ist?
Undskyld, hvor er den nærmeste politistation?
[ˈo̝nˌsgylˀ ˈvɒːˀ ɛɒ̯ den ˈnɛɒ̯məsdə poliˈtisdæˌsoːˀn]

Ich möchte ... anzeigen.
Jeg vil gerne anmelde ... [jai̯ vel ˈgɛɒ̯nə ˈænˌmɛlˀə]
einen Diebstahl
et tyveri. [ed tyːvəˈʁiːˀ]
einen Überfall
et overfald. [ed ˈɔu̯ɔˌfælˀ]

Mir ist ... gestohlen worden.
Jeg har fået stjålet ... [jai̯ haːˀ fo̝ːəð ˈsdjo̝ːləð]
die Handtasche
min håndtaske. [min ˈhɔnˌtæsgə]
den Geldbeutel
min pengepung. [min ˈpɛŋəˌpo̝ŋˀ]
die Brieftasche
min tegnebog. [min ˈtai̯nəˌbo̝ːˀu̯]
mein Fotoapparat
mit fotografiapparat. [mid fotoɡʁaˈfiapaˌʁaːˀd]
mein Auto/mein Fahrrad
min bil/cykel. [min ˈbiːˀl/ˈsygəl]

Mein Auto ist aufgebrochen worden.
Min bil er blevet brudt op. [min ˈbiːˀl ɛɒ̯ bleːəð bʁud ˈɔb]

WICHTIGES VON A BIS Z

Aus meinem Auto ist ... gestohlen worden.
Der er blevet stjålet ... fra min bil.
[dɔ ɛ̝ɒ̯ ble:əð 'sdjo̝:ləð ... fʁa min 'bi:ˀl]

Mein Sohn/Meine Tochter ist verschwunden.
Min søn/Min datter er forsvundet.
[min 'sœn/min 'dædɔ ɛ̝ɒ̯ fɔ'svo̝nˀəð]

Dieser Mann belästigt mich.
Denne mand generer mig. ['dɛnə 'mænˀ ʂe'ne:ˀɔ mai̯]

Können Sie mir bitte helfen?
Undskyld, kan De hjælpe mig? ['o̝nˌsgylˀ kæ di 'jɛlbə mai̯]

Wann und wo genau ist das passiert?
Hvornår og hvor skete det præcis? [vɒ'nɒ:ˀ ɔ 'vɒ:ˀ 'sge:ˀdə de pʁɛ'si:ˀs]

Ihren Namen und Ihre Anschrift, bitte.
Deres navn og adresse, tak. [dɛ̝:ɔs 'nau̯ˀn ɔ æ'dʁæsə 'tag]

Wenden Sie sich bitte an das deutsche/österreichische/Schweizer Konsulat.
Vær venlig at henvende Dem på det tyske/østrigske/svejtsiske konsulat.
[vɛ:ɒ̯ 'vɛnli ɔ 'hɛnˌvɛnˀə dɛm po̝ de 'tysgə/'øsdʁisgə/'ʂvai̯ˀdsisgə kɔnsu'lɛ̝:ˀd]

anzeigen .... anmelde, -te, anmeldt ['ænˌmɛlˀə]
aufbrechen .... bryde op, brød, brudt [bʁy:ðə 'ɔb]
Autoradio .... bilradio, -en, -er ['bi:ˀlˌʁa:ˀdio]
belästigen .... genere, -de, -t [ʂe'ne:ˀɔ]
beschlagnahmen .... beslaglægge, -lagde, -lagt [be'slau̯ˌlɛgə]
Brieftasche .... tegnebog, -en, -bøger ['tai̯nəˌbo̝:ˀu̯]
Dieb .... tyv, -en, -e [ty:ˀv]
Diebstahl .... tyveri, -et, -er [ty:və'ʁi:ˀ]
Gefängnis .... fængsel, -et, -er ['fɛŋˀsəl]
Geldbörse .... pengepung, -en, -e ['pɛŋəˌpo̝ŋˀ]
Gericht .... ret, -ten, -ter [ʁæd]
Kfz-Schein .... indregistreringsbevis, -et, -er ['enʁɛgisdʁɛ:ˀɒ̯eŋsbeˌvi:ˀs]
Kreditkarte .... kreditkort, -et, - [kʁɛ'didˌkɒ:d]
Papiere .... papirer *pl* [pæ'pi:ˀɔ]
Personalausweis .... identitetskort, -et, - [idɛnti'te:ˀdsˌkɒ:d]
Polizei .... politi, -et, - [poli'ti:ˀ]
Polizeiwagen .... politibil, -en, -er [poli'tiˌbi:ˀl]
Polizist/in .... politibetjent, -en, -e [poli'tibeˌtjɛnˀd]
Rauschgift .... narkotika *pl* [na'ko:ˀtikæ]
Rechtsanwalt/anwältin .... sagfører, -en, -e ['sau̯ˌfø:ɔ]
Reisepass .... pas, -set, - [pæs]
Richter/in .... dommer, -en, -e ['dɔmɔ]
Scheck .... check, -en, -s [ʂɛg]

Scheckkarte	checkkort, -et, - ['sɛg,kɒ:d]
Schlüssel	nøgle, -n, -r ['nɔi̯lə]
Schmuggel	smugleri, -et, -er [smu:lə'ʁi:ˀ]
Schuld	skyld, -en, - [sgylˀ]
sexuelle Belästigung	sexchikane ['sɛgssi,kɛ:nə]
Taschendieb	lommetyv, -en, -e ['lɔmə,ty:ˀv]
Überfall	overfald, -et, - ['ɔu̯ɔ,fælˀ]
Untersuchungshaft	varetægtsarrest, -en, -er ['va:atɛgdsa,ʁæsd]
Verbrechen	forbrydelse, -n, -r [fɔ'bʁy:ˀðəlsə]
Vergewaltigung	voldtægt, -en, -er ['vɔl,tɛgd]
verhaften	anholde, anholdt, anholdt ['æn,hɔlˀə]
verlieren	tabe, tabte, tabt ['tɛ:bə]
Zeuge/Zeugin	vidne, -t, -r ['viðnə]
zusammenschlagen	tæve, -de, -t ['tɛ:və]

Post

Können Sie mir bitte sagen, wo … ist?
Undskyld, kunne De/du sige, hvor … er?
['ɔn,sgylˀ ku di/du 'si:ə 'vɒ:ˀ … ɛɒ]

das nächste Postamt
det nærmeste posthus [de 'nɛɒməsdə 'pɔsd,hu:ˀs]
der nächste Briefkasten
den nærmeste postkasse [dɛn 'nɛɒməsdə 'pɔsd,kæsə]

Was kostet ein Brief/eine Postkarte …
Hvad koster et brev/et postkort …
[væ 'kɔsdɔ ed 'bʁɛ:ˀv/ed 'pɔsd,kɒ:d]

nach Deutschland?
til Tyskland? [tel 'tysg,lænˀ]
nach Österreich?
til Østrig? [tel 'øsdʁi]
in die Schweiz?
til Schweiz? [tel 'svai̯ˀds]

Drei Briefmarken zu … Kronen, bitte!
Tre frimærker á … kroner, tak! ['tʁɛ:ˀ 'fʁi,mɛɒgɔ æ … 'kʁo:nɔ 'tag]

Diesen Brief bitte per …
Vær venlig at sende dette brev … [vɛ:ˀɒ 'vɛnli ɔ 'sɛnə 'dɛdə 'bʁɛ:ˀv]

Luftpost.
pr. luftpost. [pɛɒ 'lɔfd,pɔsd]
Express.
ekspres. [ɛgs'pʁæs]
Einschreiben.
anbefalet. ['ænbe,fɛ:ˀləð]

Wie lange braucht ein Brief nach Deutschland?
Hvor lang tid varer det til Tyskland?
[vɒ 'laŋˀ 'tiðˀ 'vaːa de tel 'tysg,lænˀ]

Haben Sie auch Sondermarken?
Har De også særfrimærker? [haːˀ di 'ɔsə 'sɛ̝ɒ̯,fʁimɛ̝ɒ̯gɔ]

Ich möchte ... Euro von meinem Postsparbuch abheben.
Jeg ville gerne hæve ... euro på min tyske postsparebog.
[jai̯ vilə 'gɛ̝ɒ̯nə 'hɛːvə ... 'œu̯ʁo pɔ̝ min 'tysgə 'pɔsdsbaːa,bɔ̝ːˀu̯]

Absender	afsender, -en, -e ['au̯,sɛnˀɔ]
Adresse	adresse, -n, -r [æ'dʁæsə]
ausfüllen	udfylde, udfyldte, udfyldt ['uð,fylˀə]
Brief	brev, -et, -e [bʁɛːˀv]
Briefkasten	brevkasse, -n, -r ['bʁɛu̯,kæsə]
Briefmarke	frimærke, -t, -r ['fʁi,mɛ̝ɒ̯gə]
Briefmarkenautomat	frimærkeautomat, -en, -er ['fʁimɛ̝ɒ̯gəau̯to,mɛ̝ːˀd]
Eilbrief	ekspresbrev, -et, -e [ɛgs'pʁæs,bʁɛːˀv]
Einschreibebrief	anbefalet brev ['ænbe,fɛ̝ːˀləð 'bʁɛːˀv]
Empfänger	modtager, -en, -e ['moð,tɛ̝ːˀɔ]
Fax	fax, -en, -er [fags]
faxen	faxe, -de, -t ['fagsə]
Faxgerät	faxapparat, -et, -er ['fagsapa,ʁaːˀd]
Formular	formular, -en, -er [fɒmu'laːˀ]
frankieren	frankere, -de, -t [fʁaŋ'keːˀɔ]
Gebühr	gebyr, -et, -er [ge'byːˀɒ̯]
Gewicht	vægt, -en, -e [vɛgd]
Hauptpostamt	hovedpostkontor, -et, -er ['hoːəðpɔsdkɔn,toːˀɒ̯]
Leerung	tømning, -en, -er ['tœmneŋ]
mit Luftpost	pr. luftpost [pɛ̝ɒ̯ 'lɔ̝fd,pɔsd]
nachsenden	eftersende, -sendte, -sendt ['ɛfdɔ,sɛnˀə]
Päckchen	småpakke, -n, -r ['smɔ,pagə]
Paket	pakke, -n, -r ['pagə]
Paketkarte	adressekort, -et, - [æ'dʁæsə,kɒːd]
Porto	porto, -en, - ['pɒːto]
Postamt	postkontor, -et, -er ['pɔsdkɔn,toːˀɒ̯]
Postkarte	postkort, -et, - ['pɔsd,kɒːd]
postlagernd	poste restante [pɔsd ʁɛ'sdaŋd]
Postleitzahl	postnummer, -et, -e ['pɔsd,nɔ̝mˀɔ]
Postsparbuch	tysk(e) postsparebog, -en, -bøger ['tysg 'pɔsdsbaːa,bɔ̝ːˀu̯]
Sondermarke	særfrimærke, -t, -r ['sɛ̝ɒ̯,fʁimɛ̝ɒ̯gə]
Telegramm	telegram, -met, -mer [telə'gʁamˀ]
Telex	telex, -et, -er ['teːlɛgs]
Vordruck	blanket, -ten, -ter [blaŋ'kɛd]

Wertangabe	værdiangivelse, -n, -r [vɛɐ̯'diænˌgiːˀvəlsə]
Zollerklärung	tolderklæring, -en, -er ['tɔlɛɐ̯ˌklɛːˀɐ̯eŋ]

Telefonieren

Beachten Sie, dass es mehrere Telefongesellschaften – auch regionale – gibt, die Niedrigpreise von Festnetz zum Festnetz, vom Handy (mobiltelefon) zum Festnetz und umgekehrt anbieten. Es empfiehlt sich bei den örtlichen Postämtern, Ihrem Vermieter oder dort, wo Telefonkarten verkauft werden, nachzufragen.

Können Sie mir bitte sagen, wo die nächste Telefonzelle ist?
Kan De/du sige mig, hvor den nærmeste telefonboks er?
[kæ de/du 'siːə mai̯ 'vɒːˀ dɛn 'nɛɐ̯məsdə teləˈfoːˀnˌbɔgs ɛɐ̯]

Ich möchte bitte eine Telefonkarte.
Kunne De være så venlig at give mig et telefonkort?
[ku di 'vɛːɔ sɔ 'vɛnli ɔ 'giːˀ mai̯ ed teləˈfoːˀnˌkɒːd]

Wie ist bitte die Vorwahl von ...?
Hvad skal man vælge til ...? ['væ sgæ mæn 'vɛljə tel]

Ich möchte ein R-Gespräch anmelden.
Jeg vil gerne ringe »modtageren betaler«.
[jai̯ vel 'gɛɐ̯nə ʁɛŋə 'moðˌtɛːˀɔɔn be'tɛːˀlɔ]

So wird über die Internationale Direktwahl gewählt:

Auslandsvorwahl	Landeskennzahl	Ortsnetzkennzahl	Teilnehmer
Deutschland 00	49	»0« weglassen	
Auslandsvorwahl	Landeskennzahl	Ortsnetzkennzahl	Teilnehmer
Österreich 00	43	»0« weglassen	
Auslandsvorwahl	Landeskennzahl	Ortsnetzkennzahl	Teilnehmer
Schweiz 0	41	»0« weglassen	

Um z. B. die Münchner Nummer 11 64 zu erreichen, wählen Sie 00-49-89-11 64. Wien 15 30 ist mit 00-43-1-15 30 anzuwählen. Genf 1 20 11 erreichen Sie mit 00-41-22-1 20 11.

Ein Telefongespräch

Hier spricht ...
Det er ... [de ɛɐ̯]

Hallo, mit wem spreche ich, bitte?
Hallo, hvem taler jeg med? [hæ'lo̜ 'vɛmˀ 'tɛːˀlɔ jai̯ mɛ]

Guten Tag, mein Name ist ...
De/du taler med ... [de/du 'tɛ̝ːˀlɔ mɛ]

Kann ich bitte Herrn/Frau ... sprechen?
Må jeg tale med hr./fru ...? [mo̝ jai̯ 'tɛ̝ːlə mɛ hɛ̝ɒ̯/fʁu]

Tut mir Leid, er/sie ist nicht da.
Han/hun er her desværre ikke. [hæn/hun 'ɛ̝ɒ̯ ha de'svɛ̝ːɔ 'egə]

Kann er/sie Sie zurückrufen?
Kan han/hun ringe tilbage? [kæ hæn/hun ʁɛŋə te'bɛ̝ːə]

Möchten Sie eine Nachricht hinterlassen?
Vil De lægge en besked? [vel di 'lɛgə en be'sgeːˀð]

Sagen Sie ihm bitte, ich hätte angerufen.
Vær venlig at sige, at jeg har ringet.
[vɛːˀɒ̯ 'vɛnli ɔ 'siːə æd jai̯ haːˀ 'ʁɛŋəð]

„Kein Anschluss unter dieser Nummer."
"Der er ingen forbindelse til dette nummer".
[dɔ ɛ̝ɒ̯ 'eŋən fɔ'benˀəlsə tel 'dɛdə 'no̝mˀɔ]

Mit dem Handy

Bitte eine SIM-Karte.
Kan jeg købe et SIM-kort her? [kæ jai̯ 'køːbə ed 'simˀˌkɒːd 'hɛːˀɒ̯]
mit Roaming/ohne Roaming
med roaming/uden roaming [mɛ 'ʁo̝u̯meŋ/'uːðən 'ʁo̝u̯meŋ]

Für welches Gebiet gilt diese SIM-Karte?
I hvilket område gælder dette SIM-kort?
[i 'velgəð 'ɔmˌʁo̝ːðə 'gɛlˀɔ 'dɛdə 'simˀˌkɒːd]

Geben Sie mir bitte eine Tarifübersicht.
Vil De være rar at give mig en oversigt over tariferne.
[vel di 'vɛːɔ 'ʁaːˀ ɔ 'giːˀ mai̯ en 'ɔu̯ɔˌsegd ɔu̯ˀɔ ta'ʁifɔnə]

Haben Sie Guthabenkarten der Mobilfunkgesellschaft ...?
Har De taletidskort fra mobiltelefon-selskabet ...?
[haːˀ di 'tɛ̝ːlətiðsˌkɒːd fʁa mo'biːˀlteləˌfoːˀnsɛlˌsgɛ̝ːˀbəð]

Wie viele Minuten kann ich mit einer Karte für ... Kronen sprechen?
I hvor mange minutter kan jeg telefonere med et kort på ... kroner? [i vɒ 'maŋə mi'nudɔ kæ jai̯ teləfo'neːˀɔ mɛ ed 'kɒːd po̝ ... 'kʁoːnɔ]

Internetcafé

Internetcafés finden Sie überall in Dänemark. Oft werden Getränke und Snacks angeboten, und manche sind auch døgnet rundt (das heißt 24 Stunden) geöffnet. Das @ befindet sich übrigens auf der dänischen Tastatur über der Zahl 2 (AltGr + 2).

Wo gibt es in der Nähe ein Internetcafé?
Hvor er der en internetcafè her i nærheden?
['vɒːˀ ɛɒ̯ dɔ en entɔˌnɛdkæ'feːˀ 'hɛːˀɒ̯ i 'nɛɒ̯ˌheːˀðən]

Wie viel kostet eine Stunde?/Viertelstunde?
Hvad koster det i timen/ for et kvarter?
[væ 'kɔsdɔ de i 'tiːmən/fɔ ed kva'teːˀɒ̯]

Kann ich eine Seite ausdrucken?
Kan jeg printe en side? [kæ jai 'pʁɛndə en 'siːðə]

Bei mir klappt die Verbindung nicht.
Jeg får ingen forbindelse. [jai̯ fɒːˀ 'eŋən fɔ'benˀəlsə]

Kann ich bei Ihnen Fotos von meiner Digitalkamera auf CD brennen?
Kan jeg brænde fotos fra mit digitalkamera på en cd her hos Dem? [kæ jai̯ 'bʁænə 'fotos fʁa mid digi'tɛːˀlˌkɛːˀməʁa pɔ en 'seːˀdeːˀ 'hɛːˀɒ̯ hos 'dɛm]

abnehmen .... tage telefonen, tog, taget ['tɛːˀ telə'foːˀnən]
Anruf .... opringning, -en, -er ['ɔbˌʁɛŋˀneŋ]
Anrufbeantworter .... telefonsvarer, -en, -e [telə'foːˀnˌsvaːa]
anrufen .... ringe, -de, -t ['ʁɛŋə]
Auskunft .... information,oplysning, -en, -er [enfɒmæ'ɕoːˀn],['ɔbˌlyːˀsneŋ]
Auslandsgespräch .... udenlandsk samtale ['uðənlænˀsg 'samˌtɛːlə]
besetzt .... optaget ['ɔbˌtɛːˀəð]
Gebühr .... gebyr, -et, -er [ge'byːˀɒ̯]
gelbe Seiten .... gule sider ['guːlə 'siːðɔ]
Gespräch .... samtale, -en, -er ['samˌtɛːlə]
Handy .... mobiltelefon, -en, -er [mo'biːˀlteləˌfoːˀn]
Ortsgespräch .... lokal samtale, -n, -r [lo'kɛːˀl 'samˌtɛːlə]
R-Gespräch .... telefonsamtale, der betales af den opkaldte [telə'foːˀnsamˌtɛːlə dɔ be'tɛːˀləs æ dɛn 'ɔbˌkælˀdə]
tasten .... trykke, -de, -t ['tʁœgə]
Telefon .... telefon, -en, -er [telə'foːˀn]
Telefonbuch .... telefonbog, -en, -bøger [telə'foːˀnˌbɔːˀʊ̯]

Telefonkarte	telefonkort, -et, - [telə'fo:ˀn,kɒ:d]
Telefonnummer	telefonnummer, -et, -e [telə'fo:ˀn,nọmˀɔ]
Telefonzelle	telefonboks, -en, -e [telə'fo:ˀn,bɔgs]
Verbindung	forbindelse, -n, -r [fɔ'benˀəlsə]
Voranmeldung	forudgående anmeldelse ['fɒ:uð,gọ:ˀənə 'æn,mɛlˀəlsə]
Vorwahlnummer	områdenummer, -et, -re ['ɔmʁọ:ðə,nọmˀɔ]
wählen	vælge ['vɛljə]

Toilette und Bad

Wo ist bitte die Toilette?
Undskyld, hvor er toilettet? ['ọn,sgylˀ 'vɒ:ˀ ɛ̝ɒ̰ toæ'lɛdəð]

Dürfte ich wohl bei Ihnen/dir die Toilette benutzen?
Undskyld, må jeg låne Deres/dit toilet?
['ọn,sgylˀ mọ jai̯ 'lọ:nə dɛ̝:ɔs/did toæ'lɛd]

Würden Sie mir bitte den Schlüssel für die Toiletten geben?
Vær rar at give mig nøglen til toilettet.
[vɛ:ˀɒ 'ʁa:ˀ ɔ 'gi:ˀ mai̯ 'nɔi̯lən tel toæ'lɛdəð]

Damen	damer ['dɛ̝:mɔ]
Damenbinden	hygiejnebind, et, - [hygi'ai̯nə,benˀ]
Handtuch	håndklæde, -t, -r ['hɔn,klɛ:ðə]
Handwaschbecken	håndvask, -en, -e ['hɔn,væsg]
Herren	mænd [mɛnˀ]
sauber	ren/rent [ʁɛ:ˀn/ʁɛ:ˀnd]
schmutzig	snavset ['snau̯səð]
Seife	sæbe, -n, -r ['sɛ:bə]
Tampons	tampon, -en, -er [tam'pɔŋ]
Toilettenpapier	toiletpapir, -et [toæ'lɛdpæ,pi:ˀɒ̰]

Kurzgrammatik

Substantive (Hauptwörter)

Substantive werden klein geschrieben. Ausnahmen bilden nur Eigennamen und Ortsangaben.
Im Dänischen wird nur zwischen zwei Geschlechtern unterschieden, Utrum und Neutrum.

Der unbestimmte Artikel

Der unbestimmte Artikel heißt im Utrum *en*, im Neutrum *et*.

Utrum	**en** stol **en** skole	ein Stuhl eine Schule
Neutrum	**et** hus **et** barn	ein Haus ein Kind

Der bestimmte Artikel

Es ist eine Besonderheit der skandinavischen Sprachen, dass der bestimmte Artikel kein selbständiges Wort ist, sondern beim Substantiv als Endung angehängt wird:

en bil (ein Auto)	– bil**en** (das Auto)
et hus (ein Haus)	– hus**et** (das Haus)

Der bestimmte Artikel wird im Wörterbuch jeweils angegeben.

	unbestimmte Form		bestimmte Form	
Utrum	stol time	Stuhl Stunde	stol**en** tim**en**	der Stuhl die Stunde
Neutrum	bord øre	Tisch Ohr	bord**et** ør**et**	der Tisch das Ohr

Die Pluralbildung

Die Substantive lassen sich nach ihrer Pluralbildung der unbestimmten Formen in Deklinationsgruppen einteilen. Die Pluralendung wird an den Stamm angehängt und ist im Wörterbuch jeweils angegeben.

1. Deklination auf *-er, -r*

Singular		Plural	
en måned	ein Monat	to måne**der**	zwei Monate
en uge	eine Woche	to uge**r**	zwei Wochen
et stykke	ein Stück	to stykke**r**	zwei Stücke

2. Deklination auf *-e*

en dag	ein Tag	to dag**e**	zwei Tage
et hus	ein Haus	to hus**e**	zwei Häuser

3. Deklination ohne Endung

en sko	ein Schuh	to sko	zwei Schuhe
et år	ein Jahr	to år	zwei Jahre
et pas	ein Pass	to pas	zwei Pässe

4. Deklination der bestimmten Formen auf *-ene* oder *-ne.*

unbestimmte Form		bestimmte Form	
år	Jahre	år**ene**	die Jahre
uger	Wochen	uger**ne**	die Wochen
dage	Tage	dag**ene**	die Tage
to bagere	zwei Bäcker	bager**ne**	die Bäcker
to tyskere	zwei Deutsche	tysker**ne**	die Deutschen

5. Unregelmäßige Pluralbildungen sind im Wörterbuch angegeben.

en mand	ein Mann	to mænd	zwei Männer
et barn	ein Kind	to børn	zwei Kinder
en broder	ein Bruder	to brødre	zwei Brüder

- Substantive auf einfachem Konsonanten und nach kurzem betonten Vokal verdoppeln den Konsonanten beim Anhängen des bestimmten Artikels und der Pluralendung.

Singular				Plural	
unbestimmt		bestimmt			
en butik	ein Laden	buti**kken**	der Laden	to buti**kker**	zwei Läden
et hotel	ein Hotel	hote**llet**	das Hotel	to hote**ller**	zwei Hotels
en kat	eine Katze	ka**tten**	die Katze	to ka**tte**	zwei Katzen

- Einige Wörter kommen nur im Plural vor, z. B.:

penge	Geld
briller	Brille
bukser	Hose(n)

Die Kasus (Die Fälle)

Was im Deutschen durch die Unterscheidung von Nominativ, Dativ und Akkusativ gekennzeichnet wird, wird im Dänischen durch die Wortstellung und den Gebrauch von Präpositionen ausgedrückt. Von der Grundform/Nominativ ist im Dänischen nur der Genitiv zu unterscheiden.
Im **Genitiv** wird sowohl bei Eigen- und Ortsnamen als auch bei Substantiven die Endung ***-s*** angehängt. Das Substantiv im Genitiv steht immer vor dem Bezugswort.

Michael**s** telefonnummer	Michaels Telefonnummer
Gitte**s** telefonnummer	Gittes Telefonnummer
restaurantens telefonnummer	die Telefonnummer des Restaurants
universitet**s** telefonnummer	die Telefonnummer der Universität

Endet ein Wort bereits auf *-s*, so wird ' oder 's angehängt.

Klaus' Telefonnummer	Klaus's telefonnummer

Singular		Plural	
unbestimmt	bestimmt	unbestimmt	bestimmt
en dags arbejde die Arbeit eines Tages	**dagens** arbejde die Arbeit des Tages	**dages** arbejde die Arbeit von Tagen	**dagenes** arbejde die Arbeit der Tage

Der Genitiv wird oft bei Zeit- und Mengenangaben, sowie in alten, aber immer noch fest bemutzten Redewendungen, gebraucht:

om en times tid	in etwa einer Stunde
en 50-års fødselsdag	ein fünfzigster Geburtstag
20 graders varme	20° Wärme

KURZGRAMMATIK

Adjektive (Eigenschaftswörter)

Das Adjektiv steht meistens mit einem Substantiv zusammen und drückt eine Eigenschaft dieses Substantivs aus.

Deklination (Beugung)

Hier wird zwischen der starken und der schwachen Deklination unterschieden. Es wird im Plural **nicht** zwischen den zwei Deklinationsformen unterschieden, ob das Substantiv ein Neutrum oder ein Utrum ist.

Starke Adjektive

Starke Adjektive haben drei Formen:
1. **ohne** Endung im Utrum
2. auf -**t** im Neutrum
3. auf -**e** im Plural

Utrum	Neutrum	Plural	
dyr	dyr**t**	dyr**e**	teuer
mørk	mørk**t**	mørk**e**	dunkel
rød	rød**t**	rød**e**	rot
stor	stor**t**	stor**e**	groß

und diese richten sich in Geschlecht und Zahl nach dem zugehörigen Substantiv, auch in prädikativer Stellung.

Utrum	Neutrum	Plural
en stor båd ein großes Boot	et stor**t** skib ein großes Schiff	to stor**e** både/skibe zwei große Botte/Schiffe
Båden er stor. Das Boot ist groß.	Skibet er stor**t** Das Schiff ist groß.	Bådene og Skibene er stor**e**. Die Boote und Schiffe sind groß.

Ein einzelner Konsonant wird nach kurzem, betontem Vokal verdoppelt, wenn eine Silbe angefügt wird.

Utrum	Neutrum	Plural	
smal	smalt	sma**lle**	eng
tyk	tykt	ty**kke**	dick
grøn	grønt	grø**nne**	grün

- Adjektive auf *-el, -en, -er* verlieren das *-e-*, wenn die Endung *-e* angehängt wird; dabei wird der Doppelkonsonant vereinfacht.

Utrum	Neutrum	Plural	
gamm**el**	gammelt	gamle	alt
mod**en**	modent	modne	reif
mag**er**	magert	magre	mager

- Adjektive auf *-sk* und *-t* sowie einige auf *-d* erhalten im Neutrum kein *-t*.

Utrum	Neutrum	Plural	
dan**sk**	dan**sk**	danske	dänisch
politi**sk**	politi**sk**	politiske	politisch
smar**t**	smar**t**	smarte	schick
sor**t**	sor**t**	sorte	schwarz
fremme**d**	fremme**d**	fremmede	fremd

- Adjektive auf *-s* und Adjektive auf *-e* bleiben unverändert.

Utrum	Neutrum	Plural	
stakkels	**stakkels**	**stakkels**	arm
moderne	**moderne**	**moderne**	modern

- Adjektive, die auf *-et* enden, erhalten im Plural die Endung *-ede*.

Utrum	Neutrum	Plural	
snavs**et**	snavs**et**	snavs**ede**	schmutzig
brog**et**	brog**et**	brog**ede**	bunt
strib**et**	strib**et**	strib**ede**	gestreift

- Adjektive, die auf *-å* enden, erhalten kein *-e* im Plural.

Utrum	Neutrum	Plural	
blå	blåt	blå	blau
grå	gråt	grå	grau
ny	nyt	ny oder nye	neu

Die starken Formen der Adjektive werden verwendet:

- vor Substantiven **ohne** Artikel:

Rød saftevand pletter. — Roter Saft macht Flecken.
Rødt lys betyder stop. — Rotes Licht heißt halt.
Røde farver ses bedre end blå. — Rote Farben werden besser gesehen als blaue.

• nach den unbestimmten Artikeln *en* und *et* und nach unbestimmten Pronomen wie z. B. *al/alt/alle* (alle), *anden/andet/andre* (andere), *ingen/intet/ingen* (kein, keine), *meget* (viel)/*mange* (viele) und *nogen/noget/nogle* (irgendein, einige):

Hun kører i en **blå** folkevogn.	Sie fährt einen blauen VW.
Drengen sov under et **blåt** uldtæppe.	Der Junge schlief unter einer blauen Wolldecke.
Jeg har ingen **blå** kuglepenne.	Ich habe keinen blauen Kugelschreiber.
Vi mangler mange andre **blå** kuglepenne.	Uns fehlen viele andere blaue Kugelschreiber.

• nach einem Possessivpronomen:

Hendes bil er **ny.**	Ihr Auto ist neu.
Hans tæppe er **sort.**	Seine Decke ist schwarz.
Vores kuglepenne er **gamle.**	Unsere Kugelschreiber sind alt.

Schwache Adjektive

Diese haben im Singular und im Plural nur eine Form, die immer mit der starken Pluralform identisch ist.

den gode mand	der gute Mann
det store hus	das große Haus
de store huse	die großen Häuser
de grå gæs	die grauen Gänse
de stakkels børn	die armen Kinder
de snavsede slips	die schmutzigen Kravatten
de danske børn	die dänischen Kinder

• Die schwachen Formen werden nach dem bestimmten Artikel verwendet:

den rød**e** bil	das rote Auto
det rød**e** lys	das rote Licht
de rød**e** farver	die roten Farben

• nach dem Possessivpronomen, dem Genitiv und in der Anrede:

hendes rød**e** bil (Utrum)	ihr rotes Auto
hans rød**e** tæppe (Neutrum)	seine rote Decke
vores rød**e** kuglepenne (Plural)	unsere roten Kugelschreiber
Gittes rød**e** bil	Gittes rotes Auto
Lars' rød**e** hus	Lars' rotes Haus
skolens rød**e** kuglepenne	die roten Kugelschreiber der Schule
kær**e** ven	lieber Freund
kær**e** venner	liebe Freunde

Ganz unregelmäßig ist das Adjektiv *lille* klein

Utrum	Neutrum	Plural
en lille bil	et lille barn	to små biler/børn
ein kleines Auto	ein kleines Kind	zwei kleine Autos/Kinder
den lille bil	det lille barn	de små biler/børn
das kleine Auto	das kleine Kind	die kleinen Autos/Kinder

Steigerung

- Die Adjektive bilden den Komparativ auf *-re, -ere,* den Superlativ auf *-st, -est.*

mørk	mørk**ere**	mørk**est**
dunkel	dunkler	am dunkelsten
ægte	ægt**ere**	ægt**est**
echt	echter	am echtesten

- Enden sie auf einem einfachen Konsonanten, dem ein kurzer betonter Vokal vorausgeht, wird der Konsonant verdoppelt.

smuk	smukk**ere**	smukk**est**
schön	schöner	am schönsten

- Adjektive auf *-ig* und *-som* bilden den Superlativ auf *-st.*

hurtig	hurtig**ere**	hurtig**st**
schnell	schneller	am schnellsten
morsom	morsomm**ere**	morsom**st**
lustig	lustiger	am lustigsten

- Einige Adjektive sowie Partizipien werden mit *mere* und *mest* gesteigert:

interessant	**mere** interessant	**mest** interessant
interessant	interessanter	am interessantesten
romantisk	**mere** romantisk	**mest** romantisk
romantisch	romantischer	am romantischsten
velhavende	**mere** velhavende	**mest** velhavende
wohlhabend	wohlhabender	am wohlhabendsten
spændende	**mere** spændende	**mest** spændende
spannend	spannender	am spannendsten

Adjektive mit unregelmäßiger Steigerung

få	færre	færrest
wenig	weniger	am wenigsten
gammel	ældre	ældst
alt	älter	am ältesten
god	bedre	bedst
gut	besser	am besten
lang	længere	længst
lang	länger	am längsten
lille	mindre	mindst
klein	kleiner	am kleinsten
mange	flere	flest
viele	mehr	am meisten
nær	nærmere	nærmest
nahe	näher	am nächsten
dårlig	værre	værst
schlecht	schlechter	am schlechtesten
stor	større	størst
groß	größer	am größten
ung	yngre	yngst
jung	jünger	am jüngsten

Adverbien (Umstandswörter)

Ortsadverbien haben zwei Formen, von denen die kürzere Form die Bewegung (wohin) und die längere Form den Zustand am Ort bezeichnet:

Richtung		Zustand	
ind	hinein, herein	inde	drinnen
ud	hinaus, heraus	ude	draußen
hjem	nach Hause	hjemme	zu Hause
op	nach oben	oppe	da oben
ned	nach unten	nede	da unten

Die neutrale Form des Adjektivs wird als Adverb verwendet:

Solen skinner dejligt.	Die Sonne scheint schön.
Han kommer sent.	Er kommt spät.
Hun klæder sig moderne.	Sie kleidet sich modern.

Von Adjektiven abgeleitete Adverbien werden wie diese gesteigert:

Hun kommer sen**ere**.	Sie kommt später.
Han kommer sen**est** i morgen.	Er kommt spätestens morgen.

Einige ursprüngliche Adverbien haben unregelmäßige Steigerungsformen:

gerne	hellere	helst
gern	lieber	am liebsten
ofte tit	oftere tiere	oftest tiest
oft	öfter	am häufigsten
meget	mere	mest
viel	mehr	am meisten

Die Pronomen (Fürwörter)

Personalpronomen (Persönliche Fürwörter)

Die Personalpronomen haben neben der Subjektform (Nominativ) nur eine Objektform, die den deutschen Akkusativ- und Dativformen entspricht.

	Subjekt			Objekt		
Singular	jeg	[jaɪ̯]	ich	mig	[maɪ̯]	mir, mich
	du	[du]	du	dig	[daɪ̯]	dir, dich
	han	[hæn]	er	ham	[ham]	ihm, ihn
	hun	[hun]	sie	hende	['henə]	ihr, sie
	den	[dɛnˀ]	es	den	[dɛnˀ]	es
	det	[de]	es	det	[de]	es
Plural	vi	[vi]	wir	os	[ɔs]	uns
	I	[i]	ihr	jer	[jɛʁ]	euch
	de	[di]	sie	dem	[dɛm]	ihnen, sie

Han und *hun* beziehen sich auf Personen, *den* (Utrum) und *det* (Neutrum) auf das Sächliche.

Wie im Deutschen verwendet in der höflichen Anrede die 3. Person Plural großgeschrieben.

De [di] Sie Dem [dɛm] Ihnen, Sie

KURZGRAMMATIK

Possessivpronomen (Besitzanzeigende Fürwörter)

Die Possessivpronomen haben als Subjekt und Objekt dieselbe Form. In Geschlecht und Zahl richten sie sich nach dem zugehörigen Substantiv.

Besitz / Besitzer	Singular Utrum		Neutrum	Plural	
1. Ps. Sg.	min	mein(e)	mit	mine	meine
2. Ps. Sg.	din	dein(e)	dit	dine	deine
1. Ps. Pl.	vores	unser(e)	vores	vores	unsere
2. Ps. Pl.	jeres	euer(e)	jeres	jeres	euere
3. Ps. Pl.	deres	ihr(e)	deres	deres	ihre
Höflichkeitsform	Deres	Ihr(e)	Deres	Deres	Ihre

Nur in der dritten Person Singular wird zwischen zwei Arten von Possessivpronomen unterschieden, je nachdem ob der Besitzer Subjekt des Satzes **ist** oder **nicht**. Ist der Besitzer Subjekt, so richtet sich das Pronomen in Geschlecht und Zahl nach dem Besitztum.

3. Ps. Singular Utrum		Neutrum	Plural	
sin	sein(e) ihr(e)	sit	sine	seine

Han/Hun læser sin bog. Er/Sie liest sein (eigenes) Buch.
Han/Hun spiser sit æble. Er/Sie isst seinen (eigenen) Apfel.
Han/Hun læser sine bøger. Er/Sie liest seine (eigenen) Bücher.

Ist der Besitzer **nicht** Subjekt des Satzes, so richtet sich das Pronomen in Geschlecht und Zahl nach dem Besitzer.

Singular	Maskulinum	hans	sein(e)
	Femininum	hendes	ihr(e)
	Utrum/Neutrum	dens/dets	sein(e) ihr(e)

Hans bil er rød. Sein Auto ist rot.
Hendes hus er blåt. Ihr Haus ist blau.

Vergleiche:

Peter læser sin bog. Peter liest sein (eigenes) Buch.
Han læser hans bog. Er liest sein (z. B. Oles) Buch.

Paula læser sin bog. Paula liest ihr (eigenes) Buch.
Hun læser hendes bøger. Sie liest ihr (z. B. Gretes) Buch.

Peter læser hendes bog. Peter liest ihre (z. B. Gretes) Bücher.
Hun læser hans bøger. Sie liest seine (z. B. Oles) Bücher.

Relativpronomen (Bezügliche Fürwörter)

1. Das gebräuchlichste der Relativpronomen ist **som**. Wenn **som nicht** Subjekt ist, kann es fehlen:

Huset, som vi bor i, …	Das Haus, in dem wir wohnen, …
Hun besøgte den veninde, **(som)** hun kender fra danskkurset.	Sie hat die Freundin besucht, die sie vom Dänischkurs kennt.

2. **Der** kann im Gegensatz zu **som** nur als Subjekt stehen und darf deshalb nicht fehlen:

den familie, der tager på ferie, …	die Familie, die in Urlaub fährt, …
de børn, der kommer her, …	die Kinder, die hier kommen, …

Reflexivpronomen (Rückbezügliche Fürwörter)

Das Reflexivpronomen entspricht in der 1. und 2. Person der Objektsform des Personalpronomens **(mig, dig, os, jer)**, in der 3. Person heißt es **sig**.

Singular		
jeg glæder	**mig**	ich freue mich
du glæder	**dig**	du freust dich
han/hun glæder	**sig**	er/sie freut sich
Plural		
vi glæder	**os**	wir freuen uns
I glæder	**jer**	ihr freut euch
de glæder	**sig**	sie freuen sich
Höflichkeitsform		
De glæder	**Dem**	Sie freuen sich

Indefinitpronomen (Unbestimmte Fürwörter)

Diese Pronomen flektieren wie Adjektive. Sie können adjektivisch und adverbial gebraucht werden oder ein Substantiv ersetzen.

Utrum	Neutrum	Plural	
al	alt	alle	alle
nogen	noget	nogle	irgendeiner
ingen/ikke nogen	intet/ikke noget	ingen/ikke nogle	keiner
(en)hver	(et)hvert		jeder

Er der nogen?	Ist da jemand?
Der er sket noget.	Es ist etwas passiert.
Han har ingen søster, og jeg har heller ikke nogen.	Er hat keine Schwester, und ich habe auch keine.
Jeg hører ikke noget.	Ich höre nichts.

KURZGRAMMATIK

Du drikker mælk hver dag.	Du trinkst jeden Tag Milch.
Alle pladser var optaget.	Sämtliche/Alle Plätze waren belegt.

Demonstrativpronomen (Hinweisende Fürwörter)

In der Schriftsprache verwendet man überwiegend die Formen *denne* (Utrum), *dette* (Neutrum) und *disse* (Plural).

Utrum	Neutrum	Plural	
denne	dette	disse	
den **her**	det **her**	de **her**	diese, -r, -s
den **der**	det **der**	de **der**	jene, -r, -s/die da, der da, das da

Interrogativpronomen (Fragende Fürwörter) **und Fragewörter**

hvem *(immer personenbezogen)*	wer, wen, wem
hvis	wessen
hvad	was
hvilken, hvilket, hvilke	welcher, -es, -e
hvad for en/et/nogen/noget	was für ein(e)
hvor	wo
hvorhen	wohin
hvorfra	woher
hvordan	wie
hvornår	wann
hvor længe	wie lange
hvorfor	warum

Verben (Zeitwörter)

Der Artikel dänischer Verben im Infinitiv (Grundform) heißt **at**.Der Infinitiv fast aller Verben endet auf *-e*. Für die Personen (1., 2., 3. in Singular und Plural) gibt es nur eine Form (in allen Zeitformen). Bei den Konjugationen regelmäßiger Verben werden die Endungen an den Stamm (Imperativform) des jeweiligen Verbs angehängt.

Imperativ (Befehlsform)

Der Imperativ ist immer gleich dem Stamm, Doppelkonsonanten werden im Auslaut vereinfacht.

Infinitiv	Imperativ	
købe	køb!	kauf! kauft! kaufen Sie!
skrive	skriv!	schreib! schreibt! schreiben Sie!
spille	spil!	spiel! spielt! spielen Sie!
komme	kom!	komm! kommt! kommen Sie!

Präsens (Gegenwart)

Einige wenige Verben, die im Infinitiv auf *-s* enden, behalten ihre Infinitivform unverändert.

	komme	kommen	synes	meinen
jeg	kommer	ich komme	synes	ich meine
du	kommer	du kommst	synes	du meinst
han/hun/ den/det	kommer	er/sie/es kommt	synes	er/sie/es meinen
vi	kommer	wir kommen	synes	wir meinen
I	kommer	ihr kommt	synes	ihr meint
de/De	kommer	sie/Sie kommen	synes	sie/Sie meinen

Präteritum (Vergangenheit)

Bei den regelmäßigen Verben endet diese Zeitform auf *-de, -ede* oder *--te.*

	-de, -ede	-t, -te
jeg	hent**ede** (ich holte)	kø**bte** (ich kaufte)
du	hent**ede**	kø**bte**
han/hun	hent**ede**	kø**bte**
vi	hent**ede**	kø**bte**
I	hent**ede**	kø**bte**
de	hent**ede**	kø**bte**
den/det	var**ed** (es dauerte)	

Passiv (Leideform)

Das Passiv hat im Dänischen drei verschiedene Bildungsformen:

- Mit *Infinitiv + -s* wird eine sich regelmäßig wiederholende Handlung ausgedrückt.
- Mit *blive + Partizip Perfekt* werden überwiegend einmalige Handlungen ausgedrückt.
- Die dritte Form wird mit einem Modalverb in Präsens/Präteritum und einem Vollverb in der Form (Infinitiv + -s) gebildet.

Brevet åbnes./Brevet bliver åbnet.	Der Brief wird geöffnet.
Det skal åbnes nu.	Es muss jetzt geöffnet werden.
Bilen repareredes.	Das Auto wurde repariert.
Den skal repareres i morgen.	Es muss morgen repariert werden.
Postkassen tømtes kl. 18.30.	Der Briefkasten wurde um 18.30 geleert.
Den skulle tømmes hver dag.	Er musste jeden Tag geleert werden.

Die erweiterten Zeitformen

Hierzu zählen das **Perfekt** (vollendete Gegenwart) und **Plusquamperfekt** (vollendete Vergangenheit).

Sie werden wie im Deutschen gebildet: mit dem Präsens bzw. dem Präteritum von *sein* (*jeg er*, usw.; *jeg var* usw.), *haben* (*jeg har* usw.; *jeg havde* usw.) und dem Partizip Perfekt.

Infinitiv	Partizip Perfekt	Perfekt	Plusquamperfekt
rejse (reisen)	rej**st**	er rejst	var rejst
købe (kaufen)	køb**t**	har køb**t**	havde køb**t**
få (bekommen)	få**et**	har fået	havde fået
gøre (tun, machen)	gjort	er/har gjort	var/havde gjort

Das **Futur** wird überwiegend mit Präsens und (Präposition + Zeitangabe), das **Konditional** mit den Modalverben im Präteritum und das 2. Verb im Infinitiv gebildet.

Partizip Perfekt

Bei allen Verben wird diese Form durch das Anhängen von ***-t, -et*** gebildet

Übersicht über die Hilfs- und Modalverben

Infinitiv	Präsens	Präteritum	Partizip Perfekt	
blive	bliver	blev	blevet	werden; bleiben
burde	bør	burde	burdet	müssen
have	har	havde	haft	haben
kunne	kan	kunne	kunnet	können
måtte	må	måtte	måttet	dürfen
skulle	skal	skulle	skullet	sollen; müssen
turde	tør	turde	turdet	wagen
ville	vil	ville	villet	wollen; werden
være	er	var	været	sein

Übersicht über die Konjugationsformen der starken und unregelmäßigen Verben

Infinitiv	Präsens	Präteritum	Partizip Perfekt	
bede	beder	bad	bedt	beten/bitten
betyde	betyder	betød	betydet	bedeuten
bringe	bringer	bragte	bragt	bringen
byde	byder	bød	budt	bieten
bære	bærer	bar	båret	tragen
drikke	drikker	drak	drukket	trinken
drive	driver	drev	drevet	treiben
dø	dør	døde	død	sterben
falde	falder	faldt	faldet	fallen
finde	finder	fandt	fundet	finden
flyde	flyder	flød	flydt	fließen

Infinitiv	Präsens	Präteritum	Partizip Perfekt	
flyve	flyver	fløj	fløjet	fliegen
fortryde	fortryder	fortrød	fortrudt	bereuen
følge	følger	fulgte	fulgt	folgen
fyge	fyger	føg	føget	stöbern
give	giver	gav	givet	geben
glide	glider	gled	gledet	gleiten
gnide	gnider	gned	gnedet	reiben
gribe	griber	greb	grebet	greifen
græde	græder	græd	grædt	weinen
gælde	gælder	gjaldt	gældt	gelten
gøre	gør	gjorde	gjort	machen/tun
fryse	fryser	frøs	frosset	frieren
gå	går	gik	gået	gehen
hedde	hedder	hed	heddet	heißen
hive	hiver	hev	hevet	ziehen
hjælpe	hjælper	hjalp	hjulpet	helfen
holde	holder	holdt	holdt	halten
hænge	hænger	hang	hængt	hängen
komme	kommer	kom	kommet	kommen
lade	lader	lod	ladet/ladt	lassen
le	ler	lo	let/leet	lachen
lide	lider	led	lidt	leiden
ligge	ligger	lå	ligget	liegen
lyde	lyder	lød	lydt	lauten
lyve	lyver	løj	løjet	lügen
lægge	lægger	lagde	lagt	legen
løbe	løber	løb	løbet	laufen
nyde	nyder	nød	nydt	genießen
nyse	nyser	nøs/nyste	nyst	niesen
ride	rider	red	redet	reiten
ryge	ryger	røg	røget	rauchen
række	rækker	rakte	rakt	reichen
se	ser	så	set	sehen
sidde	sidder	sad	siddet	sitzen
sige	siger	sagde	sagt	sagen
skrige	skriger	skreg	skreget	schreien
skrive	skriver	skrev	skrevet	schreiben
skyde	skyder	skød	skudt	schießen
skære	skærer	skar	skåret	schneiden
slippe	slipper	slap	sluppet	loslassen
slå	slår	slog	slået	schlagen
smøre	smører	smurte	smurt	schmieren
snyde	snyder	snød	snydt	betrügen
sove	sover	sov	sovet	schlafen
springe	springer	sprang	sprunget	springen

Infinitiv	Präsens	Präteritum	Partizip Perfekt	
spørge	spørger	spurgte	spurgt	fragen
stige	stiger	steg	steget	steigen
stikke	stikker	stak	stukket	stechen
stjæle	stjæler	stjal	stjålet	stehlen
stå	står	stod	stået	stehen
synge	synger	sang	sunget	singen
synke	synker	sank	sunket	sinken
sælge	sælger	solgte	solgt	verkaufen
sætte	sætter	satte	sat	setzen
tage	tager	tog	taget	nehmen
tie	tier	tav	tiet	schweigen
træde	træder	trådte	trådt	treten
træffe	træffer	traf	truffet	treffen
trække	trækker	trak	trukket	ziehen
tælle	tæller	talte	talt	zählen
tvinge	tvinger	tvang	tvunget	zwingen
vide	ved	vidste	vidst	wissen
vinde	vinder	vandt	vundet	gewinnen
vride	vrider	vred	vredet	wringen
vælge	vælger	valgte	valgt	wählen
æde	æder	åd	ædt	fressen

Die Verwendung der Zeitformen

Die Zeitformen werden im Dänischen wie im Deutschen verwendet, mit zwei wichtigen Ausnahmen.

Perfekt auf Deutsch, Präteritum auf Dänisch

Das Grundtempus beim Erzählen ist im Deutschen (besonders im Süddeutschen) das Perfekt, im Dänischen das Präteritum.

I går *oplevede* jeg noget mærkeligt. Jeg var lige kommet ud af huset, da *så* jeg en ung dame, som bestemt aldrig havde sat sin fod i vores kvarter.
Gestern **habe** ich etwas Merkwürdiges **erlebt**. Ich war gerade aus dem Haus gekommen, da **habe** ich eine junge Dame **gesehen**, die bestimmt nie ihren Fuß in unser Viertel gesetzt hatte.

Perfekt auf Dänisch, Präsens auf Deutsch

Im Dänischen wird das Perfekt verwendet, wenn ein Vorgang in der Vergangenheit begann und noch andauert:

Hun **har boet** i København siden 1990. — Sie **wohnt** seit 1990 in Kopenhagen.

Han **har arbejdet** som tjener i tre år. — Er **arbeitet** seit drei Jahren als Kellner.

Die Wortstellung

Die regelmäßige Wortstellung im **Aussage- und Nebensatz** ist:

Subjekt (Satzgegenstand)	Prädikat (Satzaussage)	(Negation) (Verneinung)	Objekt (Ergänzung)	
Barnet	spiser	(ikke)	et æble, (men ...)	
Das Kind	isst	(nicht)	einen Apfel, (sondern ...)	
Grete	kom,	da	jeg	gik hjem.
Grete	kam,	als	ich	nach Hause ging.

Inversion (Umkehrung der Satzglieder Subjekt und Prädikat)

Das konjugierte Verb steht, wie im Deutschen, vor dem Subjekt des Satzes. In Sätzen mit erweiterten Zeitformen steht das Hilfsverb vor dem Hauptverb und das Subjekt steht zwischen beiden.

Präpositionsglied	Prädikat	Subjekt	(Negation)	Objekt
På torsdag	spiser	vi	(ikke)	fisk.
Am Donnerstag	essen	wir	(nicht)	Fisch.

Objekt	Prädikat	Subjekt	(Negation)	Präpositionsglied
Fisken	spiser	vi	(ikke)	i køkkenet.
Den Fisch	essen	wir	(nicht)	in der Küche.

Präpositionsglied	Hilfsverb	Subjekt	Hauptverb	Objekt(e)
I morges	har	han	fået	lommepenge af hende.
Heute morgen hat		er	Taschengeld von ihr	bekommen.
Adverbiale	Hilfsverb	Subjekt	Objekt(e) ◄——►	Hauptverb

Fragesätze

In Sätzen mit Fragewort steht das Prädikat an zweiter Stelle:

Fragewort	Prädikat	(Negation)	Adverbiale
Hvem	er	(ikke)	der?
Wer	ist	(nicht)	da?

In Fragesätzen ohne Fragewort steht das Prädikat an erster Stelle:

Prädikat	Subjekt	(Negation)	Adverbiale
Er	Grete	(ikke)	hjemme?
Ist	Grete	(nicht)	zu Hause?

Wörterbuch Dänisch–Deutsch

A

aborre ['aˌbɒːɒ] ⟨-n, -r⟩ Barsch
abort [æ'bɒːd] ⟨-en, -er⟩ Fehlgeburt
abrikos [abʁi'kɔːˀs] ⟨-en, -er⟩ Aprikose
absces [ab'sɛs] ⟨-sen, -ser⟩ Abszess
actionfilm ['ægʂənˌfilˀm] ⟨-en, -⟩ Actionfilm
adapter [æ'dabtɔ] ⟨-en, -e⟩ Adapter
adgang uden trapper ['æðˌgaŋˀ uðən 'tʁabɔ] stufenloser Zugang
adgangsbillet ['æðgaŋsbiˌlɛd] ⟨-ten, -ter⟩ Eintrittskarte
administration [æðminisdʁa'ʂoːˀn] ⟨-en, -er⟩ Verwaltung
administrationsgebyr [æðminisdʁa'ʂoːˀnsgeˌbyːˀɒ̯] ⟨-et, -⟩ Bearbeitungsgebühr
adresse [æ'dʁæsə] ⟨-n, -r⟩ Adresse
advarselslys ['æðvaːsəlsˌlyːˀs] ⟨-et, -⟩ Warnblinkanlage
advarselstrekant ['æðvaːsəlsˌtʁɛkænˀd] ⟨-en, -er⟩ Warndreieck
aerobic [ɛ'ʁɔbig] Aerobic
af [æ] von; *(Material; Grund)* aus
afbestil|le ['au̯beˌsdelˀə] ⟨-te⟩ stornieren
af|bryde ['au̯ˌbʁyːˀðə] ⟨-brød, -brudt⟩ unterbrechen
afdeling ['au̯ˌdeːˀleŋ] ⟨-en, -er⟩ *(Krankenhaus)* Station
affald ['au̯ˌfælˀ] ⟨-et, -⟩ Abfall
affaldspose ['au̯fælsˌpoːsə] ⟨-n, -r⟩ Abfallbeutel
afføring ['au̯ˌføːˀɒ̯eŋ] ⟨-en, -er⟩ Stuhlgang
afføringsmid|del ['au̯føɒ̯eŋsˌmiðˀəl] ⟨-let, -ler⟩ Abführmittel
afgang ['au̯ˌgaŋˀ] ⟨-en, -e⟩ Abfahrt
afgangstid ['au̯gaŋsˌtiðˀ] ⟨-en, -er⟩ Abfahrtszeit
af|gøre ['au̯ˌgœːˀɔ] ⟨-gjorde, -gjort⟩ entscheiden
afhente ['au̯ˌhɛnˀdə] ⟨-ede⟩ abholen
afhentningsservice ['au̯hɛndneŋsˌsœːvis] Rückholservice
aflevere ['au̯leˌveːˀɔ] ⟨-ede⟩ abgeben
afrejse (til) ['au̯ˌʁai̯ˀsə (tel)] ⟨-te⟩ abreisen (nach)
afrejse ['au̯ˌʁai̯sə] ⟨-n, -r⟩ Abflug
afsender ['au̯ˌsɛnˀɔ] ⟨-en, -e⟩ Absender
afsked, tage ~ [tɛ̝ːˀ 'au̯ˌsgeːˀð] ⟨tog, taget⟩ s. verabschieden
afsnit ['auˌsnid] ⟨-tet, -⟩ *(Buch)* Absatz
afstand ['au̯ˌsdænˀ] ⟨-en, -e⟩ Entfernung
aftale ['au̯ˌtɛ̝ːlə] ⟨-n, -r⟩ Verabredung
aft|en ['afdən] ⟨-nen, -ner⟩ Abend; **om aftenen** [ɔm 'afdənən] abends
aftengarderobe ['afdəngaːdə'ʁoːbə] ⟨-n, -r⟩ Abendgarderobe
aftensmad ['afdənsˌmæð] ⟨-en, -⟩ Abendessen
agentur [agɛn'tuːˀɒ̯] ⟨-et, -er⟩ Agentur
agurk [æ'guɒ̯g] ⟨-en, -er⟩ Gurke
akklimatisere sig [æklimæti'seːˀɔ sai̯] ⟨-ede⟩ s. akklimatisieren
akut tilfælde [æ'kud 'telˌfɛlˀə] Notfall
akvarel [akva'ʁælˀ] ⟨-len, -ler⟩ Aquarell
akvarelmaling [akva'ʁælˀˌmœ̝ːleŋ] Aquarellmalen
alarmsystem [æ'laːˀmsyˌsdeːˀm] ⟨-et, -er⟩ Alarmanlage
ald|er ['ælˀɔ] ⟨-ren, -re⟩ Alter
aldrig ['aldʁi] nie
alene [æ'leːnə] allein
alkoholfri ['ælkohɔlˌfʁiːˀ] alkoholfrei
alkoholfrit øl ['ælkohɔlˌfʁid 'øl] alkoholfreies Bier

alle ['ælə] sämtliche, alle
allerede [ælə'ʁɛːðə] bereits, schon
allergi [ælɛɐ̯'giːˀ] ⟨-en, -er⟩ Allergie
alligevel [æ'liːəˌvæl] trotzdem
alt [ælˀd] alles
altan [æl'tɛ̝ːˀn] ⟨-en, -er⟩ Balkon
alter ['ældɔ] ⟨-et, altre⟩ Altar
altid ['ælˀˌtiðˀ] immer
altså ['ælˀsɔ] also
alvorlig [æl'vɒːˀli] ernst, *(Krankheit)* schwer
ambassade [ambæ'sɛ̝ːðə] ⟨-n, -r⟩ *(dipl. Vertretung)* Botschaft
ambulance [ambu'laŋsə] ⟨-n, -r⟩ Krankenwagen
ananas ['ænæˌnæs] ⟨-en, -er⟩ Ananas
anbefale ['ænbeˌfɛ̝ːˀlə] ⟨-ede⟩ empfehlen
anbefalet brev ['ænbeˌfɛ̝ːˀləð 'bʁɛːˀv] ⟨-et, -e⟩ Einschreibebrief
anden ['ænən] zweite(r, -s)
anden pinsedag ['ænən pensə'dɛ̝ːˀ] ⟨-en⟩ Pfingstmontag
anden påskedag ['ænən pɔ̝ːsgə'dɛ̝ːˀ] ⟨-en⟩ Ostermontag
anden, andet, andre ['ænən 'ænəð 'andʁɔ] andere(r, -s)
anderledes ['anɔˌleːˀðəs] anders
andetsteds ['ænəðˌsdɛðs] anderswo
an|holde ['ænˌhɔlˀə] ⟨-holdt, -holdt⟩ verhaften
anhænger ['ænˌhɛŋɔ] ⟨-en, -e⟩ Anhänger
ank|el ['aŋˀgəl] ⟨-len, - ler⟩ Knöchel
ankelsokker *pl* ['aŋˀgəlˌsɔgɔ] Söckchen
an|komme ['ænˌkɔmˀə] ⟨-kom, -kommet⟩ ankommen
ankomst ['ænˌkɔmˀsd] ⟨-en, -er⟩ Ankunft
ankomstdag ['ænkɔmsdˌdɛ̝ːˀ] ⟨-en, -e⟩ Anreisetag
ankomsttid ['ænkɔmˀsdˌtiðˀ] ⟨-en, -er⟩ Ankunftszeit
anløbsbro ['ænløbsˌbʁoːˀ] ⟨-en, -er⟩ Steg
anmelde ['ænˌmɛlˀə] ⟨-te⟩ ankündigen, anmelden, *(Diebstahl, Verbrechen)* anzeigen
anmeldelse, forudgående ~ ['fɒːuðˌgɔ̝ːˀənə 'ænˌmɛlˀəlsə] Voranmeldung
anorak [æno'ʁag] ⟨-ken, -ker⟩ Anorak
ansigt ['ænˌsegd] ⟨-et, -er⟩ Gesicht
anstrengende ['ænˌsdʁæŋˀənə] anstrengend
ansvarlig (for) ['ænˌsvaːˀli (fɔ)] zuständig (für)
ansvarlig [æn'svaːˀli] verantwortlich
antibiotikum [æntibi'oːˀtikɔ̝m] Antibiotikum
antik [æn'tig] antik
antikvitetsforretning [æntikvi'teːˀdsfɔˌʁædneŋ] ⟨-en, -er⟩ Antiquitätengeschäft
apotek [apo'teːˀg] ⟨-et, -er⟩ Apotheke
apparat [aba'ʁaːˀd] ⟨-et, -er⟩ Apparat
appelsin [abəl'siːˀn] ⟨-en, -er⟩ Apfelsine
appelsinjuice [abəl'siːˀnˌdjuːs] ⟨-n, -r⟩ Orangensaft
appetit [abə'tid] ⟨-ten, -⟩ Appetit
april [æ'pʁiːˀl] April
ar [aːˀ] ⟨-ret, -⟩ Narbe
arbejde ['aːˌbai̯ˀdə] ⟨-ede⟩ arbeiten
arbejde ['aːˌbai̯ˀdə] ⟨-t, -r⟩ Arbeit
arbejdsløs ['aːbai̯dsˌløːˀs] arbeitslos
areal [aʁe'ɛ̝ːˀl] ⟨-et, -er⟩ Gelände
arkitekt [aki'tɛgd] ⟨-en, -er⟩ Architekt
arkitektur [akitɛg'tuːˀɐ̯] ⟨-en, -er⟩ Architektur
arkæologi [aːkɛolo'giːˀ] ⟨-en, -⟩ Archäologie
arm [aːˀm] ⟨-en, -e⟩ Arm
armbånd ['aːmˌbɔnˀ] ⟨-et, -⟩ Armband
armbåndsur ['aːmbɔnsˌuːˀɐ̯] ⟨-et, -e⟩ Armbanduhr
arrangement [aaŋ̩sə'maŋ] ⟨-et, -er⟩ Veranstaltung
artiskok [ati'sgɔg] ⟨-ken, -ker⟩ Artischocke
askebæg|er ['æsgəˌbɛːɔ] ⟨-ret, -re⟩ Aschenbecher

asparges *pl* ['æ'sbaːˀs] Spargel
aspirin [æsbi'ʁiːˀn] ⟨-en, -er⟩ Aspirin
astma ['æsdmæ] ⟨-en, -⟩ Asthma
at [æd] dass
atriumgård ['ɛːˀtʁiɔm,gɒːˀ] ⟨-en, -e⟩ Innenhof
atten ['ædən] achtzehn
attest [æ'tɛsd] ⟨-en, -er⟩ Attest, Bescheinigung
attestere [ætə'sdeːˀɔ] ⟨-ede⟩ bescheinigen
aubergine [obɛɐ'ʂiːnə] ⟨-n, -r⟩ Aubergine
august [au'gɔsd] August
autocamper ['auto,kæːmbɔ] ⟨-en, -e⟩ Wohnmobil
automat [auto'mɛːˀd] ⟨-en, -er⟩ *(Waren)* Automat
automatgear [auto'mɛːˀd,giːˀɐ] ⟨-et, -⟩ Automatik(getriebe)
automatisk [auto'mɛːˀtisg] automatisch
automatisk døråbning [auto'mɛːˀtisg 'dœɐ,ɔːbneŋ] automatische Türöffnung
autostol til børn ['auto,sdoːˀl tel 'bœɐˀn] ⟨-en, -e⟩ Kindersitz
avis [æ'viːˀs] ⟨-en, -er⟩ Zeitung
aviskiosk [æ'viːˀski,ɔsg] ⟨-en, -er⟩ Zeitungshändler
avocado [ævo'kɛːdo] ⟨-en, -er⟩ Avocado

B

baby ['bɛibi] ⟨-en, -er⟩ Baby
babyalarm ['bɛibiæ,laːˀm] ⟨-en, -er⟩ Babyfon
babylift ['bɛibi,lifd] ⟨-en, -er⟩ Babylift
babymad ['bɛibi,mæð] ⟨-en, -⟩ Babynahrung
babysitter ['bɛibi,sidɔ] ⟨-en, -⟩ Babysitter
badebukser *pl* ['bɛːðə,bɔgsɔ] Badehose
badedragt ['bɛːðə,dʁagd] ⟨-en, -er⟩ Badeanzug
badehætte ['bɛːðə,hɛdə] ⟨-n, -r⟩ Bademütze
badekar ['bɛːðə,ka] ⟨-ret, -⟩ Badewanne
badekåbe ['bɛːðə,kɔːbə] ⟨-n, -r⟩ Bademantel
bademest|er ['bɛːðə,mɛsdɔ] ⟨-ren, -re⟩ Bademeister
badering ['bɛːðə,ʁɛŋ] ⟨-en, -e⟩ Schwimmring
badested ['bɛːðə,sdɛð] ⟨-et, -er⟩ Badeort
badetøfler *pl* ['bɛːðə,tøflɔ] Badeschuhe
badeværelse ['bɛːðə,vɛːɔlsə] ⟨-t, -r⟩ Badezimmer
badminton ['bædmen,tɔn] Badminton
bag [bɛːˀ] hinter
bagage [bæ'gɛːʂə] ⟨-n, -⟩ Gepäck
bageboks [bæ'gɛːʂə,bɔgs] ⟨-en, e⟩ Schließfach
bagageekspedition [bæ'gɛːʂəɛgsbedi,ʂoːˀn] ⟨-en, -er⟩ Gepäckabfertigung
bagageluge [bæ'gɛːʂə,luːə] ⟨-n, -r⟩ Gepäckschalter
bagageopbevaring [bæ'gɛːʂəɔbbe,vaːˀeŋ] ⟨-en, -er⟩ Gepäckaufbewahrung
bagagerum [bæ'gɛːʂə,ʁɔmˀ] ⟨-met, -⟩ Kofferraum
bagageudlevering [bæ'gɛːʂəuðle,veːˀɐeŋ] ⟨-en, -er⟩ Gepäckausgabe
bagagevogn [bæ'gɛːʂə,vɔuˀn] ⟨-en, -e⟩ Gepäckwagen
bagefter ['bɛːˀ,ɛfdɔ] hinterher
bageri [bɛːə'ʁiːˀ] ⟨-et, -er⟩ Bäckerei
baglys ['bau,lyːˀs] ⟨-et, -⟩ Rücklicht
baglæns ['baulɛnˀs] rückwärts
bagt [bagd] gebacken
bagved ['bɛːˀ,veð] hinten
bagværk ['bau,vœɐg] ⟨-et, -⟩ Gebäck
bakgear ['bag,giːˀɐ] ⟨-et, -⟩ Rückwärtsgang
bakke ['bagə] ⟨-n, -r⟩ Hügel
bakkenbarter *pl* ['bagən,baːˀdɔ]

Backenbärte
bakspejl ['bag,sbai̯ˀl] ⟨-et, -e⟩ Rückspiegel
balkon [bæl'kɔŋ] ⟨-en, -er⟩ Balkon
ballet [bæ'lɛd] ⟨-ten, -ter⟩ Ballett
bananer *pl* [bæ'nɛ̝ːˀnɔ] Bananen
banegård ['bɛ̝ːnə,gɒːˀ] ⟨-en, -e⟩ Bahnhof
bank [baŋˀg] ⟨-en, -er⟩ *(Geldinstitut)* Bank
bar ['baːˀ] ⟨-en, -er⟩ Bar
barberblad [ba'beːˀɒ̯,blæð] ⟨-et, -e⟩ Rasierklinge
barberkost [ba'beːˀɒ̯,kọsd] ⟨-en, -e⟩ Rasierpinsel
barbermaskine [ba'beːˀɒ̯mæ,sgiːnə] ⟨-n, -r⟩ Rasierapparat
barberskum [ba'beːˀɒ̯,sgọmˀ] ⟨-met, -⟩ Rasierschaum
barbervand [ba'beːˀɒ̯,vænˀ] ⟨-et, -⟩ Rasierwasser
bardun [ba'duːˀn] ⟨-en, -er⟩ Zeltschnur
barn [baːˀn] ⟨-et, børn⟩ Kind
barnebarn ['baːnə,baːˀn] ⟨-et, børnebørn⟩ Enkel/in
barneseng ['baːnə,sɛŋˀ] ⟨-en, -e⟩ Kinderbett
barok [bæ'ʁɔg] Barock
basilikum [bæ'silˀi,kọm] Basilikum
basketball ['baːsgəd,bɒːl] Basketball
batteri [bædə'ʁiːˀ] ⟨-et, -er⟩ Batterie
beachvolley ['biːdʂ,vɔli] Beach-Volleyball
bede ['beːðə] ⟨bad, bedt⟩ beten
bede én om noget ['beːðə 'eːˀn ɔm 'nọːəð] ⟨bad, bedt⟩ jdn um etw bitten
bedrageri [bedʁaːu̯ə'ʁiːˀ] ⟨-et, -er⟩ *(Handel)* Betrug
bedre ['bɛðʁɔ] besser
bedrøvet [be'dʁœːˀvəð] traurig
bedste ['bɛsdə] beste
bedste|far ['bɛsdə,faː] ⟨-en, -fædre⟩ Großvater
bedste|mor ['bɛsdə,moːɒ̯] ⟨-en, -mødre⟩ Großmutter
bedårende [be'dɒːˀɒnə] bezaubernd
befinde sig [be'fenˀə sai̯] ⟨befandt, befundet⟩ s. befinden
begejstret (over) [be'gai̯ˀsdʁəð ('ɔu̯ˀɔ)] begeistert (von)
begge ['bɛgə] beide
begynde [be'gønˀə] ⟨-te⟩ anfangen
begyndelse [be'gønˀəlsə] ⟨-n, -r⟩ Anfang
behagelig [be'hɛ̝ːˀəli] angenehm
behandle [be'hænˀlə] ⟨-ede⟩ behandeln
be|holde[be'hɔlˀə] ⟨-holdt, -holdt⟩ behalten
beholder [be'hɔlˀɔ] ⟨-en, -e⟩ Behälter
behøve [be'høːˀvə] ⟨-ede⟩ brauchen
beige [bɛːʂ] beige
bekendt [be'kɛnˀd] bekannt
bekendtskab [be'kɛnˀd,sgɛ̝ːˀb] ⟨-et, -er⟩ Bekanntschaft
beklage sig (over) [be'klɛ̝ːˀə sai̯ ('ɔu̯ˀɔ)] ⟨-ede⟩ s. beklagen (über)
beklagelse [be'klɛ̝ːˀəlsə] ⟨-n, -r⟩ bedauern
bekræfte [be'kʁæfdə] ⟨-ede⟩ bestätigen
bekvem [be'kvɛmˀ] bequem
bekymre sig [be'kømˀʁɔ sai̯] ⟨-ede⟩ s. beunruhigen
beliggenhed [be'legən,heːˀð] ⟨-en, -er⟩ Lage *(eines Ortes)*
beløb [be'løːˀb] ⟨-et, -⟩ Betrag
belønning [be'lœnˀeŋ] ⟨-en, -er⟩ Belohnung
bemærke [be'mɛ̝ɒ̯gə] ⟨-ede⟩ bemerken
ben [beːˀn] ⟨-et, -⟩ Bein, Knochen; *pl (Fisch)* Gräte
benytte [be'nødə] ⟨-de⟩ benutzen
benzindunk [bɛn'siːˀn,dọŋˀg] ⟨-en, -e⟩ Benzinkanister
benzinpumpe [bɛn'siːˀn,pọmbə] ⟨-n, -r⟩ Benzinpumpe
beregne [be'ʁai̯ˀnə] ⟨-ede⟩ berechnen
beroligende mid|del [be'ʁoːˀliːənə 'miðˀəl] ⟨-let, -ler⟩

Beruhigungsmittel
beruset [be'ʁuːˀsəð] betrunken
berømt [be'ʁœ̞mˀd] berühmt
berøre [be'ʁœːˀɔ] ⟨-te⟩ berühren
be|se[be'seːˀ] ⟨- så, -set⟩ besichtigen
besigtigelse [be'seg,diːˀəlsə] ⟨-n, -r⟩ Besichtigung
beskadige [be'sgɛ̝ːˀðiːə] ⟨-ede⟩ beschädigen
be|skrive[be'sgʁiːˀvə] ⟨-skrev, -skrevet⟩ beschreiben
beskyttelse mod solen [be'sgødəlsə moð 'soːˀlən] Sonnenschutz
beskyttelsesfaktor [be'sgødəlsəs,fagtɒ] ⟨-en, -er⟩ Lichtschutzfaktor
beskæftige sig med [be'sgɛfdiːə sai̯ mɛð] ⟨-ede⟩ s. beschäftigen mit
beslag|lægge [be'slau̯,lɛgə] ⟨-lagde, -lagt⟩ beschlagnahmen
beslutte [be'sludə] ⟨-de⟩ beschließen
beslægtet [be'slɛgdəð] verwandt
bestemt [be'sdɛmˀd] bestimmt
bestik [be'sdeg] ⟨-ket, -⟩ Besteck
bestilling [be'sdelˀeŋ] ⟨-en, -er⟩ Bestellung, Buchung
be|stå af [be'sdɔ̝ːˀ æ] ⟨-stod, -stået⟩ bestehen aus
besvare [be'svaːˀa] ⟨-ede⟩ beantworten
besvime [be'sviːˀmə] ⟨-de⟩ in Ohnmacht fallen
besværlig [be'svɛɒ̯ˀli] lästig
besøg [be'søːˀ] ⟨-et, -⟩ Besuch
besøge nogen [be'søːˀə 'noːən] ⟨-te⟩ jdn besuchen
besøgstid [be'søːˀs,tiðˀ] ⟨-en, -er⟩ Besuchszeit
betale [be'tɛ̝ːˀlə] ⟨-te⟩ bezahlen; **betale kontant** [be'tɛ̝ːˀlə kɔn'tænˀd] ⟨-te⟩ bar zahlen
betaling [be'tɛ̝ːˀleŋ] ⟨-en, -er⟩ Zahlung
betjening [be'tjɛːˀneŋ] ⟨-en, -⟩ Bedienung
betydning [be'tyðˀneŋ] ⟨-en, -er⟩ Sinn, Bedeutung
betændelse [be'tɛnˀəlsə] ⟨-n, -r⟩ Entzündung
bevidstløs [be'vesd,løːˀs] bewusstlos
bevægelseshæmmet [be'vɛːˀəlsəs,hɛməð] Mobilitätsbehinderte/r
bi [biːˀ] ⟨-en, -er⟩ Biene
bide ['biːðə] ⟨bed, bidt⟩ beißen
bifald ['bi,fælˀ] ⟨-et, -⟩ Beifall
bikini [bi'kini] ⟨-en, -er⟩ Bikini
bil [biːˀl] ⟨-en, -er⟩ Auto
billede ['beləðə] ⟨-t, -r⟩ Abbildung
billedhugger ['beləð,hɔ̝gɔ] ⟨-en, -e⟩ Bildhauer
billedskærerarbejde ['beləðsgɛːɔ,aːbai̯ˀdə] ⟨-t, -r⟩ Schnitzerei
billet [bi'lɛd] ⟨-ten, -ter⟩ Fahrkarte, Fahrschein
billetautomat [bi'lɛdau̯to,mɛ̝ːˀd] ⟨-en, -er⟩ Fahrkartenautomat
billetluge [bi'lɛd,luːə] ⟨-n, -r⟩ Fahrkartenschalter
billetpris [bi'lɛd,pʁiːˀs] ⟨-en, -er⟩ Fahrpreis
billig ['bili] billig
bilradio ['biːˀl,ʁaːˀdio] ⟨-en, -er⟩ Autoradio
biltog ['biːˀl,tɔ̝ːˀu̯] ⟨-et, -e⟩ Autoreisezug
bind [benˀ] ⟨-et, -⟩ *(Buch)* Band; *pl* Slipeinlagen
biograf [bio'gʁaːˀf] ⟨-en, -er⟩ Kino
bitter ['bedɔ] bitter
bjerg [bjɛ̝ɒ̯ˀu̯] ⟨-et, -e⟩ Berg
bjerge *pl* ['bjœ̞ɒ̯u̯ə] Gebirge
blad [blæð] ⟨-et, -e⟩ Blatt
blaffe ['blafə] ⟨-de, -t⟩ trampen
blaffer ['blafɔ] ⟨-en, -e⟩ Tramper/in
blandet ['blænəð] gemischt
blandt [blænˀd] unter, zwischen (mehreren)
blanket [blaŋ'kɛd] ⟨-ten, -ter⟩ Vordruck
blazer ['blɛ̝i̯sɔ] ⟨-en, -e⟩ Blazer
bleer *pl* [bleːˀɔ] Windeln
blik [bleg] ⟨-ket, -ke⟩ Blick
blind [blenˀ] blind

blindehund ['blenə,hun?] ⟨-en, -e⟩ Blindenhund
blindeskrift ['blenə,sgʁɛfd] ⟨-en, -⟩ Blindenschrift, Braille
blindestok ['blenə,sdɔg] ⟨-ken, -ke⟩ Taststock
blindtarmsbetændelse [blenta:msbe,tɛn?əlsə] ⟨-n, -r⟩ Blinddarmentzündung
blinklys ['bleŋg,ly:?s] ⟨-et, -⟩ Blinker
blitz [blids] ⟨-en, -⟩ *(Foto)* Blitz
blitzapparat ['blidsapa,ʁa:?d] ⟨-et, -er⟩ Blitzgerät
blive ['bli:ə] ⟨blev, blevet⟩ bleiben; werden
blive enige om [bli:ə 'e:ni:ə 'ɔm?] ⟨blev, blevet⟩ vereinbaren
blod [blo:?ð] ⟨-et, -⟩ Blut
blodforgiftning ['bloðfɔ,gifdneŋ] ⟨-en, -er⟩ Blutvergiftung
blodtryk ['bloð,tʁœg] ⟨-ket, -⟩ Blutdruck
blodtype ['bloð,ty:bə] ⟨-n, -r⟩ Blutgruppe
blok [blɔg] ⟨-ken, -ke⟩ Block
blomkål ['blɔm,kɔ̞:?l] ⟨-en, -⟩ Blumenkohl
blommer *pl* ['blɔmɔ] Pflaumen
blomst [blɔm?sd] ⟨-en, -er⟩ Blume
blomsterforretning ['blɔmsdɔfɔ,ʁædneŋ] ⟨-en, -er⟩ Blumengeschäft
blond [blɔn?] blond
blues ['blu:s] Blues
bluse ['blu:sə] ⟨-n, -r⟩ Bluse
blæksprutte ['blɛg,sbʁudə] ⟨-n, -r⟩ Tintenfisch
blære ['blɛ:ɔ] ⟨-n, -r⟩ Blase
blød [bløð?] weich
bløde ['blø:ðə] ⟨-te⟩ bluten
blødning ['bløðneŋ] ⟨-en, -er⟩ Blutung
blå [blɔ̞:?] blau
blåmuslinger *pl* ['blɔ,musleŋɔ] Miesmuscheln
bo [bo:?] ⟨-ede⟩ wohnen
boardingkort ['bɒ:deŋ,kɒ:d] ⟨-et, -⟩ Bordkarte
boccia ['bɔdʂæ] Boulespiel
body ['bɔdi] ⟨-en, -⟩ Body
bodybuilding ['bɔdi,bildeŋ] Bodybuilding
bog [bɔ̞:?u̯] ⟨-en, bøger⟩ Buch
boghand|el ['bɔ̞u̯,hæn?əl] ⟨-len, -ler⟩ Buchhandlung
boks [bɔgs] ⟨-en, -e⟩ Safe
bold [bɔl?d] ⟨-en, -e⟩ Ball
bolig ['bo:li] ⟨-en, -er⟩ Wohnung
bolsjer *pl* ['bɔl?sjɔ] Bonbons
bomuld ['bɔm,ul?] ⟨-en, -⟩ Baumwolle
bondegård ['bɔ̞nə,gɒ:?] ⟨-en, -e⟩ Bauernhof
booke om [bugə 'ɔm?] umbuchen
bopæl ['bo,pɛ:?l] ⟨-en, -e⟩ Wohnort
bord [bo:?ɒ̯] ⟨-et, -e⟩ Tisch
bordtennis ['boɒ̯,tɛnis] Tischtennis
borg [bɒ:?u̯] ⟨-en, -e⟩ Burg
botanisk have [bo'tɛ̝:?nisg 'hɛ̝:və] Botanischer Garten
boutique [bu'tig] ⟨-en, -s⟩ Boutique
bowling ['bɔu̯leŋ] Bowling
brandalarm ['bʁanæ,la:?m] ⟨-en, -er⟩ Feuermelder
brandfarlig ['bʁan,fa:li] feuergefährlich
brandsalve ['bʁan,sælvə] ⟨-n, -r⟩ Brandsalbe
brandvæs|en ['bʁan,vɛ:?sən] ⟨-net, -ner⟩ Feuerwehr
bred [bʁɛ:?ð] *(Gegenteil von eng)* weit, breit
bred [bʁɛð?] ⟨-den, -der⟩ Strand, Ufer
bredde ['bʁɛ:?də] ⟨-n, -r⟩ Breite
bremse ['bʁæmsə] ⟨-n, -r⟩ Bremse
bremselys ['bʁæmsə,ly:?s] ⟨-et, -⟩ Bremslichter
bremsevæske ['bʁæmsə,vɛsgə] ⟨-n, -r⟩ Bremsflüssigkeit
brev [bʁɛ:?v] ⟨-et, -e⟩ Brief
brevkasse ['bʁɛu̯,kæsə] ⟨-n, -r⟩ Briefkasten
brevpapir ['bʁɛu̯pæ,pi:?ɒ̯] ⟨-et, -⟩ Briefpapier
brie ['bʁi:ə] Weichkäse
bringe ['bʁeŋə] ⟨bragte, bragt⟩ (her)bringen

bringe tilbage [bʁɛŋə te'bɛ̯:ə] ⟨bragte, bragt⟩ zurückbringen
bro [bʁo:ˀ] ⟨-en, -er⟩ Brücke
broche ['bʁɔʂə] ⟨-n, -r⟩ Brosche
brochure [bʁo'ʂy:ɔ] ⟨-n, -r⟩ Prospekt
broderi [bʁodə'ʁi:ˀ] ⟨-et, -er⟩ Stickerei
broget ['bʁo̞:u̯əð] bunt
brombær *pl* ['bʁo̞m,bœɐ̯] Brombeeren
bronkier *pl* ['bʁɔŋˀkiɔ] Bronchien
bronkitis [bʁɔŋ'kitis] ⟨-en, -⟩ Bronchitis
bronze ['bʁɔŋsə] ⟨-n⟩ Bronze
bror [bʁo:ɐ̯] ⟨-en, brødre⟩ Bruder
brud [bʁuð] ⟨-det, -⟩ Bruch
brugbar ['bʁu:,ba:ˀ] gebräuchlich
bruge ['bʁu:ə] ⟨-te⟩ *(Zeit)* brauchen
brun [bʁu:ˀn] braun
brusebad ['bʁu:sə,bæð] ⟨-et, -e⟩ Dusche
brusebadstol ['bʁu:səbæð,sdo:ˀl] ⟨-en, -e⟩ Duschsitz
brusebadsæde ['bʁu:səbæð,sɛ:ðə] ⟨-t, -r⟩ Duschsitz
bryde op [bʁy:ðə 'ɔb] ⟨brød, brudt⟩ aufbrechen
bryllup ['bʁœlɔb] ⟨-pet, -per⟩ Hochzeit
bryst [bʁœsd] ⟨-et, -er⟩ Brust
brystholder ['bʁœsd,hɔlɔ] ⟨-en, -e⟩ BH
brækket ['brægəð] gebrochen
brød [bʁœðˀ] ⟨-et, -⟩ Brot; **et stykke brød** [ed 'sdøgə 'bʁœðˀ] ein Stück Brot
brødrister ['bʁœð,ʁɛsdɔ] ⟨-en, -e⟩ Toaster
brønd [bʁœ̞nˀ] ⟨-en, -e⟩ Brunnen
bue ['bu:ə] ⟨-n, -r⟩ Bogen
bugt [bo̞gd] ⟨-en, -er⟩ Bucht
buket [bu'kɛd] ⟨-ten, -ter⟩ *(Blumen)* Strauß
bukser *pl* ['bo̞gsɔ] Hose
bungeejumping ['bɔndji,djɔmpeŋ] Bungeejumping
bus [bus] ⟨-sen, -ser⟩ Bus
by [by:ˀ] ⟨-en, -er⟩ Stadt
bybus ['by,bus] ⟨-sen, -ser⟩ Stadtbus
byde ['by:ðə] ⟨bød, budt⟩ bieten
bydel ['by,de:ˀl] ⟨-en, -e⟩ Stadtteil
byggeplads ['bygə,plæs] ⟨-en, -er⟩ Baustelle
bygning ['bygneŋ] ⟨-en, -er⟩ Gebäude
bygningsværk ['bygneŋs,vœɐ̯g] ⟨-et, -er⟩ Bauwerk
bykort ['by,kɒ:d] ⟨-et, -⟩ Stadtplan
byld [bylˀ] ⟨-en, -er⟩ Geschwür
bymidte ['by,medə] ⟨-n, -⟩ Stadtzentrum
bymur ['by,mu:ˀɐ̯] ⟨-en, -e⟩ Stadtmauer
bypass ['bai̯,pɒs] Bypass
byrundtur ['byʁo̞n,tu:ˀɐ̯] ⟨-en, -e⟩ Stadtrundfahrt
bytte ['bydə] ⟨-de⟩ umtauschen
byttepenge *pl* ['bydə,pɛŋə] Wechselgeld
bælte ['bɛldə] ⟨-t, -r⟩ Gürtel
bænk [bɛŋˀg] ⟨-en, -e⟩ Sitzbank
bærbar cd-afspiller ['bɛɐ̯,ba:ˀ 'se:ˀ'de:ˀ,au̯sbelɔ] tragbarer CD-Spieler
bærbar pc ['bɛɐ̯,ba:ˀ 'pe:ˀ'se:ˀ] Notebook
bære ['bɛ:ɔ] ⟨bar, båret⟩ tragen
bøde ['bø:ðə] ⟨-n, -r⟩ Bußgeld, Geldstrafe
bøjle ['bɔi̯lə] ⟨-n, -r⟩ Kleiderbügel
bønner *pl* ['bœnɔ] Bohnen
børnebassin ['bœ̞ɐ̯nəbæ,sɛŋ] ⟨-et, -er⟩ Kinderbecken
børnebillet ['bœ̞ɐ̯nəbi,lɛd] ⟨-ten, -ter⟩ Kinderfahrkarte
børnelammelse ['bœ̞ɐ̯nə,laməlsə] ⟨-n, -r⟩ Kinderlähmung
børnelæge ['bœ̞ɐ̯nə,lɛ:ə] ⟨-n, -r⟩ Kinderarzt/ärztin
børnepasning ['bœ̞ɐ̯nə,pæsneŋ] ⟨-en, -er⟩ Kinderbetreuung
børneportion ['bœ̞ɐ̯nəpɒ,so:ˀn] ⟨-en, -er⟩ Kinderteller
børnerabat ['bœ̞ɐ̯nəʁa,bæd] ⟨-ten, -ter⟩ Kinderermäßigung
børnesygdom ['bœ̞ɐ̯nəsy:,dɔmˀ] ⟨-men, -me⟩ Kinderkrankheit
børnetøj *pl* ['bœ̞ɐ̯nə,tɔi̯] Kinderklei-

dung
børste ['bœɐ̯sdə] ⟨-n, -r⟩ Bürste
bånd [bɔn?] ⟨-et, -⟩ *(aus Stoff)* Band
båndoptager ['bɔnɔb,tɛ:?ɔ] ⟨-en, -r⟩ Kassettenrekorder

C

café [kæ'fe:?] ⟨-en, -er⟩ Café
Camcorder ['kæ:m,kɒ:dɔ] Camcorder
camembert [kamam'bɛ:ɐ̯] Weichkäse
camping ['kambeŋ] Camping
campingguide ['kambeŋ,gai̯d] ⟨-n, -r⟩ Campingführer
campingpas ['kambeŋ,pæs] ⟨-set, -⟩ Campingausweis
campingplads ['kambeŋ,plæs] ⟨-en, -er⟩ Campingplatz
campingvogn ['kambeŋ,vɔu̯?n] ⟨-en, -e⟩ Wohnwagen
cd/compactdisk ['se:?'de:?/kɔm'pagd,disg] ⟨-en, -s⟩ CD/Compactdisc
cd-afspiller ['se:?'de:?,au̯sbelɔ] ⟨-en, -e⟩ CD-Spieler
cent [sɛn?d] *(Währung)* Cent
centimeter [sɛnti'me:?dɔ] Zentimeter
central [sɛn'tʁa:?l] zentral
centralvarme [sɛn'tʁa:?l,va:mə] ⟨-n, -⟩ Zentralheizung
centr|um ['sɛntʁɔ̰m] ⟨-et, -er⟩ Zentrum
cerut [se'ʁud] ⟨-ten, -ter⟩ Zigarillo
champagne [ʂam'pænjə] ⟨-n, -⟩ Champagner
charmerende [ʂa'me:?ɔnə] bezaubernd, entzückend
chauffør [ʂo'fø:?ɐ̯] ⟨-en, -er⟩ Fahrer/in
chef [ʂɛ:?f] ⟨-en, -er⟩ Chef
chipkort ['tjib,kɒ:d] ⟨-et, -⟩ Chipkarte
chokolade [ʂoko'lɛ:ðə] ⟨-n, -r⟩ Schokolade
cigar [si'ga:?] ⟨-en, -er⟩ Zigarre
cigaret [siga'ʁæd] ⟨-ten, -ter⟩ Zigarette
cikorie [si'ko:?ɐ̯iə] ⟨-n, -r⟩ Chicoree
cirka ['siɐ̯gæ] etwa, ungefähr
cirkus ['siɐ̯kus] ⟨-set, -⟩ Zirkus
citroner *pl* [si'tʁo:?nɔ] Zitronen
cowboybukser, et par ~ [(ed pa) 'kɔu̯bɔi̯,bɔ̰gsɔ] Jeans
cowboyfilm ['kɔu̯bɔi̯,fil?m] ⟨-en, -⟩ Western
creme [kʁɛ:?m] ⟨-n, -r⟩ Creme
cremefraiche [kʁɛm'fʁɛʂ] ⟨-n, -⟩ saure Sahne
croquistegning (levende model) [kʁo'ki,tai̯neŋ ('le:vənə mo'dɛl?)] Aktzeichnen
curlere *pl* ['kœ:lɔɔ] Lockenwickler
curling ['kœ:leŋ] Curling
cyk|el ['sygəl] ⟨-len, -ler⟩ Fahrrad
cykelhjelm ['sygəl,jɛl?m] ⟨-en, -e⟩ Fahrradhelm
cykelsport ['sygəl,sbɒ:d] ⟨-en, -⟩ Radsport
cykelsti ['sygəl,sdi:?] ⟨-en, -er⟩ Fahrradweg
cykeltur ['sygəl,tu:?ɐ̯] ⟨-en, -e⟩ Radtour
cykle ['syglə] ⟨-de⟩ Rad fahren

D

da [dæ] *(zeitlich)* als, *(Zeit)* da
dag [dɛ:?] ⟨-en, -e⟩ Tag; **i dag** [i 'dɛ:?] heute; **hver dag** ['vɛ:?ɐ̯ 'dɛ:?] jeden Tag; **om dagen** [ɔm 'dɛ:?ən] tagsüber
dagens ret ['dɛ:?əns 'ʁæd] Tagesgericht
daglig ['dau̯li] täglich
dagstur ['dau̯s,tu:?ɐ̯] ⟨-en, -e⟩ Tagestour
dal [dɛ:?l] ⟨-en, -e⟩ Tal
damer *pl* ['dɛ:mɔ] Damen
damper ['dambɔ] ⟨-en, -e⟩ Dampfer
dampet ['dambəð] gedämpft
dampkogt ['damb,kɔgd] gedünstet
Danmark ['dæn,ma:g] Dänemark
danse ['dænsə] ⟨-ede⟩ tanzen

danseorkest|er ['dænsaɒ,kɛsdɔ] ⟨-ret, -re⟩ Tanzkapelle
danser ['dænsɔ] ⟨-en, -e⟩ Tänzer/in
danseteater ['dænsəte,ɛ̝:ˀdɔ] ⟨-et, -teatre⟩ Tanz
dansk [dænˀsg] dänisch
dansker ['dænsgɔ] ⟨-en, -e⟩ Däne/Dänin
danskvand ['dænˀsg,vænˀ] ⟨-et, -⟩ Mineralwasser
dato ['dɛ̝:to] ⟨-en, -er⟩ Datum
datter ['dædɔ] ⟨-en, døtre⟩ Tochter
De [di] *prn (Anrede)* Sie
de [di] *prn pl* sie
december [de'sɛmˀbɔ] Dezember
defekt [de'fɛgd] defekt
definitiv [de'fini,ti:ˀv] endgültig
del [de:ˀl] ⟨-en, -e⟩ Teil
delikatesseforretning [delikæ'tɛsəfɔ,ʁædneŋ] ⟨-en, -er⟩ Feinkostgeschäft
del|tage (i) ['del,tɛ̝:ˀ (i)] ⟨-tog, -taget⟩ teilnehmen (an)
delvis kaskoforsikret ['de:l,vi:ˀs 'kæsgofɔ'segʁɔð] Teilkasko
den gamle bydel [dɛn 'gamlə 'by,de:ˀl] Altstadt
den hér, det hér, de hér [dɛn 'hɛ:ˀɒ̯ / de 'hɛ:ˀɒ̯ / di 'hɛ:ˀɒ̯] diese(r, -s)
denatureret sprit [denætu'ʁɛ:ˀɔð 'sbʁid] Brennspiritus
dengang ['dɛnˀ,gaŋˀ] damals, früher
dens [dɛns] *poss prn sing* sein
deodorant [deodo'ʁanˀd] ⟨-en, -er⟩ Deo(dorant)
deponere [depo'ne:ˀɔ] ⟨-ede⟩ hinterlegen
depositum [de'po:ˀsitom̩] ⟨-met, deposita⟩ *(Wohnung)* Kaution
der [dɛ:ˀɒ̯] *(Ort)* da, dort
der er [dɔ ɛ̝ɒ̯] es gibt
derefter [da'ɛfdɔ] danach
Deres ['dɛ̝:ɔs] *poss prn pl* Ihr
deres ['dɛ̝:ɔs] *poss prn pl* ihr
derfor ['dɛ:ˀɒ̯,fɔ] deshalb
derinde [da'enə] drinnen
derude [da'u:ðə] draußen
desinfektionsmid|del [desenfɛg'ʂo:ˀns,miðˀəl] ⟨-let, ler⟩ Desinfektionsmittel
desinficere [desenfi'se:ˀɔ] ⟨-ede⟩ desinfizieren
dessert [dɛ'sɛ:ˀɒ̯d] ⟨-en, -er⟩ Nachtisch
desuden [des'u:ðən] außerdem
desværre [de'svɛ̝:ɔ] leider
det er/var en skam! [de ɛ̝ɒ̯/va en 'sgamˀ] schade!
det samme [de 'samə] dasselbe
dets [dɛds] *poss prn sing* sein
diabetiker [diæ'be:ˀtigɔ] Diabetiker
diagnose [diæ'gno:sə] ⟨-n, -r⟩ Diagnose
diarré [dia'ʁɛ:ˀ] ⟨-en, -er⟩ Durchfall
difteri [difdə'ʁi:ˀ] ⟨-en, -⟩ Diphtherie
dig [dai̯] *prn* dich, dir
dige ['di:ə] ⟨-t, -r⟩ Deich
digitalkamera [digi'tɛ̝:ˀl,kɛ̝:ˀməʁa] ⟨-et, -er⟩ Digitalkamera
din, dit, dine [di:ˀn, did, 'di:nə] *poss prn* dein
dinér transportable [di'ne tʁaŋspɔ'tabl] Partyservice
direkte [di'ʁægdə] direkt
direktion [diʁæg'ʂo:ˀn] ⟨-en, -er⟩ Direktion
dirigent [diʁi'gɛnˀd] ⟨-en, -er⟩ Dirigent/in
diskotek [disgo'te:ˀg] ⟨-et, -er⟩ Diskothek
diæt [di'ɛ:ˀd] ⟨-en, -er⟩ Diät
dobbelt ['dɔbəld] doppelt
dobbeltværelse ['dɔbəld,vɛ:ɔlsə] ⟨-t, -r⟩ Doppelzimmer
dog [dɔu̯] doch
dokumentarfilm [dokumɛn'ta:ˀ,filˀm] ⟨-en, -⟩ Dokumentarfilm
domkirke ['dɔm,kiɒ̯gə] ⟨-n, -r⟩ Dom
dommer ['dɔmɔ] ⟨-en, -e⟩ Richter/in
donkraft ['do̝n,kʁafd] ⟨-en, e⟩ Wagenheber
double ['dɔbəl] Doppel
doven ['dɔu̯ən] faul
drageflyvning ['dʁa:u̯ə,flyu̯neŋ]

⟨-en, -er⟩ Drachenfliegen
dragt [dʁagd] ⟨-en, -er⟩ Kostüm
drama ['dʁa:mæ] ⟨-et, -er⟩ Drama
dreng [dʁæŋˀ] ⟨-en, -e⟩ Junge
dressing ['dʁɛseŋ] ⟨-en, -er⟩ Dressing
drik [dʁɛg] ⟨-ken, -ke⟩ Getränk
drikke ['dʁɛgə] ⟨drak, drukket⟩ trinken
drikkeflaske ['dʁɛgəˌflæsgə] ⟨-n, -r⟩ Trinkflasche
drikkepenge *pl* ['dʁɛgəˌpɛŋə] Trinkgeld
drikkevand ['dʁɛgəˌvænˀ] ⟨-et, -⟩ Trinkwasser
dronning ['dʁɔneŋ] ⟨-en, -er⟩ Königin
druesukker *pl* ['dʁu:əˌsɔ̝gɔ] Traubenzucker
drøm [dʁœ̝mˀ] ⟨-men, -me⟩ Traum
dråbe ['dʁɔ̝:bə] ⟨-n, -r⟩ Tropfen
du [du] *prn* du
dug [du:ˀ] ⟨-en, -e⟩ Tischtuch
dum [dɔ̝mˀ] dumm, blöd(e)
dyb [dy:ˀb] tief
dykke ['døgə] ⟨-de⟩ tauchen
dykkerbriller *pl* ['døgɔˌbʁɛlɔ] Taucherbrille
dykkerudstyr ['døgɔuðˌsdy:ˀɒ̯] ⟨-et, -⟩ Taucherausrüstung
dynamo [dy'nɛ̝:mo] ⟨-en, -er⟩ Lichtmaschine
dynasti [dynæ'sdi:ˀ] ⟨-et, -er⟩ Dynastie
dyr [dy:ˀɒ̯] ⟨-et, -⟩ Tier
dyr [dy:ˀɒ̯] teuer
dæk [dɛg] ⟨-ket, -⟩ Deck; Reifen
dæmpet ['dɛmbəð] *(Musik)* gedämpft, *(Ton, Farbe)* weich
dør [dœ̝:ˀɒ̯] ⟨-en, -e⟩ Tür
dørtrin ['dœ̝ɒ̯ˌtʁin] ⟨-net, -⟩ Türschwelle
døv [dø:ˀv] gehörlos, taub
døvstum ['døu̯ˌsdɔ̝mˀ] taubstumm
dårlig ['dɒ:li] schlecht
dåse ['dɔ̝:sə] ⟨-n, -r⟩ Dose
dåseåbner ['dɔ̝:səˌɔ̝:bnɔ] ⟨-en, -e⟩ Dosenöffner

E

ebbe ['ɛbə] Ebbe
eddike ['ɛðigə] ⟨-n, -r⟩ Essig
efter ['ɛfdɔ] *(zeitlich)* nach
eftermiddag ['ɛfdɔˌmedæ] ⟨-en, -e⟩ Nachmittag; **om eftermiddagen** [ɔm 'ɛfdɔmeˌdɛ̝:ˀən] nachmittags
eftersende ['ɛfdɔˌsɛnˀə] ⟨-te⟩ nachsenden
eftersæson ['ɛfdɔsɛˌsɔŋ] ⟨-en, -er⟩ Nachsaison
efterår ['ɛfdɔˌɒ:ˀ] ⟨-et, -⟩ Herbst
egen ['ai̯ən] eigen
egentlig ['e:ˀəndli] eigentlich
egn [ai̯ˀn] ⟨-en, -e⟩ Gegend
egnet ['ai̯nəð] geeignet, richtig
ejer ['ai̯ɔ] ⟨-en, -e⟩ Eigentümer/in
eksemp|el [ɛg'sɛmˀbəl] ⟨-let, -ler⟩ Beispiel; **for eksempel** [fɔ ɛg'sɛmˀbəl] zum Beispiel
eksponeringsmåler [ɛgspo'ne:ˀɒ̯eŋsˌmɔ̝:lɔ] ⟨-en, -e⟩ Belichtungsmesser
ekspresbrev [ɛgs'pʁæsˌbʁɛ:ˀv] ⟨-et, -e⟩ Eilbrief
ekspressionisme [egspʁæɕo'nismə] Expressionismus
ekstra ['ɛgsdʁa] extra, zusätzlich
ekstraudgifter *pl* ['ɛgsdʁauðˌgifdɔ] Nebenkosten
elastik til håret [elæ'sdig tel 'hɒ:ˀɒð] ⟨-ken, -ker⟩ Haargummi
elastikbind [elæ'sdigˌbenˀ] ⟨-et, -⟩ Elastikbinde
elektrisk [e'lɛgtʁisg] elektrisch
elektrisk kørestol [e'lɛgtʁisg 'kø:ɔˌsdo:ˀl] Elektrorollstuhl
elektrolytopløsning [elɛgtʁo'lydɔbˌlø:ˀsneŋ] ⟨-en, -er⟩ Elektrolytlösung
elevator [elə'vɛ̝:tɒ] ⟨-en, -er⟩ Aufzug, Fahrstuhl
elinstallationsforretning ['ɛlensdælæˌɕo:ˀnsfɔˌʁædneŋ] ⟨-en, -er⟩ Elektrohandlung
elkomfur ['ɛlkɔmˌfu:ˀɒ̯] ⟨-et, -⟩ Elektroherd

WÖRTERBUCH DÄNISCH – DEUTSCH

eller ['ɛlɔ] oder
elleve ['ɛlvə] elf
elske ['ɛlsgə] ⟨-ede⟩ lieben
elskværdig [ɛlsg'vɛɐ̯ˀdi] liebenswürdig
emne ['ɛmnə] ⟨-t, -r⟩ Gesprächsgegenstand
en [eːˀn] *(Zahl)* eins
en [en] *art* ein(e)
en gang [en 'gaŋˀ] einmal
en gang til ['eːˀn 'gaŋˀ 'tel] noch einmal, wieder
éndagsbillet ['eːndæsbi,lɛd] ⟨-ten, -ter⟩ Tageskarte
ende ['ɛnə] ⟨-n, -r⟩ Ende
endelig ['ɛnəli] endlich
endestation ['ɛnəsdæ,ɕoːˀn] ⟨-en, -er⟩ Endstation
endnu ['ɛnu] noch
endnu ikke ['ɛnu 'egə] noch nicht
eneste ['eːnəsdə] einzig
enestående ['eːnə,sdɔːˀənə] einzig(artig)
eng [ɛŋˀ] ⟨-en, -e⟩ Wiese
engelsk ['ɛŋˀəlsg] englisch
enkeltværelse ['ɛŋˀgəld,vɛːɔlsə] ⟨-t, -r⟩ Einzelzimmer
enkemand/enke ['ɛŋgə,mænˀ/'ɛŋgə] verwitwet
enogtredive ['eːˀnɔ,tʁæðvə] einunddreißig
enogtyve ['eːˀnɔ,tyːvə] einundzwanzig
ensfarvet ['eːˀns,faːvəð] einfarbig
ensom ['eːn,sɔmˀ] einsam
enten … eller ['ɛndən … 'ɛlɔ] entweder … oder
entré [aŋ'tʁɛ] ⟨-en, -er⟩ Eintritt; Eingangsbereich, Flur, Gang
entrépris [aŋ'tʁɛ,pʁiːˀs] ⟨-en, -er⟩ Eintrittspreis
epilepsi [epilɛb'siːˀ] Epilepsie
episode [epi'soːðə] ⟨-n, -r⟩ Zwischenfall
erfare [ɛɐ̯'faːˀa] ⟨-ede⟩ *verb* erfahren
erfaren [ɛɐ̯'faːˀan] *adj* erfahren
erstatning [ɛɐ̯'sdædneŋ] ⟨-en, -er⟩ *(Schaden)* Ersatz
erstatte [ɛɐ̯'sdædə] ⟨-de⟩ ersetzen
et [ed] *(Zahl)* eins; *art* ein(e)
et tusinde ['ed 'tuːˀsənə] tausend
etage [e'tɛːˀɕə] ⟨-n, -r⟩ Etage, Stockwerk
etageklipning [e'tɛːˀɕə,klebneŋ] ⟨-en, -er⟩ Stufenschnitt
étværelseslejlighed ['edvɛːɔlsəslai̯li,heːˀð] ⟨-en, -er⟩ Studio
EU-borger ['eːˀuːˀ,bɒːˀɰɔ] ⟨-en, e⟩ EU-Bürger
euro ['œu̯ʁo] ⟨-en, -⟩ Euro
Europa [œu̯'ʁoːpæ] Europa
europæer [œu̯ʁo'pɛːˀɔ] ⟨-en, -e⟩ Europäer/in
europæisk [œu̯ʁo'pɛːˀisg] europäisch

F

fabrik [fa'bʁɛg] ⟨-ken, -ker⟩ Fabrik
facade [fæ'sɛːðə] ⟨-n, -r⟩ Fassade
fad [fæð] ⟨-et, -e⟩ Fass, Schüssel; **fra fad** [fʁa 'fæð] *(Bier, Wein)* vom Fass
fair [fɛːɐ̯] fair
Falck/FDM [fælˀg/'ɛf'deːˀ'ɛm] Abschleppdienst
falde ['fælə] ⟨faldt, faldet⟩ fallen, stürzen
falde til ro ['fælə tel 'ʁoːˀ] ⟨faldt, faldet⟩ s. beruhigen
faldskærmsudspring ['fælsgœɐ̯ms,uðsbʁɛŋˀ] ⟨-et, -⟩ Fallschirmspringen
falsk [fælˀsg] betrügerisch, falsch
familie [fæ'milˀjə] ⟨-n, -r⟩ Familie
familienavn [fæ'milˀjə,nau̯ˀn] ⟨-et, -e⟩ Familienname
fange ['faŋə] ⟨-ede⟩ fangen
far [faː] ⟨-en, fædre⟩ Vater
fare ['faːa] ⟨-n, -r⟩ Gefahr
fare vild [faːa 'vilˀ] ⟨for, faret⟩ s. verirren
farlig ['faːli] gefährlich
fars [faːˀs] ⟨-en, -er⟩ Hackfleisch
farve ['faːvə] ⟨-ede⟩ färben
farveblyant ['faːvə,blyːænˀd] ⟨-en, -er⟩ Farbstift

farvet ['faːvəð] farbig
fast [fæsd] hart, fest
fast weekendpris ['fæsd 'viːgɛnd,pʁiːˀs] Wochenendpauschale
faste ['fɛ̝ːsdə] ⟨-ede⟩ fasten
Fastelavn [fæsdə'lau̯ˀn] Fasching
fastland ['fæsd,lænˀ] ⟨-et, -⟩ Festland
fattig ['fædi] arm
fax [fags] ⟨-en, -⟩ Fax
faxapparat ['fagsapa,ʁaːˀd] ⟨-et, -er⟩ Faxgerät
feb|er ['feːˀbɔ] ⟨-ren, -⟩ Fieber
februar ['febʁu,aːˀ] Februar
fed [feːˀð] fett, geschwollen, dick
fejl [fai̯ˀl] ⟨-en, -⟩ Fehler; **tage fejl** [tɛ̝ːˀ 'fai̯ˀl] ⟨tog, taget⟩ s. täuschen, s. verrechnen
fejltagelse ['fai̯l,tɛ̝ːˀəlsə] ⟨-n, -r⟩ Irrtum
fem [fɛmˀ] fünf
femogtyve ['fɛmˀɔ,tyːvə] fünfundzwanzig
femten ['fɛmdən] fünfzehn
fennik|el ['fɛnˀigəl] ⟨-len, -ler⟩ Fenchel
ferie ['feːˀɒ̯iə] ⟨-n, -r⟩ Ferien, Urlaub
ferieanlæg ['feːˀɒ̯iəæn,lɛːˀg] ⟨-get, -⟩ Ferienanlage
ferskner *pl* ['fɛ̝ɒ̯sgənɔ] Pfirsiche
fest [fɛsd] ⟨-en, -er⟩ Feier, Fest, Party
festival ['fɛsdivæl] ⟨-en, -er⟩ Festival
figner *pl* ['fiːnɔ] Feigen
film [filˀm] ⟨-en, -⟩ *(Foto, Kino)* Film; Frischhaltefolie
filmfølsomhed ['filˀmføːlsɔm,heːˀð] ⟨-en, -⟩ Filmempfindlichkeit
filmskuespiller ['filˀmsguːə,sbelɔ] ⟨-en, -e⟩ Filmschauspieler/in
fin [fiːˀn] fein
finde ['fenə] ⟨fandt, fundet⟩ finden
finde sted [fenə 'sdɛð] ⟨fandt, fundet⟩ stattfinden
fing|er ['feŋˀɔ] ⟨-ren, -re⟩ Finger
fire ['fiːɔ] vier
fireogtyve ['fiːɔ,tyːvə] vierundzwanzig
firma ['fiɒ̯mæ] ⟨-et, -er⟩ Firma
firs [fiːˀɒ̯s] achtzig
fisk [fesg] ⟨-en, -⟩ Fisch
fiske ['fesge] ⟨-ede⟩ angeln
fiskeforretning ['fesgəfɔ,ʁædneŋ] ⟨-en, -er⟩ Fischgeschäft
fiskekort ['fesgə,kɒːd] ⟨-et, -⟩ Angelschein
fiskerleje ['fesgɔ,lai̯ə] ⟨-t, -r⟩ Fischerort
fiskestang ['fesgə,sdaŋˀ] ⟨-en, -stænger⟩ Angelrute
fitnesscent|er ['fidnɛs,sɛnˀdɔ] ⟨-ret, -re⟩ Fitnesscenter
fjerbold ['fjeɒ̯,bɔlˀd] Federball
fjernlys ['fjɛ̝ɒ̯n,lyːˀs] ⟨-et, -⟩ Fernlicht
fjernsyn ['fjɛ̝ɒ̯n,syːˀn] ⟨-et, -⟩ Fernseher
fjernsynsstue ['fjɛ̝ɒ̯nsyns,sduːə] ⟨-n, -r⟩ Fernsehraum
fjorten ['fjoɒ̯dən] vierzehn
flad [flɛ̝ːˀð] flach
flaske ['flæsgə] ⟨-n, -r⟩ Flasche
flaskevarmer ['flæsgə,vaːmɔ] ⟨-en, -e⟩ Fläschchenwärmer
flaskeåbner ['flæsgə,ɔ̝ːbnɔ] ⟨-en, -e⟩ Flaschenöffner
flatulens [flætu'lɛnˀs] Blähungen
flod [floːˀð] Flut
flue ['fluːə] ⟨-n, -r⟩ Fliege
flydende ['flyːðənə] flüssig
flydende sæbe ['flyːðənə 'sɛːbə] Duschgel
flyrejse ['flyːˀ,ʁai̯sə] ⟨-n, -r⟩ Flug
flyselskab ['flyːˀ,sɛlsgɛ̝ːˀb] ⟨-et, -er⟩ Fluggesellschaft
flyve ['flyːvə] ⟨fløj, fløjet⟩ fliegen
flyvebåd ['flyːvə,bɔ̝ːˀð] ⟨-en, -e⟩ Tragflügelboot
fløde ['fløːðə] ⟨-n, -⟩ Sahne
fod [foːˀð] ⟨-en, fødder⟩ Fuß
fodbold ['foð,bɔlˀd] ⟨-en, -e⟩ Fußball
fodboldbane ['foðbɔld,bɛ̝ːnə] ⟨-n, -r⟩ Fußballplatz
fodboldkamp ['foðbɔld,kamˀb] ⟨-en, -e⟩ Fußballspiel
fodgænger ['foð,gɛŋɔ] ⟨-en, -e⟩ Fußgänger/in
folk [fɔlˀg] ⟨-et, -⟩ Volk; Leute
folkedragt ['fɔlgə,dʁagd] ⟨-en, -er⟩ Tracht
folkemusik ['fɔlgəmu,sig] Volksmu-

sik

folklore [fɔlg'lo:ɔ] Folklore

folkloreaft|en [fɔlg'lo:ɔˌafdən] ⟨-nen, -ner⟩ Folkloreabend

for [fɔ] denn; *(mit adj)* zu

for det andet [fɔ de 'ænəð] zweitens

for meget [fɔ 'maj̯əð] zu sehr, zu viel

for min skyld [fɔ 'mi:ˀn 'sgylˀ] meinetwegen

for nylig [fɔ 'ny:li] kürzlich

for ti minutter siden [fɔ 'ti:ˀ mi'nudɔ 'si:ðən] vor zehn Minuten

foran ['fɒ:ˌænˀ] *(räumlich)* vor; vorn

forandring [fɔ'anˀdʁɛŋ] ⟨-en, -er⟩ Veränderung, Wechsel

forberede ['fɒ:beˌʁɛ:ˀðə] ⟨-te⟩ vorbereiten

forbi [fɔ'bi:ˀ] vorüber

for|binde [fɔ'benˀə] ⟨-bandt, -bundet⟩ verbinden

forbindelse [fɔ'benˀəlsə] ⟨-n, -r⟩ *(Zug, tele)* Verbindung, Anschluss

forbinding [fɔˌbenˀeŋ] ⟨-en, -er⟩ *(med)* Verband

forbrug af vand [fɔ'bʁu:ˀ æ 'vænˀ] Wasserverbrauch

forbrydelse [fɔ'bʁy:ˀðəlsə] ⟨-n, -r⟩ Verbrechen

forbrænding [fɔ'bʁænˀeŋ] ⟨-en, -er⟩ Verbrennung

forbudt [fɔ'bud] verboten

fordel ['fɒ:ˌde:ˀl] ⟨-en, -e⟩ Vorteil

fordi [fɔ'di:ˀ] *(Grund)* da, weil

fordærvet [fɔ'dɛ̝ɒ̯ˀvəð] *(Essen)* verdorben

fordøjelse [fɔ'dɔi̯ˀəlsə] ⟨-n, -⟩ Verdauung

fordøjelsesbesvær [fɔ'dɔi̯ˀəlsəsbeˌsvɛ:ˀɒ̯] ⟨-et, -⟩ Verdauungsstörung

forening [fɔ'e:ˀneŋ] ⟨-en, -er⟩ Vereinigung, Verband

forestilling ['fɒ:ɒˌsdelˀeŋ] ⟨-en, -er⟩ *(Begriff, Theater)* Vorstellung

forfriskning [fɔ'fʁɛsgneŋ] ⟨-en, -er⟩ Erfrischung

forgiftning [fɔ'gifdneŋ] ⟨-en, -er⟩ Vergiftung

forhåbentlig [fɔ'hɔ̝:ˀbəndli] hoffentlich

forkert [fɔ'keɒ̯ˀd] falsch

forkortelse [fɔ'kɒ:dəlsə] ⟨-n, -r⟩ Abkürzung

forkølelse [fɔ'kø:ˀləlsə] ⟨-n, -r⟩ Erkältung

for|lade [fɔ'lɛ̝:ˀðə] ⟨-lod, -ladt⟩ verlassen

forlovede [fɔ'lɔ̝:ˀvəðə] der/die Verlobte

forlygte ['fɒ:ˌløgdə] ⟨-n, -r⟩ Scheinwerfer

forlystelsespark [fɔ'løsdəlsəsˌpa:g] ⟨-en, -er⟩ Freizeitpark, Vergnügungspark

forlænge [fɔ'lɛŋˀə] ⟨-ede⟩ verlängern

forlængerledning [fɔ'lɛŋˀɔˌleðneŋ] ⟨-en, -er⟩ Verlängerungskabel

form [fɒ:ˀm] ⟨-en, -er⟩ Form

formiddag ['fɒ:meˌdɛ̝:ˀ] ⟨-en, -e⟩ Vormittag; **i formiddag** [i 'fɒ:meˌdɛ̝:ˀ] (heute) am Vormittag; **om formiddagen** [ɔm 'fɒ:meˌdɛ̝:ˀən] vormittags

formular [fɒmu'la:ˀ] ⟨-en, -er⟩ Formular

fornavn ['fɒ:ˌnau̯ˀn] ⟨-et, -e⟩ Vorname

fornem ['fɒ:ˌnɛmˀ] vornehm

fornærmelse [fɔ'nɛ̝ɒ̯ˀməlsə] ⟨-n, -r⟩ Beleidigung

fornøjelse [fɔ'nɔi̯ˀəlsə] ⟨-n, -r⟩ Vergnügen, Spaß

forplejning [fɔ'plai̯ˀneŋ] ⟨-en, -er⟩ Verpflegung

forret ['fɒ:ˌʁæd] ⟨-ten, -ter⟩ Vorspeise, erster Gang

forretning med økologiske varer [fɔ'ʁædneŋ mɛ øko'lo:ˀisgə 'va:a] ⟨-en, -er⟩ Bioladen

forrykt [fɔ'ʁœgd] verrückt

forråd ['fɒ:ˌʁɔ̝:ˀð] ⟨-et, -⟩ Vorrat

forsalg ['fɒ:ˌsælˀ] ⟨-et, -⟩ Vorverkauf

forsigtig [fɔ'segdi] vorsichtig

forsikring [fɔ'segʁɛŋ] ⟨-en, -er⟩ Versicherung

forsinkelse [fɔˌseŋˀgəlsə] ⟨-n, -r⟩ Verspätung
forskellig [fɔ'sgɛlˀi] anders
forskrække [fɔ'sgʁægə] ⟨-de⟩ erschrecken
forskrækket, blive ~ ['bliːə fɔ'sgʁægəð] ⟨blev, blevet⟩ erschrocken sein
forslag ['fɒːˌslɛ̝ːˀ] ⟨-et, -⟩ Vorschlag
for|stad ['fɒːˌsdæð] ⟨-en, -stæder⟩ Vorort
forstoppelse [fɔ'sdɔbəlsə] ⟨-n, -r⟩ Verstopfung
forstrækning [fɔˌsdʁægneŋ] ⟨-en, -er⟩ Zerrung
forstuvet [fɔ'sduːˀəð] verstaucht
forstyrre [fɔ'sdyːˀɔ] ⟨-de⟩ stören
for|stå [fɔ'sdɔ̝ːˀ] ⟨-stod, -stået⟩ verstehen
forsæson ['fɒːsɛˌsɔŋ] ⟨-en, -er⟩ Vorsaison
forsøge [fɔ'søːˀə] ⟨-te⟩ versuchen
fortid ['fɒːˌtiðˀ] ⟨-en, -⟩ Vergangenheit
for|tælle [fɔ'tɛlˀə] ⟨-talte, -talt⟩ erzählen
forveksle [fɔ'vɛgslə] ⟨-ede⟩ verwechseln
forældre *pl* [fɔ'ɛlˀdʁɔ] Eltern
forår ['fɒːˌɒːˀ] ⟨-et, -⟩ Frühling
forårsage [fɒɒ'sɛ̝ːˀə] ⟨-ede⟩ verursachen
foto [foto] ⟨-et, -⟩ Foto
fotoforretning ['fotofɔˌʁædneŋ] ⟨-en, -er⟩ Fotogeschäft
fotografere [fotogʁa'feːˀɔ] ⟨-ede⟩ fotografieren
fotografiapparat [fotogʁa'fiːˀapaˌʁaːˀd] ⟨-et, -er⟩ Fotoapparat
fra [fʁa] von, ab, *(Herkunft)* aus
frakke ['fʁagə] ⟨-n, -r⟩ Mantel
frankere [fʁaŋ'keːˀɔ] ⟨-de⟩ frankieren
franskbrød ['fʁansˌbʁœðˀ] ⟨-et, -⟩ Weißbrot
fredag ['fʁeːˀdæ] Freitag
fredet ['fʁɛːðəd] Denkmalschutz
fredet område ['fʁɛːðəd 'ɔmˌʁɔ̝ːðə] Naturschutzgebiet
fremad ['fʁæmˀˌæð] vorwärts
fremkalde ['fʁæmˌkælˀə] ⟨-te⟩ *(Film)* entwickeln
fremmed ['fʁæməð] fremd
fremmed valuta ['fʁæməð væ'lutæ] ⟨-en, -er⟩ Devisen
fremmede ['fʁæməðə] der/die Fremde
fremmedfører ['fʁæməðˌføːɔ] ⟨-en, -ere⟩ Fremdenführer/in
fremstille ['fʁæmˌsdelˀə] ⟨-ede⟩ herstellen, machen
fremtid ['fʁæmˌtiðˀ] ⟨-en, -⟩ Zukunft
fremtidig ['fʁæmˌtiːˀði] zukünftig
fri [fʁiːˀ] frei
frimærke ['fʁiˌmœ̝ɒ̯gə] ⟨-t, -r⟩ Briefmarke
frimærkeautomat ['fʁimœ̝ɒ̯gəau̯toˌmɛ̝ːˀd] ⟨-en, -er⟩ Briefmarkenautomat
frisere [fʁi'seːˀɔ] ⟨-de⟩ frisieren
frisk [fʁɛsg] frisch
frist [fʁɛsd] ⟨-en, -er⟩ Frist
frisure [fʁi'syːɔ] ⟨-n, -r⟩ Frisur
frisør [fʁi'søːˀɒ̯] ⟨-en, -er⟩ Friseur
frost [fʁɔsd] ⟨-en, -⟩ Frost
frostvæske ['fʁɔsdˌvɛsgə] ⟨-n, -r⟩ Frostschutzmittel
fru [fʁu] *(Anrede, vor Namen)* Frau
frugt [fʁɔ̝gd] ⟨-en, -er⟩ Obst
frugt- og grønthandler ['fʁɔ̝gd ɔ 'gʁœ̝ndˌhænlɔ] ⟨-en, -re⟩ Obst- und Gemüsehändler
frygte ['fʁœgdə] ⟨-ede⟩ (be)fürchten
frygtelig ['fʁœgdəli] fürchterlich
fryse ['fʁyːsə] ⟨frøs, frosset⟩ frieren
fugl [fuːˀl] ⟨-en, -e⟩ Vogel
fuglereservat ['fuːləʁɛsɛ̝ɒ̯ˌvɛ̝ːˀd] ⟨-et, -er⟩ Vogelschutzgebiet
fugtig ['fɔ̝gdi] feucht, nass
fuld [fulˀ] voll, besetzt, betrunken
fuld kaskoforsikret ['fulˀ 'kæsgofɔ'segʁɔð] Vollkasko
fund [fɔ̝nˀ] ⟨-et, -⟩ Funde
fungere [fɔ̝ŋ'geːˀɔ] ⟨-ede⟩ funktionieren
fyldt [fylˀd] gefüllt
fyrre [fœ̝ːɔ] vierzig

WÖRTERBUCH DÄNISCH – DEUTSCH

fyrtårn ['fyɐ̯ˌtɒːˀn] ⟨-et, -e⟩ Leuchtturm
fyrværkeri [fyɐ̯vɛ̝ɐ̯gəˈʁiːˀ] ⟨-et, -er⟩ Feuerwerk
fysisk handicap ['fyːˀsisg ˈhændikab] Körperbehinderung
fælles ['fɛlˀəs] gemeinsam
fængs|el ['fɛŋˀsəl] ⟨-let, -ler⟩ Gefängnis
færdig ['fɛ̝ɐ̯di] vollständig, fertig
færge ['fœɐ̯ɐ̯ə] ⟨-n, -r⟩ Fähre
fæstning ['fɛsdneŋ] ⟨-en, -er⟩ Festung
fødested ['føːðəˌsdɛð] ⟨-et, -er⟩ Geburtsort
fødselsdag ['føsəlsˌdɛ̝ːˀ] ⟨-en, -e⟩ Geburtstag
fødselsdato ['føsəlsˌdɛ̝ːto] ⟨-en, -er⟩ Geburtsdatum
født [føːˀd] geboren
føle ['føːlə] ⟨-te⟩ fühlen
følelse ['føːləlsə] ⟨-n, -r⟩ Gefühl
følsom ['føːlˌsɔmˀ] zart(fühlend)
føntørre ['fønˌtœ̝ːɔ] ⟨-de⟩ föhnen
føntørrer ['fønˌtœ̝ːɔ] ⟨-en, -e⟩ Föhn
før [fœːˀɐ̯] *(zeitlich)* (be)vor
fører ['føːɔ] ⟨-en, -e⟩ Führer *(für Fremde)*
først [fœ̝ɐ̯sd] (zu)erst
første ['fœ̝ɐ̯sdə] erste(r, -s)
første gear ['fœ̝ɐ̯sdə 'giːˀɐ̯] erster Gang
førstehjælp ['fœ̝ɐ̯sdəjɛlˀb] ⟨-en, -⟩ erste Hilfe
få [fɔ̝ːˀ] wenig; *(verb)* ⟨fik, fået⟩ bekommen, erhalten; **få forbindelse** [fɔ̝ːˀ fɔ'benˀəlsə] *(tele)* verbinden
fårekød ['fɒːɒˌkøð] ⟨-et, -⟩ Hammelfleisch
fåreost ['fɒːɒˌɔ̝sd] ⟨-en, -e⟩ Schafskäse
fåresyge ['fɒːɒˌsyːə] ⟨-n, -⟩ Mumps

G

gade ['gɛ̝ːðə] ⟨-n, -r⟩ Straße
gadekryds ['gɛ̝ːðəˌkʁys] ⟨-et, -⟩ *(Straße)* Kreuzung
gaf|fel ['gafəl] ⟨-len, -ler⟩ Gabel
galdeblære ['gæləˌblɛːɔ] ⟨-n, -r⟩ Gallenblase
galleri [gæləˈʁiːˀ] ⟨-et, -er⟩ Galerie
gammel ['gaməl] alt
ganske ['gænsgə] vollständig, ganz
garage [ga'ʁaːʂə] ⟨-n, -r⟩ Garage
garanti [gaʁan'tiːˀ] ⟨-en, -er⟩ Garantie
gasapparat ['gæsapaˈʁaːˀd] ⟨-et, -er⟩ Gaskocher
gasflaske ['gæsˌflæsgə] ⟨-n, -r⟩ Gasflasche
gaskomfur ['gæskɔmˌfuːˀɐ̯] ⟨-et, -er⟩ Gasherd
gaspatron ['gæspæˌtʁoːˀn] ⟨-en, -er⟩ Gaskartusche
gaspedal ['gæspeˌdɛ̝ːˀl] ⟨-en, -er⟩ Gaspedal
gate [gɛi̯d] ⟨-n, -s⟩ Flugsteig
gave ['gɛ̝ːvə] ⟨-n, -r⟩ Geschenk
gavl [gau̯ˀl] ⟨-en, -e⟩ Giebel
gazebind ['gɛ̝ːsəˌbenˀ] ⟨-et, -⟩ Mullbinde
gear [giːˀɐ̯] ⟨-et, -⟩ *(Auto)* Gang
gearkasse ['giːˀɐ̯ˌkæsə] ⟨-n, -r⟩ Getriebe
gebyr *pl* [ge'byːˀɐ̯] Gebühren
gedeost ['geːðəˌɔ̝sd] ⟨-en, -e⟩ Ziegenkäse
genere [ʂe'neːˀɔ] ⟨-ede⟩ belästigen
genert [ʂe'neɐ̯ˀd] schüchtern
gennem ['gɛnˀəm] (quer) durch
gennemblødt ['gɛnəmˌbløːˀd] durchnässt, nass
gennemsnitlig ['gɛnəmˌsnidli] durchschnittlich
gennemstegt ['gɛnəmˌsdɛgd] durchgebraten
genstand ['gɛnˌsdænˀ] ⟨-en, -e⟩ Ding, Gegenstand
gen|tage ['gɛnˌtɛ̝ːˀ] ⟨-tog, -taget⟩ wiederholen
genvej ['gɛnˌvai̯ˀ] ⟨-en, -e⟩ *(Weg)* Abkürzung
gerne ['gɛ̝ɐ̯nə] gern, **ikke gerne** ['egə 'gɛ̝ɐ̯nə] nicht gern
gevinst [ge'venˀsd] ⟨-en, -er⟩ Gewinn

gift [gifd] ⟨-en, -e⟩ Gift
gift [gifd] verheiratet
gifte sig ['gifdə sai̯] ⟨-ede⟩ heiraten
giftig ['gifdi] giftig
Giv agt! [giːˀ 'agd] Vorsicht!
give [giːˀ] ⟨gav, givet⟩ geben
give tilbage [giːˀ te'bɛ̝ːə] ⟨gav, givet⟩ zurückgeben
give ud [giːˀ 'uðˀ] ⟨gav, givet⟩ ausgeben
glad (over) ['glæð ('ɔu̯ˀɔ)] erfreut (über)
glad for ['glæð fɔ] zufrieden, froh
glas [glæs] ⟨-set, -⟩ Glas
glasmaleri ['glæsmœ̝ːlə,ʁiːˀ] ⟨-et, -er⟩ Glasmalerei
glem|me ['glɛmə] ⟨-te⟩ vergessen
glæde sig ['glɛːðə sai̯] ⟨-ede⟩ s. freuen
god [goːˀ] gut
gods [go̝s] ⟨-et, -er⟩ Landgut
godt [gɔd] gut
golf [gɔlˀf] Golf
golfklub ['gɔlˀf,klub] ⟨-ben, -ber⟩ Golfclub
golfkølle ['gɔlˀf,kølə] ⟨-n, -r⟩ Golfschläger
gotik [go'tig] Gotik
grafik [gʁa'fig] ⟨-ken, -ker⟩ Grafik
gram [gʁamˀ] Gramm
grapefrugt ['gʁɛi̯b,fʁo̝gd] ⟨-en, -er⟩ Grapefruit
gratinere [gʁati'neːˀɔ] ⟨-ede⟩ überbacken
gratis ['gʁaːtis] gratis, frei
gratulere [gʁatu'leːˀɔ] ⟨-ede⟩ gratulieren
grav [gʁaːˀv] ⟨-en, -e⟩ Grab
gravmæle ['gʁau̯,mɛːlə] ⟨-t, -r⟩ Grabmal
grill [gʁil] ⟨-en, -er⟩ Grill; **fra grillen** [fʁa 'gʁilˀən] vom Grill
grillkul ['gʁil,ko̝l] ⟨-let, -⟩ Grillkohle
grilltænder ['gʁil,tɛnɔ] ⟨-en, -e⟩ Grillanzünder
grotte ['gʁɔdə] ⟨-n, -r⟩ Grotte
grund [gʁo̝nˀ] ⟨-en, -e⟩ Ursache, Grund
gruppe ['gʁubə] ⟨-n, -r⟩ Gruppe
grydestegt ['gʁyːðə,sdɛgd] geschmort
græde ['gʁæːðə] ⟨græd, grædt⟩ weinen
grænse ['gʁænsə] ⟨-n, -r⟩ Grenze
grænseovergang ['gʁænsəɔu̯ɔ,gaŋˀ] ⟨-en, -e⟩ Grenzübergang
græsk [gʁæsg] griechisch
græskar ['gʁæs,ka] ⟨-ret, -⟩ Kürbis
græsplæne (til at sole sig på) ['gʁæs,plɛːnə (tel ɔ 'soːlə sai̯ 'po̝ːˀ)] ⟨-n, -r⟩ Liegewiese
græsplæne ['gʁæs,plɛːnə] ⟨-n, -r⟩ Rasen
grøn [gʁœ̝nˀ] grün
grønne bønner *pl* ['gʁœ̝nə 'bœnɔ] grüne Bohnen
grønt forsikringskort ['gʁœ̝nˀd fɔ'segʁeŋs,kɒːd] grüne Versicherungskarte
grøntsager *pl* ['gʁœ̝nd,sɛ̝ːɔ] Gemüse
grå [gʁo̝ːˀ] grau
Gud [guð] ⟨-en, -er⟩ Gott
guide [gai̯d] ⟨-n, -r⟩ Reiseführer/in, Fremdenführer/in
gul [guːˀl] gelb
guld [gul] ⟨-et, -⟩ Gold
guldsmedekunst ['gulsmeːðə,ko̝nˀsd] ⟨-en, -⟩ Goldschmiedekunst
gule sider ['guːlə 'siːðɔ] gelbe Seiten
gulerødder *pl* ['gulə,ʁœðˀɔ] Karotten, Möhren
gulv [go̝l] ⟨-et, -e⟩ Fußboden
gummibåd ['go̝mi,bo̝ːˀð] ⟨-en, -e⟩ Schlauchboot
gummistøvle ['go̝mi,sdœu̯lə] ⟨-n, -r⟩ Gummistiefel
gylden ['gylˀən] goldfarben
gyldig ['gyldi] gültig
gymnastik [gymnæ'sdig] ⟨-ken, -⟩ Gymnastik
gyser ['gyːsɔ] *(Buch, Film)* Thriller
gæld [gɛlˀ] ⟨-en, -⟩ *(Geld)* Schuld
gæst [gɛsd] ⟨-en, -er⟩ Gast
gæstfrihed ['gɛsdfʁi,heːˀð] ⟨-en, -⟩

WÖRTERBUCH DÄNISCH – DEUTSCH

Gastfreundschaft, Gastlichkeit
gøre ['gœ̞:ɔ] ⟨gjorde, gjort⟩ tun
gøre ondt ['gœ̞:ɔ 'o̞n?d] ⟨gjorde, gjort⟩ Schmerzen haben, wehtun
gøre rent [gœ̞:ɔ 'ʁɛ:?nd] ⟨gjorde, gjort⟩ putzen
gøre sig umage [gœ̞:ɔ sai̯ 'u,mɛ̞:e] ⟨gjorde, gjort⟩ s. bemühen
gå [go̞:?] ⟨gik, gået⟩ gehen
gå en tur ['go̞:? en 'tu:?ɒ̯] ⟨gik, gået⟩ spazieren gehen
gå i seng [go̞:? i 'sɛŋ?] ⟨gik, gået⟩ zu Bett gehen
gå ud [go̞:? 'uð?] ⟨gik, gået⟩ *(Haus verlassen; Licht)* ausgehen
gå væk [go̞:? 'vɛg] ⟨gik, gået⟩ weggehen
gågade ['go̞:?,gɛ̞:ðə] ⟨-n, -r⟩ Fußgängerzone
går, i ~ [i 'gɒ:?] gestern
gård [gɒ:?] ⟨-en, -e⟩ Hof

H

hals [hæl?s] ⟨-en, -⟩ Hals
halsbetændelse ['hælsbe,tɛn?əlsə] ⟨-n, -r⟩ Angina
halsbrand ['hæls,bʁan?] ⟨-en, -⟩ Sodbrennen
halssmerter *pl* ['hæls,smɛ̞ɒ̯dɔ] Halsschmerzen
halstabletter *pl* ['hælstæ,blɛdɔ] Halstabletten
halstørklæde ['hælstœ̞ɒ̯,klɛ:ðə] ⟨-t, -r⟩ Halstuch
halv [hæl?] halb
halvdel ['hæl,de:?l] ⟨-en, -e⟩ Hälfte
halvfems [hæl'fɛm?s] neunzig
halvfjerds [hæl'fjɛ̞ɒ̯s] siebzig
halvpension ['hælpaŋ,so:?n] Halbpension
halvtreds [hæl'tʁɛs] fünfzig
ham|mer ['hamɔ] ⟨-ren, -re⟩ Hammer
han [hæn] *prn* er
Handicapforbund ['hændikab,fɒ:bo̞n?] Behindertenverband
handicaplegitimation ['hændikablegitimæ,so:?n] Behindertenausweis
handicaplift ['hændikab,lifd] ⟨-en, -e⟩ Hublift
handicaptoilet ['hændikabtoæ'lɛd] ⟨-tet, -ter⟩ Behindertentoilette
handicapvenlig ['hændikab,vɛnli] behindertengerecht
handske ['hænsgə] ⟨-n, -r⟩ Handschuhe
hans [hæns] *poss prn sing* sein
hastighed ['hæsdi,he:?ð] ⟨-en, -er⟩ Geschwindigkeit
hat [hæd] ⟨-ten, -te⟩ Hut
hav [hau̯] ⟨-et, -e⟩ Meer
have [hɛ̞:?] ⟨havde, haft⟩ haben
have ['hɛ̞:və] ⟨-n, -r⟩ Garten
have brug for pleje [hɛ̞:? 'bʁu:? fɔ 'plai̯ə] ⟨havde, haft ⟩ pflegebedürftig
havn [hau̯?n] ⟨-en, -e⟩ Hafen
havregryn *pl* ['hau̯ʁɔ,gʁy:?n] Haferflocken
hedde ['heðə] ⟨hed, heddet⟩ heißen
hede ['he:ðə] ⟨-n, -⟩ Hitze
hede ['he:ðə] ⟨-n, -r⟩ Heide
hedebølge ['he:ðə,bøljə] ⟨-n, -r⟩ Hitzewelle
hekseskud ['hɛgsə,sguð] ⟨-det, -⟩ Hexenschuss
hel [he:?l] *adj* ganz, voll
held [hɛl?] ⟨-et, -⟩ Glück
heldagsudflugt ['he:ldɛ̞:?s,uðflo̞gd] ⟨-en, -er⟩ Tagesausflug
heller ikke ['hɛl?ɔ 'egə] auch nicht
hellig ['hɛli] heilig
helligdage *pl* ['hɛli,dɛ̞:ə] Feiertage
helpension ['he:lpaŋ,so:?n] Vollpension
helsekostforretning ['hɛlsəkɔsdfɔ,ʁædneŋ] ⟨-en, -er⟩ Reformhaus
hen imod ['hɛn imoð] *(in Richtung auf)* gegen
hen imod middag ['hɛn? imoð 'medæ] *(zeitlich)* gegen Mittag
hende ['henə] *prn sing* ihr
hendes ['henəs] *poss prn sing* ihr
hente/aflevere nøgler

[hɛndə/au̯leveːˀɔ 'nɔi̯lɔ] Schlüsselübergabe
her [hɛːˀɐ̯] hier
herlig ['hɛ̝ɐ̯li] herrlich
herre/hr. ['hɛ̝ɐ̯ɔ/hɛ̝ɐ̯] ⟨-n, -r⟩ Herr
hest [hɛsd] ⟨-en, -e⟩ Pferd; **en lille hest** [en 'lilə 'hɛsd] Pony
hilse ['hilsə] ⟨-te⟩ (be)grüßen
hils|en ['hilsən] ⟨-nen, ner⟩ Gruß
him|mel ['heməl] ⟨-len, -⟩ Himmel
hindre ['hendʁɔ] ⟨-de⟩ hindern
historie [hi'sdoːˀɐ̯iə] ⟨-n, -r⟩ Geschichte
hittegodskontor ['hidəgo̝skɔn,toːˀɐ̯] ⟨-et, -er⟩ Fundbüro
hjemme ['jɛmə] zu Hause, daheim
hjemmelavet ['jɛmə,lɛ̝ːˀvəð] hausgemacht
hjemrejse ['jɛm,ʁai̯sə] ⟨-n, -r⟩ Heimreise
hjemstavn ['jɛm,sdau̯ˀn] ⟨-en, -e⟩ Heimat
hjemstavnsmuse|um ['jɛmsdau̯nsmu,sɛːo̝m] ⟨-et, -er⟩ Heimatmuseum
hjerne ['jɛ̝ɐ̯nə] ⟨-n, -r⟩ Gehirn
hjerneblødning ['jɛ̝ɐ̯nə,bløðneŋ] ⟨-en, -er⟩ Gehirnblutung, Gehirnschlag
hjernerystelse ['jɛ̝ɐ̯nə,ʁœsdəlsə] ⟨-n, -r⟩ Gehirnerschütterung
hjerte ['jɛ̝ɐ̯də] ⟨-t, -r⟩ Herz; **problemer med hjertet** [pʁo'bleːˀmɔ mɛ 'jɛ̝ɐ̯dəð] Herzbeschwerden
hjerteanfald ['jɛ̝ɐ̯dəæn,fælˀ] ⟨-et, -⟩ Herzanfall
hjerteinfarkt ['jɛ̝ɐ̯dəen,faːgd] Herzinfarkt
hjertelig ['jɛ̝ɐ̯dəli] herzlich
hjertepacemaker ['jɛ̝ɐ̯də'pɛi̯s,mɛi̯gɔ] ⟨-en, -e⟩ Herzschrittmacher
hjul [juːˀl] ⟨-et, -⟩ Rad
hjælp [jɛlˀb] ⟨-en⟩ Hilfe
hjælp til på-/indstigning ['jɛlˀb te̝l 'pɔ↓/'en,sdiːˀneŋ] Einstiegshilfe
hjælpe nogen ['jɛlbə 'noːən] ⟨hjalp, hjulpet⟩ jdm helfen
hjælpetjeneste for handicappede ['jɛlbə,'tjɛːnəsdə fɔ 'hændikabəðə] Betreuungsdienst für Behinderte
hjørne ['jœ̝ɐ̯nə] ⟨-t, -r⟩ Ecke
hofte ['hɔfdə] ⟨-n, -r⟩ Hüfte
hold [hɔlˀ] ⟨-et, -⟩ *(Sport)* Mannschaft
holdbar ['hɔl,baːˀ] haltbar
holde ['hɔlə] ⟨holdt, holdt⟩ (fest)halten
holde op [hɔlə 'ɔb] ⟨holdt, holdt⟩ aufhören
holdt! [hɔlˀd] halt!
honning ['hɔneŋ] ⟨-en, -er⟩ Honig
horn [hoɐ̯ˀn] ⟨-et, -⟩ Hupe
hoste ['hoːsdə] ⟨-ede⟩ Husten
hostesaft ['hoːsdə,safd] ⟨-en, -er⟩ Hustensaft
hoved ['hoːəð] ⟨-et, -er⟩ Kopf
hovedbanegård ['hoːəðbɛ̝ːnə,gɒːˀ] ⟨-en, -e⟩ Hauptbahnhof
hovedpine ['hoːəð,piːnə] ⟨-n, -⟩ Kopfschmerzen
hovedpinepiller *pl* ['hoːəðpiːnə,pelɔ] Kopfschmerztabletten
hovedpostkontor ['hoːəðpɔsdkɔn,toːˀɐ̯] ⟨-et, -er⟩ Hauptpostamt
hovedpude ['hoːəð,puːðə] ⟨-n, -r⟩ Kopfkissen
hovedret ['hoːəð,ʁæd] ⟨-ten, -ter⟩ Hauptspeise
hovedrolle ['hoːəð,ʁɔlə] ⟨-n, -r⟩ Hauptrolle
hovedsagelig [hoəð'sɛ̝ːˀəlid] hauptsächlich
hovedsalat ['hoːəðsæ,lɛ̝ːˀd] ⟨-en, -er⟩ Kopfsalat
hoved|stad ['hoːəð,sdæð] ⟨-en, -stæder⟩ Hauptstadt
hovedtelefon ['hoːəðtelə,foːˀn] ⟨-en, -er⟩ Kopfhörer
hovedvej ['hoːəð,vai̯ˀ] ⟨-n, -e⟩ Hauptstraße
hud [huðˀ] ⟨-en, -⟩ Haut
hue [huːə] ⟨-n, -r⟩ Mütze
hul [ho̝l] ⟨-let, -ler⟩ Loch

hule ['huːlə] ⟨-n, -r⟩ Höhle
hun [hun] *prn sing* sie
hund [hunˀ] ⟨-en, -e⟩ Hund
hundrede ['hunʁɔðə] hundert
hurtig ['hur̯di] schnell
hus [huːˀs] ⟨-et, -e⟩ Haus
husdyr ['hus,dyːˀr̯] ⟨-et, -⟩ Haustiere
husejer ['hus,ai̯ɔ] ⟨-en, -e⟩ Hausbesitzer/in
husholdningsvarer *pl* ['hushɔlˀneŋs,vaːa] Haushaltswaren
huske (på) ['husgə (pɔ̝)] ⟨-ede⟩ erinnern (an)
husly ['hus,lyːˀ] ⟨-et, -⟩ Unterkunft
husnum|mer ['hus,nɔ̝mˀɔ] ⟨-ret, -re⟩ Hausnummer
hustru ['husdʁu] ⟨-en, -er⟩ Ehefrau
hvad [væð] was; *(Frage)* was
hvad behager? [vabə'haːˀ] wie bitte?
hveps [vɛbs] ⟨-en, -e⟩ Wespe
hver ['vɛːˀr̯] jeder
hverdag ['vɛr̯,dɛ̝ːˀ] ⟨-en, -e⟩ Werktag; **om hverdagen** [ɔm 'vɛ̝r̯,dɛ̝ːˀən] wochentags
hvid [viðˀ] weiß
hvidløg ['við,lɔi̯ˀ] ⟨-et, -⟩ Knoblauch
hvidvin ['við,viːˀn] ⟨-en, -e⟩ Weißwein
hvile sig (ud) ['viːlə sai̯ ('uðˀ)] ⟨-ede⟩ s. ausruhen
hvilken ['velgən] was für ein/eine ... ?
hvirvelsøjle ['vir̯ˀvəl,sɔi̯lə] ⟨-n, -r⟩ Wirbelsäule
hvis [ves] *(Bedingung)* wenn, falls
hvordan [vɒ'dæn] *(Frage)* wie
hvornår hvornår [vɒ'nɒːˀ] *(zeitlich)*wann
hvælving ['vɛlveŋ] ⟨-en, -er⟩ Gewölbe
hyggelig ['hygəli] gemütlich
hygiejnebind *pl* [hygi'ai̯nə,benˀ] Damenbinden
hæl [hɛːˀl] ⟨-en, -e⟩ *(Schuhe)* Absatz
hæs [hɛːˀs] heiser
hæslig ['hɛsli] hässlich
hævde ['hɛu̯də] ⟨-ede⟩ behaupten
hævelse ['hɛːvəlsə] ⟨-n, -r⟩ Schwellung
høfeber ['hø,feːˀbɔ] ⟨-en, -⟩ Heuschnupfen
høflig ['høfli] höflich
høj [hɔi̯ˀ] hoch
højde ['hɔi̯ˀdə] ⟨-n, -r⟩ Höhe
højdepunkt ['hɔi̯ˀdə,pɔ̝ŋˀd] ⟨-et, -er⟩ Höhepunkt
højformat ['hɔi̯fɔ,mɛ̝ːˀd] ⟨-et, -er⟩ Hochformat
højre, til ~ [tel 'hɔi̯ʁɔ] rechts
højspænding ['hɔi̯,sbɛneŋ] ⟨-en, -er⟩ Hochspannung
højst ['hɔi̯ˀsd] höchstens
højsæson ['hɔi̯sɛ,sɔŋ] ⟨-en, -er⟩ Hauptsaison
højt [hɔi̯ˀd] laut
højttaler ['hɔi̯,tɛ̝ːlɔ] ⟨-en, -e⟩ Lautsprecher
høre ['høːɔ] ⟨-te⟩ hören
høre musik [høːɔ mu'sig] ⟨-te⟩ Musik hören
hørehæmmet ['høːɔ,hɛməð] hörgeschädigt
hørelse ['høːɔlsə] ⟨-n, -⟩ Gehör
høstfest ['høsd,fæsd] ⟨-en, -er⟩ Erntedankfest, Kirmes
hånd [hɔnˀ] ⟨-en, hænder⟩ Hand
håndbold ['hɔn,bɔlˀd] ⟨-en, -e⟩ Handball
håndbremse ['hɔn,bʁæmsə] ⟨-n, -r⟩ Handbremse
hånddrevet cykel ['hɔn,dʁɛːˀvəð 'sygəl] Handbike
håndgas ['hɔn,gæs] *(Auto)* Handgas
håndklæde ['hɔn,klɛːðə] ⟨-t, -r⟩ Handtuch
håndlavet ['hɔn,lɛ̝ːvəð] handgemacht
håndlotion ['hɔn,lɔ̝u̯ʂən] ⟨-en, -s⟩ Handcreme
håndtag/håndgreb ['hɔn,tɛ̝ːˀ/'hɔn,gʁɛːˀb] ⟨-et, -⟩ Handlauf, Haltegriff
håndtaske ['hɔn,tæsgə] ⟨-n, -r⟩ Handtasche
håndvask ['hɔn,væsg] ⟨-en, -e⟩ Handwaschbecken
hår [hɒːˀ] ⟨-et, -⟩ Haar

hård [hɒːˀ] hart
hårgelé ['hɒːʂeˌle] Haargel
hårklemmer *pl* ['hɒːˌklɛmɔ] Haarklammern
hårshampoo ['hɒːˌʂampo] ⟨-en, -er⟩ Haarwaschmittel

I

i [i] in
I [i] *prn pl* Ihr
i det mindste [i de 'menˀsdə] mindestens, wenigstens
i familie med [i fæ'milˀjə 'mɛ] verwandt mit
i forgårs [i 'fɒːˌgɒːˀs] vorgestern
i form [i 'fɒːˀm] fit
i forvejen [i 'fɒːˌvai̯ˀən] im Voraus
i morgen tidlig/aften [i mɒːɒn 'tiðli/'afdən] morgen früh/morgen Abend
i morges/i aften [i 'mɒːɒs/i 'afdən] heute Morgen/heute Abend
i orden [i 'ɒːˀdən] in Ordnung
i overmorgen [i 'ɔu̯ˀɔˌmɒːɒn] übermorgen
i stedet for [i 'sdɛːˀðəd fɔ] anstatt
i weekenden [i 'viːˌgɛndən] am Wochenende
idé [i'deːˀ] ⟨-en, -er⟩ Idee
identitetskort [idɛnti'teːˀdsˌkɒːd] ⟨-et, -⟩ Personalausweis
idiotisk [idi'oːˀtisg] blöd(e)
igen [i'gɛn] wieder
ikke ['egə] nicht
ikke bindende ['egə 'benənə] unverbindlich
ikke desto mindre ['egə dɛsdo 'mendʁɔ] trotzdem
ikke-lokal telefonsamtale ['egəlo'kɛ̝ːˀl telə'foːˀnsamˌtɛ̝ːlə] Ferngespräch
ikkeryger ['egəˌʁyːɔ] ⟨-en, -r⟩ Nichtraucher
ikkeryger kupé ['egəˌʁyːɔ ku'peːˀ] ⟨-en, -er⟩ Nichtraucherabteil
ild [ilˀ] ⟨-en, -⟩ Feuer
ildslukker ['ilˌslɔ̝gɔ] ⟨-en, -e⟩ Feuerlöscher
iltapparat ['ildapaˌʁaːˀd] ⟨-et, -er⟩ Sauerstoffgerät
imellem [i'mɛlˀəm] zwischen
imod [i'moːˀð] wider, gegen
imponerende [empo'neːˀɔnə] beeindruckend
impressionisme [empʁæʂo'nismə] Impressionismus
ind|byde ['enˌbyːˀðə] ⟨-bød, -budt⟩ einladen
indbygger ['enˌbygɔ] ⟨-en, -e⟩ Einwohner/in
inde ['enə] drinnen
indehaver ['enəˌhɛ̝ːˀvɔ] ⟨-en, -e⟩ Besitzer/in
indenfor ['enənˌfɔ] innen
indenrigsfly ['enənʁisˌflyːˀ] ⟨-et, -⟩ Inlandsflug
indfødt ['enˌføːˀd] einheimisch
indgang ['enˌgaŋˀ] ⟨-en, -e⟩ Eingang
indhold ['enˌhɔlˀ] ⟨-et, -⟩ Inhalt
indkørs|el ['enˌkøɒ̯ˀsəl] ⟨-len, -ler⟩ Einfahrt
indpakning ['enˌpagneŋ] ⟨-en, -er⟩ Verpackung
indregistreringsbevis ['enʁɛgisdʁɛːˀɒ̯eŋsbeˌviːˀs] ⟨-et, -er⟩ Kfz-Schein
indrejse ['enˌʁai̯sə] ⟨-n, -r⟩ Einreise
indtil ['enˀtel] bis
indtil nu ['enˀtel 'nu] bis jetzt
indtjekning ['enˌtjɛgneŋ] ⟨-en, -er⟩ Anmeldung
indtrængende ['enˌtʁæŋˀənə] dringend
infektion [enfɛg'ʂoːˀn] ⟨-en, -er⟩ Infektion
influenza [enflu'ɛnsæ] ⟨-en, -er⟩ Grippe
information [enfɒːmæ'ʂoːˀn] ⟨-en, -er⟩ Auskunft
informere [enfɒ'meːˀɔ] ⟨-ede⟩ benachrichtigen
informere sig [enfɒ'meːˀɔ sai̯] ⟨-ede⟩ s. informieren
infusion [enfu'ʂoːˀn] ⟨-en, -er⟩ Infusion
ingen ['eŋən] kein, niemand

ingen steder ['eŋən 'sdɛːðɔ] nirgends
injektion [enjæg̩ˌsoːˀn] ⟨-en, -er⟩ Spritze
inliner ['enˌlainɔ] Inliner
insekt [en'sɛgd] ⟨-et, -er⟩ Insekt
insektmid|del [en'sɛgdˌmiðˀəl] ⟨-let, -ler⟩ Insektenmittel
insistere [ensi'sdeːˀɔ] ⟨-ede⟩ behaupten
inskription [ensgʁib'ʂoːˀn] ⟨-en, -er⟩ Inschrift
instruks [en'sdʁugs] ⟨-en, -er⟩ Vorschrift
insulin [ensu'liːˀn] ⟨-et, -⟩ Insulin
interessant [entʁɛ'sænˀd] interessant
interessere sig for [entʁɛ'seːˀɔ sai̯ fɔ] ⟨-de⟩ s. interessieren für
international ['entɔnæʂoˌnɛːˀl] international
interrail ['entɔˌʁɛi̯l] Interrail
intet ['endəð] nichts
is [iːˀs] ⟨-en, -⟩ (Speise-)Eis
iscenesættelse [i'seːnəˌsɛdəlsə] ⟨-n, -r⟩ Inszenierung
isenkramforretning ['isənkʁamfɔˌʁædneŋ] ⟨-en, -er⟩ Eisenwarengeschäft
isglat['isˌglæd] Eisglätte
ishockey ['isˌhɔgi] Eishockey
iskias ['iskiˌæs] ⟨-en, -⟩ Ischias
isslag ['isˌslɛːˀ] ⟨-et, -⟩ Glatteis
itu [i'tuːˀ] kaputt

J

jakke ['jagə] ⟨-n, -r⟩ Jacke
januar ['jænuˌaːˀ] Januar
jazz [djæs] Jazz
jazzgymnastik ['djæsgymnæˌsdig] ⟨-ken, -⟩ Jazzgymnastik
jeans, et par ~ [(ed pa) 'djiːns] Jeans
jeg [jai̯] *prn* ich
jer [jɛɐ̯] *prn* euch
jeres ['jɛːɔs] *poss prn* euer
job [djɔb] ⟨-bet, -⟩ Anstellung, Arbeit
jod(tinktur) ['joːˀð(teŋgˌtuːˀɐ̯)] Jod(tinktur)
jogge ['djɔgə] ⟨-de⟩ joggen
joggingbukser *pl* ['djɔgeŋˌbɔgsɔ] Jogginghose
joggingsko *pl* ['djɔgeŋˌsgoːˀ] Turnschuhe
jord [joːˀɐ̯] ⟨-en, -⟩ Boden, Erde
jordbær *pl* ['joɐ̯ˌbœɐ̯] Erdbeeren
jugendstil ['juːgəndˌsdiːˀl] Jugendstil
Jul [juːˀl] Weihnachten
juleaften ['juːləˌafdən] Heiliger Abend
juli ['juːˀli] Juli
juni ['juːˀni] Juni
juvelér [juvə'leːˀɐ̯] ⟨-en, -er⟩ Juwelier

K

kabaretscene [kaba'ʁɛˌseːnə] ⟨-n, -r⟩ Kleinkunstbühne
kabine [kæ'biːnə] ⟨-n, -r⟩ Kabine
kaffe ['kafə] ⟨-n -⟩ Kaffee
kaffemaskine ['kafəmæˌsgiːnə] ⟨-n, -r⟩ Kaffeemaschine
kage ['kɛːə] ⟨-n, -r⟩ Kuchen
kaj [kai̯ˀ] ⟨-en, -er⟩ Kai
kajak [kæ'jag] ⟨-ken, -ker⟩ Paddelboot
kalvekød ['kælvəˌkøð] ⟨-et, -⟩ Kalbfleisch
kam [kamˀ] ⟨-men, -me⟩ Kamm
kamera ['kɛːˀməʁa] ⟨-et, -er⟩ Fotoapparat
kamillete [kæ'miləˌteːˀ] ⟨-en, -⟩ Kamillentee
kanal [kæ'nɛːˀl] ⟨-en, -er⟩ Kanal
kanin [kæ'niːˀn] ⟨-en, -er⟩ Kaninchen
kano ['kɛːno] ⟨-en, -er⟩ Kanu
kapel [kæ'pɛlˀ] ⟨-let, -ler⟩ *(Gebäude, Musik)* Kapelle
kaptajn [kab'tai̯ˀn] ⟨-en, -er⟩ Kapitän
karaf|fel [ka'ʁafəl] ⟨-len, - ler⟩ Karaffe
karklud ['kaːˌkluðˀ] ⟨-en, -e⟩ Spültuch

kartofler *pl* [ka'tɔflɔ] Kartoffeln
kasket [kæ'sgɛd] ⟨-ten, -ter⟩ Mütze
kasse ['kæsə] ⟨-n, -r⟩ *(bezahlen)* Kasse; Kiste
kassette [kæ'sɛdə] ⟨-n, -r⟩ Kassette
kat [kæd] ⟨-ten, -te⟩ Katze
kaution [kau̯'ʂo:ˀn] ⟨-en, -er⟩ Kaution
kedelig ['ke:ðəli] langweilig
kejser ['kai̯sɔ] ⟨-en, -e⟩/**kejserinde** [kai̯sɔˌenə] ⟨-n, -r⟩ Kaiser/in
kemisk rensning ['ke:ˀmisg 'ʁænsneŋ] chemisch reinigen
kende ['kɛnə] ⟨-te⟩ kennen
keramik [keʁa'mig] ⟨-ken, -⟩ Keramik
ketchup ['kɛdʂub] ⟨-pen, -⟩ Ketschup
ketsjer ['kɛdʂɔ] ⟨-en, -e⟩ Schläger
kigge ['kigə] ⟨-de⟩ schauen
kigge på ['kigə pɔ̣:ˀ] ⟨-de⟩ zuschauen
kighoste ['kiˌho:sdə] ⟨-n, -⟩ Keuchhusten
kiks *pl* [kigs] Kekse
kilde ['kilə] ⟨-n, -r⟩ Quelle
kilogram ['kiloˌgʁamˀ] Kilogramm
kilometer [kilo'me:ˀdɔ] Kilometer
kilometerpris [kilo'me:ˀdɔˌpʁi:ˀs] ⟨-en, -er⟩ Kilometerpreis
kirke ['kiɐ̯gə] ⟨-n, -r⟩ Kirche
kirkegård ['kiɐ̯gəˌgɒ:ˀ] ⟨-en, -e⟩ Friedhof
kirketårn ['kiɐ̯gəˌtɒ:ˀn] ⟨-et, -e⟩ Kirchturm
kirsebær *pl* ['kiɐ̯səˌbœɐ̯] Kirschen
kirurg [ki'ʁu:ˀɐ̯u̯] ⟨-en, -er⟩ Chirurg/in
kitsch [kidʂ/ jɔ̣gs] kitsch, juks
kjole ['kjo:lə] ⟨-n, -r⟩ Kleid
klage (over) ['klɛ̣:ə ('ɔu̯ˀɔ)] ⟨-ede⟩ s. beschweren (über)
klar [kla:ˀ] bereit, fertig, klar
klasse ['klæsə] ⟨-n, -r⟩ Klasse
klassicisme [klæsi'sismə] Klassizismus
klassiker ['klæsigɔ] ⟨-en, -e⟩ Klassiker
klassisk ['klæsisg] Klassik
klatre ['klædʁɔ] ⟨-de ⟩ Klettern
klima ['kli:mæ] ⟨-et, -⟩ Klima
klimaanlæg ['kli:mæænˌlɛ:ˀg] ⟨-get, -⟩ Klimaanlage
klippe ['klebə] ⟨-n, -r⟩ Fels
klippevæg ['klebəˌvɛ:ˀg] ⟨-gen, -ge⟩ Felswand
klog [klɔ̣:ˀu̯] klug
klokke ['klɔgə] ⟨-n, -r⟩ Klingel
kloster ['klɔsdɔ] ⟨-et, klostre⟩ Kloster
klubhus ['klubˌhu:ˀs] ⟨-et, -e⟩ Clubhaus
klud [kluðˀ] ⟨-en, -e⟩ Lappen, Tuch
klæde sig om [klɛ:ˀ sai̯ 'ɔmˀ] ⟨-te⟩ s. umziehen
klæde sig på ['klɛ:ðə sai̯ 'pɔ̣:ˀ] ⟨-te⟩ s. anziehen
klø [klø:ˀ] ⟨-ede⟩ jucken
knage ['knɛ̣:ə] ⟨-n, -r⟩ *(Kleider)* Haken
kniv [kni:ˀv] ⟨-en, -e⟩ Messer
knoglebrud ['knɔu̯ləˌbʁuð] ⟨-det, -⟩ Knochenbruch
knogler *pl* ['knɔu̯lə] Knochen
knæ [knɛ:ˀ] ⟨-et, -⟩ Knie
kobling ['kɔbleŋ] ⟨-en, -er⟩ Kupplung
kode til døren ['ko:ðə tel 'dœ̣:ˀɔn] Türcode
kofanger ['ko:ˀˌfaŋɔ] ⟨-en, -e⟩ Stoßstange
koge ['kɔ̣:u̯ə] ⟨-te⟩ kochen
kogeapparat ['kɔ̣:u̯əapaˌʁa:ˀd] ⟨-et, -er⟩ Kocher
kogelbog ['kɔ̣:u̯əˌbɔ̣:ˀu̯] ⟨-en, -bøger⟩ Kochbuch
kogt [kɔgd] gekocht
kogt skinke ['kɔgd 'sgeŋgə] gekochter Schinken
kok [kɔg] ⟨-ken, -ke⟩ Koch/Köchin
kokosnød ['ko:gosˌnøðˀ] ⟨-den, -der⟩ Kokosnuss
kold [kɔlˀ] kalt
kolera ['ko:ˀləˌʁa] ⟨-en, -⟩ Cholera
kolik [ko'lig] ⟨-ken, -ker⟩ Kolik
kollega [ko'le:gæ] ⟨-en, -er⟩ Kollege/Kollegin
kom ind! [kɔm 'enˀ] herein!
komedie [ko'meðˀjə] ⟨-n, -r⟩ Komö-

die
komfur [kɔm'fu:ˀɐ̯] ⟨-et, -er⟩ Herd
komme (fra) ['kɔmə (fʁa)] ⟨kom, kommet⟩ stammen (aus)
komme ['kɔmə] ⟨kom, kommet⟩ kommen
komme igen ['kɔmə i'gɛn] ⟨kom, kommet⟩ wiederkommen
komme ind [kɔmə 'enˀ] ⟨kom, kommet⟩ hereinkommen
komme til skade [kɔmə tel 'sgɛ̝:ðə] ⟨kom, kommet⟩ verunglücken
kommen *pl* ['kɔmən] Kümmel
kompas [kɔm'pæs] ⟨-set, -ser⟩ Kompass
komponist [kɔmpo'nisd] ⟨-en, -er⟩ Komponist/in
koncert [kɔn'sɛ̝ɐ̯d] ⟨-en, -er⟩ Konzert
konditori [kɔndidɔ'ʁi:ˀ] ⟨-et, -er⟩ Konditorei
kondom [kɔn'do:ˀm] ⟨-et, -er⟩ Kondom
konduktør [kɔndug'tø:ɐ̯ˀ] ⟨-en, er⟩ Schaffner/in
kone ['ko:nə] ⟨-n, -r⟩ Ehefrau
konge ['kɔŋə] ⟨-n, -r⟩ König
konkurrence [kɔŋgu'ʁaŋsə] ⟨-n, -r⟩ Wettkampf
konsulat [kɔnsu'lɛ̝:ˀd] ⟨-et, -er⟩ Konsulat
konsultationstid [kɔnsultæ'ɕo:ˀns,tiðˀ] ⟨-en, -er⟩ Sprechstunde
kontakt [kɔn'tagd] ⟨-en, -er⟩ Kontakt
kontanter *pl* [kɔn'tænˀdɔ] Bargeld
konto ['kɔnto] ⟨-en, konti⟩ Konto
kontor [kɔn'to:ˀɐ̯] ⟨-et, -er⟩ Büro, Amt
kontrakt [kɔn'tʁagd] ⟨-en, -er⟩ Vertrag
kontrollere [kɔntʁo'le:ˀɔ] ⟨-ede⟩ kontrollieren
kontrollør [kɔntʁo'lø:ˀɐ̯] ⟨-en, -er⟩ Kontrolleur/in
konvolut [kɔnvo'lud] ⟨-ten, -ter⟩ Briefumschlag
kop [kɔb] ⟨-pen, -per⟩ Tasse
kopi [ko'pi:ˀ] ⟨-en, -er⟩ Kopie
kor [ko:ˀɐ̯] ⟨-et, -⟩ Chor
kors [kɒ:s] ⟨-et, -⟩ Kreuz
korsgang ['kɒ:s,gaŋˀ] ⟨-en, -e⟩ Kreuzgang
kort [kɒ:d] kurz
kortfattet ['kɒ:d,fædəð] kurz (gefasst)
kortfilm ['kɒ:d,filˀm] ⟨-en, -⟩ Kurzfilm
kortfristet ['kɒ:d,fʁɛsdəð] kurzfristig
kortslutning ['kɒ:d,sludneŋ] ⟨-en, -er⟩ Kurzschluss
koste ['kɔsdə] ⟨-ede⟩ kosten
kotelet [kodə'lɛd] ⟨-ten, -ter⟩ Kotelett
krampe ['kʁambə] ⟨-n, -r⟩ Krampf
kranvogn ['kʁa:n,vɔu̯ˀn] ⟨-en, -e⟩ Abschleppwagen
kreativ [kʁɛæ'ti:ˀv] kreativ
krebs [kʁæbs] ⟨-en, -⟩ *(Tier)* Krebs
kreditkort [kʁɛ'did,kɒ:d] ⟨-et, -⟩ Kreditkarte
kredsløbsforstyrrelse ['kʁɛ:slø:bsfɔ,sdy:ˀɔlsə] ⟨-n, -r⟩ Kreislaufstörung
kredsløbsmid|del ['kʁɛ:slø:bs,miðˀəl] ⟨-let, -ler⟩ Kreislaufmittel
kristendom ['kʁɛsdən,dɔmˀ] ⟨-men, -⟩ Christentum
krog [kʁo̝:ˀu̯] ⟨-en, -e⟩ Haken
krone ['kʁo:nə] ⟨-n, -r⟩ Krone
krop [kʁɔb] ⟨-pen, -pe⟩ Körper
krydderi [kʁyðə'ʁi:ˀ] ⟨-et, -er⟩ Gewürz
krydre ['kʁyðʁɔ] ⟨-de⟩ würzen
krydstogt ['kʁys,tɔgd] ⟨-et, -er⟩ Kreuzfahrt
krykke ['kʁœgə] ⟨-n, -r⟩ Krücke
krystal [kʁy'sdælˀ] ⟨-let, -ler⟩ Kristall
kræft [kʁæfd] ⟨-en, -⟩ *(Krankheit)* Krebs
kræmmerhus ['kʁæmɔ,hu:ˀs] ⟨-et, -e⟩ *(kleine)* Tüte
krøller *pl* ['kʁœlɔ] Locken
kuffert ['ko̝fɔd] ⟨-en, -er⟩ Koffer

kuglepen ['kuːlə,pɛnˀ] ⟨-nen, -ne⟩ Kugelschreiber
kuldegysninger *pl* ['kulə,gyːˀsneŋɔ] Schüttelfrost
kultur [kul'tuːˀɒ̯] ⟨-en, -er⟩ Kultur
kun [kɔ̝n] nur
kunde ['kɔ̝nə] ⟨-n, -r⟩ Kunde/Kundin
kunne ['kunə] ⟨kunne, kunnet⟩ können
kunne lide [ku 'liːˀ] ⟨kunne, kunnet⟩ gern haben, mögen
kunst [kɔ̝nˀsd] ⟨-en, -⟩ Kunst
kunsthandler ['kɔ̝nsd,hænlɔ] ⟨-en, -e⟩ Kunsthändler
kunsthåndværk ['kɔ̝nsdhɔn,vɛ̝ɒ̯g] ⟨-et, -⟩ Kunstgewerbe
kupé [ku'peːˀ] ⟨-en, -er⟩ Abteil
kup|pel ['kubəl] ⟨-len, -ler⟩ Kuppel
kurs [kuɒ̯ˀs] ⟨-en, -er⟩ *(Richtung, Wechsel)* Kurs
kurv [kuɒ̯ˀv] ⟨-en, -e⟩ Korb
kurve ['kuɒ̯və] ⟨-n, -r⟩ Kurve
kuvert [ku'vɛ̝ɒ̯d] ⟨-en, -er⟩ Gedeck
kvadratmeter [kvæ'dʁaːd,meːˀdɔ] Quadratmeter
kvalitet [kvæli'teːˀd] ⟨-en, -er⟩ Qualität
kvalme ['kvælmə] ⟨-n, -r⟩ Übelkeit
kvark [kvaːg] ⟨-en, -⟩ Quark
kvinde ['kvenə] ⟨-n, -r⟩ Frau
kvittere [kvi'teːˀɔ] ⟨-ede⟩ quittieren, bescheinigen
kvittering [kvi'teːˀɒ̯eŋ] ⟨-en, -er⟩ Quittung
kvæste ['kvɛsdə] ⟨-ede⟩ verletzen
kvæstede ['kvɛsdəðə] der/die Verletzte
kylling ['kyleŋ] ⟨-en, -er⟩ Hähnchen
kys [køs] ⟨-set, -⟩ Kuss
kysse ['køsə] ⟨-de⟩ küssen
kyst [køsd] ⟨-en, -er⟩ Küste
kæbe ['kɛːbə] ⟨-n, -r⟩ Kiefer
kæde ['kɛːðə] ⟨-n, -r⟩ *(auch Schmuck)* Kette
kær [kɛːˀɒ̯], **kærlig** ['kɛ̝ɒ̯li] lieb
kærlighed ['kɛ̝ɒ̯li,heːˀð] ⟨-en⟩ Liebe
kærnemælk ['kœ̝ɒ̯nə,mɛlˀg] ⟨-en, -⟩ Buttermilch
kø [køːˀ] ⟨-en, -er⟩ *(Menschen)* Schlange, *(Verkehr)* Stau
købe ['køːbə] ⟨-te⟩ kaufen
købe ind [køːbə 'enˀ] ⟨-te⟩ einkaufen
København [købən'hau̯ˀn] Kopenhagen
kød [køð] ⟨-et, -⟩ Fleisch
køjeseng ['kɔiə,sɛŋˀ] ⟨-en, -e⟩ Etagenbett
køkken ['køgən] ⟨-et, -er⟩ Küche
køkkenvask ['køgən,væsg] ⟨-en, -e⟩ Geschirrspülbecken
køleelement ['køːləelə,mɛnˀd] ⟨-et, -er⟩ Kühlelement
køler ['køːlɔ] ⟨-en, -e⟩ *(Auto)* Kühler
kølervæske ['køːlɔ,vɛsgə] ⟨-n, -r⟩ Kühlwasser
køleskab ['køːlə,sgɛ̝ːˀb] ⟨-et, -e⟩ Kühlschrank
køletaske ['køːlə,tæsgə] ⟨-n, -r⟩ Kühltasche
kølig ['køːli] kühl
kølle ['kølə] ⟨-n, -r⟩ Schläger
køre (fra) ['køːɔ (fʁa)] ⟨-te⟩ abfahren (von)
køre (rejse) ['køːɔ] ⟨-te⟩ fahren
køre bil [køːɔ 'biːˀl] ⟨-te⟩ Auto fahren
køre tilbage [køːɔ te'bɛ̝ːə] ⟨-te⟩ zurückfahren
kørekort ['køːɔ,kɒːd] ⟨-et, -⟩ Führerschein
køreplan ['køːɔ,plɛ̝ːˀn] ⟨-en, -er⟩ Fahrplan
kørestol ['køːɔ,sdoːˀl] ⟨-en, -e⟩ Rollstuhl
kørestolsbruger ['køːɔsdols,bʁuːɔ] ⟨-en, e⟩ Rollstuhlfahrer/in
kørestolsegnet ['køːɔsdols,ai̯nəð] rollstuhlgerecht
kål [kɔ̝ːˀl] ⟨-en, -⟩ Kohl

L

lammekød ['lamə,køð] ⟨-et, -⟩ Lammfleisch
lammelse ['laməlsə] ⟨-n, -r⟩ Lähmung

lammet fra ryggen og nedefter ['lamәð fʁa 'ʁœgәn ɔ 'neð'ˌɛfdɔ] querschnittsgelähmt
lampe ['lambә] ⟨-n, -r⟩ Lampe
land [læn'] ⟨-et, -e⟩ Land
landevej ['lænәˌvai̯'] ⟨-en, -e⟩ Landstraße
landing ['læneŋ] ⟨-en, er⟩ Landung
landkort ['lænˌkɒ:d] ⟨-et, -⟩ Landkarte
landsby ['læn'sˌby:'] ⟨-en, -er⟩ Dorf
landskab ['lænˌsgɛ̝:'b] ⟨-et, -er⟩ Landschaft
lands|mand ['læn'sˌmæn'] ⟨-en, -mænd⟩ Landsmann
lang [laŋ'] *(Weg)* weit, lang
Langfredag [laŋ'fʁe:'dæ] Karfreitag
langrendsski *pl* ['laŋʁænsˌsgi:'] Langlaufski
langsom ['laŋsɔm'] langsam
lappegrej ['labәˌgʁai̯'] ⟨-et, -⟩ Flickzeug
larm [la:'m] ⟨-en, -⟩ Lärm, Geräusch
lastvogn ['læsdˌvɔu̯'n] ⟨-en, -e⟩ Lastwagen
latterlig ['lædɔli] lächerlich
laurbær *pl* ['lau̯'ɔˌbœɐ̯] Lorbeer
lav [lɛ̝:'v] niedrig, nieder, tief
lave ['lɛ̝:vә] ⟨-ede⟩ herstellen, machen
le [le:'] ⟨lo, leet⟩ lachen
led [leð] ⟨-det, -⟩ Gelenk
leder ['le:ðɔ] ⟨-en, -e⟩ Leiter/in
ledsage ['leðˌsɛ̝:'ә] ⟨-ede⟩ begleiten
ledsager ['leðˌsɛ̝:'ɔ] ⟨-en, -e⟩ Begleitperson
lege ['lai̯ә] ⟨-ede⟩ *(Kinder)* spielen
legekammerat ['lai̯әkamәˌʁa:d] ⟨-en, -er⟩ Spielkamerad/in
legeplads ['lai̯әˌplæs] ⟨-en, -er⟩ Spielplatz
legetøj *pl* ['lai̯әˌtɔi̯] Spielsachen
legetøjsforretning ['lai̯әtɔi̯sfɔˌʁædneŋ] ⟨-en, -er⟩ Spielwarengeschäft
leggings ['lɛgeŋs] Leggins
leje ['lai̯ә] ⟨-ede⟩ mieten
leje ['lai̯ә] ⟨-n, -r⟩ Miete
lejlighed (lille) ['lai̯liˌhe:'ð ('lilә)] ⟨-en, -er⟩ Appartement
lejlighedsvis ['lai̯liheðsˌvi:'s] gelegentlich
let [lɛd] leicht
lever ['le:'vɔ] ⟨-en, -e⟩ Leber
leverpostej ['le:'vɔpoˌsdai̯'] ⟨-en, -er⟩ Leberpastete
levn/danefæ [lɛu̯'n/'dɛ̝:nәˌfɛ:'] Überreste
levnedsmiddelforretning ['lɛu̯nәðsmið'әlfɔˌʁædneŋ] ⟨-en, -er⟩ Lebensmittelgeschäft
lidt (af) ['led (æ)] ein wenig (von)
lidt [led] ein bisschen
lige ['li:ә] *(zeitlich)* gerade
lige ud ['li:ә 'uð'] geradeaus
ligge ['legә] ⟨lå, ligget⟩ liegen
liggevogn ['legәˌvɔu̯'n] ⟨-en, -e⟩ Liegewagen
liggevognsplads ['legәvɔu̯nsˌplæs] ⟨-en, -er⟩ Liegewagenplatz
lignende ['li:nәnә] ähnlich
lilla ['lelæ] lila
lille *sing* ['lilә] klein
limonade [limo'nɛ̝:ðә] ⟨-n, -r⟩ Limonade
linie ['linjә] ⟨-n, -r⟩ Linie
linned ['lenәð] ⟨-et, -⟩ Leinen
linse ['lensә] ⟨-n, -r⟩ Linse
linser *pl* ['lensɔ] Linsen
liter ['lidɔ] Liter
liv [li:'v] ⟨-et, -⟩ leben
livemusik ['lai̯vmuˌsig] ⟨-ken, -⟩ Livemusik
livlig ['liu̯li] lebhaft
loft [lɔfd] ⟨-et, -er⟩ Zimmerdecke
loge ['lo:ɕә] ⟨-n, -r⟩ Loge
lokal samtale [lo'kɛ̝:'l 'samˌtɛ̝:lә] ⟨-n, -r⟩ Ortsgespräch
lokaltog [lo'kɛ̝:'lˌto̝:'u̯] ⟨-et, -e⟩ Nahverkehrszug
lomme ['lɔmә] ⟨-n, -r⟩ *(Hosen)* Tasche
lommekniv ['lɔmәˌkni:'v] ⟨-en, -e⟩ Taschenmesser
lommeregner ['lɔmәˌʁai̯nɔ] ⟨-en, -e⟩ Taschenrechner
lommetyv ['lɔmәˌty:'v] ⟨-en, -e⟩ Taschendieb
loppemarked ['lɔbәˌma:gәð]

⟨-et, -er⟩ Flohmarkt
luft ['lofd] ⟨-en, -⟩ Luft
lufthavn ['lofd,hau̯ˀn] ⟨-en, -e⟩ Flughafen
lufthavnsafgift ['lofdhau̯ns,au̯gifd] ⟨-en, -er⟩ Flughafengebühr
lufthavnsbus ['lofdhau̯ns,bus] ⟨-sen, -ser⟩ Flughafenbus
luftmadras ['lofdmæ,dʁas] ⟨-sen, -ser⟩ Luftmatratze
luftpost ['lofd,pɔsd] Luftpost
luftpudebåd ['lofdpuːðə,boːˀð] ⟨-en, -e⟩ Luftkissenboot
luftpumpe ['lofd,pombə] ⟨-n, -r⟩ Luftpumpe
lugt [logd] ⟨-en, -e⟩ Geruch
lugte ['logdə] ⟨-ede⟩ riechen
lukke af [logə 'ɛːˀ] ⟨-de⟩ abschließen
lukket ['logəð] geschlossen, zu
luksuriøs [logsuɐ̯i'øːˀs] luxuriös
lummert ['lomˀɔd] schwül
lunge ['loŋə] ⟨-n, -r⟩ Lunge
lungebetændelse ['loŋəbe,tɛnˀəlsə] ⟨-n, -r⟩ Lungenentzündung
lykkelig ['løgəli] glücklich
lykønskning [løg'ønˀsgneŋ] ⟨-en, -er⟩ Glückwunsch
lyn [lyːˀn] ⟨-et, -⟩ *(Wetter)* Blitz
lys [lyːˀs] ⟨-et, -⟩ Licht
lysbeskyttelsesfaktor ['lyːsbe'sgødəlsəs,fagtɒ] ⟨-en, -er⟩ Lichtschutzfaktor
lyse totter *pl* ['lyːˀsə 'tɔdɔ] Strähnchen
lyseblå/lysegrøn ['lysə,bloːˀ/'lysə,gʁœnˀ] hellblau/hellgrün
lyskebrok ['lysgə,bʁɔg] ⟨-ken, -⟩ Leistenbruch
lyskontakt ['lyskɔn,tagd] ⟨-en, -er⟩ Lichtschalter
lyskurv ['lys,kuɐ̯ˀv] ⟨-en, -e⟩ Ampel
lystig ['løsdi] lustig
lytte til ['lydə tel] ⟨-de⟩ (zu)hören
lytte til en ['lydə tel 'eːˀn] ⟨-de⟩ jdm zuhören
læbe ['lɛːbə] ⟨-n, -r⟩ Lippe
læbestift ['lɛːbə,sdefd] ⟨-en, -er⟩ Lippenstift
læderjakke ['lɛðˀɔ,jagə] ⟨-n, -r⟩ Lederjacke
lædervareforretning ['lɛðˀɔvaːafɔ,ʁædneŋ] ⟨-en, -er⟩ Lederwarengeschäft
lægge ['lɛgə] ⟨lagde, lagt⟩ legen
lægge mærke til [lɛgə 'mɛɐ̯gə tel] ⟨lagde, lagt⟩ beachten
lægge sig ['lɛgə sai̯] ⟨lagde, lagt⟩ s. hinlegen
lægge til i [lɛgə 'tel i] ⟨lagde, lagt⟩ anlegen in
lækker ['lɛgɔ] lecker
lænestol ['lɛːnə,sdoːˀl] ⟨-en, -e⟩ Sessel
lære ['lɛːɔ] ⟨-te⟩ lernen
læse ['lɛːsə] ⟨-te⟩ lesen
læsion [lɛ'ɕoːˀn] ⟨-en, -er⟩ Verletzung
løb [løːb] ⟨-et, -⟩ Rennen
løbe ['løːbə] ⟨løb, løbet⟩ laufen, rennen
løg [lɔi̯ˀ] ⟨-et, -⟩ Zwiebeln
løjpe ['lɔi̯bə] ⟨-n, -r⟩ Loipe
lørdag ['lœɐ̯dæ] Samstag
låne ['loːnə] ⟨-te⟩ borgen
låne ud ['loːnə 'uðˀ] ⟨-te⟩ ausleihen
lås [loːˀs] ⟨-en, -e⟩ *(Tür)* Schloss
låse ['loːsə] ⟨-te⟩ verschließen
låse af [loːsə 'ɛːˀ] ⟨-te⟩ abschließen

M

mad [mæð] ⟨-en, -⟩ *(Nahrung)* Essen
madforgiftning ['mæðfɔ,gifdneŋ] ⟨-en, -er⟩ Lebensmittelvergiftung
madras [mæ'dʁas] ⟨-sen, -ser⟩ Matratze
mager ['mɛːˀɔ] mager
maj [mai̯ˀ] Mai
majs [mai̯ˀs] ⟨-en, -⟩ Mais
makrel [ma'kʁælˀ] ⟨-len, -ler⟩ Makrele
male ['mɛːlə] ⟨-ede⟩ malen
male|bog ['mɛːlə,boːˀu̯] ⟨-en, -bøger⟩ Malbuch
maler ['mɛːlɔ] ⟨-en, -e⟩ Maler/in
maleri [mɛːlə'ʁiːˀ] ⟨-et, -er⟩ Malerei;

WÖRTERBUCH DÄNISCH – DEUTSCH

Gemälde
man [mæn] *prn* man
mand [mænˀ] ⟨-en, mænd⟩ Mann
mandag ['mænˀdæ] Montag
mandariner *pl* [mændæ'ʁiːˀnɔ] Mandarinen
mandelbetændelse ['mænˀəlbeˌtɛnˀəlsə] ⟨-n, -r⟩ Mandelentzündung
mandler *pl* ['mænˀlɔ] Mandeln
mandskab ['mænˌsgɛːˀb] ⟨-et, -er⟩ *(Schiff)* Mannschaft
mange *pl* ['maŋə] viel
mangle ['maŋlə] ⟨-ede⟩ fehlen
margarine [maga'ʁiːnə] ⟨-n, -r⟩ Margarine
mark [maːg] ⟨-en, -er⟩ Feld
marmelade ['maməˌlɛːðə] ⟨-n, -r⟩ Marmelade
marskandiser [maːsgæn'diːˀsɔ] ⟨-en, -e⟩ Trödler
marts [maːds] März
mascara [mæ'sgaːʁa] ⟨-en, -er⟩ Wimperntusche
maskine [mæ'sgiːnə] ⟨-n, -r⟩ Maschine
massage [mæ'sɛːɕə] ⟨-n, -⟩ Massage
materiale [mætʁi'ɛːle] ⟨-t, -r⟩ Material
materialhand|el [mætʁi'œːˀlˌhænˀəl] ⟨-len, -ler⟩ Drogerie
materialistvare [mætʁiæ'lisdˌvaːa] ⟨-n, -r⟩ Drogerieartikel
materie [mæ'teːˀɒiə] ⟨-n, -r⟩ Eiter
mave ['mɛːvə] ⟨-n, -r⟩ Magen, Bauch
mavepine ['mɛːvəˌpiːnə] ⟨-n, -⟩ Magenschmerzen
mayonnaise [majo'nɛːsə] ⟨-n, -r⟩ Mayonnaise
med [mɛ] mit
medbragt gave ['mɛðbʁagd 'gɛːvə] ⟨-n, -r⟩ Mitbringsel
med|bringe ['mɛðˌbʁɛŋˀə] ⟨-bragte, -bragt⟩ mitbringen
meddelelse ['mɛðˌdeːˀləlsə] ⟨-n, -r⟩ Mitteilung, Nachricht
medikament [medikæ'menˀd] ⟨-et, -er⟩ Medikament
medregnet ['mɛðˌʁai̯ˀnəð] inklusive, inbegriffen
meget ['mai̯əð] sehr, viel
mel [meːˀl] ⟨-et, -⟩ Mehl
mellemlanding ['mɛləmˌlæneŋ] ⟨-en, -er⟩ Zwischenlandung
mellemørebetændelse ['mɛləmøːɔbeˌtɛnˀəlsə] ⟨-n, -r⟩ Mittelohrentzündung
men [mɛn] aber
mene ['meːnə] ⟨-te⟩ meinen
mening ['meːneŋ] ⟨-en, -er⟩ Meinung
menneske ['mɛnəsgə] ⟨-t, -r⟩ Mensch
mens [mɛnˀs] *conj* während
menstruation [mɛnsdʁuæ'ɕoːˀn] ⟨-en, -er⟩ Menstruation
menu [me'ny] ⟨-en, -er⟩ Menü
mere ['meːɔ] mehr
mere end ['meːɔ ɛn] mehr als
messe ['mɛsə] ⟨-n, -r⟩ *(rel, Ausstellung)* Messe
meter ['meːˀdɔ] Meter
middag ['medæ] ⟨-en, -⟩ Mittag; **om middagen** [ɔm 'medæən] mittags
middagsmad ['medæsˌmæð] ⟨-en, -⟩ Mittagessen
mid|del ['miðˀəl] ⟨-let, -ler⟩ Mittel
middelalder ['miðˀəlˌælˀɔ] Mittelalter
midlertidig ['miðˀlɔˌtiːˀði] provisorisch
midte ['medə] ⟨-n, -⟩ Mitte
mig [mai̯] *prn* mich, mir
migræne [mi'gʁɛːnə] ⟨-n, -r⟩ Migräne
mikrobølgeovn ['mikʁobøljəˌɔu̯ˀn] ⟨-en, -e⟩ Mikrowelle
mild [milˀ] mild; **mild og let** ['milˀ ɔ 'lɛd] *(Wein)* lieblich
miljø [mil'jø] ⟨-et, -er⟩ Umwelt
millimeter [mili'meːˀdɔ] Millimeter
min, mit, mine [miːˀn, mid, 'miːnə] *poss prn* mein
minde om ['menə ɔm] ⟨-de⟩ erinnern an
mindesmærke ['menəsˌmœɒgə] ⟨-t, -r⟩ Denkmal

mindested ['menəˌsdɛð] ⟨-et, -er⟩ Gedenkstätte
mindst [menˀsd] mindest
mineralvand [minəˈʁaːˀlˌvænˀ] ⟨-et, -⟩ Mineralwasser
minibar ['miniˌbaːˀ] ⟨-en, -er⟩ Minibar
minigolf ['miniˌgɔlˀf] Minigolf
minut [mi'nud] ⟨-tet, -ter⟩ Minute
misforståelse ['misfɔˌsdɔ̣ːˀəlsə] ⟨-n, -r⟩ Missverständnis
mobiltelefon [mo'biːˀltelәˌfoːˀn] ⟨-en, -er⟩ Handy
mode ['moːðə] ⟨-n, -r⟩ Mode
model [mo'dɛlˀ] ⟨-len, -ler⟩ Modell
moden ['moːˀðən] reif
moderne [mo'dɛ̝ɒ̯nə] modern
modesmykke ['moːðəˌsmøgə] ⟨-t, -r⟩ Modeschmuck
modsat ['moðˌsæd] entgegengesetzt
modsætning ['moðˌsɛdneŋ] ⟨-en, -er⟩ Gegenteil
modtage ['moðˌtɛ̝ːˀ] ⟨modtog, modtaget⟩ empfangen
modtager ['moðˌtɛ̝ːˀɔ] ⟨-en, -e⟩ Empfänger
mole ['moːlə] ⟨-n, -r⟩ Mole
mor [moːɒ̯] ⟨-en, mødre⟩ Mutter
more sig ['moːɔ sai̯] ⟨-ede⟩ s. amüsieren
morgen ['mɒːɒn] ⟨-en, -er⟩ Morgen; **om morgenen** [ɔm 'mɒːnən] morgens
morgenmad ['mɒːɒnˌmæð] ⟨-en, -⟩ Frühstück
morgenmadsbuffet ['mɒːɒnmæðsbyˌfe] ⟨-ten, -ter⟩ Frühstücksbüfett
morsom ['moɒ̯ˌsɔmˀ] erheiternd, lustig
mosaik [mosæ'ig] ⟨-ken, -ker⟩ Mosaik
motel [mo'tɛlˀ] ⟨-let, -ler⟩ Motel
motor ['moːtɒ] ⟨-en, -er⟩ Motor
motorbåd ['moːtɒˌbɔ̣ːˀð] ⟨-en, -e⟩ Motorboot
motorhjelm ['moːtɒˌjɛlˀm] ⟨-en, -e⟩ Motorhaube
motortrafikvej [moːtɒtʁa'figˌvai̯ˀ] ⟨-en, -e⟩ Schnellstraße
motorvej ['moːtɒˌvai̯ˀ] ⟨-en, -e⟩ Autobahn
motorvejsfrakørs|el ['moːtɒvai̯sˌfʁakøɒ̯ˀsəl] ⟨-len, -ler⟩ Autobahnausfahrt
mountainbike ['mau̯ntənˌbai̯g] Mountainbike
mulig ['muːli] möglich
mund [mɔ̣nˀ] ⟨-en, -e⟩ Mund
munding ['mɔ̣neŋ] ⟨-en, -er⟩ Mündung
munter ['mɔ̣nˀdɔ] froh
mur [muːˀɒ̯] ⟨-en, -e⟩ Mauer
muse|um [mu'sɛːɔ̣m] ⟨-et, -er⟩ Museum
musical ['mjuːsiˌkæl] ⟨-en, -s⟩ Musical
musicere [musi'seːˀɔ] ⟨-ede⟩ musizieren
musik [mu'sig] ⟨-ken, -⟩ Musik
musikforretning [mu'sigfɔˌʁædneŋ] ⟨-en, -er⟩ Musikgeschäft
muskatnød [mu'sgɛ̝ːˀdˌnøðˀ] ⟨-den, -der⟩ Muskatnuss
musk|el ['musgəl] ⟨-len, -ler⟩ Muskel
musling ['musleŋ] ⟨-en, -er⟩ Muschel
myg [myg] ⟨-gen, -⟩ Mücke
myndighed ['møndiˌheːˀð] ⟨-en, -er⟩ Behörde
mysli ['mysli] ⟨-en, -⟩ Müsli
mælk [mɛlˀg] ⟨-en, -⟩ Milch; **kærnemælk** ['kɛ̝ɒ̯nəˌmɛlˀg] ⟨-en, -⟩ Buttermilch; **letmælk** ['lɛdˌmɛlˀg] ⟨-en, -⟩ fettarme Milch
mænd *pl* [mɛnˀ] Herren
mærke ['mɛ̝ɒ̯gə] ⟨-ede⟩ merken
mærke sig noget ['mɛ̝ɒ̯gə sai̯ 'nɔ̣ːəð] s. etw merken
mærkelig ['mɛ̝ɒ̯gəli] seltsam
mæslinger ['mɛsleŋɔ] Masern
mæt [mɛd] satt
møb|el ['møːˀbəl] ⟨-let, -ler⟩ Möbel
møde ['møːðə] ⟨-te⟩ begegnen
mønt [mønˀd] ⟨-en, -er⟩ Münze
møntvaskeri ['møndvæsgəˌʁiːˀ]

WÖRTERBUCH DÄNISCH – DEUTSCH

⟨-et, -er⟩ Waschsalon
mør [mø:ˀɐ̯] gar
mørk [mœɐ̯g] dunkel
mørkeblå/mørkegrøn ['mœɐ̯gəˌblɔ̣ːˀ/'mœɐ̯gəˌgʁœ̣nˀ] dunkelblau/dunkelgrün
mørkt [mœ̣ɐ̯gd] *(Haar)* braun
måge ['mɔ̣:u̯ə] ⟨-n, -r⟩ Möwe
mål [mɔ̣:ˀl] ⟨-et, -⟩ Ziel; *(Fußball)* Tor
mål|mand ['mɔ̣:lˌmænˀ] ⟨-en, -mænd⟩ Torwart
måltid ['mɔlˌtiðˀ] ⟨-et, -er⟩ Mahlzeit; **lille måltid** ['lilə 'mɔlˌtiðˀ] Imbiss
måne ['mɔ̣:nə] ⟨-n, -r⟩ Mond
måned ['mɔ̣:nəð] ⟨-en, -er⟩ Monat
månedlig ['mɔ̣:nəðli] monatlich
måske [mɔ̣'sge:ˀ] vielleicht
måtte ['mɔdə] ⟨måtte, måttet⟩ dürfen

N

nabo ['nɛ̣:bo] ⟨-en, -er⟩ Nachbar/in
narkose [na'ko:sə] ⟨-n, -r⟩ Narkose
narkotika [na'ko:ˀtikæ] Drogen
narresut ['na:a'sud] ⟨-ten, -ter⟩ Schnuller
nat [næd] ⟨-ten, nætter⟩ Nacht
natbord ['nædˌbo:ˀɐ̯] ⟨-et, -e⟩ Nachttisch
nationalitet [næʂonæli'te:ˀd] ⟨-en, -er⟩ Staatsangehörigkeit
nationalitetsmærke [næʂonæli'te:ˀdsˌmɛ̣ɐ̯gə] ⟨-et, -⟩ Nationalitätskennzeichen
nationalpark [næʂo'nɛ̣:ˀlˌpa:g] ⟨-en, -er⟩ Nationalpark
natklub ['nædˌklub] ⟨-ben, -ber⟩ Nachtklub
natlampe ['nædˌlambə] ⟨-n, -r⟩ Nachttischlampe
natten, om ~ [ɔm 'nædən] nachts
natur [næ'tu:ˀɐ̯] ⟨-en, -er⟩ Natur
naturlig [næ'tuɐ̯ˀli] *adj* natürlich
naturligvis [næ'tuɐ̯ˀliˌvi:ˀs] *adv* natürlich
navigationsbevis til en motorbåd [nævigæ'ʂo:ˀnsbeˌvi:ˀs tel en 'mo:tɒˌbɔ̣:ˀð] Bootsführerschein
navn [nau̯ˀn] ⟨-et, -e⟩ Name
nede ['ne:ðə] unten
nedenfor ['ne:ðənˌfɔ] unterhalb
negativ ['negæˌti:ˀv] negativ
neglelak ['nai̯ləˌlag] ⟨-ken, -ker⟩ Nagellack
neglelakfjerner ['nai̯ləlagˌfjɛ̣ɐ̯nɔ] ⟨-en, -⟩ Nagellackentferner
neglesaks ['nai̯ləˌsags] ⟨-en, -e⟩ Nagelschere
nelliker *pl* ['nelˀegɔ] *(Blumen, Gewürz)* Nelken
nem [nɛmˀ] einfach
neoprendragt [neo'pʁɛ:ˀnˌdʁagd] ⟨-en, -er⟩ Neoprenanzug
nerve ['nɛ̣ɐ̯və] ⟨-n, -r⟩ Nerv
nervøs [nɛ̣ɐ̯ˌvø:ˀs] nervös
net [nɛd] ⟨-tet, -⟩ Netz
netop ['nɛdˌɔb] gerade
ni [ni:ˀ] neun
niogtyve ['ni:ˀɔˌty:və] neunundzwanzig
nitten ['nedən] neunzehn
niveaufri adgang [ni'voˌfʁi:ˀ 'æðˌgaŋˀ] ⟨-en, -e⟩ niveaufreier Zugang
nogen ['no:en] jemand
noget ['nɔ̣:əð] etwas
nogle ['no:ən] einige
nok [nɔg] genug
nord for ['no:ˀɐ̯ fɔ] nördlich von
norden ['no:ˀɔn] Norden
normal [nɒˌmɛ̣:ˀl] normal
normalt [nɒˌmɛ̣:ˀld] normalerweise
november [no'vɛmˀbɔ] November
nu [nu] jetzt
nudiststrand [nu'disdˌsdʁanˀ] ⟨-en, -e⟩ FKK-Strand
nudler *pl* ['nuðˀlɔ] Nudeln
nul [nɔ̣l] null
num|mer ['nɔ̣mˀɔ] ⟨-ret, -re⟩ Nummer
nummerplade ['nɔ̣mɔˌplɛ̣:ðə] ⟨-n, -r⟩ Nummernschild
ny [ny:ˀ] neu
nyde ['ny:ðə] ⟨nød, nydt⟩ genießen
nyhed ['nyˌhe:ˀð] ⟨-en, -er⟩ Neuheit
nyre ['ny:ɔ] ⟨-n, -r⟩ Niere

nyrebetændelse ['nyːɔbeˌtɛnˀəlsə] ⟨-n, -r⟩ Nierenentzündung
nyrebælte ['nyːɔˌbɛldə] ⟨-t, -r⟩ Nierengurt
nyresten ['nyːɔˌsdeːˀn] ⟨-en, -⟩ Nierenstein
nyse ['nyːse] ⟨nøs, nyst⟩ niesen
nysgerrig ['nyˌsgɛɐ̯ˀi] neugierig
Nytår ['nydˌɒːˀ] Neujahr, Silvester
nægte ['nɛgdə] ⟨-ede⟩ ablehnen
næppe ['nɛbə] kaum
nær [nɛːˀɐ̯] nahe
nær ved ['nɛːˀɐ̯ˌveð] nahe bei
nærlys ['nɛɐ̯ˌlyːˀs] ⟨-et, -⟩ Abblendlicht
næse ['nɛːsə] ⟨-n, -r⟩ Nase
næseblod ['nɛːsəˌbloːˀð] ⟨-et, -⟩ Nasenbluten
næste ['nɛsdə] nächste(r, -s)
næsten ['nɛsdən] fast
næstsidste ['nɛsdˌsisdə] vorletzte(r, -s)
nødbremse ['nøðˌbʁæmsə] ⟨-en, -er⟩ Notbremse
nødder *pl* ['nøðˀɔ] Nüsse
nødstilfælde ['nøðstelˌfɛlˀə] ⟨-t, -e⟩ Notfall
nødtelefon ['nøðteləˌfoːˀn] ⟨-en, -er⟩ *(Autobahn)* Notrufsäule
nødudgang ['nøðuðˌgaŋˀ] ⟨-en, -e⟩ Notausgang
nødvendig [nøð'vɛnˀdi] notwendig
nøgen ['nɔi̯ən] nackt
nøgenstudie ['nɔi̯ənˌsduːˀdjə] ⟨-t, -r⟩ Akt
nøgle ['nɔi̯lə] ⟨-n, -r⟩ Schlüssel
nøgleben ['nɔi̯ləˌbeːˀn] ⟨-et, -⟩ Schlüsselbein
nøgtern ['nøgdɔn] nüchtern
nøjagtig sådan som [nɔi̯'agdi 'sɔdən sɔm] genauso … wie
nøje ['nɔi̯ə] genau
nå [nɔ̣ːˀ] ⟨-ede⟩ erreichen
nål [nɔ̣ːˀl] ⟨-en, -e⟩ Nadel
når [nɒːˀ] *(zeitlich)* wenn

O

objektiv [ɔbjɛg'tiːˀv] ⟨-et, -er⟩ Objektiv
offentlig ['ɔfɛndli] öffentlich
officiel [ɔfi'ʂɛlˀ] offiziell
offside [ɔf'sai̯d] abseits
ofte ['ɔfdə] oft
og [ɔ] und
også ['ɔsə] auch
oksekød ['ɔgsəˌkøð] ⟨-et, -⟩ Rindfleisch
oktober [og'toːˀbɔ] Oktober
olie ['oljə] ⟨-n, -r⟩ Öl
oliemaleri ['oljəmɛ̜ːləˌʁiːˀ] ⟨-et, er⟩ Ölmalerei
olieskift ['oljəˌsgifd] ⟨-et, -⟩ Ölwechsel
oliven [o'liːˀvən] Oliven
olivenolie [o'liːˀvənˌoljə] ⟨-n, -r⟩ Olivenöl
om [ɔm] gegen, ob, um
omfang ['ɔmˌfaŋˀ] ⟨-et, -⟩ Ausdehnung, Größe
omfartsvej ['ɔmfaːdsˌvai̯ˀ] ⟨-en, -e⟩ Umgehungsstraße
omgivelse ['ɔmˌgiːˀvəlsə] ⟨-n, -r⟩ Umgebung
omkostninger *pl* ['ɔmˌkɔsdneŋɔ] Unkosten
omkring [ɔm'kʁɛŋˀ] *(räumlich)* um
omkørs|el ['ɔmˌkøɐ̯ˀsəl] ⟨-len, -ler⟩ Umleitung
områdenum|mer ['ɔmʁɔ̣ːðəˌnɔ̣mˀɔ] ⟨-ret, -re⟩ Vorwahlnummer
omvej ['ɔmˌvai̯ˀ] ⟨-en, -e⟩ Umweg
omvendt ['ɔmˌvɛnˀd] umgekehrt
omvisning ['ɔmˌviːˀsneŋ] ⟨-en, -er⟩ Führung
ond [ɔ̣nˀ] böse
ondt i ryggen ['ɔ̣nˀd i 'ʁœgən] Rückenschmerzen
onsdag ['ɔ̣nˀsdæ] Mittwoch
opad ['ɔbˌæð] aufwärts
opbevare ['ɔbbeˌvaːˀa] ⟨-ede⟩ aufbewahren
opdage ['ɔbˌdɛ̜ːˀə] ⟨-ede⟩ entdecken

opera ['oːˀbəˌʁa] ⟨-en, -er⟩ Oper
operation [obəʁa'ɕoːn] ⟨-en, -er⟩ Operation
operette [obə'ʁædə] ⟨-n, -r⟩ Operette
opførelse ['ɔbˌføːˀɔlsə] ⟨-n, -r⟩ Aufführung
ophold ['ɔbˌhɔlˀ] ⟨-et, -⟩ Aufenthalt
op|holde sig['ɔbˌhɔlˀə sai̯] ⟨-holdt, -holdt⟩ s. aufhalten
opholdsstue ['ɔbhɔlsˌsduːə] ⟨-n, -r⟩ Aufenthaltsraum
opkastningsfornemmelse ['ɔbkæsdneŋsfɔˌnɛmˀəlsə] ⟨-n, -r⟩ Brechreiz
oplader ['ɔbˌlɛ̝ːˀðɔ] ⟨-en, -e⟩ Ladegerät
opland ['ɔbˌlænˀ] ⟨-et, -⟩ Hinterland
oplysning ['ɔbˌlyːˀsneŋ] ⟨-en, -er⟩ Angabe
opmærksomhed [ɔb'mɛ̝ɒ̯gsɔmˌheːˀð] ⟨-en, -er⟩ Achtung
opnå ['ɔbˌnɔ̝ːˀ] ⟨-ede⟩ *(durch Bemühung)* erhalten
opringning ['ɔbˌʁɛŋˀneŋ] ⟨-en, -er⟩ Anruf
opsvulmet ['ɔbˌsvulˀməð] geschwollen
optaget ['ɔbˌtɛ̝ːˀəð] besetzt, voll
optiker ['ɔbtigɔ] ⟨-en, -e⟩ Optiker
optog ['ɔbˌtɔ̝u̯ˀ] ⟨-et, -e⟩ Umzug
opvaskebørste ['ɔbvæsgəˌbœɒ̯sdə] ⟨-n, -r⟩ Spülbürste
opvaskemaskine ['ɔbvæsgəmæˌsgiːnə] ⟨-n, -r⟩ Geschirrspülmaschine
opvaskemid|del ['ɔbvæsgəˌmiðˀəl] ⟨-let, -ler⟩ Spülmittel
orange [o'ʁaŋɕə] orange
ord ['oːˀɒ̯] ⟨-et, -⟩ Wort
orden ['ɒːˀdən] ⟨-en, -er⟩ *(rel, Auszeichnung)* Orden
ordinere [ɒdi'neːˀɔ] ⟨-ede⟩ verschreiben
original [ɒigi'nɛ̝ːˀl] ⟨-en, -er⟩ Original
originalversion [ɒigi'nɛ̝ːˀlvɛ̝ɒ̯ˌɕoːˀn] ⟨-en, -er⟩ Originalfassung

orkester [ɒ'kɛsdɔ] ⟨-et, orkestre⟩ Orchester
orm [oɒ̯ːˀm] ⟨-en, -e⟩ Wurm
os [ɔs] *prn* uns
ost [ɔ̝sd] ⟨-en, -⟩ Käse
otte ['ɔ̝ːdə] acht
otteogtyve ['ɔ̝ːdɔˌtyːvə] achtundzwanzig
oven ['ɔu̯ən] oben
over ['ɔu̯ˀɔ] über
over for ['ɔu̯ˀɔ fɔ] gegenüber
overalt [ɔu̯ɔ'ælˀd] überall
overfald ['ɔu̯ɔˌfælˀ] ⟨-et, -⟩ Überfall
overførs|el ['ɔu̯ɔˌføɒ̯ˀsəl] ⟨-len, -ler⟩ Überweisung
overgang ['ɔu̯ɔˌgaŋˀ] ⟨-en, -e⟩ Übergang
overhale ['ɔu̯ɔˌhɛ̝ːˀlə] ⟨-ede⟩ überholen
overhovedet ikke [ɔu̯ɔ'hoːðəd 'egə] gar nicht
overnatning ['ɔu̯ɔˌnædneŋ] ⟨-en, -er⟩ Übernachtung
overnatte ['ɔu̯ɔˌnædə] ⟨-de⟩ übernachten
overskæg ['ɔu̯ɔˌsgɛːˀg] ⟨-get, -⟩ Schnurrbart
over|sætte ['ɔu̯ɔˌsɛdə] ⟨-satte, -sat⟩ übersetzen
overvejende ['ɔu̯ɔˌvai̯ˀənə] überwiegend, hauptsächlich

P

padle ['pæðlə] ⟨-de⟩ paddeln
pakke ['pagə] ⟨-n, -r⟩ Paket
pakke ind [pagə 'enˀ] ⟨-de⟩ einpacken
palads [pæ'læs] ⟨-et, -er⟩ Palast
pandehulebetændelse ['pænəhuːləbeˌtɛnˀəlsə] ⟨-n, -r⟩ Stirnhöhlenentzündung
pandehår ['pænəˌhɒːˀ] ⟨-et, -⟩ Pony
panderet ['pænəˌʁæd] ⟨-ten, -ter⟩ Pfannengericht
pant [pænˀd] ⟨-et, -er⟩ Pfand
papir [pæ'piːˀɒ̯] ⟨-et, -⟩ Papier
papirer *pl* [pæ'piːˀɔ] *(Dokumente)*

Papiere
papirhand|el [pæ'piːˀɒ̯ˌhænˀəl] ⟨-len, -ler⟩ Schreibwarengeschäft
papirlommetørklæder *pl* [pæ'piːˀɒ̯lɔmətœɒ̯ˌklɛːðɔ] Papiertaschentücher
papirservietter *pl* [pæ'piːˀɒ̯sɛɒ̯viˌɛdɔ] Papierservietten
papirspose [pa'piːˀɒ̯sˌpoːsə] ⟨-n, -r⟩ *(Papier)* Tüte
paprika/peberfrugt ['pabʁikæ/'peu̯ɔˌfʁɔgd] ⟨-en, er⟩ Paprika(schote)
par [pa] ⟨-ret, -⟩ Paar; **et par** [ed pa] ein paar
parfume [pa'fyːmə] ⟨-n, -r⟩ Parfüm
parfumeri [pafymə'ʁiːˀ] ⟨-et, -er⟩ Parfümerie
park [paːg] ⟨-en, -er⟩ Park
park med vilde dyr ['paːg mɛ 'vilə 'dyːˀɒ̯] Wildpark
parkere [pa'keːˀɔ] ⟨-ede⟩ parken
parkeringslys [pa'keːˀɒ̯eŋsˌlyːˀs] ⟨-et, -⟩ Standlicht
parkeringsplads [pa'keːˀɒ̯eŋsˌplæs] ⟨-en, -er⟩ Parkplatz
parkeringsplads for handicappede [pa'keːˀɒ̯eŋsˌplæs fɔ 'hændikabəðə] Behindertenparkplatz
parketgulv [pa'kɛdˌ gɔ̞l] ⟨-et, -e⟩ Parkettboden
paryk [pa'ʁœg] ⟨-ken, -ker⟩ Perücke
pas [pæs] ⟨-set, -⟩ Reisepass
Pas på! [pæs 'pɔ̞ːˀ] Achtung!, Vorsicht!
paskontrol ['pæskɔnˌtʁɔlˀ] ⟨-len, -ler⟩ Passkontrolle
passage [pæ'sɛ̝ːɕə] ⟨-n, -r⟩ Durchgang
passager [pæsæ'ɕeːˀɒ̯] ⟨-en, -er⟩ Passagier, Fahrgast
passe (på) [pæsə 'pɔ̞ːˀ] ⟨-de⟩ aufpassen (auf)
passe ['pæsə] ⟨-de⟩ passen
pause ['pau̯sə] ⟨-n, -r⟩ Pause
peber ['peu̯ɔ] ⟨-et, -⟩ Pfeffer
pebermølle ['peu̯ɔˌmølə] ⟨-n, -r⟩ Pfeffermühle
pege ['pai̯ə] ⟨-ede⟩ hinweisen, zeigen
penge *pl* ['pɛŋə] Geld
pengeautomat ['pɛŋəau̯toˌmɛ̝ːˀd] ⟨-en, -er⟩ Geldautomat
pengeoverførs|el ['pɛŋəɔu̯ɔˌføɒ̯ˀsəl] ⟨len, ler⟩ Geldüberweisung
pengepung ['pɛŋəˌpɔ̞ŋˀ] ⟨-en, -e⟩ Geldbeutel
pengesed|del ['pɛŋəˌsɛðˀəl] ⟨-len, -ler⟩ Geldschein
pensionat [paŋɕo'nɛ̝ːˀd] ⟨-et, -er⟩ Pension
periode [pœɒ̯i'oːðə] ⟨-n, -r⟩ Epoche
perle ['pɛ̝ɒ̯lə] ⟨-n, -r⟩ Perle
permanent [pœɒ̯mæ'nɛnˀd] ⟨-en, -er⟩ Dauerwelle
perron [pɛ̝'ʁɔŋ] ⟨-en, -er⟩ Bahnsteig
persille [pɛ̝ɒ̯'selə] ⟨-n, -⟩ Petersilie
person [pɛ̝ɒ̯'soːˀn] ⟨-en, -er⟩ Person
personalia [pɛ̝ɒ̯so'nɛ̝ːˀliæ] Personalien
personlig [pɛ̝ɒ̯'soːˀnli] persönlich
petroleum [pe'tʁoːˀleɔ̝m] Petroleum
pige ['piːə] ⟨-n, -r⟩ Mädchen
pille ['pelə] ⟨-n, -r⟩ Tablette
pilot [pi'loːˀd] ⟨-en, -er⟩ Pilot/in
pincet [pen'sɛd] ⟨-ten, -ter⟩ Pinzette
pinkode ['penˌkoːðə] ⟨-en, -er⟩ Geheimzahl
Pinse ['pensə] Pfingsten
piskefløde ['pisgəˌfløːðə] ⟨-n, -⟩ Schlagsahne
plads [plæs] ⟨-en, -er⟩ Platz, Sitz
pladsbillet ['plæsbiˌlɛd] ⟨-ten, -ter⟩ Platzkarte
plakat [plæ'kɛ̝ːˀd] ⟨-en, -er⟩ Plakat
plant niveau ['plɛ̝ːˀnd ni'vo] *(Erdgeschoss)* eben
plante ['plændə] ⟨-n, -r⟩ Pflanze
plaster ['plæsdɔ] ⟨-et, plastre⟩ Pflaster
plastic ['plæsdig] ⟨-en, -⟩ *(Material)* Plastik
plasticpose ['plæsdigˌpoːsə] ⟨-n, -r⟩ Plastikbeutel
plet [plɛd] ⟨-ten, -ter⟩ Fleck
plombe ['plɔ̝mbə] ⟨-n, -r⟩ Plombe

pludselig ['plusli] plötzlich
pocketbog/paperback ['pɔgəd,bo̞:u̯/'pɛi̯bɔ,bæg] Taschenbuch
polaroidkamera [polaʁo'ið',kɛ̝:'məʁa] ⟨-et, -er⟩ Sofortbildkamera
politi [poli'ti:'] ⟨-et, -⟩ Polizei
politibetjent [poli'tibe,tjɛn'd] ⟨-en, -e⟩ Polizist/in
politibil [poli'ti,bi:'l] ⟨-en, -er⟩ Polizeiwagen
porcelæn [pɒsə'lɛ:'n] ⟨-et, -⟩ Porzellan, Geschirr
porre ['pɒ:ɒ] ⟨-n, -r⟩ Lauch
port [pɒɒ̯'d] ⟨-en, -e⟩ Einfahrt, Tor
portal [pɒ'tɛ̝:'l] ⟨-en, -er⟩ Portal
portier [pɒ'tje] ⟨-en, -er⟩ Portier
portion [pɒ'ʂo:'n] ⟨-en, -er⟩ Portion
porto ['pɒ:to] ⟨-en, -⟩ Porto
portræt [pɒ'tʁæd] ⟨-tet, -ter⟩ Porträt
poste restante [pɔsd ʁɛ'sdaŋd] postlagernd
postkontor ['pɔsdkɔn,to:'ɒ̯] ⟨-et, -er⟩ Postamt
postkort ['pɔsd,kɒ:d] ⟨-et, -⟩ Postkarte
postnum|mer ['pɔsd,no̞m'ɔ] ⟨-ret, -re⟩ Postleitzahl
pottemagervarer *pl* ['pɔdəmɛ̝:ɔ,va:a] Töpferwaren
pottemagerværksted ['pɔdəmɛ̝:ɔ,vɛ̝ɒ̯gsdɛð] ⟨-et, -er⟩ Töpferei
p-pille ['pe:',pelə] ⟨-n, r⟩ Antibabypille
praktisk ['pʁagtisg] praktisch
premiere [pʁɛm'jɛ:ɔ] ⟨-n, -r⟩ Premiere
presserende [pʁɛ'se:'ɔnə] dringend
pris [pʁi:'s] ⟨-en, -er⟩ Preis
privat [pʁi'vɛ̝:'d] privat
problem [pʁo'ble:'m] ⟨-et, -er⟩ Problem
procent [pʁo'sɛn'd] ⟨-en, -er⟩ Prozent
procession [pʁosɛ'ʂo:'n] ⟨-en, -er⟩ Prozession
produkt [pʁo'do̞gd] ⟨-et, -er⟩ Produkt
program [pʁo'gʁam'] ⟨-met, -mer⟩ Programm
programhæfte [pʁo'gʁam',hɛfdə] ⟨-t, -r⟩ Programmheft
promillegrænse [pʁo'milə,gʁænsə] ⟨-n, -r⟩ Promillegrenze
proptrækker ['pʁɔb,tʁægɔ] ⟨-en, -e⟩ Korkenzieher
protese [pʁo'te:sə] ⟨-n, -r⟩ Prothese
præcis [pʁɛ,si:'s] pünktlich
præsentation [pʁɛsɛntæ'ʂo:'n] ⟨-en, -er⟩ Vorstellung
præsentere [pʁɛsən'te:'ɔ] ⟨-ede⟩ jdn mit jdm bekannt machen
præservativ [pʁɛ'sɛ̝ɒ̯væ,ti:'v] ⟨-et, -er⟩ Präservativ
præst [pʁæsd] ⟨-en, -er⟩ Priester
prævention [pʁɛvən'ʂo:'n] Verhütungsmittel
prøve ['pʁœ:və] ⟨-n, -r⟩ Probe
pudder ['puð'ɔ] ⟨-et, -⟩ Puder
pudse ['pusə] ⟨-ede⟩ putzen
pullover [pul'œu̯vɔ] ⟨-en, -e⟩ Pullover
puls [pul's] ⟨-en, -⟩ Puls
pulversne ['po̞l'vɔ,sne:'] ⟨-en, -⟩ Pulverschnee
pund [pun'] Pfund
punktering [po̞ŋ'te:'ɒ̯eŋ] ⟨-en, -er⟩ Platten
puslebord ['puslə,bo:'ɒ̯] ⟨-et, -e⟩ Wickeltisch
pæn [pɛ:'n] nett, hübsch
pære ['pɛ:ɔ] ⟨-n, -r⟩ Glühbirne
pærer *pl* ['pɛ:ɔ] Birnen
pølse ['pølsə] ⟨-n, -r⟩ Wurst
på [po̞] auf; an
på denne tid [po̞ 'dɛnə 'tið'] um diese Zeit
på gennemrejse [po̞ 'gɛnəm,ʁai̯sə] auf der Durchreise
på grund af [po̞ 'gʁo̞n' æ] wegen
påklædning ['pɔ,klɛ:'ðneŋ] ⟨-en, -er⟩ Kleidung
pålæg ['pɔ,lɛ:'g] ⟨-get, -⟩ Aufschnitt
Påske ['po̞:sgə] Ostern

R

racercyk|el ['ʁɛːsɔˌsygəl] ⟨-len, -ler⟩ Rennrad
radarkontrol ['ʁaːdakɔnˌtʁɔlˀ] ⟨-len, -ler⟩ Radarkontrolle
radering [ʁa'deːˀʁ̞eŋ] ⟨-en, -er⟩ Radierung
radio ['ʁaːˀdio] ⟨-en, -er⟩ Radio
rampe ['rambə] ⟨-n, -r⟩ Rampe
rar [ʁaːˀ] angenehm
rasende ['ʁaːsənə] wütend
rask [ʁasg] gesund
rasteplads ['ʁasdəˌplæs] ⟨-en, -er⟩ Rastplatz
rasteplads evt. med motel ['ʁasdəˌplæs evɛntu'ɛlˀd mɛ mo'tɛlˀ] Raststätte
reb ['ʁɛːˀb] ⟨-et, -⟩ Seil
recept [ʁɛ'sɛbd] ⟨-en, -er⟩ Rezept
reception [ʁɛsɛb'ʂoːˀn] ⟨-en, -er⟩ Rezeption, Empfangshalle
rede ['ʁɛːðə] ⟨-te⟩ kämmen
redningsbåd ['ʁɛðneŋsˌbo̞ːˀð] ⟨-en, -e⟩ Rettungsboot
redningskrans ['ʁɛðneŋsˌkʁanˀs] ⟨-en, -e⟩ Rettungsring
reduktion [ʁɛdug'ʂoːˀn] ⟨-en, -er⟩ Ermäßigung
regelmæssig ['ʁɛːˀəlˌmɛsi] regelmäßig
regering [ʁɛ'geːˀʁ̞eŋ] ⟨-en, -er⟩ Regierung
regi/instruktion [ʁɛ'ʂiːˀ/ensdʁug'ʂoːˀn] Regie
region [ʁɛ'gioːˀn] ⟨-en, -er⟩ Region
regn [ʁai̯ˀn] ⟨-en, -⟩ Regen
regnbyge ['ʁai̯nˌbyːə] ⟨-n, -r⟩ Regenschauer
regnfrakke ['ʁai̯nˌfʁagə] ⟨-n, -r⟩ Regenmantel
regnfuldt ['ʁai̯nˌfulˀd] regnerisch
regning ['ʁai̯neŋ] ⟨-en, -er⟩ Rechnung
rejer (små) *pl* ['ʁai̯ɔ ('smo̞ːˀ)] Garnelen
rejer *pl* ['ʁai̯ɔ] Krabben
rejse ['ʁai̯sə] ⟨-n, -r⟩ Reise, Fahrt
rejse ['ʁai̯sə] ⟨-te⟩ reisen; **rejse bort** [ʁai̯sə 'bɒːd] ⟨-te⟩ verreisen
rejsebureau ['ʁai̯səbyˌʁo] ⟨-et, -er⟩ Reisebüro
rejsecheck ['ʁai̯səˌʂɛg] ⟨-en, -s⟩ Reisescheck
rejsefører ['ʁai̯səˌføːɔ] ⟨-en, -e⟩ Reiseführer
rejseselskab ['ʁai̯səˌsɛlsgɛ̝ːˀb] ⟨-et, -er⟩ Reisegesellschaft
rejsetaske ['ʁai̯səˌtæsgə] ⟨-n, -r⟩ Reisetasche
reklamere [ʁɛklæ'meːˀɔ] ⟨-ede⟩ reklamieren
rekreere sig [ʁɛkʁɛ'eːˀɔ sai̯] ⟨-de⟩ s. erholen
religion [ʁɛli'gioːˀn] ⟨-en, -er⟩ Religion
ren [ʁeːˀn] *(Wäsche)* frisch, sauber
rense ['ʁænsə] ⟨-ede⟩ reinigen
renseri [ʁænsə'ʁiːˀ] ⟨-et, -er⟩ *(Geschäft)* Reinigung
renæssance [ʁɛnɛ'saŋsə] Renaissance
reparere [ʁɛpa'ʁɛːˀɔ] ⟨-ede⟩ reparieren
repertoire [ʁɛpato'aːa] ⟨-t, -r⟩ Spielplan
reservehjul [ʁɛ'sœʁ̞vəˌjuːˀl] ⟨-et, -⟩ Ersatzrad
reservere [ʁɛsɛ̝ʁ̞'veːˀɔ] ⟨-ede⟩ reservieren, *(Platz)* buchen
reservering [ʁɛsɛ̝ʁ̞'veːˀʁ̞eŋ] ⟨-en, -er⟩ Reservierung
ret [ʁæd] ⟨-ten, -ter⟩ *(juristisch)* Gericht; *(Essen)* Speise, Gang
retning ['ʁædneŋ] ⟨-en, -er⟩ Richtung
rettidig ['ʁædˌtiːˀði] rechtzeitig
returbillet [ʁɛ'tuːˀʁ̞biˌlɛd] ⟨-ten, -ter⟩ Rückfahrkarte
reumatisme [ʁɔi̯mæ'tismə] ⟨-n, -⟩ Rheuma
ride ['ʁiːðə] ⟨red, redet⟩ reiten
rideskole ['ʁiːðəˌsgoːlə] ⟨-en, -er⟩ Reitschule
ridetur ['ʁiːðəˌtuːˀʁ̞] ⟨-en, -e⟩ Ausritt
rig [ʁiːˀ] reich
rigtig ['ʁɛgdi] richtig

ring [ʁɛŋ?] ⟨-en, -e⟩ Ring
ringe til ['ʁɛŋə tel] ⟨-ede⟩ anrufen
ris [ʁi:?s] ⟨-en, -⟩ Reis
ristet ['ʁɛsdəð] geröstet
ro [ʁo:?] ⟨-ede⟩ rudern
ro [ʁo:?] ⟨-en, -⟩ Ruhe
robåd ['ʁo:?ˌbo:?ð] ⟨-en, -e⟩ Ruderboot
rock [ʁɔg] Rock
rolig ['ʁo:li] ruhig
roman [ʁo'mɛ̞:?n] ⟨-en, -er⟩ Roman
rosa ['ʁo:sæ] rosa
rosévin [ʁo'seˌvi:?n] ⟨-en, -e⟩ Roséwein
rosmarin [ʁo:sma'ʁi:?n] Rosmarin
rude ['ʁu:ðə] ⟨-n, -r⟩ Fensterscheibe
rugbrød ['ʁuˌbʁœð?] ⟨-et, -⟩ Schwarzbrot
ruin [ʁu'i:?n] ⟨-en, -er⟩ Ruine
rulleskøjter *pl* ['ʁuləˌsgɔi̯dɔ] Rollschuhe
rum [ʁɔ̝m?] ⟨-met, -⟩ Raum
rund [ʁɔ̝n?] rund
rundstykker *pl* ['ʁɔ̝nˌsdøgɔ] *(Frühstücks-)* Brötchen
rundtur ['ʁɔ̝nˌtu:?ɒ̯] ⟨-en, -er⟩ Rundfahrt
rundvisning ['ʁɔ̝nˌvi:?sneŋ] ⟨-en, -er⟩ Führung
rute ['ʁu:də] ⟨-n, -r⟩ Route
rutebil ['ʁudəˌbi:?l] ⟨-en, -er⟩ Überlandbus
rutebilstation ['ʁudəbilsdæˌɕo:?n] ⟨-en, -er⟩ Busbahnhof
ryg [ʁœg] ⟨-gen, -ge⟩ Rücken
ryge ['ʁy:ə] ⟨røg, røget⟩ rauchen
ryger ['ʁy:ɔ] ⟨-en, -e⟩ Raucher
rygerkupé ['ʁy:ɔkuˌpe:?] ⟨-en, -er⟩ Raucherabteil
rygsæk ['ʁœgˌsɛg] ⟨-ken, -ke⟩ Rucksack
rød [ʁœð?] rot
røde hunde ['ʁœ:ðə 'hunə] Röteln
rødvin ['ʁœðˌvi:?n] ⟨-en, -e⟩ Rotwein
røget ['ʁɔi̯əð] geräuchert
røntgenfotografere ['ʁœn?dgənfotogʁa'fe:?ɔ] ⟨-ede⟩ röntgen
røntgenoptagelse ['ʁœn?dgənˌɔbtɛ̞:?əlsə] ⟨-n, -r⟩ Röntgenaufnahme
rå [ʁɔ̝:?] roh
rådden ['ʁɔðən] *(Obst)* faul
rådhus ['ʁɔðˌhu:?s] ⟨-et, -e⟩ Rathaus

S

saftig ['safdi] saftig
sag [sɛ̞:?] ⟨-en, -er⟩ Angelegenheit, Sache
sagfører ['sau̯ˌfø:ɔ] ⟨-en, -e⟩ Rechtsanwalt/anwältin
saks [sags] ⟨-en, -e⟩ Schere
sal [sɛ̞:?l] ⟨-en, -e⟩ Saal
salat [sæ'lɛ̞:?d] ⟨-en, -er⟩ Salat
salatbuffet [sæ'lɛ̞:?dbyˌfe] ⟨-en, -er⟩ Salatbüfett
salt [sæl?d] ⟨-et, -⟩ Salz
saltbøsse ['sældˌbøsə] ⟨-n, -r⟩ Salzstreuer
saltmølle ['sældˌmølə] ⟨-n, -r⟩ Salzmühle
salve ['sælvə] ⟨-n, -r⟩ Salbe
salvie [sæl'vi:ə] Salbei
samle ['samlə] ⟨-ede⟩ sammeln
sammen [sam?ən] zusammen
sammenklappelig kørestol [samən'klabəli 'kø:ɔˌsdo:?l] Faltrollstuhl
sammenstød ['samənˌsdøð] ⟨-et, -⟩ Zusammenstoß
samtale ['samˌtɛ̞:lə] ⟨-n, -r⟩ Gespräch, Unterhaltung
samtidig ['samˌti:?ði] gleichzeitig
sand [sæn?] wahr, echt, wirklich
sandaler *pl* [sæn'dɛ̞:?lɔ] Sandalen
sandkasse ['sænˌkæsɔ] ⟨-n, -r⟩ Sandkasten
sandslot ['sænˌslɔd] ⟨-tet, -te⟩ Sandburg
sandsynligvis [sæn'sy:?nliˌvi:?s] wahrscheinlich
sang [saŋ?] ⟨-en, -e⟩ Lied
sanger ['saŋɔ] ⟨-en, -e⟩ Sänger/in
sanitære anlæg *pl* [sæni'tɛ:?ɔ 'ænˌlɛ:?g] Sanitäreinrichtungen
sart [sa:?d] weich, zart; zärtlich

sauna ['saʊ̯næ] ⟨-en, -er⟩ Sauna
Schweiz [svai̯ˀds] Schweiz
schweizerfrancs *pl* ['svai̯ˀdsɔˌfʁaŋˀg] Schweizer Franken
scooter ['sgu:ˀdɔ] ⟨-en, -e⟩ Roller
se [se:ˀ] ⟨så, set⟩ sehen
se på [se:ˀ pɔ̣] ⟨så, set⟩ ansehen
sej [sai̯ˀ] zäh
sejlbåd ['sai̯lˌbɔ̣:ˀð] ⟨-en, -e⟩ Segelboot
sejle ['sai̯lə] ⟨-ede⟩ segeln
sejlgarn ['sai̯lˌga:ˀn] ⟨-et, -⟩ Bindfaden
sejltørn ['sai̯lˌtœɐ̯ˀn] ⟨-en, -e⟩ Segeltörn
seks [sɛgs] sechs
seksogtyve ['sɛgsɔˌty:və] sechsundzwanzig
seksten ['sai̯sdən] sechzehn
sekund [se'kɔ̣nˀd] ⟨-et, -er⟩ Sekunde
selleri ['seləˌʁi:ˀ] ⟨-en, -er⟩ Sellerie
selv [sɛlˀ] selbst
selvbetjening ['sɛlbeˌtjɛ:ˀneŋ] ⟨-en, -⟩ Selbstbedienung
selvudløser ['sɛluðˌlø:ˀsɔ] ⟨-en, -e⟩ Selbstauslöser
sende ['sɛnə] ⟨-te⟩ schicken
senere ['se:nɔɔ] später
seng [sɛŋˀ] ⟨-en, -e⟩ Bett
sengelampe ['sɛŋəˌlambə] ⟨-n, -r⟩ Nachttischlampe
sengetæppe ['sɛŋə'tɛbə] ⟨-t, -r⟩ Bettdecke
sengetøj *pl* ['sɛŋəˌtɔi̯] Bettwäsche
sennep ['senəb] ⟨-pen, -per⟩ Senf
sent [se:ˀnd] spät
september [sɛb'tɛmˀbɔ] September
servere [sɛ̣ɐ̯'ve:ˀɔ] ⟨-ede⟩ servieren
serviet [sɛ̣ɐ̯vi'ɛd] ⟨-ten, -ter⟩ Serviette
servitrice ['sɛ̣ɐ̯vi'tʁi:sə] ⟨-n, -r⟩ Kellnerin
setting lotion ['sɛdeŋ 'lɔ̣ʊ̯ʂən] Haarfestiger
seværdigheder *pl* [se'vɛ̣ɐ̯ˀdiˌhe:ˀðɔ] Sehenswürdigkeiten
sexchikane ['sɛgsʂiˌkɛ̣:nə] sexuelle Belästigung

shampoo ['ʂampo] ⟨-en, -er⟩ Shampoo
shorts *pl* [ʂɒ:ds] Shorts
show [ʂɔ̣ʊ̯] ⟨-et, -s⟩ Show
sidde ['seðə] ⟨sad, siddet⟩ sitzen
siddeplads ['seðəˌplæs] ⟨-en, -er⟩ Sitz
siddepude til børn i bilen ['se:ðəˌpu:ðə tel 'bœɐ̯ˀn i 'bi:ˀlən] *(Auto)* Kindersitzkissen
side ['si:ðə] ⟨-n, -r⟩ Seite
sidegade ['si:ðəˌgɛ̣:ðə] ⟨-n, -r⟩ Nebenstraße
siden ['si:ðən] seit
sidst, til ~ [tel 'sisd] am Ende, zuletzt
sidste ['sisdə] letzte(r, -s)
sidste mandag ['sisdə 'mænˀdæ] letzten Montag
sidste rengøring ['sisdə 'ʁɛ:nˌgœ:ˀɐ̯eŋ] Endreinigung
sige ['si:ə] ⟨sagde, sagt⟩ sagen
sige ja [si:ə 'jæ] ⟨sagde, sagt⟩ *(Einladung)* zusagen
sightseeing ['sai̯dˌsi:eŋ] Besichtigung
sikker ['segɔ] sicher
sikkerhedsgebyr ['segɔheðsgeˌby:ˀɐ̯] ⟨-et, -⟩ Sicherheitsgebühr
sikkerhedsnål ['segɔheðs'nɔ̣:ˀl] ⟨-en, -e⟩ Sicherheitsnadel
sikkerhedssele ['segɔheðsˌse:lə] ⟨-n, -r⟩ Sicherheitsgurt
sikkerhedstjek ['segɔheðsˌtjɛg] ⟨-ket, -⟩ Sicherheitskontrolle
sikring ['segʁɛŋ] ⟨-en, -er⟩ *(el)* Sicherung
sild [silˀ] Hering
silke ['selgə] ⟨-n, -⟩ Seide
silkemaleri ['silgəmɛ̣:ləˌʁi:ˀ] ⟨-et, -er⟩ Seidenmalerei
simpel ['semˀbəl] einfach
single ['seŋgəl] *(Person)* Einzel
situation [situæ'ʂo:ˀn] ⟨-en, -er⟩ Lage
sjal [ʂɛ̣:ˀl] ⟨-et, -er⟩ Schal
sjælden ['ʂɛlən] selten
skab [sgɛ̣:ˀb] ⟨-et, -e⟩ Schrank

skade ['sgɛ̝:ðə] ⟨-n, -r⟩ Schaden
skaffe ['sgafə] ⟨-ede⟩ besorgen
skarp [ska:b] scharf
skateboard ['sgɛi̯d,bɒ:d] Skateboard
ske [sge:ˀ] ⟨-en, -er⟩ Löffel
ski *pl* [sgi:ˀ] Ski
skibinding ['sgi,beneŋ] ⟨-en, -er⟩ Skibindung
skibriller *pl* ['sgi,bʁɛlɔ] Skibrille
skibukser *pl* ['sgi,bo̝gsɔ] Skihose
skiftende ['sgifdənə] wechselhaft
skikurs|us ['sgi,kuɐ̯sus] ⟨-et, -er⟩ Skikurs
skilning ['sgelneŋ] ⟨-en, -er⟩ Scheitel
skilt [sgelˀd] ⟨-et, -e⟩ Schild
skilærer ['sgi,lɛ:ɔ] ⟨-en, -ere⟩ Skilehrer/in
skind [sgenˀ] ⟨-et, -⟩ Fell
skinke ['sgeŋgə] ⟨-n, -r⟩ Schinken
skinne ['sgenə] ⟨-n, -r⟩ Schiene
skinneben ['sgenə,be:ˀn] ⟨-et, -⟩ Schienbein
skistave *pl* ['sgi,sdɛ̝:və] Skistöcke
skistøvler *pl* ['sgi,sdœu̯lɔ] Skistiefel
skive ['sgi:və] ⟨-n, -r⟩ Scheibe
skjorte ['sgjoɐ̯də] ⟨-n, -r⟩ Hemd
sko [sgo:ˀ] ⟨-en, -⟩ Schuh
skobutik ['sgobu,tig] ⟨-ken, -ker⟩ Schuhgeschäft
skobørste ['sgo,bœ̝ɐ̯sdə] ⟨-n, -r⟩ Schuhbürste
skocreme ['sgo,kʁɛ:ˀm] ⟨-n, -r⟩ Schuhcreme
skoldkopper *pl* ['sgɔl,kɔbɔ] Windpocken
skole ['sgo:lə] ⟨-n, -r⟩ Schule
skomager ['sgo,mɛ̝:ˀɔ] ⟨-en, -e⟩ Schuhmacher
skov [sgɔu̯ˀ] ⟨-en, -e⟩ Wald
skrald [sgʁalˀ] ⟨-et, -⟩ Abfall, Müll
skraldespand ['sgʁalə,sbænˀ] ⟨-en, -e⟩ Abfalleimer, Mülltonne
skrift [sgʁɛfd] ⟨-en, -er⟩ Handschrift
skriftlig ['sgʁɛfdli] schriftlich
skrige ['skʁi:ə] ⟨skreg, skreget⟩ schreien
skrive ['sgʁi:və] ⟨skrev, skrevet⟩ schreiben
skrive op [sgʁi:və 'ɔb] ⟨skrev, skrevet⟩ aufschreiben
skrue ['sgʁu:ə] ⟨-n, -r⟩ Schraube
skrædder ['sgʁæðɔ] ⟨-en, -e⟩ Schneider/in
skrækkelig ['sgʁægəli] schrecklich
skuespiller ['sgu:ə,sbelɔ] ⟨-en, -e⟩ Schauspieler/in
skuffet ['sgo̝fəð] enttäuscht
skulder ['sgulɔ] ⟨-en, -skuldre⟩ Schulter
skuldertaske ['sgulɔ,tæsgə] ⟨-n, -r⟩ Umhängetasche
skulle ['sgulə] ⟨skulle, skullet⟩ sollen
skulptur [sgulb'tu:ˀɐ̯] ⟨-en, -er⟩ Skulptur, Plastik
sky [sgy:ˀ] ⟨-en, -er⟩ Wolke
skydetag ['sgy:ðə,tɛ̝:ˀ] ⟨-et, -e⟩ Schiebedach
skyet ['sgy:əð] bewölkt
skygge ['sgygə] ⟨-n, -r⟩ Schatten
skynde sig ['sgønə sai̯] ⟨-te⟩ s. beeilen
skæg [sgɛ:ˀg] ⟨-get, -⟩ Bart
skæl *pl* [sgɛlˀ] Schuppen
skænke ['sgɛŋgə] ⟨-ede⟩ schenken
skærm [sgɛ̝ɐ̯ˀm] ⟨-en, -e⟩ Schirm
skøjtebane ['sgɔi̯də,bɛ̝:nə] ⟨-n, -r⟩ Eisbahn
skøjteløb ['sgɔi̯də,lø:ˀb] ⟨-et, -⟩ Eislauf
skøjter *pl* ['sgɔi̯dɔ] Schlittschuhe
skønt [sgønˀd] obwohl
skånekost ['sgo̝:nə,kɔsd] ⟨-en⟩ Schonkost
skånetid ['sgo̝:nə,tiðˀ] ⟨-en, -er⟩ Schonzeiten
slag/blåt mærke [slɛ̝:ˀ/'blɔd 'mɛ̝ɐ̯gə] Prellung
slags [slags] ⟨-en, -⟩ Art, Sorte
slagter- og pålægsforretning ['slagdɔ ɔ 'po̝lɛgsfɔ,ʁædneŋ] ⟨-en, -er⟩ Metzgerei
slagtilfælde ['slau̯tel,fɛlˀə] ⟨-t, -⟩ Schlaganfall
slange ['slaŋə] ⟨-n, -r⟩ *(Tier)* Schlange; *(Reifen)* Schlauch
slank [slaŋˀg] schlank
slappe af [slabə 'ɛ̝:ˀ] ⟨-de⟩ entspan-

nen
slik [sleg] ⟨-ket, -⟩ Süßigkeiten
slikbutik ['slegbu,tig] ⟨-ken, -ker⟩ Süßwarengeschäft
slips [slebs] ⟨-et, -⟩ Krawatte
slot [slɔd] ⟨-tet, -te⟩ Schloss
slugt [slugd] ⟨-en, -er⟩ Schlucht
slutning ['sludneŋ] ⟨-en, -er⟩ Ende
slæbe bort [slɛ:bə 'bɒ:d] ⟨-te⟩ abschleppen
slæbetov ['slɛ:bə,tɔu̯] ⟨-et, -e⟩ Abschleppseil
slæde ['slɛ:ðə] ⟨-n, -r⟩ Schlitten
smag ['smɛ̝:ˀ] ⟨-en, -⟩ Geschmack
smage ['smɛ̝:ə] ⟨-te⟩ schmecken, *(Speisen)* abschmecken
smal [smælˀ] schmal
smerter *pl* ['smɛ̝ɒ̯dɔ] Schmerzen haben
smertestillende piller *pl* ['smɛ̝ɒ̯də,sdelˀənə 'pelɔ] Schmerztabletten
smittende ['smedənə] ansteckend
smugleri [smu:lə'ʁi:ˀ] ⟨-et, -er⟩ Schmuggel
smuk [smo̞g] schön
smule, en ~ [en 'smu:lə] ein bisschen
smykke ['smøgə] ⟨-t, -r⟩ Schmuck
smør [smœɒ̯] ⟨-ret, -⟩ Butter
smørrebrød *pl* ['smœ̝:ɔ,bʁœðˀ] ⟨-et, -⟩ belegte Brote
små *pl* [smo̞:ˀ] klein
små pølser *pl* ['smo̞:ˀ 'pølsɔ] Würstchen
småpakke ['smɔ,pagə] ⟨-n, -r⟩ Päckchen
småpenge *pl* ['smɔ,pɛŋə] Kleingeld
snakke sammen ['snagə 'samˀən] ⟨-de⟩ reden, s. unterhalten
snapshot ['snab,ʂɔd] ⟨-et, -⟩ Schnappschuss
snart [sna:ˀd] bald
snavset ['snau̯səð] schmutzig
sne [sne:ˀ] ⟨-n, -⟩ Schnee
snitsår ['snid,sɒ:ˀ] ⟨-et, -⟩ Schnittwunde
snork|el ['snɒ:gəl] ⟨-len, -ler⟩ Schnorchel
snorkle ['snɒ:glə] ⟨-de⟩ schnorcheln
snue ['snu:ə] ⟨-n, -⟩ Schnupfen
snæver ['snɛ:ˀvɔ] eng
snørebånd *pl* ['snœ̝:ɔ,bo̞nˀ] Schnürsenkel
socialstation [so'ʂɛ̝:ˀlsdæ,ʂo:ˀn] ⟨-en, -er⟩ Sozialstation
sokker *pl* ['sɔgɔ] Socken
sol [so:ˀl] ⟨-en -⟩ Sonne
solari|um [so'la:ˀio̞m] ⟨-et, -er⟩ Solarium
solbrændt ['so:l,bʁænˀd] gebräunt
solcreme ['so:l,kʁɛ:ˀm] ⟨-n, -r⟩ Sonnencreme
solhat ['so:l,hæd] ⟨-ten, -te⟩ Sonnenhut
solid [so'liðˀ] dauernd, fest
solist [so'lisd] ⟨-en, -er⟩ Solist/in
sololie ['so:l,oljə] ⟨-en, -er⟩ Sonnenöl
solrig ['so:l,ʁi:ˀ] sonnig
solskoldning ['so:l,sgɔlneŋ] ⟨-en, -er⟩ Sonnenbrand
solstik ['so:l,sdeg] ⟨-ket, -⟩ Sonnenstich
som [sɔm] *(bei Vergleich)* als
somme tider ['sɔmə 'tiðɔ] manchmal
sommer ['sɔmɔ] ⟨-en, somre⟩ Sommer
sommerhus ['sɔmɔ,hu:ˀs] ⟨-et, -e⟩ Ferienhaus
soppebassin ['sɔbəbæ,sɛŋ] ⟨-et, -er⟩ Planschbecken
sort [soɒ̯d] schwarz
sort-hvid film ['soɒ̯d,viðˀ 'filˀm] Schwarzweißfilm
souvenirforretning [suvə'ni:ɒ̯fɔ,ʁædneŋ] ⟨-en, -er⟩ Souvenirladen
sove ['sɔu̯ə] ⟨sov, sovet⟩ schlafen
sovepiller *pl* ['sɔu̯ə,pelɔ] Schlaftabletten
sovesofa ['sɔu̯ə,so:fæ] ⟨-en, -er⟩ Schlafcouch
sovevogn ['sɔu̯ə,vɔu̯ˀn] ⟨-en, -e⟩ Schlafwagen
soveværelse ['sɔu̯ə,vɛ:ɔlsə] ⟨-t, -r⟩ Schlafzimmer
sovs [sɔu̯ˀs] ⟨-en, -e⟩ Soße

spadsere [sbæ'seːˀɔ] ⟨-ede⟩ *(zu Fuß)* gehen
spadseretur [sbæ'seːˀɔˌtuːˀɒ̯] ⟨-en, -e⟩ Spaziergang
specialitet [sbeşæli'teːˀd] ⟨-en, -er⟩ Spezialität
speciallæge [sbe'şɛ̝ːˀlˌlɛːə] ⟨-n, -r⟩ Facharzt/ärztin
speciel [sbe'şɛlˀ] speziell
speeder ['sbiːdɔ] ⟨-en, -e⟩ Gaspedal
speedomet|er [sbido'meːˀdɔ] ⟨-ret, -re⟩ Tachometer
spegepølse [sbai̯əˌpølsə] ⟨-n, -r⟩ Salami
spejl [sbai̯ˀl] ⟨-et, -e⟩ Spiegel
spil [sbel] ⟨-let, -⟩ Spiel
spille ['sbelə] ⟨-de⟩ spielen
spillekasino ['sbeləkæˌsiːno] ⟨-et, -er⟩ Spielkasino
spilleplan ['sbeləˌplɛ̝ːˀn] ⟨-en, -er⟩ Spielplan
spinat [sbi'nɛ̝ːˀd] ⟨-en, -⟩ Spinat
spise morgenmad ['sbiːsə 'mɒːɒnˌmæð] ⟨-te⟩ frühstücken
spisekort ['sbiːsəˌkɒːd] ⟨-et, -⟩ Speisekarte
spiselig ['spiːsəli] essbar
spiserør ['sbiːsəˌʁœːˀɒ̯] ⟨-et, -⟩ Speiseröhre
spisesal ['sbiːsəˌsɛ̝ːˀl] ⟨-en, -e⟩ Speisesaal
spisevogn ['sbiːsəˌvɔu̯ˀn] ⟨-en, -e⟩ Speisewagen
spor [sboːˀɒ̯] ⟨-et, -⟩ Gleis
sport [sbɒːd] ⟨-en, -⟩ Sport
sportsartik|el ['sbɒːdsaˌtigəl] ⟨-len, -ler⟩ Sportartikel
sports|mand ['sbɒːdsˌmænˀ] ⟨-en, -mænd⟩/**sportskvinde** ['sbɒːdsˌkvenə] ⟨-n, -r⟩ Sportler/in
sportsplads ['sbɒːdsˌplæs] ⟨-en, -er⟩ Sportplatz
sprog [sbʁo̝ːˀu̯] ⟨-et, -⟩ Sprache
sprogkurs|us ['sbʁo̝u̯ˌkuɒ̯sus] ⟨-et, -er⟩ Sprachkurs
sprængning af ledbånd ['sbʁæŋneŋ æ 'leðˌbɔnˀ] Bänderriss
sprøjtet ['sbʁɔi̯dəð] gespritzt
spæd|barn ['sbæðˌbaːˀn] ⟨-et, -børn⟩ Baby, Säugling
spøg [sbɔi̯ˀ] ⟨-en, -⟩ Scherz, Spaß
spørge ['sbœ̝ːɔ] ⟨spurgte, spurgt⟩ fragen
spørgsmål ['sbœ̝ɒ̯sˌmɔ̝ːˀl] ⟨-et, -⟩ Frage
stadi|on ['sdɛ̝ːˀdjɔn] ⟨-et, -er⟩ Stadion
stanniol [sdæni'oːˀl] ⟨-et, -⟩ Alufolie
starte (fra) ['sdaːdə (fʁa)] ⟨-ede⟩ abfahren (von)
starter ['sdaːdɔ] ⟨-en, -e⟩ Anlasser
startkab|el ['sdaːˀdˌkɛ̝ːˀbəl] ⟨-let, -ler⟩ Starthilfekabel
stat [sdɛ̝ːˀd] ⟨-en, -er⟩ Staat
station [sdæˌsoːˀn] ⟨-en, -er⟩ Station
stativ [sdæ'tiːˀv] ⟨-et, -er⟩ Stativ
statue ['sdɛ̝ːˀˌtuːə] ⟨-n, -r⟩ Statue
stave ['sdɛ̝ːvə] ⟨-ede⟩ buchstabieren
stearinlys *pl* [sdæ'ʁiːˀnˌlyːˀs] Kerzen
sted [sdɛð] ⟨-et, -er⟩ Ort; **et sted at bo** [ed 'sdɛð ɔ 'boːˀ] Unterkunft
stegt [sdɛgd] gebraten
stejl [sdai̯ˀl] steil
stem|me ['sdɛmə] ⟨-te⟩ *(pol)* wählen
stemp|el ['sdɛmˀbəl] ⟨-let, -ler⟩ Stempel
stempelautomat ['sdɛmˀbəlˌau̯toˌmɛ̝ːˀd] ⟨-en, -er⟩ Fahrscheinentwerter
stempelkort ['sdɛmˀbəlˌkɒːd] ⟨-et, -⟩ Mehrfahrtenkarte
stemple ['sdɛmblə] ⟨-de⟩ entwerten
sten [sdeːˀn] ⟨-en, -⟩ Stein
stenet ['sdeːnəð] steinig
steward ['sdjuːad] ⟨-en, -er⟩/**stewardesse** [sdjua'dɛsə] ⟨-n, -r⟩ Steward/ess
stige ind [sdiːə 'enˀ] ⟨steg, steget⟩ einsteigen
stige ud [sdiːə 'uðˀ] ⟨steg, steget⟩ aussteigen
stigning ['sdiːneŋ] ⟨-en, er⟩ Steigung
stik [sdeg] ⟨-ket, -⟩ Stecker
stikke ['sdegə] ⟨stak, stukket⟩ stechen
stikkontakt ['sdegkɔnˌtagd]

⟨-en, -er⟩ Steckdose
stikpille ['sdegˌpelə] ⟨-n, -r⟩ Zäpfchen
stil [sdiːˀl] ⟨-en, -⟩ Stil
stilhed ['sdelˌheːˀð] ⟨-en, -⟩ Stille, Ruhe
stille ['sdelə] still, leise
stilleben ['sdelˌleːbən] Stillleben
stilling ['sdeleŋ] ⟨-en, -er⟩ Beruf
stivkrampe ['sdiu̯ˌkʁambə] ⟨-n, -r⟩ Tetanus
stjerne ['sdjɛ̝ɒ̯nə] ⟨-n, -r⟩ Stern
stjæle ['sdjɛːlə] ⟨stjal, stjålet⟩ stehlen
stof [sdɔf] ⟨-fet, -fer⟩ Stoff
S-tog ['ɛsˌto̝ːˀu̯] ⟨-et, -e⟩ S-Bahn
stok [sdɔg] ⟨-ken, -ke⟩ Stock
stol [sdoːˀl] ⟨-en, -e⟩ Stuhl
stop! ['sdɔb] halt!
stoppe ['sdɔbə] ⟨-de⟩ (an)halten, stehen bleiben
stoppested ['sdɔbəˌsdɛð] ⟨-et, -er⟩ Haltestelle
stor [sdoːˀɒ̯] groß
storm [sdɒːˀm] ⟨-en, -e⟩ Sturm
stormagasin ['sdoɒ̯magæˌsiːˀn] ⟨-et, -er⟩ Kaufhaus
straf [sdʁaf] ⟨-fen, -fe⟩ Strafe
straffesparksfelt ['sdʁafəsbaːgsˌfɛlˀd] ⟨-et, -er⟩ Strafraum
straks [sdʁags] sofort, gleich
stram [sdʁamˀ] eng
strand [sdʁanˀ] ⟨-en, -e⟩ Strand
strandsko *pl* ['sdʁanˌsgoːˀ] Strandschuhe
strikket trøje ['sdʁegəð 'tʁɔi̯ə] Strickjacke
stryge ['sdʁyːə] ⟨ strøg, strøget ⟩ bügeln
stræde ['sdʁɛːðə] ⟨-t, -r⟩ Gasse
strøm [sdʁœ̝mˀ] ⟨-men, -⟩ *(el)* Strom
strømpebukser *pl* ['sdʁœ̝mbəˌbo̝gsɔ] Strumpfhose
strømper *pl* ['sdʁœ̝mbɔ] Strümpfe
strømspænding ['sdʁœ̝mˌsbɛneŋ] ⟨-en, -er⟩ Stromspannung
strømtilslutning ['sdʁœ̝mtelˌsludneŋ] ⟨-en, -er⟩ Stromanschluss
studere [sdu'deːˀɔ] ⟨-ede⟩ studieren
stue ['sduːə] ⟨-n, -r⟩ Wohnzimmer
stueetage ['sduːəeˌtɛ̝ːˀɕə] ⟨-n, -r⟩ Erdgeschoss
stuepige ['sduːəˌpiːə] ⟨-n, -r⟩ Zimmermädchen
stum [sdo̝mˀ] stumm
stykke ['sdøgə] ⟨-t, -r⟩ Stück
styre ['sdyːɔ] ⟨-ede⟩ lenken
styreknop på rattet ['sdyːɔˌkno̝b po̝ 'ʁadəð] Lenkrad-Drehknopf
styrthjelm ['sdyɒ̯dˌjɛlˀm] ⟨-en, -e⟩ Sturzhelm
stærk [sdɛ̝ɒ̯g] stark
størrelse ['sdœ̝ɒ̯ɔlsə] ⟨-n, -r⟩ *(Kleidung, Schuhe)* Größe
støv [sdøːˀv] ⟨-et, -⟩ Staub
støvle ['sdœu̯lə] ⟨-n, -r⟩ Stiefel
stå [sdo̝ːˀ] ⟨stod, stået⟩ stehen
stå i kø [sdo̝ːˀ i 'køːˀ] ⟨stod, stået⟩ Schlange stehen
stå op [sdo̝ːˀ 'ɔb] ⟨stod, stået⟩ aufstehen
stå/løbe på ski [sdo̝/løːbə po̝ 'sgiːˀ] Skilaufen
sugerør ['suːəˌʁœ̝ːˀɒ̯] ⟨-et, -⟩ Strohhalm
sukker *pl* ['so̝gɔ] Zucker
sukkersyge ['so̝gɔˌsyːə] ⟨-n, -⟩ Diabetes
sukkersygepatient ['so̝gɔsyːəpæˌsɛnˀd] ⟨-en, -er⟩ Diabetiker
sum [so̝mˀ] ⟨-men, -mer⟩ Summe
sump [so̝mˀb] ⟨-en, -e⟩ Sumpf
supermarked ['suːˀbɔˌmaːgəð] ⟨-et, -er⟩ Supermarkt
suppe ['so̝bə] ⟨-n, -r⟩ Suppe
suppetallerk|en ['so̝bətæˌlœ̝ɒ̯gən] ⟨-nen, -ner⟩ Suppenteller
sur [suːˀɒ̯] sauer
surfbræt ['sœːfˌbʁæd] ⟨-tet, -ter⟩ Surfbrett
surfe ['sœːfə] ⟨-de⟩ surfen
sut [sud] ⟨-ten, -ter⟩ Schnuller, Sauger
sutteflaske ['sudəˌflæsgə] ⟨-n, -r⟩ Saugflasche
svag [svɛ̝ːˀ] schwach
svamp [svamˀb] ⟨-en, -e⟩ Pilz

svangerskab ['svaŋˀɔˌsgɛ̝ːˀb] ⟨-et, -er⟩ Schwangerschaft
svare ['svaːa] ⟨-ede⟩ antworten
svede ['sveːðə] ⟨-te⟩ schwitzen
svejtser ['svai̯ˀdsɔ] ⟨-en, -e⟩ Schweizer/in
svigerinde [sviɔ'enə] ⟨-n, -r⟩ Schwägerin
svimmel ['svemˀəl] schwindlig
svimmelhed ['svemˀəlˌheːˀð] ⟨-en, -⟩ Schwindel
svind|el ['svenˀəl] ⟨-len, -⟩ Gaunerei, Betrug
svindle ['svenlə] ⟨-de⟩ schwindeln
svindler ['svenlɔ] ⟨-en, -e⟩ Schwindler/in
svinekød ['sviːnəˌkøð] ⟨-et, -⟩ Schweinefleisch
svoger ['svo̝u̯ˀɔ] ⟨-en, svogre⟩ Schwager
svulst [svulˀsd] ⟨-en, -er⟩ Geschwulst
svær [svɛːˀɒ̯] schwierig, schwer *(auch Krankheit)*, beleibt
sværdfisk ['svɛɒ̯ˌfesg] ⟨-en, -⟩ Schwertfisch
svært handicappet ['svɛːˀɒ̯d 'hændikabəð] Schwerbehinderte/r
svæveflyvning ['svɛːvəˌflyu̯neŋ] ⟨-en, -er⟩ Segelfliegen
svømme ['svœmə] ⟨-de⟩ schwimmen
svømmefødder *pl* ['svœməˌføðˀɔ] Schwimmflossen
svømmekurs|us ['svœməˌkuɒ̯sus] ⟨-et, -er⟩ Schwimmkurs
svømmer ['svœmɔ] ⟨-en, -e⟩ Schwimmer/in
svømmevest ['svœməˌvɛsd] ⟨-en, -e⟩ Schwimmweste
svømmevinger *pl* ['svœməˌveŋɔ] Schwimmflügel
swimmingpool ['svemeŋˌpuːl] ⟨-en, -s⟩ Swimmingpool
sy [syːˀ] ⟨-ede⟩ nähen
syd for ['syð fɔ] südlich von
syden ['syðˀən] Süden
syg [syːˀ] krank
sygdom ['syːˌdɔmˀ] ⟨-men, -me⟩ Krankheit
sygehus ['syːəˌhuːˀs] ⟨-et, -e⟩ Krankenhaus
sygekasse ['syːəˌkæsə] ⟨-n, -r⟩ Krankenkasse
sygekassekort ['syːəkæsəˌkɒːd] ⟨-et, -⟩ Krankenschein
sygeplejer ['syːəˌplai̯ɔ] ⟨-en, -e⟩ Krankenpfleger
sygeplejerske ['syːəˌplai̯ˀɔsgə] ⟨-n, -r⟩ Krankenschwester
symfonikoncert [symfo'nikɔnˌsɛ̝ɒ̯d] ⟨-en, -er⟩ Sinfoniekonzert
sympatisk [symˌpɛ̝ːˀtisg] sympathisch
synes om [syːnəs 'ɔmˀ] ⟨-tes⟩ gefallen an
synge ['søŋə] ⟨sang, sunget⟩ singen
synshæmmet ['syːˀnsˌhɛməð] sehbehindert
sytten ['sødən] siebzehn
syv [syu̯ˀ] sieben
syvogtyve ['syu̯ˀɔˌtyːvə] siebenundzwanzig
sæbe ['sɛːbə] ⟨-n, -r⟩ Seife
sædvanlig [sɛð'vɛ̝ːˀnli] üblich, gewöhnlich
sælge ['sɛljə] ⟨solgte, solgt⟩ verkaufen
særfrimærke ['sɛ̝ɒ̯ˌfʁimœ̝ɒ̯gə] ⟨-t, -r⟩ Sondermarke
særlig ['sɛ̝ɒ̯li] besonders, eigen(artig)
sæson [sɛ'sɔŋ] ⟨-en, -er⟩ Saison
sæt, et ~ tøj [ed sɛd 'tɔi̯] Anzug
sætning ['sɛdneŋ] ⟨-en, -er⟩ Satz
sø [søːˀ] ⟨-en, -er⟩ *(Binnengewässer)* See
sød [søːˀð] süß
sødemid|del ['søːðəˌmiðˀəl] ⟨-let, -ler⟩ Süßstoff
søgang ['søˌgaŋˀ] ⟨-en, -⟩ Seegang
søge ['søːə] ⟨-te⟩ suchen
søger ['søːɔ] ⟨-en, -e⟩ Sucher
søjle ['sɔi̯lə] ⟨-n, -r⟩ Säule
sølv [søl] ⟨-et, -⟩ Silber
sølvfarvet ['sølˌfaːvəð] silberfarben
søn [sœn] ⟨-nen, -ner⟩ Sohn
søndag ['sœnˀdæ] Sonntag; **på søndag** [pɔ̝ 'sœnˀdæ] am Sonntag
søster ['søsdɔ] ⟨-en, søstre⟩ (Ordens-)

Schwester
søsyg ['sø,sy:ˀ] seekrank
søtunge ['sø,tɔ̝ŋə] ⟨-n, -r⟩ Seezunge
søvnløshed ['sœu̯nløs,he:ˀð] ⟨-en, -⟩ Schlaflosigkeit
så [sɔ] dann
så snart som muligt [sɔ 'sna:ˀd sɔm 'mu:lid] so bald wie möglich
sål [sɔ̝:ˀl] ⟨-en, -er⟩ Sohle
sår [sɒ:ˀ] ⟨-et, -⟩ Wunde

T

tabe ['tɛ̝:bə] ⟨-te⟩ verlieren
tabe sig ['tɛ̝:bə sai̯] ⟨-te⟩ abnehmen, dünner werden
tag [tɛ̝:ˀ] ⟨-et, -e⟩ Dach
tage [tɛ̝:ˀ] ⟨tog, taget⟩ nehmen; entfernen, wegbringen; *(Verkehrsmittel)* benutzen; **tage af** [tɛ̝:ˀ 'ɛ̝:ˀ] abnehmen; **tage med** [tɛ̝:ˀ 'mɛ] ⟨tog, taget⟩ mitnehmen; **tage på** [tɛ̝:ˀ 'pɔ̝:ˀ] ⟨tog, taget⟩ *(Kleidungsstück)* anziehen; **tage sig af** [tɛ̝:ˀ sai̯ 'ɛ̝:ˀ] ⟨tog, taget⟩ s. sorgen um
tak [tag] *(Antwort auf Dank)* Bitte
takke ['tagə] ⟨-de⟩ danken
takke ja [tagə 'jæ] ⟨-de⟩ zusagen
tal [tæl] ⟨-let, -⟩ Zahl
tale ['tɛ̝:lə] ⟨-te⟩ reden, sprechen
tallerk|en [tæ'lɛ̝ɒ̯gən] ⟨-nen, -ner⟩ Teller
tamponer *pl* [tam'pɔŋˀɔ] Tampons
tand [tænˀ] ⟨-en, tænder⟩ Zahn
tandbørste ['tæn,bœɒ̯sdə] ⟨-n, -r⟩ Zahnbürste
tandkød ['tæn,køð] ⟨-et, -⟩ Zahnfleisch
tandpasta ['tæn,pæsdæ] ⟨-en, -er⟩ Zahnpasta
tandpine ['tæn,pi:nə] ⟨-n, -⟩ Zahnschmerzen
tandstikker ['tæn,sdegɔ] ⟨-en, -e⟩ Zahnstocher
tank [taŋˀg] ⟨-en, -e⟩ Tank
tanke op [taŋgə 'ɔb] ⟨-ede⟩ tanken
tarm [ta:ˀm] ⟨-en, -e⟩ Darm
taske ['tæsgə] ⟨-n, -r⟩ Handtasche
taxachauffør ['tagsæso,fø:ˀɒ̯] ⟨-en, -er⟩ Taxifahrer/in
taxiholdeplads ['tagsi,hɔləplæs] ⟨-en, -er⟩ Taxistand
te [te:ˀ] ⟨-en, -⟩ Tee
teater [te'ɛ̝:ˀdɔ] ⟨-et, teatre⟩ Theater
teatergruppe [te'ɛ̝:ˀdɔ,gʁubə] ⟨-n, -r⟩ Theatergruppe
teaterstykke [te'ɛ̝:ˀdɔ,sdøgə] ⟨-t, -r⟩ Theaterstück
tegn [tai̯ˀn] ⟨-et, -⟩ Zeichen
tegne ['tai̯nə] ⟨-ede⟩ zeichnen
tegne|bog['tai̯nə,bɔ̝:ˀu̯] ⟨-en, -bøger⟩ Brieftasche
tegnefilm ['tai̯nə,filˀm] ⟨-en -⟩ Zeichentrickfilm
tegning ['tai̯neŋ] ⟨-en, -er⟩ Zeichnung
tegnsprog ['tai̯n,sbʁɔ̝:ˀu̯] ⟨-et, -⟩ Zeichensprache
tekøkken ['te:ˀ,køgən] ⟨-et, -er⟩ Kochnische
telefon [telə'fo:ˀn] ⟨-en, -er⟩ Telefon
telefon på værelset [telə'fo:ˀn pɔ̝ 'vɛ:ɔlsəð] Zimmertelefon
telefon|bog [telə'fo:ˀn,bɔ̝:ˀu̯] ⟨-en, -bøger⟩ Telefonbuch
telefonboks [telə'fo:ˀn,bɔgs] ⟨-en, -e⟩ Telefonzelle
telefonere [teləfo'ne:ˀɔ] ⟨-ede⟩ telefonieren
telefonkort [telə'fo:ˀn,kɒ:d] ⟨-et, -⟩ Telefonkarte
telefonnum|mer [telə'fo:ˀn,nɔ̝mˀɔ] ⟨-ret, -re⟩ Telefonnummer
telefonsvarer [telə'fo:ˀn,sva:a] ⟨-en, -e⟩ Anrufbeantworter
telegram [telə'gʁamˀ] ⟨-met, -mer⟩ Telegramm
teleobjektiv ['teləobjɛg,ti:ˀv] ⟨-et, -er⟩ Teleobjektiv
teleslynge til hørehæmmede ['te:lə,sløŋə tel 'hø:ɔ,hɛməðə] Induktionsschleife
telex ['te:lɛgs] ⟨-et, -er⟩ Telex
telt [tɛlˀd] ⟨-et, -e⟩ Zelt
teltpløk ['tɛld,pløg] ⟨-ken, -ke⟩ Hering

telt|stang ['tɛld,sdaŋ'] ⟨-en, -stænger⟩ Zeltstange
temmelig ['tɛməli] ziemlich
temp|el ['tɛm'bəl] ⟨-let, -ler⟩ Tempel
temperatur [tɛmbəʁa'tu:'ɒ̯] ⟨-en, -er⟩ Temperatur
tennis ['tɛnis] Tennis
tennisketsjer ['tɛnis,kɛdsɔ] ⟨-en, -e⟩ Tennisschläger
tepose ['te:',po:sə] ⟨-n, -r⟩ Teebeutel
termin [tɛɒ̯'mi:'n] ⟨-en, -er⟩ Termin
terminal [tɛɒ̯mi'nɛ:'l] ⟨-en, -er⟩ Terminal
termoflaske ['tɛɒ̯mo,flæsgə] ⟨-n, -r⟩ Thermosflasche®
termomet|er ['fe:'bɔtœɒ̯mo,me:'dɔ] ⟨-ret, -re⟩ Fieberthermometer
terrakotta [tæʁa'kɔtæ] ⟨-en, -er⟩ Terrakotta
terrasse [tæ'ʁasə] ⟨-n, -r⟩ Terrasse
terræn [tæ'ʁɛŋ] ⟨-et, -er⟩ Gelände
teske ['te:',sge:'] ⟨-en, -er⟩ Teelöffel
ti [ti:'] zehn
tid [tið'] ⟨-en, -er⟩ Zeit
tidlig ['tiðli] früh
tidligere ['tiðliɔɔ] eher, früher, vorher
tidsskrift ['tiðs,sgʁɛfd] ⟨-et, -er⟩ Zeitschrift
til [tel] für; *(Richtung)* zu, *(räumlich)* nach; **til Danmark** [tel 'dænma:g] nach Dänemark
til-/frakørs|el ['tel/'fʁa,køɒ̯'səl] ⟨-len, -ler⟩ Auf-/Abfahrt
tilbage [te'bɛ:ə] zurück
tilbagerejse [te'bɛ:ə,ʁai̯sə] ⟨-n, -r⟩ Rückfahrt
tilberede ['telbe,ʁɛ:'ðə] ⟨-te⟩ zubereiten
tilfreds [te'fʁɛs] zufrieden
tilfældig [te'fɛl'di] zufällig
tilføje ['tel,fɔi̯'ə] ⟨-ede⟩ hinzufügen
tilgodesed|del [te'go:ðə,sɛð'əl] ⟨-len, -ler⟩ Gutschein
tilgængelig [te'gɛŋ'əli] zugänglich
tilhøre ['tel,hø:'ɔ] ⟨-te⟩ gehören
tilkørselsrampe ['telkøɒ̯səls,rambə] ⟨-n, -r⟩ Auffahrtrampe
tilladt ['telæd] zulässig
tillæg ['te,lɛ:'g] ⟨-get, -⟩ Zuschlag
tilskuer ['tel,sgu:'ɔ] ⟨-en, -e⟩ Zuschauer/in
tiltro ['tel,tʁo:'] ⟨-en, -⟩ Vertrauen
time ['ti:mə] ⟨-n, -r⟩ Stunde; **hver time** ['vɛ:'ɒ̯ 'ti:mə] stündlich
timian ['ti:'miæn] Thymian
ting [teŋ'] ⟨-en, -⟩ Ding, Sache
tips [tibs] ⟨-et, -⟩ Tipp
tirsdag ['tiɒ̯'sdæ] Dienstag
tit [tid] oft
tjekke ind [tjɛgə 'en'] ⟨-de⟩ einchecken
tjener ['tjɛ:nɔ] ⟨-en, -e⟩ Kellner, Ober
to [to:'] zwei
to hundrede ['to:' 'hunʁɔðə] zweihundert
toastbrød ['tou̯sd,bʁœð'] ⟨-et, -⟩ Toast
tobak [to'bag] ⟨-ken, -ker⟩ Tabak
tobaksforretning [to'bagsfɔ,ʁædneŋ] ⟨-en, -er⟩ Tabakladen
tog [to:'u̯] ⟨-et, -e⟩ Zug
toilet [toæ'lɛd] ⟨-tet, -ter⟩ Toilette
toiletpapir [toæ'lɛdpa,pi:'ɒ̯] ⟨-et, -⟩ Toilettenpapier
told [tɔl'] ⟨-en, -⟩ Zoll
toldafgift ['tɔl,au̯gifd] ⟨-en, -er⟩ Zollgebühren
tolderklæring ['tɔlɛɒ̯,klɛ:'ɒ̯eŋ] ⟨-en, -er⟩ Zollerklärung
toldfri ['tɔl,fʁi:'] zollfrei
toldfri butik ['tɔl,fʁi:' bu'tig] ⟨-ken, -ker⟩ zollfreier Laden
toldpligtig ['tɔl,plegdi] zollpflichtig
tolv [tɔl'] zwölf
tom [tɔm'] leer
tomater *pl* [to'mɛ:'dɔ] Tomaten
tomgang ['tɔm,gaŋ'] ⟨-en, -e⟩ Leerlauf
tone ['to:nə] ⟨-ede⟩ tönen
tone ['to:nə] ⟨-n, -r⟩ Ton
toogtredive ['to:'ɔ,tʁæðvə] zweiunddreißig
toogtyve ['to:'ɔ,ty:və] zweiundzwanzig

top [tɔb] ⟨-pen, -pe⟩ Gipfel
tordenvejr ['toɐ̯dən,vɛːˀɐ̯] ⟨-et, -⟩ Gewitter
torsdag ['tɒːˀsdæ] Donnerstag
torv [tɒːˀv] ⟨-et, -e⟩ Markt
trafik [tʁa'fig] ⟨-ken, -⟩ Verkehr
tragedie [tʁa'geðˀjə] ⟨-n, -r⟩ Tragödie
trailer ['tʁɛjlɔ] ⟨-en, -e⟩ Anhänger
transferbus [tʁans'fœɐ̯,bus] ⟨-sen, -ser⟩ Transferbus
transporttjeneste [tʁans'pɒːd,tjɛːnəsdə] ⟨-n, -r⟩ Fahrdienst
trappe ['tʁabə] ⟨-n, -r⟩ Treppe
travl [tʁau̯ˀl] eilig
travlt, have ~ [hɛːˀ 'tʁau̯ˀld] ⟨havde, haft⟩ es eilig haben
tre [tʁɛːˀ] drei
tre hundrede ['tʁɛːˀ 'hunʁɔðə] dreihundert
tredive ['tʁæðvə] dreißig
tredje ['tʁɛðjə] dritte(r, -s)
trekkingcyk|el ['tʁɛgeŋ,sygəl] ⟨-len, -ler⟩ Trekkingrad
treogtyve ['tʁɛːˀɔ,tyːvə] dreiundzwanzig
tres [tʁɛs] sechzig
tretten ['tʁædən] dreizehn
trin [tʁin] ⟨-net, -⟩ Stufe
tro [tʁoːˀ] ⟨-ede⟩ glauben
trolley ['tʁɔli] ⟨-en, -er⟩ Koffer
trommehinde ['tʁɔmə,henə] ⟨-n, -r⟩ Trommelfell
trusser *pl* ['tʁusɔ] *(Damen)* Slip
trykke ['tʁœgə] ⟨-de⟩ *(tele)* wählen
træ [tʁɛːˀ] ⟨-et, -er⟩ Baum; Holz
træffe ['tʁæfə] ⟨traf, truffet⟩ treffen
trække ['tʁægə] ⟨trak, trukket⟩ ziehen
træsnit ['tʁæ,snid] ⟨-tet, -⟩ Holzschnitt
træt [tʁæd] müde
tråd [tʁɔːˀð] ⟨-en, -e⟩ Draht
T-shirt ['tiː,ʂœːd] ⟨-en, -s⟩ T-Shirt
tunfisk ['tuːn,fesg] ⟨-en, -⟩ Thunfisch
tung [tɔŋˀ] *(Gewicht)* schwer
tunge ['tɔŋə] ⟨-n, -r⟩ Zunge
tunnel ['tɔnˀəl] ⟨-en, -er⟩ Tunnel
tur [tuːˀɐ̯] ⟨-en, -e⟩ Tour, Fahrt
turist [tu'ʁisd] ⟨-en, -er⟩ Tourist/in
turistinformation [tu'ʁisdenfɒmæ,ɕoːˀn] ⟨-en, -er⟩ Fremdenverkehrsamt
turistkontor [tu'ʁisdkɔn,toːˀɐ̯] ⟨-et, -er⟩ Verkehrsamt
turkisfarvet [tyɐ̯'kiʔːs,faːvəð] türkisfarben
tværformat ['tvɛɐ̯fɔ,mɛːˀd] ⟨-et, -er⟩ Querformat
tværs igennem ['tvɛɐ̯s i'gɛnˀəm] quer durch
tydelig ['tyːðəli] deutlich
tyfus ['tyfus] Typhus
tyggegummi ['tygə,gɔmi] ⟨-et, -⟩ Kaugummi
tyk [tyg] dick
tynd [tønˀ] dünn
typisk (for) ['tybisg (fɔ)] typisch (für)
tysk [tysg] deutsch
tysk(e) postspare|bog ['tysg 'pɔsdsbaːa,bɔːˀu̯] ⟨-en, -bøger⟩ Postsparbuch
tysker ['tysgɔ] ⟨-en, -e⟩ der/die Deutsche
Tyskland ['tysg,lænˀ] Deutschland
tyv [tyːˀv] ⟨-en, -e⟩ Dieb
tyve ['tyːvə] zwanzig
tyveri [tyːvə'ʁiːˀ] ⟨-et, -er⟩ Diebstahl
tælle ['tɛlə] ⟨talte, talt⟩ zählen
tænde ['tɛnə] ⟨-te⟩ einschalten, anzünden
tænding ['tɛneŋ] ⟨-en, -er⟩ Zündung
tændingsnøgle ['tɛneŋs,nɔjlə] ⟨-n, -r⟩ Zündschlüssel
tændrør ['tɛn,ʁœːˀɐ̯] ⟨-et, -⟩ Zündkerze
tændstik ['tɛn,sdeg] ⟨-ken, -ker⟩ Streichholz
tænke på ['tɛŋgə pɔ] ⟨-te⟩ denken an
tæppe ['tɛbə] ⟨-t, -r⟩ (Bett-)Decke
tæt [tɛd] nah
tæve ['tɛːvə] ⟨-de⟩ zusammenschlagen
tøjklemmer *pl* ['tɔj,klɛmɔ] Wäscheklammern

tømning ['tœmneŋ] ⟨-en, -er⟩ Leerung
tør [tœ:ˀɒ̯] trocken
tørklæde ['tœɒ̯klɛ:ðə] ⟨-t, -r⟩ (Kopf-)Tuch
tørre ['tœ̝:ɔ] ⟨-de⟩ trocknen
tørresnor ['tœ̝:ɔˌsno:ˀɒ̯] ⟨-en, -e⟩ Wäscheleine
tørretumbler ['tœ̝:ɔˌtɔ̝mblɔ] ⟨-en, -e⟩ Wäschetrockner
tørstig ['tœ̝ɒ̯sdi] durstig
tørt hår ['tœ̝:ˀɒ̯d 'hɒ:ˀ] trockenes Haar
tå [tɔ̝:ˀ] ⟨-en, tæer⟩ Zehe
tåge ['tɔ̝:u̯ə] ⟨-n, -r⟩ Nebel
tålmodighed [tɔl'mo:ˀðiˌhe:ˀð] ⟨-en, -⟩ Geduld
tårn [tɒ:ˀn] ⟨-et, -e⟩ Turm

U

uafgjort ['uau̯ˌgjoɒ̯ˀd] unentschieden
ubehagelig [ube'hɛ̝:ˀəli] unangenehm
ubetinget ['ubeˌteŋˀəð] unbedingt
udbetale ['uðbeˌtɛ̝:ˀlə] ⟨-te⟩ auszahlen
uddannelse ['uðˌdænˀəlsə] ⟨-n, -r⟩ Ausbildung
uden ['uðən] ohne
uden barriere ['u:ðən baʁi'ɛ:ɔ] barrierefrei
uden omkostninger ['uðən 'ɔmˌkɔsdneŋɔ] kostenlos
udenfor ['u:ðənˌfɔ] außen, draußen, außerhalb
udenlandsk ['uðənˌlænˀsg] ausländisch
udenlandsk samtale ['uðənlænˀsg 'samˌtɛ̝:lə] Auslandsgespräch
udenrigsfly ['uðənʁisˌfly:ˀ] ⟨-et, -⟩ Auslandsflug
udflugt ['uðˌflɔ̝gd] ⟨-en, -er⟩ Ausflug
udfylde ['uðˌfylˀə] ⟨-te⟩ ausfüllen
udgang ['uðˌgaŋˀ] ⟨-en, -e⟩ Ausgang
udgravninger ***pl*** ['uðˌgʁa:ˀvneŋ] Ausgrabungen
udkørsel ['uðˌkøɒ̯səl] ⟨-len, -ler⟩ Ausfahrt
udland ['uðˌlænˀ] ⟨-et, -⟩ Ausland
udleje ['uðˌlai̯ˀə] ⟨-ede⟩ vermieten
udlænding ['uðˌlɛnˀeŋ] ⟨-en, -e⟩ Ausländer/in
udløser ['uðˌlø:ˀsɔ] ⟨-en, -e⟩ Auslöser
udmattet ['uðˌmædəð] erschöpft
udmærket ['uðˌmɛ̝ɒ̯gəð] ausgezeichnet
udrejse ['uðˌʁai̯sə] ⟨-n, -r⟩ Ausreise
udsalg ['uðˌsælˀ] ⟨-et, -⟩ Ausverkauf
udsigt ['uðˌsegd] ⟨-en, -er⟩ Aussicht, Ausblick
udsigtspunkt ['uðsegdsˌpɔ̝ŋˀd] ⟨-et, -er⟩ Aussichtspunkt
udslæt ['uðˌslɛd] ⟨-tet, -⟩ Ausschlag
udstilling ['uðˌsdelˀeŋ] ⟨-en, -er⟩ Ausstellung
udstillingsgenstand ['uðsdeleŋsˌgɛnstænˀ] ⟨-en, -e⟩ Exponat
udstillingsvindue ['uðsdeleŋsˌvendu] ⟨-t, -r⟩ Schaufenster
udstødningsrør ['uðˌsdø:ˀðneŋsˌʁœ̝:ˀɒ̯] ⟨-et, -⟩ Auspuff
udsætte ['uðˌsɛdə] ⟨-satte, -sat⟩ *(zeitlich)* verschieben
udsøge ['uðˌsø:ˀə] ⟨-te⟩ aussuchen
udtale ['uðˌtɛ̝:ˀlə] ⟨-te⟩ aussprechen
udtryk ['uðˌtʁœg] ⟨-ket, -⟩ Ausdruck
udtrykkelig [uð'tʁœgəli] ausdrücklich
udvalg ['uðˌvælˀ] ⟨-et, -⟩ Auswahl
udveksle ['uðˌvɛgslə] ⟨-ede⟩ austauschen
uegnet ['uˌai̯ˀnəð] ungeeignet
uforskammet ['ufɔˌsgamˀəð] unverschämt
uge ['u:ə] ⟨-n, -r⟩ Woche; **en uge mere** [en 'u:ə 'me:ɔ] Verlängerungswoche; **i løbet af en uge** [i 'lø:ˀbəð æ en 'u:ə] in einer Woche; **om en uge** [ɔm en 'u:ə] in einer Woche
ugeblad ['u:əˌblæð] ⟨-et, -e⟩ Illustrierte, Wochenzeitschrift

ugekort ['u:ə,kɒ:d] ⟨-et, -⟩ Wochenkarte
ugentlig ['u:əndli] wöchentlich
ugift ['u,gifd] ledig, unverheiratet
uheld ['u,hɛlˀ] ⟨-et, -⟩ Panne
uld [ulˀ] ⟨-en, -⟩ Wolle
uldtæppe ['ul,tɛbə] ⟨-t, -r⟩ Wolldecke
ulykke ['u,løgə] ⟨-n, -r⟩ Unglück, Unfall
umulig [u'mu:ˀli] unmöglich
under ['o̜nˀɔ] *prp* während, unter
underbukser *pl* ['o̜nɔ,bo̜gsɔ] Unterhosen
underholdning ['o̜nɔ,hɔlˀneŋ] ⟨-en, -er⟩ Vergnügen, Unterhaltung
underkop ['o̜nɔ,kɔb] ⟨-pen, -per⟩ Untertasse
underliv ['o̜nɔ,li:ˀv] ⟨-et, -⟩ Unterleib
underrette ['o̜nɔ,ʁædə] ⟨-de⟩ informieren, unterrichten
underskrift ['o̜nɔ,sgʁɛfd] ⟨-en, -er⟩ Unterschrift
underskrive ['o̜nɔ,sgʁi:ˀvə] ⟨-skrev, -skrevet⟩ unterschreiben
undersøgelse ['o̜nɔ,sø:ˀəlsə] ⟨-n, -r⟩ Untersuchung
undertekst ['o̜nɔ,tɛgsd] ⟨-en, -er⟩ Untertitel
undertrøje ['o̜nɔ,tʁɔi̯ə] ⟨-n, -r⟩ Unterhemd
undertøj *pl* ['o̜nɔ,tɔi̯] ⟨-et, -⟩ Unterwäsche
undervandskamera ['o̜nɔvænˀs,kɛ̝:ˀməʁa] ⟨-et, -er⟩ Unterwasserkamera
undervejs [o̜nɔ'vai̯ˀs] unterwegs
undervise ['o̜nɔ,vi:ˀsə] ⟨-te⟩ *(Schule)* unterrichten
undre sig (over) ['o̜ndʁɔ sai̯ ,'ɔu̯ˀɔ)] ⟨-de⟩ s. wundern (über)
undskyld ['o̜n,sgylˀ] Bitte
undskylde sig ['o̜n,sgylˀə sai̯] ⟨-te⟩ s. entschuldigen
undskyldning ['o̜n,sgylˀneŋ] ⟨-en, -er⟩ Entschuldigung
undtagen ['o̜n,tɛ̝:ˀən] außer
ung [o̜ŋˀ] jung
ungkarl ['o̜ŋ,kɛ̝:ˀl] ⟨-en, -e⟩ Junggeselle
ungt, et ~ menneske [ed 'o̜ŋˀd 'mɛnəsgə] Jugendliche(r)
universitet [univɛ̝ɒ̝si'te:ˀd] ⟨-et, -er⟩ Universität
urin [u'ʁi:ˀn] ⟨-en, -⟩ Urin
urinblære [u'ʁi:ˀn'blɛ:ɔ] ⟨-en -⟩ Urinblase
urmager ['u:ɒ̝,mɛ̝:ˀɔ] ⟨-en, -e⟩ Uhrmacher
urter *pl* ['uɒ̝dɔ] Kräuter
usandsynlig [usæn'sy:ˀnli] unwahrscheinlich
usædvanlig [usɛð'vɛ̝:ˀnli] ungewöhnlich, außergewöhnlich
utrolig [u'tʁo:ˀli] unglaublich
utålelig [u'to̜:ˀləli] unerträglich
uvejr ['u,vɛ:ˀɒ̝] ⟨-et, -⟩ Unwetter

V

vable [vɛ̝:blə] ⟨-n, -r⟩ Hautblase
vaccination [vagsinæ'ʂo:ˀn] ⟨-en, -er⟩ Impfung
vaccinationsattest [vagsinæ'ʂo:ˀnsæ,tɛsd] ⟨-en, -er⟩ Impfpass
vagtafløsning ['vagdau̯,lø:ˀsneŋ] ⟨-en, -er⟩ Wachablösung
valfartssted ['vælfa:ds,sdɛð] ⟨-et, -er⟩ Wallfahrtsort
valuta [væ'lutæ] ⟨-en, -er⟩ Währung
vand [vænˀ] ⟨-et, -⟩ Wasser; **koldt vand** ['kɔlˀd 'vænˀ] kaltes Wasser; **varmt vand** ['va:ˀmd 'vænˀ] warmes Wasser
vandcyk|el ['væn,sygəl] ⟨-len, -ler⟩ Tretboot
vanddunk ['væn,do̜ŋˀg] ⟨-en, -e⟩ Wasserkanister
vandfald ['væn,fælˀ] ⟨-et, -⟩ Wasserfall
vandglas ['væn,glæs] ⟨-set, -⟩ Wasserglas
vandhane ['væn,hɛ̝:nə] ⟨-n, -r⟩ Wasserhahn
vandmelon ['vænme,lo:ˀn] ⟨-en, -er⟩ Wassermelone

vandre ['vandʁɔ] ⟨-de⟩ wandern
vandrekort ['vandʁɔˌkɒːd] ⟨-et, -⟩ Wanderkarte
vandrevej ['vandʁɔˌvai̯ˀ] ⟨-en, -e⟩ Wanderweg
vandski *pl* ['vænˌsgiːˀ] Wasserski
vanskelig ['vænsgəli] schwierig
vare ['vaːa] ⟨-ede⟩ *(zeitlich)* dauern
varetægtsarrest ['vaːatɛgdsaˌʁæsd] ⟨-en, -er⟩ Untersuchungshaft
varieté [vaʁiə'te] ⟨-en, -er⟩ Varietee
varm [vaːˀm] warm, heiß
varmluftballon ['vaːˀmlo̹fdbæˌlɔŋ] ⟨-en, -er⟩ Heißluftballon
vartegn ['vaːˌtai̯ˀn] ⟨-et, -⟩ Wahrzeichen
vase ['vɛ̝ːsə] ⟨-n, -r⟩ Vase
vaske ['væsgə] ⟨-ede⟩ waschen
vaskeklud ['væsgəˌkluðˀ] ⟨-en, -e⟩ Waschlappen
vaskemaskine ['væsgəmæˌsgiːnə] ⟨-n, -r⟩ Waschmaschine
vaskemid|del ['væsgəˌmiðˀəl] ⟨-let, -ler⟩ Waschmittel
vaskeri [væsgə'ʁiːˀ] ⟨-et, -er⟩ Wäscherei
vaskerum ['væsgəˌʁo̹mˀ] ⟨-met, -⟩ Waschraum
vasketøj *pl* ['væsgəˌtɔi̯] ⟨-et⟩ *(zum Waschen)* Wäsche
vat [væd] ⟨-tet, -⟩ Watte
vatpinde *pl* ['vædˌpenə] Wattestäbchen
ved [veð] *(örtlich) an; (nahe)* bei; *(Zeitangabe)* um
ved hjælp af [veð 'jɛlˀb æ] mittels, durch
ved siden af [veð 'siːðən æ] neben
ved Skagerrak [veð 'sgɛ̝ːəˌʁag] am Skagerrak
ved|tage ['veðˌtɛ̝ːˀ] ⟨-tog, -taget⟩ vereinbaren
vegetarisk [vegə'taːˀisg] vegetarisch
vej [vai̯ˀ] ⟨-en, -e⟩ Weg
vejhjælp ['vai̯ˌjɛlˀb] ⟨-en, -⟩, **~tjeneste** ['vai̯ˌtjɛːnəsdə] ⟨-n, -r⟩ Pannendienst
vejkort ['vai̯ˌkɒːd] ⟨-et, -⟩ Straßenkarte
vejrmelding ['vɛːɒ̯ˌmɛleŋ] ⟨-en, -er⟩ Wetterbericht
vejrudsigt ['vɛːɒ̯uðˌsegd] ⟨-en, -er⟩ Wettervorhersage
vejviser ['vai̯ˌviːsɔ] ⟨-en, -e⟩ Wegweiser
vekselkurs ['vɛgsəlˌkuɒ̯ˀs] ⟨-en, -er⟩ Wechselkurs
veksling (af valuta) ['vɛgsleŋ (æ væ'lutæ)] Geldwechsel
velkommen (hjertelig) ['jɛ̝ɒ̯dəli 'vɛlˌkɔmˀən] herzlich willkommen!
ven [vɛn] ⟨-nen, -ner⟩ Freund
vende om [vɛnə 'ɔmˀ] ⟨-te⟩ umkehren
vende tilbage [vɛnə te'bɛ̝ːə] ⟨-te⟩ zurückkehren
veninde [vɛn'enə] ⟨-n, -r⟩ Freundin
venlig ['vɛnli] freundlich, nett
venstre, til ~ [tel 'vɛnsdʁɔ] links
vente ['vɛndə] ⟨-ede⟩ (er)warten
ventesal ['vɛndəˌsɛ̝ːˀl] ⟨-en, -e⟩ Wartesaal, Wartezimmer
ventilator [vɛnti'lɛ̝ːtɒ] ⟨-en, -er⟩ Ventilator
verd|en ['vɛ̝ɒ̯dən] ⟨-nen, -⟩ Welt
vest [vɛsd] ⟨-en, -e⟩ Weste
vest for ['vɛsd fɔ] westlich von
vesten ['vɛsdən] Westen
vi [vi] *prn* wir
viadukt [viæ'do̹gd] ⟨-en, -er⟩ Unterführung
vide ['viːðə] ⟨ved, vidste⟩ wissen
viden ['viːðən] ⟨-en, -⟩ Kenntnis, Wissen
videobåndoptager ['viːˀdeobo̹nɔbˌtɛ̝ːˀɔ] ⟨-en, -e⟩ Videorekorder
videofilm ['viːˀdeoˌfilˀm] ⟨-en, -⟩ Videofilm
videokamera ['viːˀdeoˌkɛ̝ːˀməʁa] ⟨-et, -er⟩ Videokamera
videokassette ['viːˀdeokæˌsɛdə] ⟨-n, -r⟩ Videokassette
vidne ['viðnə] ⟨-t, -r⟩ Zeuge/Zeugin
vidunderlig [við'o̹nˀɔli] wunderbar
vigtig ['vegdi] wichtig

vigtighed ['vegdi,he:ˀð] Wichtigkeit, Bedeutung
vildt [vilˀd] ⟨-et, -⟩ *(Tier)* Wild
villa ['vilæ] ⟨-en, -er⟩ Villa
ville gerne ['vilə 'gɛ̝ɒ̯nə] ⟨ville, villet⟩ wünschen, mögen
vin [vi:ˀn] ⟨-en, -e⟩ Wein
vin- og spiritushand|el ['vi:n ɔ 'sbi:ˀɒ̯itus,hænˀəl] ⟨-len, -ler⟩ Spirituosengeschäft
vind [venˀ] ⟨-en, -e⟩ Wind
vinde ['venə] ⟨vandt, vundet⟩ gewinnen
vindretning ['ven,ʁædneŋ] ⟨-en, -er⟩ Windrichtung
vindruer *pl* ['vi:n,dʁu:ɔ] Weintrauben
vindspejl ['ven,sbai̯ˀl] ⟨-et, -e⟩ Windschutzscheibe
vindstille ['ven,sdelə] Flaute
vindstyrke ['ven,sdyɒ̯gə] ⟨-n, -r⟩ Windstärke
vindstød ['ven,sdøð] ⟨-et, -⟩ Bö
vindue ['vendu] ⟨-t, -r⟩ Fenster
vinduesplads ['vendus,plæs] ⟨-en, -er⟩ Fensterplatz
vinduesvisker ['vendus,vesgɔ] ⟨-en, -e⟩ Scheibenwischer
vinge ['veŋə] ⟨-n, -r⟩ Flügel
vinglas ['vi:n,glæs] ⟨-set, -⟩ Weinglas
vinhand|el ['vi:n,hænˀəl] ⟨-len, -ler⟩ Weinhandlung
vinter ['venˀdɔ] ⟨-en, vintre⟩ Winter
violet [vio'lɛd] violett
virkelig ['viɒ̯gəli] wirklich
virus ['vi:ʁus] ⟨-set, -ser⟩ Virus
visdoms|tand ['vi:sdɔms,tænˀ] ⟨-en, -tænder⟩ Weisheitszahn
vise ['vi:sə] ⟨-te⟩ zeigen
viskestykke ['vesgə,sdøgə] ⟨-t, -r⟩ Geschirrtuch
visum ['vi:sọm] ⟨-met, visa⟩ Visum
vittighed ['vidi,he:ˀð] ⟨-en, -er⟩ Witz
vogn ['vɔu̯ˀn] ⟨-en, -e⟩ Wagen
vogn uden kupéopdeling ['vɔu̯ˀn uðən ku'pe:ˀɔb,de:ˀleŋ] Großraumwagen
vognnum|mer ['vɔu̯n,nọmˀɔ] ⟨-ret, -re⟩ Wagennummer
voksen ['vɔgsən] Erwachsene(r)
voldtægt ['vɔl,tɛgd] ⟨-en, -er⟩ Vergewaltigung
volleyball ['vɔli,bɒ:l] Volleyball
vores ['vɒ:ɒs] *poss prn pl* unse(r, -s)
vred [vʁɛ:ˀð] verärgert, böse
væddekamp ['vɛðə,kamˀb] ⟨-en, -e⟩ Wettkampf
væg [vɛ:ˀg] ⟨-gen, -ge⟩ Wand
vægt [vɛgd] ⟨-en, -e⟩ Gewicht
væk (fra) ['vɛg (fʁa)] weg (von)
væk [vɛg] fort
vække ['vɛgə] ⟨-de⟩ wecken
vækkeur ['vɛgə,u:ˀɒ̯] ⟨-et, -e⟩ Wecker
vælge ['vɛljə] ⟨valgte, valgt⟩ wählen, aussuchen
værdiangivelse [vɛ̝ɒ̯'diæn,gi:ˀvəlsə] ⟨-n, -r⟩ Wertangabe
værdikupon [vɛ̝ɒ̯'diku,pɔŋ] ⟨-en, -er⟩ Gutschein
værdiløs [vɛ̝ɒ̯'di,lø:ˀs] wertlos
værdisager *pl* [vɛ̝ɒ̯'di,sɛ̝:ɔ] Wertsachen
være ['vɛ:ɔ] ⟨var, været⟩ *verb* sein
være for ['vɛ:ɔ fɔ] ⟨var⟩ dafür sein
være imod [vɛ:ɔ i'mo:ˀð] ⟨var⟩ dagegen sein
være skyld i [vɛ:ɔ 'sgylˀ i] ⟨var⟩ schuld sein
være sulten [vɛ:ɔ 'suldən] ⟨var⟩ hungrig sein
være tilovers [vɛ:ɔ te'ɔu̯ˀɔs] ⟨var⟩ übrig sein
være vant til [vɛ:ɔ 'vænˀd tel] ⟨var⟩ gewohnt sein
være venner [vɛ:ɔ 'vɛnɔ] ⟨var⟩ befreundet sein
værelse ['vɛ:ɔlsə] Zimmer
værksted ['vɛ̝ɒ̯g,sdɛð] ⟨-et, -er⟩ Werkstatt
værktøj ['vɛ̝ɒ̯g,tɔi̯] ⟨-et, -er⟩ Werkzeug
vært [vɛ̝ɒ̯d] ⟨-en, -er⟩/**værtinde** [vɛ̝ɒ̯d'enə] ⟨-n, -r⟩ Gastgeber/in
værtshus ['vɛ̝ɒ̯ds,hu:ˀs] ⟨-et, -e⟩ Kneipe, Wirtshaus
våd [vọ:ˀð] nass
vågen ['vọ:u̯ən] wach

vågne op [vǫu̯nə 'ɔb] ⟨-ede⟩ aufwachen

W

western ['vɛsdɔn] Western
windsurfing ['ven,sœ:feŋ] windsurfen

Y

ydre ['y:ðʁɔ] äußerlich
yndling ['ønleŋ] ⟨-en, -er⟩ Liebling
yoga ['jogæ] Yoga
yoghurt ['jo,guɒ̯ˀd] ⟨-en, -er⟩ Joghurt

Z

zoologisk have [soo'lo:ˀisg 'hɛ̝:və] Zoologischer Garten

Æ

æble ['ɛ:blə] ⟨-t, -r⟩ Apfel
æg *pl* [ɛ:ˀg] Eier
ægte ['ɛgdə] echt
ægte|mand ['ɛgdə,mænˀ] ⟨-en, -mænd⟩ Ehemann
ægtepar ['ɛgdə,pa] ⟨-ret, -⟩ *(Ehe)* Paar
ærgre sig over ['ɛ̝ɒ̯u̯ʁɔ sai̯ 'ɔu̯ˀɔ] ⟨-ede⟩ s. ärgern über
ærme ['ɛ̝ɒ̯mə] ⟨-t, -r⟩ Ärmel
ærter *pl* ['œ̝ɒ̯dɔ] Erbsen

Ø

ø [ø:ˀ] ⟨-en, -er⟩ Insel
ødelagt ['ø:ðə,lagd] verdorben
øje ['ɔi̯nə] ⟨-t, øjne⟩ Auge
øjeblik ['ɔi̯ə,bleg] ⟨-ket, -ke⟩ Augenblick
øjendråber *pl* ['ɔi̯ən,dʁǫ:bɔ] Augentropfen
øl [øl] ⟨-let, -ler⟩ Bier
ønske ['ønsgə] ⟨-ede⟩ wünschen, mögen
øre ['ø:ɔ] ⟨-t, -r⟩ Ohr
øredråber *pl* ['ø:ɔ,dʁǫ:bɔ] Ohrentropfen
øreringe *pl* ['ø:ɔ,ʁɛŋə] Ohrringe
ørundtur ['ø:ˀ,ʁǫntu:ˀɒ̯] ⟨-en, -e⟩ Inselrundfahrt
øst for ['øsd fɔ] östlich von
østen ['øsdən] Osten
østers ['øsdɔs] ⟨-en, -⟩ Austern
øve ['ø:və] ⟨-ede⟩ üben

Å

åben ['ǫ:bən] offen, auf
åbent ['ǫ:bənd] geöffnet
åbne ['ǫ:bnə] ⟨-ede⟩ öffnen
åbningstider *pl* ['ǫ:bneŋs,tiðɔ] Öffnungszeiten
ål [ǫ:ˀl] ⟨-en, -⟩ Aal
ånde ['ɔnə] ⟨-ede⟩ atmen
åndedrætsbesvær ['ɔnədʁædsbe,svɛ:ˀɒ̯] ⟨-et, -⟩ Atembeschwerden
åndelig styrke ['ɔnəli 'sdyɒ̯gə] ⟨-n, -r⟩ *(geistige)* Größe
år [ɒ:ˀ] ⟨-et, -⟩ Jahr; **næste år** ['nɛsdə 'ɒ:ˀ] nächstes Jahr
åre ['ɒ:ɒ] ⟨-n, -r⟩ Ruder
århundrede [ɒ'hunʁɔðə] ⟨-t, -r⟩ Jahrhundert
årlig ['ɒ:li] jährlich
årstid ['ɒ:s,tiðˀ] ⟨-en, -er⟩ Jahreszeit

Wörterbuch Deutsch–Dänisch

A

Aal ål [o̜:ˀl] ⟨-en, -⟩
ab fra [fʁa]
Abblendlicht nærlys ['nɛɒ̯ˌly:ˀs] ⟨-et, -⟩
Abend aftlen ['afdən] ⟨-nen, -ner⟩
Abendessen aftensmad ['afdənsˌmæð] ⟨-en, -⟩
Abendgarderobe aftengarderobe ['afdənga:də'ʁo:bə] ⟨-n, -r⟩
abends om aftenen [ɔm 'afdənən]
aber men [mɛn]
abfahren (von) køre (fra) ['kø:ɔ (fʁa)] ⟨-te⟩, starte (fra) ['sda:də (fʁa)] ⟨-ede⟩
Abfahrt afgang ['au̯ˌgaŋˀ] ⟨-en, -e⟩
Abfahrtszeit afgangstid ['au̯gaŋsˌtiðˀ] ⟨-en, -er⟩
Abfall affald ['au̯ˌfælˀ] ⟨-et, -⟩
Abfallbeutel affaldspose ['au̯fælsˌpo:sə] ⟨-n, -r⟩
Abfalleimer skraldespand ['sgʁaləˌsbænˀ] ⟨-en, -e⟩
Abflug afrejse ['au̯ˌʁai̯sə] ⟨-n, -r⟩
Abführmittel afføringsmid|del ['au̯føɒ̯eŋsˌmiðˀəl] ⟨-let, -ler⟩
abgeben aflevere ['au̯leˌve:ˀɔ] ⟨-ede⟩
abholen afhente ['au̯ˌhɛnˀdə] ⟨-ede⟩
Abkürzung forkortelse [fɔ'kɒ:dəlsə] ⟨-n, -r⟩; *(Weg)* genvej ['gɛnˌvai̯ˀ] ⟨-en, -e⟩
ablehnen nægte ['nɛgdə] ⟨-ede⟩
abnehmen tage af [tɛ̞:ˀ 'ɛ̞:ˀ] ⟨tog, taget⟩; *(dünner werden)* tabe sig ['tɛ̞:bə sai̯] ⟨-te⟩
abreisen (nach) afrejse (til) ['au̯ˌʁai̯ˀsə (tel)] ⟨-te⟩
Absatz *(Schuhe)* hæl [hɛ:ˀl] ⟨-en, -e⟩; *(Buch)* afsnit ['auˌsnid] ⟨-tet, -⟩
Abschleppdienst Falck/FDM [fælˀg/'ɛf'de:ˀ'ɛm]
abschleppen slæbe bort [slɛ:bə 'bɒ:d] ⟨-te⟩
Abschleppseil slæbetov ['slɛ:bəˌtɔu̯] ⟨-et, -e⟩
Abschleppwagen kranvogn ['kʁa:nˌvɔu̯ˀn] ⟨-en, -e⟩
abschließen låse af [lo̜:sə 'ɛ̞:ˀ] ⟨-te⟩, lukke af [lo̜gə 'ɛ̞:ˀ] ⟨-de⟩
abseits offside [ɔf'sai̯d]
Absender afsender ['au̯ˌsɛnˀɔ] ⟨-en, -e⟩
Abszess absces [ab'sɛs] ⟨-sen, -ser⟩
Abtei kloster ['klɔsdɔ] ⟨-et, klostre⟩
Abteil kupé [ku'pe:ˀ] ⟨-en, -er⟩
acht otte ['o̜:də]
achtundzwanzig otteogtyve ['o̜:dɔˌty:və]
Achtung opmærksomhed [ɔb'mɛ̞ɒ̯gsɔmˌhe:ˀð] ⟨-en, -er⟩
Achtung! Pas på! [pæs 'po̜:ˀ]
achtzehn atten ['ædən]
achtzig firs [fi:ˀɒ̯s]
Actionfilm actionfilm ['ægs̯ənˌfilˀm] ⟨-en, -⟩
Adapter adapter [æ'dabtɔ] ⟨-en, -e⟩
Adresse adresse [æ'dʁæsə] ⟨-n, -r⟩
Aerobic aerobic [ɛ'ʁɔbig]
Agentur agentur [agɛn'tu:ˀɒ̯] ⟨-et, -er⟩
ähnlich lignende ['li:nənə]
akklimatisieren, s. ~ akklimatisere sig [æklimæti'se:ˀɔ sai̯] ⟨-ede⟩
Akt nøgenstudie ['nɔi̯ənˌsdu:ˀdjə] ⟨-t, -r⟩
Aktzeichnen croquistegning (levende model) [kʁo'kiˌtai̯neŋ ('le:vənə mo'dɛlˀ)]
Alarmanlage alarmsystem [æ'la:ˀmsyˌsde:ˀm] ⟨-et, -er⟩
alkoholfrei alkoholfri ['ælkohɔlˌfʁi:ˀ]
alkoholfreies Bier alkoholfrit øl ['ælkohɔlˌfʁid 'øl]
alle *(sämtliche)* alle ['ælə]

allein alene [æ'le:nə]
Allergie allergi [ælɛɒ'gi:ˀ] ⟨-en, -er⟩
alles alt [ælˀd]
als *(zeitlich)* da [dæ]; *(bei Vergleich)* som [sɔm]
also altså ['ælˀsɔ]
alt gammel ['gaməl]
Altar alter ['ældɔ] ⟨-et, altre⟩
Alter aldler ['ælˀɔ] ⟨-ren, -re⟩
Altstadt den gamle bydel [dɛn 'gamlə 'byˌde:ˀl]
Alufolie stanniol [sdæni'o:ˀl] ⟨-et, -⟩
am Sonntag på søndag [pɔ 'sœnˀdæ]
am Vormittag *(heute)* i formiddag [i 'fɒ:meˌdɛ:ˀ]
am Wochenende i weekenden [i 'vi:ˌgɛndən]
Ampel lyskurv ['lysˌkuɒˀv] ⟨-en, -e⟩
Amt *(öffentl. Dienststelle)* kontor [kɔn'to:ˀɒ] ⟨-et, -er⟩
amüsieren, s. ~ more sig ['mo:ɔ sai̯] ⟨-ede⟩
an på [pɔ]; *(örtlich)* ved [veð]
am Skagerrak ved Skagerrak [veð 'sgɛ:əˌʁag]
Ananas ananas ['ænæˌnæs] ⟨-en, -er⟩
andere(r, -s) anden, andet, andre ['ænən 'ænəð 'andʁɔ]
anders forskellig [fɔ'sgɛlˀi]; anderledes ['anɔˌle:ˀðəs]
anderswo andetsteds ['ænəðˌsdɛðs]
Anfang begyndelse [be'gønˀəlsə] ⟨-n, -r⟩
anfangen begynde [be'gønˀə] ⟨-te⟩
Angabe oplysning ['ɔbˌly:ˀsneŋ] ⟨-en, -er⟩
Angelrute fiskestang ['fesgəˌsdaŋˀ] ⟨-en, -stænger⟩
angeln fiske ['fesge] ⟨-ede⟩
Angelschein fiskekort ['fesgəˌkɒ:d] ⟨-et, -⟩
angenehm behagelig [be'hɛ:ˀəli], rar [ʁa:ˀ]
Angina halsbetændelse ['hælsbeˌtɛnˀəlsə] ⟨-n, -r⟩
anhalten stoppe ['sdɔbə] ⟨-de⟩
Anhänger anhænger ['ænˌhɛŋɔ] ⟨-en, -e⟩, trailer ['tʁɛi̯lɔ] ⟨-en, -e⟩
ankommen anlkomme['ænˌkɔmˀə] ⟨-kom, -kommet⟩
Ankunft ankomst ['ænˌkɔmˀsd] ⟨-en, -er⟩
Ankunftszeit ankomsttid ['ænkɔmˀsdˌtiðˀ] ⟨-en, -er⟩
Anlasser starter ['sda:dɔ] ⟨-en, -e⟩
anlegen in lægge til i [lɛgə 'tel i] ⟨lagde, lagt⟩
anmelden *(ankündigen)* anmelde ['ænˌmɛlˀə] ⟨-te⟩
Anmeldung indtjekning ['enˌtjɛgneŋ] ⟨-en, -er⟩
Anorak anorak [æno'ʁag] ⟨-ken, -ker⟩
Anreisetag ankomstdag ['ænkɔmsdˌdɛ:ˀ] ⟨-en, -e⟩
Anruf opringning ['ɔbˌʁɛŋˀneŋ] ⟨-en, -er⟩
Anrufbeantworter telefonsvarer [telə'fo:ˀnˌsva:a] ⟨-en, -e⟩
anrufen ringe til ['ʁɛŋə tel] ⟨-ede⟩
Anschluss forbindelse [fɔ'benˀəlsə] ⟨-n, -r⟩
ansehen se på [se:ˀ pɔ] ⟨så, set⟩
Ansichtskarte postkort ['pɔsdˌkɒ:d] ⟨-et, -⟩
anstatt i stedet for [i 'sdɛ:ˀðəd fɔ]
ansteckend smittende ['smedənə]
anstrengend anstrengende ['ænˌsdʁæŋˀənə]
Antibabypille p-pille ['pe:ˀˌpelə] ⟨-n, r⟩
Antibiotikum antibiotikum [æntibi'o:ˀtikɔm]
antik antik [æn'tig]
Antiquitätengeschäft antikvitetsforretning [æntikvi'te:ˀdsfɔˌʁædneŋ] ⟨-en, -er⟩
antworten svare ['sva:a] ⟨-ede⟩
anzeigen *(Diebstahl, Verbrechen)* anmelde ['ænˌmɛlˀə] ⟨-te⟩
anziehen *(Kleidungsstück)* tage på [tɛ:ˀ 'pɔ:ˀ] ⟨tog, taget⟩; **s. ~** klæde sig på ['klɛ:ðə sai̯ 'pɔ:ˀ] ⟨-te⟩
Anzug et sæt tøj [ed sɛd 'tɔi̯]
anzünden tænde ['tɛnə] ⟨-te⟩
Appartement lejlighed (lille) ['lai̯liˌhe:ˀð ('lilə)] ⟨-en, -er⟩

Apfel æble ['ɛ:blə] ⟨-t, -r⟩
Apfelsine appelsin [abəl'si:ˀn] ⟨-en, -er⟩
Apotheke apotek [apo'te:ˀg] ⟨-et, -er⟩
Apparat apparat [aba'ʁa:ˀd] ⟨-et, -er⟩
Appetit appetit [abə'tid] ⟨-ten, -⟩
Aprikose abrikos [abʁi'kɔ:ˀs] ⟨-en, -er⟩
April april [æ'pʁi:ˀl]
Aquarell akvarel [akva'ʁælˀ] ⟨-len, -ler⟩
Aquarellmalen akvarelmaling [akva'ʁælˀˌmæ:leŋ]
Arbeit arbejde ['a:ˌbai̯ˀdə] ⟨-t, -r⟩; *(Anstellung)* job [djɔb] ⟨-bet, -⟩
arbeiten arbejde ['a:ˌbai̯ˀdə] ⟨-ede⟩
arbeitslos arbejdsløs ['a:bai̯dsˌlø:ˀs]
Archäologie arkæologi [a:kɛolo'gi:ˀ] ⟨-en, -⟩
Architekt arkitekt [aki'tɛgd] ⟨-en, -er⟩
Architektur arkitektur [akitɛg'tu:ˀɐ̯] ⟨-en, -er⟩
ärgern, s. ~ über ærgre sig over ['ɛɐ̯u̯ʁɔ sai̯ 'ɔu̯ˀɔ] ⟨- ede⟩
Arm arm [a:ˀm] ⟨-en, -e⟩
arm fattig ['fædi]
Armband armbånd ['a:mˌbɔnˀ] ⟨-et, -⟩
Armbanduhr armbåndsur ['a:mbɔnsˌu:ˀɐ̯] ⟨-et, -e⟩
Ärmel ærme ['ɛɐ̯mə] ⟨-t, -r⟩
Art slags [slags] ⟨-en, -⟩
Artischocke artiskok [ati'sgɔg] ⟨-ken, -ker⟩
Aschenbecher askebægler ['æsgəˌbɛ:ɔ] ⟨-ret, -re⟩
Aspirin aspirin [æsbi'ʁi:ˀn] ⟨-en, -er⟩
Asthma astma ['æsdmæ] ⟨-en, -⟩
Atembeschwerden åndedrætsbesvær ['ɔnədʁædsbeˌsvɛ:ˀɐ̯] ⟨-et, -⟩
atmen ånde ['ɔnə] ⟨-ede⟩
Attest attest [æ'tɛsd] ⟨-en, -er⟩
Aubergine aubergine [obɛɐ̯'ɕi:nə] ⟨-n, -r⟩
auch også ['ɔsə]; ~ **nicht** heller ikke ['hɛlˀɔ 'egə]
auf på [pɔ̣:ˀ]; *(offen)* åben ['ɔ̣:bən]
Auf-/Abfahrt til-/frakørsl|el ['telↆ/'fʁaˌkøɐ̯ˀsəl] ⟨-len, -ler⟩
aufbewahren opbevare ['ɔbbeˌva:ˀa] ⟨-ede⟩
aufbrechen bryde op [bʁy:ðə 'ɔb] ⟨brød, brudt⟩
Aufenthalt ophold ['ɔbˌhɔlˀ] ⟨-et, -⟩
Aufenthaltsraum opholdsstue ['ɔbhɔlsˌsdu:ə] ⟨-n, -r⟩
Auffahrtrampe tilkørselsrampe ['telkøɐ̯səlsˌrambə] ⟨-n, -r⟩
Aufführung opførelse ['ɔbˌfø:ˀɔlsə] ⟨-n, -r⟩
aufhalten, s. ~ op|holde sig↓ ['ɔbˌhɔlˀə sai̯] ⟨-holdt, -holdt⟩
aufhören holde op [hɔlə 'ɔb] ⟨holdt, holdt⟩
aufpassen (auf) passe (på) [pæsə 'pɔ̣:ˀ] ⟨-de⟩
Aufschnitt pålæg ['pɔˌlɛ:ˀg] ⟨-get, -⟩
aufschreiben skrive op [sgʁi:və 'ɔb] ⟨skrev, skrevet⟩
aufstehen stå op [sdɔ̣:ˀ 'ɔb] ⟨stod, stået⟩
aufwachen vågne op [vɔ̣u̯nə 'ɔb] ⟨-ede⟩
aufwärts opad ['ɔbˌæð]
Aufzug elevator [elə'vɛ̝:tɒ] ⟨-en, -er⟩
Auge øje ['ɔi̯nə] ⟨-t, øjne⟩
Augenblick øjeblik ['ɔi̯əˌbleg] ⟨-ket, -ke⟩
Augentropfen øjendråber *pl* ['ɔi̯ənˌdʁɔ̣:bɔ]
August august [au̯'gɔ̣sd]
aus *(Herkunft)* fra [fʁa]; *(Material)* af [æ]; *(Grund)* af [æ]
Ausbildung uddannelse ['uðˌdænˀəlsə] ⟨-n, -r⟩
Ausdruck udtryk ['uðˌtʁœg] ⟨-ket, -⟩
ausdrücklich udtrykkelig [uð'tʁœgəli]
Ausfahrt udkørsl|el ['uðˌkøɐ̯səl] ⟨-len, -ler⟩
Ausflug udflugt ['uðˌflɔ̣gd] ⟨-en, -er⟩
ausfüllen udfylde ['uðˌfylˀə] ⟨-te⟩
Ausgang udgang ['uðˌgaŋˀ] ⟨-en, -e⟩
ausgeben give ud [gi:ˀ 'uðˀ] ⟨gav,

givet⟩
ausgehen *(Haus verlassen; Licht)* gå ud [go̞:ˀ 'uðˀ] ⟨gik, gået⟩
ausgezeichnet udmærket ['uð,mɛ̝ɒ̝gəð]
Ausgrabungen udgravninger *pl* ['uð,gʁa:ˀvneŋ]
Auskunft information [enfɒ:mæ'ʂo:ˀn] ⟨-en, -er⟩
Ausland udland ['uð,lænˀ] ⟨-et, -⟩
Ausländer/in udlænding ['uð,lɛnˀeŋ] ⟨-en, -e⟩
ausländisch udenlandsk ['uðən,lænˀsg]
Auslandsflug udenrigsfly ['uðənʁis,fly:ˀ] ⟨-et, -⟩
Auslandsgespräch udenlandsk samtale ['uðənlænˀsg 'sam,tɛ̝:lə]
Auslöser udløser ['uð,lø:ˀsɔ] ⟨-en, -e⟩
Auspuff udstødningsrør ['uð,sdø:ˀðneŋs,ʁœ:ˀɒ̝] ⟨-et, -⟩
Ausreise udrejse ['uð,ʁai̯sə] ⟨-n, -r⟩
Ausritt ridetur ['ʁi:ðə,tu:ˀɒ̝] ⟨-en, -e⟩
ausruhen, s. ~ hvile sig (ud) [vi:lə sai 'uðˀ] ⟨-ede⟩
Ausschlag udslæt ['uð,slɛd] ⟨-tet, -⟩
außen udenfor ['u:ðən,fɔ]
außer undtagen ['o̞n,tɛ̝:ˀən]
außerdem desuden [des'u:ðən]
außergewöhnlich usædvanlig [usɛð'vɛ̝:ˀnli]
außerhalb udenfor ['u:ðən,fɔ]
äußerlich ydre ['y:ðʁɔ]
Aussicht udsigt ['uð,segd] ⟨-en, -er⟩
Aussichtspunkt udsigtspunkt ['uðsegds,po̞ŋˀd] ⟨-et, -er⟩
aussprechen udtale ['uð,tɛ̝:ˀlə] ⟨-te⟩
aussteigen stige ud [sdi:ə 'uðˀ] ⟨steg, steget⟩
Ausstellung udstilling ['uð,sdelˀeŋ] ⟨-en, -er⟩
aussuchen udsøge ['uð,sø:ˀə] ⟨-te⟩, vælge ['vɛljə] ⟨valgte, valgt⟩
austauschen udveksle ['uð,vɛgslə] ⟨-ede⟩
Austern østers ['øsdɔs] ⟨-en, -⟩
Ausverkauf udsalg ['uð,sælˀ] ⟨-et, -⟩
Auswahl udvalg ['uð,vælˀ] ⟨-et, -⟩
auszahlen udbetale ['uðbe,tɛ̝:ˀlə] ⟨-te⟩
Auto bil [bi:ˀl] ⟨-en, -er⟩; **~ fahren** køre bil [kø:ɔ 'bi:ˀl] ⟨-te⟩
Autobahn motorvej ['mo:tɒ,vai̯ˀ] ⟨-en, -e⟩
Autobahnausfahrt motorvejsfrakørslel ['mo:tɒvai̯s,fʁakøɒ̝ˀsəl] ⟨-len, -ler⟩
Automat *(Waren)* automat [au̯to'mɛ̝:ˀd] ⟨-en, -er⟩
Automatik(getriebe) automatgear [au̯to'mɛ̝:ˀd,gi:ˀɒ̝] ⟨-et, -⟩
automatisch automatisk [au̯to'mɛ̝:ˀtisg]
automatische Türöffnung automatisk døråbning [au̯to'mɛ̝:ˀtisg 'dœɒ̝,o̞:bneŋ]
Autoradio bilradio ['bi:ˀl,ʁa:ˀdio] ⟨-en, -er⟩
Autoreisezug biltog ['bi:ˀl,to̞:ˀu̯] ⟨-et, -e⟩
Avocado avocado [ævo'kɛ̝:do] ⟨-en, -er⟩

B

Baby baby ['bɛ̝i̯bi] ⟨-en, -er⟩
Babyfon babyalarm ['bɛ̝i̯biæ,la:ˀm] ⟨-en, -er⟩
Babylift babylift ['bɛ̝i̯bi,lifd] ⟨-en, -er⟩
Babynahrung babymad ['bɛ̝i̯bi,mæð] ⟨-en, -⟩
Babysitter babysitter ['bɛ̝i̯bi,sidɔ] ⟨-en, -⟩
Bäckerei bageri [bɛ̝:ə'ʁi:ˀ] ⟨-et, -er⟩
Badeanzug badedragt ['bɛ̝:ðə,dʁagd] ⟨-en, -er⟩
Badehose badebukser *pl* ['bɛ̝:ðə,bo̞gsɔ]
Bademantel badekåbe ['bɛ̝:ðə,ko̞:bə] ⟨-n, -r⟩
Bademeister bademestler ['bɛ̝:ðə,mɛsdɔ] ⟨-ren, -re⟩
Bademütze badehætte ['bɛ̝:ðə,hɛdə] ⟨-n, -r⟩

Badeort badested ['bɛ̝ːðə,sdɛð] ⟨-et, -er⟩
Badeschuhe badetøfler *pl* ['bɛ̝ːðə,tøflɔ]
Badewanne badekar ['bɛ̝ːðə,ka] ⟨-ret, -⟩
Badezimmer badeværelse ['bɛ̝ːðə,vɛːɔlsə] ⟨-t, -r⟩
Badminton badminton ['bædmen,tɔn]
Bahnhof banegård ['bɛ̝ːnə,gɒːˀ] ⟨-en, -e⟩
Bahnsteig perron [pɛ̝'ʁɔŋ] ⟨-en, -er⟩
bald snart [snaːˀd]; **so ~ wie möglich** så snart som muligt [sɔ 'snaːˀd sɔm 'muːlid]
Balkon balkon [bæl'kɔŋ] ⟨-en, -er⟩, altan [æl'tɛ̝ːˀn] ⟨-en, -er⟩
Ball bold [bɔlˀd] ⟨-en, -e⟩
Ballett ballet [bæ'lɛd] ⟨-ten, -ter⟩
Bananen bananer *pl* [bæ'nɛ̝ːˀnɔ]
Band *(aus Stoff)* bånd [bɔnˀ] ⟨-et, -⟩; *(Buch)* bind [benˀ] ⟨-et, -⟩
Bänderriss sprængning af ledbånd ['sbʁæŋneŋ æ 'leð,bɔ̝nˀ]
Bank *(Geldinstitut)* bank [baŋˀg] ⟨-en, -er⟩; *(Sitz~)* bænk [bɛŋˀg] ⟨-en, -e⟩
Bar bar ['baːˀ] ⟨-en, -er⟩
bar zahlen betale kontant [be'tɛ̝ːˀlə kɔn'tænˀd] ⟨-te⟩
Bargeld kontanter *pl* [kɔn'tænˀdɔ]
Barock barok [bæ'ʁɔg]
barrierefrei uden barriere ['uːðən baʁi'ɛːɔ]
Barsch aborre ['a,bɒːɒ] ⟨-n, -r⟩
Bart skæg [sgɛːˀg] ⟨-get, -⟩
Basilikum basilikum [bæ'silˀi,kɔ̝m]
Basketball basketball ['baːsgəd,bɒːl]
Batterie batteri [bædə'ʁiːˀ] ⟨-et, -er⟩
Bauch mave ['mɛ̝ːvə] ⟨-n, -r⟩
Bauernhof bondegård ['bɔ̝nə,gɒːˀ] ⟨-en, -e⟩
Baum træ [tʁɛːˀ] ⟨-et, -er⟩
Baumwolle bomuld ['bɔm,ulˀ] ⟨-en, -⟩
Baustelle byggeplads ['bygə,plæs] ⟨-en, -er⟩
Bauwerk bygningsværk ['bygneŋs,vœ̝ɒ̯g] ⟨-et, -er⟩
beachten lægge mærke til [lɛgə 'mɛ̝ɒ̯gə tel] ⟨lagde, lagt⟩
Beach-Volleyball beachvolley ['biːdʂ,vɔli]
beantworten besvare [be'svaːˀa] ⟨-ede⟩
Bearbeitungsgebühr administrationsgebyr [æðminisdʁa'ʂoːˀnsge,byːˀɒ̯] ⟨-et, -⟩
bedauern beklagelse [be'klɛ̝ːˀəlsə] ⟨-n, -r⟩
Bedeutung *(Sinn)* betydning [be'tyðˀneŋ] ⟨-en, -er⟩; *(Wichtigkeit)* vigtighed ['vegdi,heːˀð]
Bedienung betjening [be'tjɛːˀneŋ] ⟨-en, -⟩
beeilen, s. ~ skynde sig ['sgønə sai̯] ⟨-te⟩
beeindruckend imponerende [empo'neːˀɔnə]
befinden, s. ~ befinde sig [be'fenˀə sai̯] ⟨befandt, befundet⟩
befreundet sein være venner [vɛːɔ 'vɛnɔ] ⟨var ⟩
befürchten frygte ['fʁœgdə] ⟨-ede⟩
begegnen møde ['møːðə] ⟨-te⟩
begeistert (von) begejstret (over) [be'gai̯ˀsdʁəð ('ɔu̯ˀɔ)]
begleiten ledsage ['leð,sɛ̝ːˀə] ⟨-ede⟩
Begleitperson ledsager ['leð,sɛ̝ːˀɔ] ⟨-en, -e⟩
begrüßen hilse ['hilsə] ⟨-te⟩
behalten belholde[be'hɔlˀə] ⟨-holdt, -holdt⟩
Behälter beholder [be'hɔlˀɔ] ⟨-en, -e⟩
behandeln behandle [be'hænˀlə] ⟨-ede⟩
behaupten hævde ['hɛu̯də] ⟨-ede⟩, insistere [ensi'sdeːˀɔ] ⟨-ede⟩
Behindertenausweis handicaplegitimation ['hændikablegitimæ,soːˀn]
behindertengerecht handicapvenlig ['hændikab,vɛnli]
Behindertenparkplatz parkeringsplads for handicappede [pa'keːˀɒ̯eŋs,plæs fɔ 'hændikabɔðə]

WÖRTERBUCH DEUTSCH – DÄNISCH

Behindertentoilette handicaptoilet ['hændikabtoæ'lɛd] ⟨-tet, -ter⟩
Behindertenverband Handicapforbund ['hændikab,fɒ:bɔn?]
Behörde myndighed ['møndi,he:?ð] ⟨-en, -er⟩
bei *(nahe)* ved [veð]
beide begge ['bɛgə]
Beifall bifald ['bi,fæl?] ⟨-et, -⟩
beige beige [bɛ:ʂ]
Bein ben [be:?n] ⟨-et, -⟩
Beispiel eksempel [ɛg'sɛm?bəl] ⟨-let, -ler⟩; **zum ~** for eksempel [fɔ ɛg'sɛm?bəl]
beißen bide ['bi:ðə] ⟨bed, bidt⟩
bekannt bekendt [be'kɛn?d]; **jdn mit jdm ~ machen** præsentere [pʁɛsən'te:?ɔ] ⟨-ede⟩
Bekanntschaft bekendtskab [be'kɛn?d,sgɛ:?b] ⟨-et, -er⟩
beklagen, s. ~ (über) beklage sig (over) [be'klɛ:?ə sai (ɔu?ɔ)] ⟨-ede⟩
bekommen få [fo:?] ⟨fik, fået⟩
belästigen genere [ʂe'ne:?ɔ] ⟨-ede⟩
belegte Brote smørrebrød *pl* ['smœ:ɔ,bʁœð?] ⟨-et, -⟩
Beleidigung fornærmelse [fɔ'nɛɒ?məlsə] ⟨-n, -r⟩
Belichtungsmesser eksponeringsmåler [ɛgspo'ne:?ɒeŋs,mo:lɔ] ⟨-en, -e⟩
Belohnung belønning [be'lœn?eŋ] ⟨-en, -er⟩
bemerken bemærke [be'mɛɒgə] ⟨-ede⟩
bemühen, s. ~ gøre sig umage [gœ:ɔ sai 'u,mɛ:e] ⟨gjorde, gjort⟩
benachrichtigen informere [enfɒ'me:?ɔ] ⟨-ede⟩
benutzen benytte [be'nødə] ⟨-de⟩; *(Verkehrsmittel)* tage [tɛ:?] ⟨tog, taget⟩
Benzinkanister benzindunk [bɛn'si:?n,dɔŋ?g] ⟨-en, -e⟩
Benzinpumpe benzinpumpe [bɛn'si:?n,pɔmbə] ⟨-n, -r⟩
bequem bekvem [be'kvɛm?]
berechnen beregne [be'ʁai?nə] ⟨-ede⟩
bereits allerede ['ælə,ʁɛðə]
Berg bjerg [bjɛɒ?u] ⟨-et, -e⟩
Beruf stilling ['sdeleŋ] ⟨-en, -er⟩
beruhigen, s. ~ falde til ro ['fælə tel 'ʁo:?] ⟨faldt, faldet⟩
Beruhigungsmittel beroligende mid|del [be'ʁo:?li:ənə 'mið?əl] ⟨-let, -ler⟩
berühmt berømt [be'ʁœm?d]
berühren berøre [be'ʁœ:?ɔ] ⟨-te⟩
beschädigen beskadige [be'sgɛ:?ði:ə] ⟨-ede⟩
bescheinigen attestere [ætə'sde:?ɔ] ⟨-ede⟩; *(quittieren)* kvittere [kvi'te:?ɔ] ⟨-ede⟩
Bescheinigung attest [æ'tɛsd] ⟨-en, -er⟩
beschlagnahmen beslag|lægge [be'slau,lɛgə] ⟨-lagde, -lagt⟩
beschließen beslutte [be'sludə] ⟨-de⟩
beschreiben be|skrive[be'sgʁi:?və] ⟨-skrev, -skrevet⟩
beschweren, s. ~ (über) klage (over) ['klɛ:ə ('ɔu?ɔ)] ⟨-ede⟩
besetzt *(Platz)* optaget ['ɔb,tɛ:?əð]; *(voll)* fuld [ful?]
besichtigen be|se[be'se:?] ⟨-så, -set⟩
Besichtigung besigtigelse [be'seg,di:?əlsə] ⟨-n, -r⟩, sightseeing ['said,si:eŋ]
Besitzer/in indehaver ['enə,hɛ:?vɔ] ⟨-en, -e⟩
besonders særlig ['sɛɒli]
besorgen skaffe ['sgafə] ⟨-ede⟩
besser bedre ['bɛðʁɔ]
bestätigen bekræfte [be'kʁæfdə] ⟨-ede⟩
beste bedste ['bɛsdə]
Besteck bestik [be'sdeg] ⟨-ket, -⟩
bestehen aus be|stå af [be'sdo:? æ] ⟨-stod, -stået⟩
Bestellung bestilling [be'sdel?eŋ] ⟨-en, -er⟩
bestimmt bestemt [be'sdɛm?d]
Besuch besøg [be'sø:?] ⟨-et, -⟩
besuchen, jdn ~ besøge nogen [be'sø:?ə 'no:ən] ⟨-te⟩
Besuchszeit besøgstid [be'sø:?s,tið?]

⟨-en, -er⟩
beten bede ['beːðə] ⟨bad, bedt⟩
Betrag beløb [be'løːˀb] ⟨-et, -⟩
Betreuungsdienst für Behinderte hjælpetjeneste for handicappede ['jɛlbəˌ'tjɛːnəsdə fɔ 'hændikabəðə]
Betrug *(Gaunerei)* svindlel ['svenˀəl] ⟨-len, -⟩; *(Handel)* bedrageri [bedʁaːu̯ə'ʁiːˀ] ⟨-et, -er⟩
betrunken fuld [fulˀ], beruset [be'ʁuːˀsəð]
Bett seng [sɛŋˀ] ⟨-en, -e⟩; **zu ~ gehen** gå i seng [gǫːˀ i 'sɛŋˀ] ⟨gik, gået⟩
Bettdecke sengetæppe ['sɛŋəˌtɛbə] ⟨-t, -r⟩
Bettwäsche sengetøj *pl* ['sɛŋəˌtɔi̯]
beunruhigen, s. ~ bekymre sig [be'kømˀʁɔ sai̯] ⟨-ede⟩
bevor før [fœːˀɒ̯]
bewölkt skyet ['sgyːəð]
bewusstlos bevidstløs [be'vesdˌløːˀs]
bezahlen betale [be'tɛ̝ːˀlə] ⟨-te⟩
bezaubernd bedårende [be'dɒːˀɒnə], charmerende [ʂa'meːˀɔnə]
BH brystholder ['bʁœsdˌhɔlɔ] ⟨-en, -e⟩
Biene bi [biːˀ] ⟨-en, -er⟩
Bier øl [øl] ⟨-let, -ler⟩
bieten byde ['byːðə] ⟨bød, budt⟩
Bikini bikini [bi'kini] ⟨-en, -er⟩
Bild *(Foto)* fotografi [fotogʁa'fiːˀ] ⟨-et, -er⟩; *(Abbildung)* billede ['beləðə] ⟨-t, -r⟩; *(Gemälde)* maleri [mælə'ʁiːˀ] ⟨-et, -er⟩
Bildhauer billedhugger ['beləðˌhǫgɔ] ⟨-en, -e⟩
billig billig ['bili]
Bindfaden sejlgarn ['sai̯lˌgaːˀn] ⟨-et, -⟩
Bioladen forretning med økologiske varer [fɔ'ʁædneŋ mɛ øko'loːˀisgə 'vaːa] ⟨-en, -er⟩
Birnen pærer *pl* ['pɛːɔ]
bis indtil ['enˀtel]; **~ jetzt** indtil nu ['enˀtel 'nu]
bisschen, ein ~ en smule [en 'smuːlə], lidt [led]
Bitte undskyld ['ǫnˌsgylˀ]; *(Antwort auf Dank)* tak [tag]; **wie ?** hvad behager? [vabə'haːˀ]
bitten, jdn um etw ~ bede én om noget ['beːðə 'eːˀn ɔm 'nǫːəð] ⟨bad, bedt⟩
bitter bitter ['bedɔ]
Blähungen flatulens [flætu'lɛnˀs]
Blase blære ['blɛːɔ] ⟨-n, -r⟩; *(Hautblase)* vable [vɛ̝ːblə] ⟨-n, -r⟩
Blatt blad [blæð] ⟨-et, -e⟩
blau blå [blǫːˀ]
Blazer blazer ['blɛ̝i̯sɔ] ⟨-en, -e⟩
bleiben blive ['bliːə] ⟨blev, blevet⟩
Blick blik [bleg] ⟨-ket, -ke⟩; *(Ausblick)* udsigt ['uðˌsegd] ⟨-en, -er⟩
blind blind [blenˀ]
Blinddarmentzündung blindtarmsbetændelse [blentaːmsbeˌtɛnˀəlsə] ⟨-n, -r⟩
Blindenhund blindehund ['blenəˌhunˀ] ⟨-en, -e⟩
Blinker blinklys ['bleŋgˌlyːˀs] ⟨-et, -⟩
Blitz *(Wetter)* lyn [lyːˀn] ⟨-et, -⟩; *(Foto)* blitz [blids] ⟨-en, -⟩
Blitzgerät blitzapparat ['blidsapaˌʁaːˀd] ⟨-et, -er⟩
Block blok [blɔg] ⟨-ken, -ke⟩
blöd(e) dum [dǫmˀ], idiotisk [idi'oːˀtisg]
blond blond [blɔnˀ]
Blues blues ['bluːs]
Blume blomst [blɔmˀsd] ⟨-en, -er⟩
Blumengeschäft blomsterforretning ['blɔmsdɔfɔˌʁædneŋ] ⟨-en, -er⟩
Blumenkohl blomkål ['blɔmˌkǫːˀl] ⟨-en, -⟩
Bluse bluse ['bluːsə] ⟨-n, -r⟩
Blut blod [bloːˀð] ⟨-et, -⟩
Blutdruck blodtryk ['bloðˌtʁœg] ⟨-ket, -⟩
bluten bløde ['bløːðə] ⟨-te⟩
Blutgruppe blodtype ['bloðˌtyːbə] ⟨-n, -r⟩
Blutung blødning ['bløðneŋ] ⟨-en, -er⟩
Blutvergiftung blodforgiftning

['bloðfɔ,gifdneŋ] ⟨-en, -er⟩
Bö vindstød ['ven,sdøð] ⟨-et, -⟩
Boden jord [jo:ˀɐ̯] ⟨-en⟩; *(Fuß~)* gulv [gɔ̣l] ⟨-et, -e⟩
Body body ['bɔdi] ⟨-en, -⟩
Bodybuilding bodybuilding ['bɔdi,bildeŋ]
Bogen bue ['bu:ə] ⟨-n, -r⟩
Bohnen bønner *pl* ['bœnɔ]
Bonbons bolsjer *pl* ['bɔlˀsjɔ]
Bootsführerschein navigationsbevis til en motorbåd [nævigæ'ṣo:ˀnsbe,vi:ˀs tel en 'mo:tɒ,bọ:ˀð]
Bordkarte boardingkort ['bɒ:deŋ,kɒ:d] ⟨-et, -⟩
böse ond [ọnˀ]; *(verärgert)* vred [vʁɛ:ˀð]
borgen låne ['lọ:nə] ⟨-te⟩
Botanischer Garten botanisk have [bo'tɛ̣:ˀnisg 'hɛ̣:və]
Botschaft *(dipl. Vertretung)* ambassade [ambæ'sɛ̣:ðə] ⟨-n, -r⟩
Boulespiel boccia ['bɔdṣæ]
Boutique boutique [bu'tig] ⟨-en, -s⟩
Bowling bowling ['bɔu̯leŋ]
Braille *(Blindenschrift)* blindeskrift ['blenə,sgʁɛfd] ⟨-en, -⟩
Brandsalbe brandsalve ['bʁan,sælvə] ⟨-n, -r⟩
brauchen behøve [be'hø:ˀvə] ⟨-ede⟩; *(Zeit)* bruge ['bʁu:ə] ⟨-te⟩
braun brun [bʁu:ˀn]; *(gebräunt)* solbrændt ['so:l,bʁænˀd]; *(Haar)* mørkt [mœ̣ɐ̯gd]
Brechreiz opkastningsfornemmelse ['ɔbkæsdneŋsfɔ,nɛmˀəlsə] ⟨-n, -r⟩
breit bred [bʁɛ:ˀð]
Breite bredde ['bʁɛ:ˀdə] ⟨-n, -r⟩
Bremse bremse ['bʁæmsə] ⟨-n, -r⟩
Bremsflüssigkeit bremsevæske ['bʁæmsə,vɛsgə] ⟨-n, -r⟩
Bremslichter bremselys ['bʁæmsə,ly:ˀs] ⟨-et, -⟩
Brennspiritus denatureret sprit [denætu'ʁɛ:ˀɔð 'sbʁid]
Brief brev [bʁɛ:ˀv] ⟨-et, -e⟩
Briefkasten brevkasse ['bʁɛu̯,kæsə] ⟨-n, -r⟩
Briefmarke frimærke ['fʁi,mœ̣ɐ̯gə] ⟨-t, -r⟩
Briefmarkenautomat frimærkeautomat ['fʁimœ̣ɐ̯gəau̯to,mɛ̣:ˀd] ⟨-en, -er⟩
Briefpapier brevpapir ['bʁɛu̯pæ,pi:ˀɐ̯] ⟨-et, -⟩
Brieftasche tegnelbog['tai̯nə,bọ:ˀu̯] ⟨-en, -bøger⟩
Briefumschlag konvolut [kɔnvo'lud] ⟨-ten, -ter⟩
bringen *(her)* bringe ['bʁeŋə] ⟨bragte, bragt⟩; *(entfernen, weg)* tage [tɛ̣:ˀ] ⟨tog, taget⟩
Brombeeren brombær *pl* ['bʁọm,bœ̣ɐ̯]
Bronchien bronkier *pl* ['bʁɔŋˀkiɔ]
Bronchitis bronkitis [bʁɔŋ'kitis] ⟨-en, -⟩
Bronze bronze ['bʁɔŋsə] ⟨-n⟩
Brosche broche ['bʁɔṣə] ⟨-n, -r⟩
Brot brød [bʁœðˀ] ⟨-et, -⟩
Brötchen *(Frühstücks-)* rundstykker *pl* ['ʁọn,sdøgɔ]
Bruch brud [bʁuð] ⟨-det, -⟩
Brücke bro [bʁo:ˀ] ⟨-en, -er⟩
Bruder bror [bʁo:ɐ̯] ⟨-en, brødre⟩
Brunnen brønd [bʁœ̣nˀ] ⟨-en, -e⟩
Brust bryst [bʁœsd] ⟨-et, -er⟩
Buch bog [bọ:ˀu̯] ⟨-en, bøger⟩
buchen *(Platz)* reservere [ʁɛsɛ̣ɐ̯'ve:ˀɔ] ⟨-ede⟩
Buchhandlung boghandlel ['bọu̯,hænˀəl] ⟨-len, -ler⟩
buchstabieren stave ['sdɛ̣:və] ⟨-ede⟩
Bucht bugt [bọgd] ⟨-en, -er⟩
Buchung bestilling [be'sdelˀeŋ] ⟨-en, -er⟩
bügeln stryge ['sdʁy:ə] ⟨ strøg, strøget ⟩
Bungeejumping bungeejumping ['bɔndji,djɔmpeŋ]
bunt broget ['bʁọ:u̯əð]
Burg borg [bɒ:ˀu̯] ⟨-en, -e⟩
Büro kontor [kɔn'to:ˀɐ̯] ⟨-et, -er⟩
Bürste børste ['bœ̣ɐ̯sdə] ⟨-n, -r⟩
Bus bus [bus] ⟨-sen, -ser⟩
Busbahnhof rutebilstation

[ˈʁudəbilsdæˌsoːˀn] ⟨-en, -er⟩
Bußgeld bøde [ˈbøːðə] ⟨-n, -r⟩
Butter smør [smœɐ̯] ⟨-ret, -⟩
Buttermilch kærnemælk [ˈkœɐ̯nəˌmɛlˀg] ⟨-en, -⟩
Bypass bypass [ˈbaiˌpɒs]

C

Café café [kæˈfeːˀ] ⟨-en, -er⟩
Camcorder Camcorder [ˈkæːmˌkɒːdɔ]
Camping camping [ˈkambeŋ]
Campingausweis campingpas [ˈkambeŋˌpæs] ⟨-set, -⟩
Campingführer campingguide [ˈkambeŋˌgaid] ⟨-n, -r⟩
Campingplatz campingplads [ˈkambeŋˌplæs] ⟨-en, -er⟩
CD/Compactdisc cd/compactdisk [ˈseːˀˈdeːˀ/kɔmˈpagdˌdisg] ⟨-en, -s⟩
CD-Spieler cd-afspiller [ˈseːˀˈdeːˀˌausbelɔ] ⟨-en, -e⟩
Cent *(Währung)* cent [sɛnˀd]
Champagner champagne [ɕamˈpænjə] ⟨-n, -⟩
Chef chef [ɕɛːˀf] ⟨-en, -er⟩
chemisch reinigen kemisk rensning [ˈkeːˀmisg ˈʁænsneŋ]
Chicoree cikorie [siˈkoːˀɐ̯iə] ⟨-n, -r⟩
Chipkarte chipkort [ˈtjibˌkɒːd] ⟨-et, -⟩
Chirurg/in kirurg [kiˈʁuːˀɐ̯u̯] ⟨-en, -er⟩
Cholera kolera [ˈkoːˀləˌʁa] ⟨-en, -⟩
Chor kor [koːˀɐ̯] ⟨-et, -⟩
Christentum kristendom [ˈkʁɛsdənˌdɔmˀ] ⟨-men, -⟩
Clubhaus klubhus [ˈklubˌhuːˀs] ⟨-et, -e⟩
Creme creme [kʁɛːˀm] ⟨-n, -r⟩
Curling curling [ˈkœːleŋ]

D

da *(Ort)* der [dɛːˀɐ̯]; *(Grund)* fordi [fɔˈdiːˀ]; *(Zeit)* da [dæ]
Dach tag [tæ̞ːˀ] ⟨-et, -e⟩
dafür sein være for [ˈvɛːɔ fɔ] ⟨var⟩
dagegen sein være imod [vɛːɔ iˈmoːˀð] ⟨var⟩
daheim *(zu Hause)* hjemme [ˈjɛmə]
damals dengang [ˈdɛnˀˌgaŋˀ]
Damen damer *pl* [ˈdæ̞ːmɔ]
Damenbinden hygiejnebind *pl* [hygiˈaiˌnəˌbenˀ]
Dampfer damper [ˈdambɔ] ⟨-en, -e⟩
danach derefter [daˈɛfdɔ]
Däne/Dänin dansker [ˈdænsgɔ] ⟨-en, -e⟩
Dänemark Danmark [ˈdænˌmaːg]
dänisch dansk [dænˀsg]
danken takke [ˈtagə] ⟨-de⟩
dann så [sɔ]
Darm tarm [taːˀm] ⟨-en, -e⟩
dass at [æd]
dasselbe det samme [de ˈsamə]
Datum dato [ˈdæ̞ːto] ⟨-en, -er⟩
dauern *(zeitlich)* vare [ˈvaːa] ⟨-ede⟩
Dauerwelle permanent [pœɐ̯mæˈnɛnˀd] ⟨-en, -er⟩
Deck dæk [dɛg] ⟨-ket, -⟩
Decke *(Bett)* (senge)tæppe [(ˈsɛŋə)ˈtɛbə] ⟨-t, -r⟩; *(Zimmer)* loft [lɔfd] ⟨-et, -er⟩
defekt defekt [deˈfɛgd]
Deich dige [ˈdiːə] ⟨-t, -r⟩
dein din, dit, dine *poss prn* [diːˀn, did, ˈdiːnə]
denken an tænke på [ˈtɛŋgə pɔ̞] ⟨-te⟩
Denkmal mindesmærke [ˈmenəsˌmœɐ̯gə] ⟨-t, -r⟩
Denkmalschutz fredet [ˈfʁɛːðəd]
denn for [fɔ]
Deodorant deodorant [deodoˈʁanˀd] ⟨-en, -er⟩
deshalb derfor [ˈdɛːˀɐ̯ˌfɔ]
Desinfektionsmittel desinfektionsmiddel [desenfɛgˈɕoːˀnsˌmiðˀəl] ⟨-let, ler⟩

desinfizieren desinficere [desenfi'se:ˀɔ] ⟨-ede⟩
deutlich tydelig ['ty:ðəli]
deutsch tysk [tysg]
Deutsche, der/die tysker ['tysgɔ] ⟨-en, -e⟩
Deutschland Tyskland ['tysg,lænˀ]
Devisen fremmed valuta ['fʁæməð væ'lutæ] ⟨-en, -er⟩
Dezember december [de'sɛmˀbɔ]
Diabetes sukkersyge ['sọgɔ,sy:ə] ⟨-n, -⟩
Diabetiker diabetiker [diæ'be:ˀtigɔ], sukkersygepatient ['sọgɔsy:əpæ,ʂɛnˀd] ⟨-en, -er⟩
Diagnose diagnose [diæ'gno:sə] ⟨-n, -r⟩
Diät diæt [di'ɛ:ˀd] ⟨-en, -er⟩
dich dig *prn* [dai̯]
dick tyk [tyg]; *(geschwollen)* fed [fe:ˀð]
Dieb tyv [ty:ˀv] ⟨-en, -e⟩
Diebstahl tyveri [ty:və'ʁi:ˀ] ⟨-et, -er⟩
Dienstag tirsdag ['tip̯ˀsdæ]
diese(r, -s) den hér, det hér, de hér [dɛn 'hɛ:ˀɒ̯ / de 'hɛ:ˀɒ̯ / di 'hɛ:ˀɒ̯]
Digitalkamera digitalkamera [digi'tɛ̝:ˀl,kɛ̝:ˀməʁa] ⟨-et, -er⟩
Ding ting [teŋˀ] ⟨-en, -⟩
Diphtherie difteri [difdə'ʁi:ˀ] ⟨-en, -⟩
dir dig *prn* [dai̯]
direkt direkte [di'ʁægdə]
Direktion direktion [diʁæg'ʂo:ˀn] ⟨-en, -er⟩
Dirigent/in dirigent [diʁi'gɛnˀd] ⟨-en, -er⟩
Diskothek diskotek [disgo'te:ˀg] ⟨-et, -er⟩
doch dog [dɔu̯]
Dokumentarfilm dokumentarfilm [dokumɛn'ta:ˀ,filˀm] ⟨-en, -⟩
Dom domkirke ['dɔm,kiɒ̯gə] ⟨-n, -r⟩
Donnerstag torsdag ['tɒ:ˀsdæ]
Doppel double ['dɔbəl]
doppelt dobbelt ['dɔbəld]
Dorf landsby ['lænˀs,by:ˀ] ⟨-en, -er⟩
dort der [dɛ:ˀɒ̯]
Dose dåse ['dọ:sə] ⟨-n, -r⟩
Dosenöffner dåseåbner ['dọ:sə,ọ:bnɔ] ⟨-en, -e⟩
Drachenfliegen drageflyvning ['dʁa:u̯ə,flyu̯neŋ] ⟨-en, -er⟩
Draht tråd [tʁọ:ˀð] ⟨-en, -e⟩
Drama drama ['dʁa:mæ] ⟨-et, -er⟩
draußen derude [da'u:ðə], udenfor ['u:ðən,fɔ]
drei tre [tʁɛ:ˀ]
dreihundert tre hundrede ['tʁɛ:ˀ 'hunʁɔðə]
dreißig tredive ['tʁæðvə]
dreiundzwanzig treogtyve ['tʁɛ:ˀɔ,ty:və]
dreizehn tretten ['tʁædən]
Dressing dressing ['dʁɛseŋ] ⟨-en, -er⟩
dringend indtrængende ['en,tʁæŋˀənə]; presserende [pʁɛ'se:ˀɔnə]
drinnen (der)inde [(da)'enə]
dritte(r, -s) tredje ['tʁɛðjə]
Drogerie materialhandlel [mætʁi'œ̝:ˀl,hænˀəl] ⟨-len, -ler⟩
Drogerieartikel materialistvare [mætʁiæ'lisd,va:a] ⟨-n, -r⟩
du du *prn* [du]
dumm dum [dọmˀ]
dunkel mørk [mœ̝ɒ̯g]
dunkelblau/dunkelgrün mørkeblå/mørkegrøn ['mœ̝ɒ̯gə,blọ:ˀ/ 'mœ̝ɒ̯gə,gʁœ̝nˀ]
dünn tynd [tønˀ]
durch *(quer)* gennem ['gɛnˀəm]; *(mittels)* ved hjælp af [veð 'jɛlˀb æ]
Durchfall diarré [dia'ʁɛ:ˀ] ⟨-en, -er⟩
durchgebraten gennemstegt ['gɛnəm,sdɛgd]
Durchreise, auf der ~ på gennemrejse [pọ 'gɛnəm,ʁai̯sə]
durchschnittlich gennemsnitlig ['gɛnəm,snidli]
dürfen måtte ['mɔdə] ⟨måtte, måttet⟩
durstig tørstig ['tœ̝ɒ̯sdi]
Dusche brusebad ['bʁu:sə,bæð] ⟨-et, -e⟩
Duschgel flydende sæbe ['fly:ðənə 'sɛ:bə]

Duschsitz brusebadstol ['bʁuːsəbæðˌsdoːˀl] ⟨-en, -e⟩, brusebadsæde ['bʁuːsəbæðˌsɛːðə] ⟨-t, -r⟩
Dynastie dynasti [dynæ'sdiːˀ] ⟨-et, -er⟩

E

Ebbe ebbe ['ɛbə]
eben *(Erdgeschoss)* plant niveau ['plɛ̝ːˀnd ni'vo]
echt ægte ['ɛgdə]
Ecke hjørne ['jœɐ̯nə] ⟨-t, -r⟩
Ehefrau hustru ['husdʁu] ⟨-en, -er⟩, kone ['koːnə] ⟨-n, -r⟩
Ehemann ægtemand ['ɛgdəˌmænˀ] ⟨-en, ægtemænd⟩
Eier æg *pl* [ɛːˀg] ⟨-get, -⟩
eigen egen ['ai̯ən]; *(eigenartig)* særlig ['sɛ̝ɐ̯li]; *(seltsam)* mærkelig ['mɛ̝ɐ̯gəli]
eigentlich egentlig ['eːˀəndli]
Eigentümer/in ejer ['ai̯ɔ] ⟨-en, -e⟩
Eilbrief ekspresbrev [ɛgs'pʁæsˌbʁɛːˀv] ⟨-et, -e⟩
eilig travl [tʁau̯ˀl]; **es ~ haben** have travlt [hɛ̝ːˀ 'tʁau̯ˀld] ⟨havde, haft⟩
ein(e) *art* en, et [en ed]
einchecken tjekke ind [tjɛgə 'enˀ] ⟨-de⟩
einfach nem [nɛmˀ], simpel ['semˀbəl]
Einfahrt indkørslel ['enˌkøɐ̯ˀsəl] ⟨-len, -ler⟩
einfarbig ensfarvet ['eːˀnsˌfaːvəð]
Eingang indgang ['enˌgaŋˀ] ⟨-en, -e⟩
einheimisch indfødt ['enˌføːˀd]
einige nogle ['noːən]
einkaufen købe ind [køːbə 'enˀ] ⟨-te⟩
einladen indlbyde ['enˌbyːˀðə] ⟨-bød, -budt⟩
einmal en gang [en 'gaŋˀ]
einpacken pakke ind [pagə 'enˀ] ⟨-de⟩
Einreise indrejse ['enˌʁai̯sə] ⟨-n, -r⟩
eins *(Zahl)* en [eːˀn], et [ed]
einsam ensom ['eːnˌsɔmˀ]
einschalten tænde ['tɛnə] ⟨-te⟩
Einschreibebrief anbefalet brev ['ænbeˌfɛ̝ːˀləð 'bʁɛːˀv] ⟨-et, -e⟩
einsteigen stige ind [sdiːə 'enˀ] ⟨steg, steget⟩
Einstiegshilfe hjælp til på-/indstigning ['jɛlˀb tel 'pɔ↓/'enˌsdiːˀneŋ]
Eintritt entré [aŋ'tʁɛ] ⟨-en, -er⟩
Eintrittskarte adgangsbillet ['æðgaŋsbiˌlɛd] ⟨-ten, -ter⟩
Eintrittspreis entrépris [aŋ'tʁɛˌpʁiːˀs] ⟨-en, -er⟩
einunddreißig enogtredive ['eːˀnɔˌtʁæðvə]
einundzwanzig enogtyve ['eːˀnɔˌtyːvə]
Einwohner/in indbygger ['enˌbygɔ] ⟨-en, -e⟩
Einzel *(Person)* single ['seŋgəl]
einzig eneste ['eːnəsdə]; *(artig)* enestående ['eːnəˌsdɔ̝ːˀənə]
Eis *(Speise)* is [iːˀs] ⟨-en, -⟩; *(Eisglätte)* isglat['isˌglæd]
Eisbahn skøjtebane ['sgɔi̯dəˌbɛ̝ːnə] ⟨-n, -r⟩
Eisenwarengeschäft isenkramforretning ['isənkʁamfɔˌʁædneŋ] ⟨-en, -er⟩
Eishockey ishockey ['isˌhɔgi]
Eislauf skøjteløb ['sgɔi̯dəˌløːˀb] ⟨-et, -⟩
Eiter materie [mæ'teːˀɐ̯iə] ⟨-n, -r⟩
Elastikbinde elastikbind [elæ'sdigˌbenˀ] ⟨-et, -⟩
elektrisch elektrisk [e'lɛgtʁisg]
Elektrohandlung elinstallationsforretning ['ɛlensdælæˌɕoːˀnsfɔˌʁædneŋ] ⟨-en, -er⟩
Elektroherd elkomfur ['ɛlkɔmˌfuːˀɐ̯] ⟨-et, -⟩
Elektrolytlösung elektrolytopløsning [elɛgtʁo'lydɔbˌløːˀsneŋ] ⟨-en, -er⟩
Elektrorollstuhl elektrisk kørestol [e'lɛgtʁisg 'køːɔˌsdoːˀl]
elf elleve ['ɛlvə]
Eltern forældre *pl* [fɔ'ɛlˀdʁɔ]

empfangen modtage ['moð,tɛ̝ː'] ⟨modtog, modtaget⟩
Empfänger modtager ['moð,tɛ̝ːˀɔ] ⟨-en, -e⟩
Empfangshalle reception [ʁɛsɛb'ʂoːˀn] ⟨-en, -er⟩
empfehlen anbefale ['ænbe,fɛ̝ːˀlə] ⟨-ede⟩
Ende ende ['ɛnə] ⟨-n, -r⟩, slutning ['sludneŋ] ⟨-en, -er⟩; **am ~** til sidst [tel 'sisd]
endgültig definitiv [de'fini,tiːˀv]

endlich endelig ['ɛnəli]
Endreinigung sidste rengøring ['sisdə 'ʁɛːn,gœ̝ːˀɒ̯eŋ]
Endstation endestation ['ɛnəsdæ,ʂoːˀn] ⟨-en, -er⟩
eng snæver ['snɛːˀvɔ], stram [sdʁamˀ]
englisch engelsk ['ɛŋˀəlsg]
Enkel/in barnebarn ['baːnə,baːˀn] ⟨-et, børnebørn⟩
entdecken opdage ['ɔb,dɛ̝ːˀə] ⟨-ede⟩
Entfernung afstand ['au̯,sdænˀ] ⟨-en, -e⟩
entgegengesetzt modsat ['moð,sæd]
entscheiden afgøre ['au̯,gœːˀɔ] ⟨-gjorde, -gjort⟩
entschuldigen, s. ~ undskylde sig ['o̝n,sgylˀə saj̯] ⟨-te⟩
Entschuldigung undskyldning ['o̝n,sgylˀneŋ] ⟨-en, -er⟩
entspannen slappe af [slabə 'ɛ̝ːˀ] ⟨-de⟩
enttäuscht skuffet ['sgo̝fəð]
entweder ... oder enten ... eller ['ɛndən ... 'ɛlɔ]
entwerten stemple ['sdɛmblə] ⟨-de⟩
entwickeln *(Film)* fremkalde ['fʁæm,kælˀə] ⟨-te⟩
entzückend charmerende [ʂa'meːˀɔnə]
Entzündung betændelse [be'tɛnˀəlsə] ⟨-n, -r⟩
Epilepsie epilepsi [epilɛb'siːˀ]
Epoche periode [pœ̝ɒ̯i'oːðə] ⟨-n, -r⟩
er *prn* han [hæn]
Erbsen ærter *pl* ['œ̝ɒ̯dɔ]
Erdbeeren jordbær *pl* ['joɒ̯,bœ̝ɒ̯]
Erde jord [joːˀɒ̯] ⟨-en, -⟩
Erdgeschoss stueetage ['sduːəe,tɛ̝ːˀʂə] ⟨-n, -r⟩
erfahren *verb* erfare [ɛ̝ɒ̯'faːˀa] ⟨-ede⟩; *adj* erfaren [ɛ̝ɒ̯'faːˀan]
erfreut (über) glad (over) ['glæð ('ɔu̯ˀɔ)]
Erfrischung forfriskning [fɔ'fʁɛsgneŋ] ⟨-en, -er⟩
erhalten få [fo̝ːˀ] ⟨fik, fået⟩; *(durch Bemühung)* opnå ['ɔb,no̝ːˀ] ⟨-ede⟩
erholen, s. ~ rekreere sig [ʁɛkʁɛ'eːˀɔ saj̯] ⟨-de⟩
erinnern (an) huske (på) ['husgə (po̝)] ⟨-ede⟩; **erinnern an** minde om ['menə ɔm] ⟨-de⟩
Erkältung forkølelse [fɔ'køːˀləlsə] ⟨-n, -r⟩
Ermäßigung reduktion [ʁɛdug'ʂoːˀn] ⟨-en, -er⟩
ernst alvorlig [æl'vɒːˀli]
Erntedankfest høstfest ['høsd,fæsd] ⟨-en, -er⟩
erreichen nå [no̝ːˀ] ⟨-ede⟩
Ersatz *(Schaden)* erstatning [ɛ̝ɒ̯'sdædneŋ] ⟨-en, -er⟩
Ersatzrad reservehjul [ʁɛ'sœ̝ɒ̯və,juːˀl] ⟨-et, -⟩
erschöpft udmattet ['uð,mædəð]
erschrecken forskrække [fɔ'sgʁægə] ⟨-de⟩; *(erschrocken sein)* blive forskrækket ['bliːə fɔ'sgʁægəð] ⟨blev, blevet⟩
ersetzen erstatte [ɛ̝ɒ̯'sdædə] ⟨-de⟩
erst først [fœ̝ɒ̯sd]
erste(r, -s) første ['fœ̝ɒ̯sdə]
erster Gang første gear ['fœ̝ɒ̯sdə 'giːˀɒ̯]; *(Essen)* forret ['fɒː,ʁæd] ⟨-ten, -ter⟩
Erwachsene(r) voksen ['vɔgsən]
erwarten vente ['vɛndə] ⟨-ede⟩
erzählen for|tælle [fɔ'tɛlˀə] ⟨-talte, -talt⟩
essbar spiselig ['spiːsəli]
Essen *(Nahrung)* mad [mæð] ⟨-en, -⟩; *(Mahlzeit)* måltid ['mɔl,tiðˀ] ⟨-et, -er⟩
Essig eddike ['ɛðigə] ⟨-n, -r⟩

Etage *(Stockwerk)* etage [e'tɛ̞ːˀɕə] ⟨-n, -r⟩
Etagenbett køjeseng ['kɔiəˌsɛŋˀ] ⟨-en, -e⟩
etwa cirka ['siɐ̯gæ]
etwas noget ['nɔ̞ːəð]
EU-Bürger EU-borger ['eːˀuːˀˌbɒːˀu̯ɔ] ⟨-en, e⟩
euch jer *prn* [jɛɐ̯]
euer jeres *poss prn* ['jɛ̞ːɔs]
Euro euro ['œu̯ʁo] ⟨-en, -⟩
Europa Europa [œu̯'ʁoːpæ]
Europäer/in europæer [œu̯ʁo'pɛːˀɔ] ⟨-en, -e⟩
europäisch europæisk [œu̯ʁo'pɛːˀisg]
Exponat udstillingsgenstand ['uðsdeleŋsˌgɛnstænˀ] ⟨-en, -e⟩
Expressionismus ekspressionisme [egspʁæɕo'nismə]
extra ekstra ['ɛgsdʁa]

F

Fabrik fabrik [fa'bʁɛg] ⟨-ken, -ker⟩
Facharzt/ärztin speciallæge [sbe'ɕɛ̞ːˀlˌlɛːə] ⟨-n, -r⟩
Fahrdienst transporttjeneste [tʁans'pɒːdˌtjɛːnəsdə] ⟨-n, -r⟩
Fähre færge ['fœɐ̯u̯ə] ⟨-n, -r⟩
fahren køre *(rejse)* ['køːɔ] ⟨-te⟩
Fahrer/in chauffør [ɕo'føːˀɐ̯] ⟨-en, -er⟩
Fahrgast passager [pæsæ'ɕeːˀɐ̯] ⟨-en, -er⟩
Fahrkarte billet [bi'lɛd] ⟨-ten, -ter⟩
Fahrkartenautomat billetautomat [bi'lɛdau̯toˌmɛ̞ːˀd] ⟨-en, -er⟩
Fahrkartenschalter billetluge [bi'lɛdˌluːə] ⟨-n, -r⟩
Fahrplan køreplan ['køːɔˌplɛ̞ːˀn] ⟨-en, -er⟩
Fahrpreis billetpris [bi'lɛdˌpʁiːˀs] ⟨-en, -er⟩
Fahrrad cykl̶el ['sygəl] ⟨-len, -ler⟩
Fahrradhelm cykelhjelm ['sygəlˌjɛlˀm] ⟨-en, -e⟩
Fahrradweg cykelsti ['sygəlˌsdiːˀ] ⟨-en, -er⟩
Fahrschein billet [bi'lɛd] ⟨-ten, -ter⟩
Fahrscheinentwerter stempelautomat ['sdɛmˀbəlˌau̯toˌmɛ̞ːˀd] ⟨-en, -er⟩
Fahrstuhl elevator [elə'vɛ̞ːtɒ] ⟨-en, -er⟩
Fahrt tur [tuːˀɐ̯] ⟨-en, -e⟩, rejse ['ʁai̯sə] ⟨-n, -r⟩
fair fair [fɛːɐ̯]
fallen falde ['fælə] ⟨faldt, faldet⟩
falls hvis [ves]
Fallschirmspringen faldskærmsudspring ['fælsgœɐ̯msˌuðsbʁɛŋˀ] ⟨-et, -⟩
falsch forkert [fɔ'keɐ̯ˀd]; *(betrügerisch)* falsk [fælˀsg]
Faltrollstuhl sammenklappelig kørestol [samən'klabəli 'køːɔˌsdoːˀl]
Familie familie [fæ'milˀjə] ⟨-n, -r⟩
Familienname familienavn [fæ'milˀjəˌnau̯ˀn] ⟨-et, -e⟩
fangen fange ['faŋə] ⟨-ede⟩
färben farve ['faːvə] ⟨-ede⟩
farbig farvet ['faːvəð]
Farbstift farveblyant ['faːvəˌblyːænˀd] ⟨-en, -er⟩
Fassade facade [fæ'sɛ̞ːðə] ⟨-n, -r⟩
fast næsten ['nɛsdən]
Fasching Fastelavn [fæsdə'lau̯ˀn]
fasten faste ['fɛ̞ːsdə] ⟨-ede⟩
faul doven ['dɔu̯ən]; *(Obst)* rådden ['ʁɔðən]
Fax fax [fags] ⟨-en, -⟩
Faxgerät faxapparat ['fagsapaˌʁaːˀd] ⟨-et, -er⟩
Februar februar ['febʁuˌaːˀ]
Federball fjerbold ['fjeɐ̯ˌbɔlˀd]
fehlen mangle ['maŋlə] ⟨-ede⟩
Fehler fejl [fai̯ˀl] ⟨-en, -⟩
Fehlgeburt abort [æ'bɒːd] ⟨-en, -er⟩
Feiertage helligdage *pl* ['hɛliˌdɛ̞ːə]
Feigen figner *pl* ['fiːnɔ]
fein fin [fiːˀn]
Feinkostgeschäft delikatesseforretning [delikæ'tɛsəfɔˌʁædneŋ] ⟨-en, -er⟩
Feld mark [maːg] ⟨-en, -er⟩

Fell skind [sgen?] ⟨-et, -⟩
Fels klippe ['klebə] ⟨-n, -r⟩
Felswand klippevæg ['klebə,vɛː?g] ⟨-gen, -ge⟩
Fenchel fenniklel ['fɛn?igəl] ⟨-len, -ler⟩
Fenster vindue ['vendu] ⟨-t, -r⟩
Fensterplatz vinduesplads ['vendus,plæs] ⟨-en, -er⟩
Ferien ferie ['feː?ɒiə] ⟨-n, -r⟩
Ferienanlage ferieanlæg ['feː?ɒiəæn,lɛː?g] ⟨-get, -⟩
Ferienhaus sommerhus ['sɔmɔ,huː?s] ⟨-et, -e⟩
Ferngespräch ikke-lokal telefonsamtale ['egəlo'kɛː?l telə'foː?nsam,tɛːlə]
Fernlicht fjernlys ['fjɛɒn,lyː?s] ⟨-et, -⟩
Fernseher fjernsyn ['fjɛɒn,syː?n] ⟨-et, -⟩
Fernsehraum fjernsynsstue ['fjɛɒnsyns,sduːə] ⟨-n, -r⟩
fertig *(bereit)* klar [klaː?]; *(vollständig)* færdig ['fɛɒdi]
fest *(hart)* fast [fæsd]; *(dauernd)* solid [so'lið?]
Fest fest [fɛsd] ⟨-en, -er⟩
Festival festival ['fɛsdivæl] ⟨-en, -er⟩
Festland fastland ['fæsd,læn?] ⟨-et, -⟩
Festung fæstning ['fɛsdneŋ] ⟨-en, -er⟩
fett fed [feː?ð]
fettarme Milch letmælk ['lɛd,mɛl?g] ⟨-en, -⟩
feucht fugtig ['fɔgdi]
Feuer ild [il?] ⟨-en, -⟩
feuergefährlich brandfarlig ['bʁan,faːli]
Feuerlöscher ildslukker ['il,slɔgɔ] ⟨-en, -e⟩
Feuermelder brandalarm ['bʁanæ,laː?m] ⟨-en, -er⟩
Feuerwehr brandvæslen ['bʁan,vɛː?sən] ⟨-net, -ner⟩
Feuerwerk fyrværkeri [fyɒvɛɒgə'ʁiː?] ⟨-et, -er⟩
Fieber febler ['feː?bɔ] ⟨-ren, -⟩
Fieberthermometer termometler ['feː?bɔtœɒmo,meː?dɔ] ⟨-ret, -re⟩

Film *(Foto, Kino)* film [fil?m] ⟨-en, -⟩
Filmempfindlichkeit filmfølsomhed ['fil?mføːlsɔm,heː?ð] ⟨-en, -⟩
Filmschauspieler/in filmskuespiller ['fil?msguːə,sbelɔ] ⟨-en, -e⟩
finden finde ['fenə] ⟨fandt, fundet⟩
Finger fingler ['feŋ?ɔ] ⟨-ren, -re⟩
Firma firma ['fiɒmæ] ⟨-et, -er⟩
Fisch fisk [fesg] ⟨-en, -⟩
Fischerort fiskerleje ['fesgɔ,lajə] ⟨-t, -r⟩
Fischgeschäft fiskeforretning ['fesgəfɔ,ʁædneŋ] ⟨-en, -er⟩
fit i form [i 'fɒː?m]
Fitnesscenter fitnesscentler ['fidnɛs,sɛn?dɔ] ⟨-ret, -re⟩
FKK-Strand nudiststrand [nu'disd,sdʁan?] ⟨-en, -e⟩
flach flad [flɛː?ð]
Fläschchenwärmer flaskevarmer ['flæsgə,vaːmɔ] ⟨-en, -e⟩
Flasche flaske ['flæsgə] ⟨-n, -r⟩
Flaschenöffner flaskeåbner ['flæsgə,ɔːbnɔ] ⟨-en, -e⟩
Flaute vindstille ['ven,sdelə]
Fleck plet [plɛd] ⟨-ten, -ter⟩
Fleisch kød [køð] ⟨-et, -⟩
Flickzeug lappegrej ['labə,gʁaj?] ⟨-et, -⟩
Fliege flue ['fluːə] ⟨-n, -r⟩
fliegen flyve ['flyːvə] ⟨fløj, fløjet⟩
Flohmarkt loppemarked ['lɔbə,maːgəð] ⟨-et, -er⟩
Flug flyrejse ['flyː?,ʁajsə] ⟨-n, -r⟩
Flügel vinge ['veŋə] ⟨-n, -r⟩
Fluggesellschaft flyselskab ['flyː?,sɛlsgɛː?b] ⟨-et, -er⟩
Flughafen lufthavn ['lɔfd,hau?n] ⟨-en, -e⟩
Flughafenbus lufthavnsbus ['lɔfdhauns,bus] ⟨-sen, -ser⟩
Flughafengebühr lufthavnsafgift ['lɔfdhauns,augifd] ⟨-en, -er⟩
Flugsteig gate [gɛid] ⟨-n, -s⟩
Flur entré [aŋ'tʁɛ] ⟨-en, -er⟩
flüssig flydende ['flyːðənə]
Flut flod [floː?ð]
Föhn føntørrer ['føn,tœːɔ] ⟨-en, -e⟩
föhnen føntørre ['føn,tœːɔ] ⟨-de⟩

Folklore folklore [fɔlg'lo:ɔ]
Folkloreabend folkloreaftlen [fɔlg'lo:ɔ,afdən] ⟨-nen, -ner⟩
Form form [fɒ:ˀm] ⟨-en, -er⟩
Formular formular [fɒmu'la:ˀ] ⟨-en, -er⟩
fort væk [vɛg]
Foto foto [foto] ⟨-et, -⟩
Fotoapparat fotografiapparat [fotogʁa'fi:ˀapa,ʁa:ˀd] ⟨-et, -er⟩
Fotogeschäft fotoforretning ['fotofɔ,ʁædneŋ] ⟨-en, -er⟩
fotografieren fotografere [fotogʁa'fe:ˀɔ] ⟨-ede⟩
Frage spørgsmål ['sbœɐ̯s,mɔ̞:ˀl] ⟨-et, -⟩
fragen spørge ['sbœ̞:ɔ] ⟨spurgte, spurgt⟩
frankieren frankere [fʁaŋ'ke:ˀɔ] ⟨-de⟩
Frau kvinde ['kvenə] ⟨-n, -r⟩; *(Anrede, vor Namen)* fru [fʁu]
frei fri [fʁi:ˀ]; *(gratis)* gratis ['gʁa:tis]
Freitag fredag ['fʁe:ˀdæ]
Freizeitpark forlystelsespark [fɔ'løsdəlsəs,pa:g] ⟨-en, -er⟩
fremd fremmed ['fʁæməð]
Fremde, der/die ~ fremmede ['fʁæməðə]
Fremdenführer/in fremmedfører ['fʁæməð,fø:ɔ] ⟨-en, -ere⟩, guide [gai̯d] ⟨-n, -r⟩
Fremdenverkehrsamt turistinformation [tu'ʁisdenfɒmæ,ɕo:ˀn] ⟨-en, -er⟩
freuen, s. ~ glæde sig ['glɛ:ðə sai̯] ⟨-ede⟩
Freund/in ven [vɛn] ⟨-nen, -ner⟩, veninde [vɛn'enə] ⟨-n, -r⟩
freundlich venlig ['vɛnli]
Friedhof kirkegård ['kiɐ̯gə,gɒ:ˀ] ⟨-en, -e⟩
frieren fryse ['fʁy:sə] ⟨frøs, frosset⟩
frisch frisk [fʁɛsg]; *(Wäsche)* ren [ʁe:ˀn]
Frischhaltefolie film [filˀm] ⟨-en, -⟩
Friseur frisør [fʁi'sø:ˀɐ̯] ⟨-en, -er⟩
frisieren frisere [fʁi'se:ˀɔ] ⟨-de⟩
Frisur frisure [fʁi'sy:ɔ] ⟨-n, -r⟩
froh *(zufrieden)* glad for ['glæð fɔ], munter ['mɔ̞nˀdɔ]
Frost frost [fʁɔsd] ⟨-en, -⟩
Frostschutzmittel frostvæske ['fʁɔsd,vɛsgə] ⟨-n, -r⟩
früh tidlig ['tiðli]
früher *(eher)* tidligere ['tiðliɔɔ]; *(damals)* dengang ['dɛnˀ,gaŋˀ]
Frühling forår ['fɒ:,ɒ:ˀ] ⟨-et, -⟩
Frühstück morgenmad ['mɒ:ɒn,mæð] ⟨-en, -⟩
frühstücken spise morgenmad ['sbi:sə 'mɒ:ɒn,mæð] ⟨-te⟩
Frühstücksbüfett morgenmadsbuffet ['mɒ:ɒnmæðsby,fe] ⟨-ten, -ter⟩
fühlen føle ['fø:lə] ⟨-te⟩
Führer *(für Fremde)* fører ['fø:ɔ] ⟨-en, -e⟩, guide [gai̯d] ⟨-n, -r⟩
Führerschein kørekort ['kø:ɔ,kɒ:d] ⟨-et, -⟩
Führung omvisning ['ɔm,vi:ˀsneŋ] ⟨-en, -er⟩, rundvisning ['ʁɔ̞n,vi:ˀsneŋ] ⟨-en, -er⟩
Fundbüro hittegodskontor ['hidəgɔ̞skɔn,to:ˀɐ̯] ⟨-et, -er⟩
Funde fund [fɔ̞nˀ] ⟨-et, -⟩
fünf fem [fɛmˀ]
fünfundzwanzig femogtyve ['fɛmˀɔ,ty:və]
fünfzehn femten ['fɛmdən]
fünfzig halvtreds [hæl'tʁɛs]
funktionieren fungere [fɔ̞ŋ'ge:ˀɔ] ⟨-ede⟩
für til [tel]
fürchten frygte ['fʁœgdə] ⟨-ede⟩
fürchterlich frygtelig ['fʁœgdəli]
Fuß fod [fo:ˀð] ⟨-en, fødder⟩
Fußball fodbold ['foð,bɔlˀd] ⟨-en, -e⟩
Fußballplatz fodboldbane ['foðbɔld,bɛ̞:nə] ⟨-n, -r⟩
Fußballspiel fodboldkamp ['foðbɔld,kamˀb] ⟨-en, -e⟩
Fußgänger/in fodgænger ['foð,gɛŋɔ] ⟨-en, -e⟩
Fußgängerzone gågade ['gɔ̞:ˀ,gɛ̞:ðə] ⟨-n, -r⟩

WÖRTERBUCH DEUTSCH – DÄNISCH

G

Gabel gaflfel ['gafəl] ⟨-len, -ler⟩
Galerie galleri [gælə'ʁi:ˀ] ⟨-et, -er⟩
Gallenblase galdeblære ['gælə,blɛ:ɔ] ⟨-n, -r⟩
Gang *(Auto)* gear [gi:ˀɐ̯] ⟨-et, -⟩; *(Durchgang)* passage [pæ'sɛ̞:ɕə] ⟨-n, -r⟩; *(Essen)* ret [ʁæd] ⟨-ten, -ter⟩; *(Flur)* entré [aŋ'tʁɛ͜] ⟨-en, -er⟩
ganz *adj* hel [he:ˀl]; *(vollständig)* ganske ['gænsgə]
gar mør [mø:ˀɐ̯]
Garage garage [ga'ʁa:ɕə] ⟨-n, -r⟩
Garantie garanti [gaʁan'ti:ˀ] ⟨-en, -er⟩
Garnelen rejer (små) *pl* ['ʁai̯ɔ ('smɔ̞:ˀ)]
Garten have ['hɛ̞:və] ⟨-n, -r⟩
Gasflasche gasflaske ['gæs,flæsgə] ⟨-n, -r⟩
Gasherd gaskomfur ['gæskɔm,fu:ˀɐ̯] ⟨-et, -er⟩
Gaskartusche gaspatron ['gæspæ,tʁo:ˀn] ⟨-en, -er⟩
Gaskocher gasapparat ['gæsapa'ʁa:ˀd] ⟨-et, -er⟩
Gaspedal speeder ['sbi:dɔ] ⟨-en, -e⟩, gaspedal ['gæspe,dɛ̞:ˀl] ⟨-en, -er⟩
Gasse stræde ['sdʁɛ:ðə] ⟨-t, -r⟩
Gast gæst [gɛsd] ⟨-en, -er⟩
Gastfreundschaft gæstfrihed ['gɛsdfʁi,he:ˀð] ⟨-en, -⟩
Gastgeber/in vært [vɛ̞ɐ̯d] ⟨-en, -er⟩, værtinde [vɛ̞ɐ̯d'enə] ⟨-n, -r⟩
Gebäck bagværk ['bau̯,vœɐ̯g] ⟨-et, -⟩
gebacken bagt [bagd]
Gebäude bygning ['bygneŋ] ⟨-en, -er⟩
geben give [gi:ˀ] ⟨gav, givet⟩
Gebirge bjerge *pl* ['bjœɐ̯u̯ə]
geboren født [fø:ˀd]
gebraten stegt [sdɛgd]
gebräuchlich brugbar ['bʁu:,ba:ˀ]
gebrochen brækket ['brægəð]
Gebühren gebyr *pl* [ge'by:ˀɐ̯]
Geburtsdatum fødselsdato ['føsəls,dɛ̞:to] ⟨-en, -er⟩
Geburtsort fødested ['fø:ðə,sdɛð] ⟨-et, -er⟩
Geburtstag fødselsdag ['føsəls,dɛ̞:ˀ] ⟨-en, -e⟩
gedämpft dampet ['dambəð]; *(Musik)* dæmpet ['dɛmbəð]
Gedeck kuvert [ku'vɛ̞ɐ̯d] ⟨-en, -er⟩
Gedenkstätte mindested ['menə,sdɛð] ⟨-et, -er⟩
Geduld tålmodighed [tɔl'mo:ˀði,he:ˀð] ⟨-en, -⟩
gedünstet dampkogt ['damb,kɔgd]
Gefahr fare ['fa:a] ⟨-n, -r⟩
gefährlich farlig ['fa:li]
gefallen an synes om [sy:nəs 'ɔmˀ] ⟨-tes⟩
Gefängnis fængslel ['fɛŋˀsəl] ⟨-let, -ler⟩
Gefühl følelse ['fø:ləlsə] ⟨-n, -r⟩
gefüllt fyldt [fylˀd]
gegen *(wider)* imod [i'mo:ˀð]; *(in Richtung auf, zeitlich)* hen imod ['hɛn imoð]
gegen Mittag hen imod middag ['hɛnˀ imoð 'medæ]
Gegend egn [ai̯ˀn] ⟨-en, -e⟩
Gegenstand *(Ding)* genstand ['gɛn,sdænˀ] ⟨-en, -e⟩; *(Gespräch)* emne ['ɛmnə] ⟨-t, -r⟩
Gegenteil modsætning ['moð,sɛdneŋ] ⟨-en, -er⟩
gegenüber over for ['ɔu̯ˀɔ fɔ]
Geheimzahl pinkode ['pen,ko:ðə] ⟨-en, -er⟩
gehen gå [gɔ̞:ˀ] ⟨gik, gået⟩; *(zu Fuß)* spadsere [sbæ'se:ˀɔ] ⟨-ede⟩
Gehirn hjerne ['jɛ̞ɐ̯nə] ⟨-n, -r⟩
Gehirnerschütterung hjernerystelse ['jɛ̞ɐ̯nə,ʁœsdəlsə] ⟨-n, -r⟩
Gehirnschlag *(Gehirnblutung)* hjerneblødning ['jɛ̞ɐ̯nə,bløðneŋ] ⟨-en, -er⟩
Gehör hørelse ['hø:ɔlsə] ⟨-n, -⟩
gehören tilhøre ['tel,hø:ˀɔ] ⟨-te⟩
gehörlos døv [dø:ˀv]
gekocht kogt [kɔgd]
gekochter Schinken kogt skinke ['kɔgd 'sgeŋgə]
Gelände terræn [tæ'ʁɛ̞ŋ] ⟨-et, -er⟩,

areal [aʁeˈɛ̝ːˀl] ⟨-et, -er⟩

gelb gul [guːˀl]

gelbe Seiten gule sider [ˈguːlə ˈsiːðɔ]

Geld penge *pl* [ˈpɛŋə]

Geldüberweisung pengeoverførslel [ˈpɛŋəɔu̯ɔˌføɐ̯ˀsəl] ⟨len, ler⟩

Geldautomat pengeautomat [ˈpɛŋəau̯toˌmɛ̝ːˀd] ⟨-en, -er⟩

Geldbeutel pengepung [ˈpɛŋəˌpɔ̝ŋˀ] ⟨-en, -e⟩

Geldschein pengesedldel [ˈpɛŋəˌsɛðˀəl] ⟨-len, -ler⟩

Geldwechsel veksling (af valuta) [ˈvɛgsleŋ (æ væˈlutæ)]

gelegentlich lejlighedsvis [ˈlai̯liheðsˌviːˀs]

Gelenk led [leð] ⟨-det, -⟩

Gemälde maleri [mɛ̝ːləˈʁiːˀ] ⟨-et, -er⟩

gemeinsam fælles [ˈfɛlˀəs]

gemischt blandet [ˈblænəð]

Gemüse grøntsager *pl* [ˈgʁœ̝ndˌsɛ̝ːɔ]

gemütlich hyggelig [ˈhygəli]

genau nøje [ˈnɔi̯ə]

genauso ... wie nøjagtig sådan som [nɔi̯ˈagdi ˈsɔdən sɔm]

genießen nyde [ˈnyːðə] ⟨nød, nydt⟩

genug nok [nɔg]

geöffnet åbent [ˈɔ̝ːbənd]

Gepäck bagage [bæˈgɛ̝ːʂə] ⟨-n, -⟩

Gepäckabfertigung bagageekspedition [bæˈgɛ̝ːʂəɛgsbediˌʂoːˀn] ⟨-en, -er⟩

Gepäckaufbewahrung bagageopbevaring [bæˈgɛ̝ːʂəɔbbeˌvaːˀeŋ] ⟨-en, -er⟩

Gepäckausgabe bagageudlevering [bæˈgɛ̝ːʂəuðleˌveːˀɐ̯eŋ] ⟨-en, -er⟩

Gepäckschalter bagageluge [bæˈgɛ̝ːʂəˌluːə] ⟨-n, -r⟩

Gepäckwagen bagagevogn [bæˈgɛ̝ːʂəˌvɔu̯ˀn] ⟨-en, -e⟩

gerade *(zeitlich)* lige [ˈliːə], netop [ˈnɛdˌɔb]

geradeaus lige ud [ˈliːə ˈuðˀ]

geräuchert røget [ˈʁɔi̯əð]

Geräusch larm [laːˀm] ⟨-en, -⟩

Gericht *(juristisch/Speise)* ret [ʁæd] ⟨-ten, -ter⟩

gern gerne [ˈgɛ̝ɐ̯nə]; **nicht ~** ikke gerne [ˈegə ˈgɛ̝ɐ̯nə]

geröstet ristet [ˈʁɛsdəð]

Geruch lugt [lɔ̝gd] ⟨-en, -e⟩

Geschenk gave [ˈgɛ̝ːvə] ⟨-n, -r⟩

Geschichte historie [hiˈsdoːˀɐ̯iə] ⟨-n, -r⟩

Geschirr porcelæn [pɒsəˈlɛːˀn] ⟨-et, -⟩

Geschirrspülbecken køkkenvask [ˈkøgənˌvæsg] ⟨-en, -e⟩

Geschirrspülmaschine opvaskemaskine [ˈɔbvæsgəmæˌsgiːnə] ⟨-n, -r⟩

Geschirrtuch viskestykke [ˈvesgəˌsdøgə] ⟨-t, -r⟩

geschlossen lukket [ˈlɔ̝gəð]

Geschmack smag [ˈsmɛ̝ːˀ] ⟨-en, -⟩

geschmort grydestegt [ˈgʁyːðəˌsdɛgd]

Geschwindigkeit hastighed [ˈhæsdiˌheːˀð] ⟨-en, -er⟩

geschwollen opsvulmet [ˈɔbˌsvulˀməð]

Geschwulst svulst [svulˀsd] ⟨-en, -er⟩

Geschwür byld [bylˀ] ⟨-en, -er⟩

Gesicht ansigt [ˈænˌsegd] ⟨-et, -er⟩

Gespräch samtale [ˈsamˌtɛ̝ːlə] ⟨-n, -r⟩

gespritzt sprøjtet [ˈsbʁɔi̯dəð]

gestern i går [i ˈgɒːˀ]

gesund rask [ʁasg]

Getränk drik [dʁɛg] ⟨-ken, -ke⟩

Getriebe gearkasse [ˈgiːˀɐ̯ˌkæsə] ⟨-n, -r⟩

Gewicht vægt [vɛgd] ⟨-en, -e⟩

Gewinn gevinst [geˈvenˀsd] ⟨-en, -er⟩

gewinnen vinde [ˈvenə] ⟨vandt, vundet⟩

Gewitter tordenvejr [ˈtoɐ̯dənˌvɛːˀɐ̯] ⟨-et, -⟩

gewöhnlich *(üblich)* sædvanlig [sɛðˈvɛ̝ːˀnli]

gewohnt sein være vant til [vɛːɔ ˈvænˀd tel] ⟨var⟩

Gewölbe hvælving [ˈvɛlveŋ] ⟨-en, -er⟩

Gewürz krydderi [kʁyðəˈʁiːˀ] ⟨-et, -er⟩

gibt, es ~ der er [dɔ ɛɒ̯]
Giebel gavl [gau̯ˀl] ⟨-en, -e⟩
Gift gift [gifd] ⟨-en, -e⟩
giftig giftig ['gifdi]
Gipfel top [tɔb] ⟨-pen, -pe⟩
Glas glas [glæs] ⟨-set, -⟩
Glasmalerei glasmaleri ['glæsmɶːlə,ʁiːˀ] ⟨-et, -er⟩
Glatteis isslag ['is,slɛːˀ] ⟨-et, -⟩
glauben tro [tʁoːˀ] ⟨-ede⟩
gleich *(sofort)* straks [sdʁags]
gleichzeitig samtidig ['sam,tiːˀði]
Gleis spor [sboːˀɒ̯] ⟨-et, -⟩
Glück held [hɛlˀ] ⟨-et, -⟩
glücklich lykkelig ['løgəli]
Glückwunsch lykønskning [løg'ønˀsgneŋ] ⟨-en, -er⟩
Glühbirne pære ['pɛːɔ] ⟨-n, -r⟩
Gold guld [gul] ⟨-et, -⟩
goldfarben gylden ['gylˀən]
Goldschmiedekunst guldsmedekunst ['gulsmeːðə,kɔnˀsd] ⟨-en, -⟩
Golf golf [gɔlˀf]
Golfclub golfklub ['gɔlˀf,klub] ⟨-ben, -ber⟩
Golfschläger golfkølle ['gɔlˀf,kølə] ⟨-n, -r⟩
Gotik gotik [go'tig]
Gott Gud [guð] ⟨-en, -er⟩
Grab grav [gʁaːˀv] ⟨-en, -e⟩
Grabmal gravmæle ['gʁau̯,mɛːlə] ⟨-t, -r⟩
Grafik grafik [gʁa'fig] ⟨-ken, -ker⟩
Gramm gram [gʁamˀ]
Grapefruit grapefrugt ['gʁɛi̯b,fʁɔgd] ⟨-en, -er⟩
Gräte *(Fisch)* ben *pl* [beːˀn]
gratis gratis ['gʁaːtis]
gratulieren gratulere [gʁatu'leːˀɔ] ⟨-ede⟩
grau grå [gʁɔːˀ]
Grenze grænse ['gʁænsə] ⟨-n, -r⟩
Grenzübergang grænseovergang ['gʁænsəɔu̯ɔ,gaŋˀ] ⟨-en, -e⟩
griechisch græsk [gʁæsg]
Grill grill [gʁil] ⟨-en, -er⟩
Grillanzünder grilltænder ['gʁil,tɛnɔ] ⟨-en, -e⟩
Grillkohle grillkul ['gʁil,kɔl] ⟨-let, -⟩
Grippe influenza [enflu'ɛnsæ] ⟨-en, -er⟩
groß stor [sdoːˀɒ̯]
Größe *(Ausdehnung)* omfang ['ɔm,faŋˀ] ⟨-et, -⟩; *(geistige)* åndelig styrke ['ɔnəli 'sdyɒ̯gə] ⟨-n, -r⟩; *(Kleidung, Schuhe)* størrelse ['sdɶɒ̯ɔlsə] ⟨-n, -r⟩
Großmutter bedstelmor ['bɛsdə,moːɒ̯] ⟨-en, -mødre⟩
Großraumwagen vogn uden kupéopdeling ['vɔu̯ˀn uðən ku'peːˀɔb,deːˀleŋ]
Großvater bedstelfar ['bɛsdə,faː] ⟨-en, -fædre⟩
Grotte grotte ['gʁɔdə] ⟨-n, -r⟩
grün grøn [gʁɶnˀ]
Grund *(Ursache)* grund [gʁɔnˀ] ⟨-en, -e⟩
grüne Bohnen grønne bønner *pl* ['gʁɶnə 'bœnɔ]
grüne Versicherungskarte grønt forsikringskort ['gʁɶnˀd fɔ'segʁeŋs,kɒːd]
Gruppe gruppe ['gʁubə] ⟨-n, -r⟩
Gruß hilslen ['hilsən] ⟨-nen, ner⟩
grüßen hilse ['hilsə] ⟨-te⟩
gültig gyldig ['gyldi]
Gummistiefel gummistøvle ['gɔmi,sdœu̯lə] ⟨-n, -r⟩
Gurke agurk [æ'guɒ̯g] ⟨-en, -er⟩
Gürtel bælte ['bɛldə] ⟨-t, -r⟩
gut god [goːˀ]; godt [gɔd]
Gutschein tilgodesedldel [te'goːðə,sɛðˀəl] ⟨-len, -ler⟩; værdikupon [vɛɒ̯'diku,pɔŋ] ⟨-en, -er⟩
Gymnastik gymnastik [gymnæ'sdig] ⟨-ken, -⟩

H

Haar hår [hɒːˀ] ⟨-et, -⟩
Haarfestiger setting lotion ['sɛdeŋ 'lɔu̯sən]
Haargel hårgelé ['hɒːɕe,le]
Haargummi elastik til håret [elæ'sdig tel 'hɒːˀɒð] ⟨-ken, -ker⟩

Haarklammern hårklemmer *pl* [ˈhɒːˌklɛmɔ]
Haarwaschmittel hårshampoo [ˈhɒːˌsampo] ⟨-en, -er⟩
haben have [hɛ̝ːˀ] ⟨havde, haft⟩
Hackfleisch fars [faːˀs] ⟨-en, -er⟩
Hafen havn [hau̯ˀn] ⟨-en, -e⟩
Haferflocken havregryn *pl* [ˈhau̯ʁɔˌɡʁyːˀn]
Hähnchen kylling [ˈkyleŋ] ⟨-en, -er⟩
Haken krog [kʁo̝ːˀu̯] ⟨-en, -e⟩; *(Kleider~)* knage [ˈknɛ̝ːə] ⟨-n, -r⟩
halb halv [hælˀ]
Halbpension halvpension [ˈhælpaŋˌsoːˀn]
Hälfte halvdel [ˈhælˌdeːˀl] ⟨-en, -e⟩
Hals hals [hælˀs] ⟨-en, -⟩
Halsschmerzen halssmerter *pl* [ˈhælsˌsmɛ̝ɒ̯dɔ]
Halstabletten halstabletter *pl* [ˈhælstæˌblɛdɔ]
Halstuch halstørklæde [ˈhælstœɒ̯ˌklɛːðə] ⟨-t, -r⟩
halt! holdt! [hɔlˀd], stop! [ˈsdɔb]
haltbar holdbar [ˈhɔlˌbaːˀ]
Haltegriff håndgreb [ˈhɔnˌɡʁɛːˀb] ⟨-et, -⟩
halten *(fest)* holde [ˈhɔlə] ⟨holdt, holdt⟩; *(stehen bleiben)* stoppe [ˈsdɔbə] ⟨-de⟩
Haltestelle stoppested [ˈsdɔbəˌsdɛð] ⟨-et, -er⟩
Hammelfleisch fårekød [ˈfɒːɒˌkøð] ⟨-et, -⟩
Hammer ham|mer [ˈhamɔ] ⟨-ren, -re⟩
Hand hånd [hɔnˀ] ⟨-en, hænder⟩
Handball håndbold [ˈhɔnˌbɔlˀd] ⟨-en, -e⟩
Handbike hånddrevet cykel [ˈhɔnˌdʁɛːˀvəð ˈsyɡəl]
Handbremse håndbremse [ˈhɔnˌbʁæmsə] ⟨-n, -r⟩
Handcreme håndlotion [ˈhɔnˌlo̝u̯sən] ⟨-en, -s⟩
Handgas *(Auto)* håndgas [ˈhɔnˌɡæs]
handgemacht håndlavet [ˈhɔnˌlɛ̝ːvəð]
Handlauf håndtag/håndgreb [ˈhɔnˌtɛ̝ːˀ/ˈhɔnˌɡʁɛːˀb] ⟨-et, -⟩
Handschuhe handske [ˈhænsɡə] ⟨-n, -r⟩
Handtasche håndtaske [ˈhɔnˌtæsɡə] ⟨-n, -r⟩
Handtuch håndklæde [ˈhɔnˌklɛːðə] ⟨-t, -r⟩
Handwaschbecken håndvask [ˈhɔnˌvæsɡ] ⟨-en, -e⟩
Handy mobiltelefon [moˈbiːˀlteləˌfoːˀn] ⟨-en, -er⟩
hart hård [hɒːˀ]
hässlich hæslig [ˈhɛsli]
Hauptbahnhof hovedbanegård [ˈhoːəðbɛ̝ːnəˌɡɒːˀ] ⟨-en, -e⟩
Hauptpostamt hovedpostkontor [ˈhoːəðpɔsdkɔnˌtoːˀɒ̯] ⟨-et, -er⟩
Hauptrolle hovedrolle [ˈhoːəðˌʁɔlə] ⟨-n, -r⟩
hauptsächlich hovedsagelig [hoəðˈsɛ̝ːˀəlid], *(überwiegend)* overvejende [ˈɔu̯ɔˌvai̯ˀənə]
Hauptsaison højsæson [ˈhɔi̯sɛˌsɔŋ] ⟨-en, -er⟩
Hauptspeise hovedret [ˈhoːəðˌʁæd] ⟨-ten, -ter⟩
Hauptstadt hoved|stad [ˈhoːəðˌsdæð] ⟨-en, -stæder⟩
Hauptstraße hovedvej [ˈhoːəðˌvai̯ˀ] ⟨-n, -e⟩
Haus hus [huːˀs] ⟨-et, -e⟩
Hausbesitzer/in husejer [ˈhusˌai̯ɔ] ⟨-en, -e⟩
hausgemacht hjemmelavet [ˈjɛməˌlɛ̝ːˀvəð]
Haushaltswaren husholdningsvarer *pl* [ˈhushɔlˀneŋsˌvaːa]
Hausnummer husnum|mer [ˈhusˌno̝mˀɔ] ⟨-ret, -re⟩
Haustiere husdyr [ˈhusˌdyːˀɒ̯] ⟨-et, -⟩
Haut hud [huðˀ] ⟨-en, -⟩
Heide hede [ˈheːðə] ⟨-n, -r⟩
heilig hellig [ˈhɛli]
Heiliger Abend juleaften [ˈjuːləˌafdən]
Heimat hjemstavn [ˈjɛmˌsdau̯ˀn] ⟨-en, -e⟩
Heimreise hjemrejse [ˈjɛmˌʁai̯sə] ⟨-n, -r⟩

heiraten gifte sig ['gifdə sai̯] ⟨-ede⟩
heiser hæs [hɛːˀs]
heiß varm [vaːˀm]
heißen hedde ['heðə] ⟨hed, heddet⟩
Heißluftballon varmluftballon ['vaːˀmlofdbæˌlɔŋ] ⟨-en, -er⟩
Heizung *(Zentral)* centralvarme [sɛn'tʁaːˀlˌvaːmə] ⟨-n, -⟩
helfen, jdm ~ hjælpe nogen ['jɛlbə 'noːən] ⟨hjalp, hjulpet⟩
hellblau/hellgrün lyseblå/lysegrøn ['lysəˌbloːˀ/'lysəˌgʁœnˀ]
Hemd skjorte ['sgjoɐ̯də] ⟨-n, -r⟩
Herbst efterår ['ɛfdɔˌɒːˀ] ⟨-et, -⟩
Herd komfur [kɔm'fuːˀɐ̯] ⟨-et, -er⟩
herein! kom ind! [kɔm 'enˀ]
hereinkommen komme ind [kɔmə 'enˀ] ⟨kom, kommet⟩
Hering sild [silˀ]; *(Zelt)* teltpløk ['tɛldˌpløg] ⟨-ken, -ke⟩
Herr herre/hr. ['hɛɐ̯ɔ/hɛɐ̯] ⟨-n, -r⟩
Herren mænd *pl* [mɛnˀ]
herrlich herlig ['hɛɐ̯li]
Herz hjerte ['jɛɐ̯də] ⟨-t, -r⟩
Herzanfall hjerteanfald ['jɛɐ̯dəænˌfælˀ] ⟨-et, -⟩
Herzbeschwerden problemer med hjertet [pʁo'bleːˀmɔ mɛ 'jɛɐ̯dəð]
Herzinfarkt hjerteinfarkt ['jɛɐ̯dəenˌfaːgd]
herzlich hjertelig ['jɛɐ̯dəli]
Herzschrittmacher hjertepacemaker ['jɛɐ̯də'pɛi̯sˌmɛi̯gɔ] ⟨-en, -e⟩
Heuschnupfen høfeber ['høˌfeːˀbɔ] ⟨-en, -⟩
heute i dag [i 'dɛːˀ]
heute Morgen/heute Abend i morges/i aften [i 'mɒːɒs/i 'afdən]
Hexenschuss hekseskud ['hɛgsəˌsguð] ⟨-det, -⟩
hier her [hɛːˀɐ̯]
Hilfe hjælp [jɛlˀb] ⟨-en⟩; **erste Hilfe** førstehjælp ['fœɐ̯sdəˌjɛlˀb] ⟨-en, -⟩
Himmel himlmel ['heməl] ⟨-len, -⟩
hindern hindre ['hendʁɔ] ⟨-de⟩
hinlegen, s. ~ lægge sig ['lɛgə sai̯] ⟨lagde, lagt⟩
hinten bagved ['bɛːˀˌveð]
hinter bag [bɛːˀ]
hinterher bagefter ['bɛːˀˌɛfdɔ]
Hinterland opland ['ɔbˌlænˀ] ⟨-et, -⟩
hinterlegen deponere [depo'neːˀɔ] ⟨-ede⟩
hinzufügen tilføje ['telˌfɔi̯ˀə] ⟨-ede⟩
Hitze hede ['heːðə] ⟨-n, -⟩
Hitzewelle hedebølge ['heːðəˌbøljə] ⟨-n, -r⟩
hoch høj [hɔi̯ˀ]
Hochformat højformat ['hɔi̯fɔˌmɛːˀd] ⟨-et, -er⟩
Hochspannung højspænding ['hɔi̯ˌsbɛneŋ] ⟨-en, -er⟩
höchstens højst ['hɔi̯ˀsd]
Hochzeit bryllup ['bʁœlɔb] ⟨-pet, -per⟩
Hof gård [gɒːˀ] ⟨-en, -e⟩
hoffentlich forhåbentlig [fɔ'hɔːˀbəndli]
höflich høflig ['høfli]
Höhe højde ['hɔi̯ˀdə] ⟨-n, -r⟩
Höhepunkt højdepunkt ['hɔi̯ˀdəˌpɔŋˀd] ⟨-et, -er⟩
Höhle hule ['huːlə] ⟨-n, -r⟩
Holz træ [tʁɛːˀ] ⟨-et, -er⟩
Holzschnitt træsnit ['tʁæˌsnid] ⟨-tet, -⟩
Honig honning ['hɔneŋ] ⟨-en, -er⟩
hören høre ['høːɔ] ⟨-te⟩; *(zuhören)* lytte til ['lydə tel] ⟨-de⟩
hörgeschädigt hørehæmmet ['høːɔˌhɛməð]
Hose bukser *pl* ['bɔgsɔ]
Hublift handicaplift ['hændikabˌlifd] ⟨-en, -e⟩
hübsch *(nett)* pæn [pɛːˀn]
Hüfte hofte ['hɔfdə] ⟨-n, -r⟩
Hügel bakke ['bagə] ⟨-n, -r⟩
Hund hund [hunˀ] ⟨-en, -e⟩
hundert hundrede ['hunʁɔðə]
hungrig sein være sulten [vɛːɔ 'suldən] ⟨var⟩
Hupe horn [hoɐ̯ˀn] ⟨-et, -⟩
Husten hoste ['hoːsdə] ⟨-ede⟩
Hustensaft hostesaft ['hoːsdəˌsafd] ⟨-en, -er⟩
Hut hat [hæd] ⟨-ten, -te⟩

I

ich jeg *prn* [jai̯]
Idee idé [i'deːˀ] ⟨-en, -er⟩
Ihr I *prn pl* [i], Deres *poss pl* ['dɛ̝ːɔs]
ihr *prn sing* hende ['henə]; *poss prn sing* hendes ['henəs]; *poss prn pl* deres ['dɛ̝ːɔs]
Illustrierte ugeblad ['uːəˌblæð] ⟨-et, -e⟩
Imbiss lille måltid ['lilə 'mɔlˌtiðˀ]
immer altid ['ælˀˌtiðˀ]
Impfpass vaccinationsattest [vagsinæ'ɕoːˀnsæˌtɛsd] ⟨-en, -er⟩
Impfung vaccination [vagsinæ'ɕoːˀn] ⟨-en, -er⟩
Impressionismus impressionisme [empʁæɕo'nismə]
in i [i]
in einer Woche i løbet af en uge [i 'løːˀbəð æ en 'uːə]; om en uge [ɔm en 'uːə]
inbegriffen *(inkl)* medregnet ['mɛðˌʁai̯ˀnəð]
Induktionsschleife teleslynge til hørehæmmede ['teːləˌsløŋə tel 'høːɔˌhɛməðə]
Infektion infektion [enfɛg'ɕoːˀn] ⟨-en, -er⟩
informieren, s. ~ informere sig [enfɒ'meːˀɔ sai̯] ⟨-ede⟩
Infusion infusion [enfu'ɕoːˀn] ⟨-en, -er⟩
Inhalt indhold ['enˌhɔlˀ] ⟨-et, -⟩
Inlandsflug indenrigsfly ['enənʁisˌflyːˀ] ⟨-et, -⟩
Inliner inliner ['enˌlainɔ]
innen indenfor ['enənˌfɔ]
Innenhof atriumgård ['ɛ̝ːˀtʁio̜mˌgɒːˀ] ⟨-en, -e⟩
Inschrift inskription [ensgʁib'ɕoːˀn] ⟨-en, -er⟩
Insekt insekt [en'sɛgd] ⟨-et, -er⟩
Insektenmittel insektmid|del [en'sɛgdˌmiðˀəl] ⟨-let, -ler⟩
Insel ø [øːˀ] ⟨-en, -er⟩
Inselrundfahrt ørundtur ['øːˀˌʁo̜ntuːˀɒ̯] ⟨-en, -e⟩
Insulin insulin [ensu'liːˀn] ⟨-et, -⟩
Inszenierung iscenesættelse [i'seːnəˌsɛdəlsə] ⟨-n, -r⟩
interessant interessant [entʁɛ'sænˀd]
interessieren, s. ~ für interessere sig for [entʁɛ'seːˀɔ sai̯ fɔ] ⟨-de⟩
international international ['entɔnæɕoˌnɛ̝ːˀl]
Interrail interrail ['entɔˌʁɛi̯l]
Irrtum fejltagelse ['fai̯lˌtɛ̝ːˀəlsə] ⟨-n, -r⟩
Ischias iskias ['iskiˌæs] ⟨-en, -⟩

J

Jacke jakke ['jagə] ⟨-n, -r⟩
Jahr år [ɒːˀ] ⟨-et, -⟩
Jahreszeit årstid ['ɒːsˌtiðˀ] ⟨-en, -er⟩
Jahrhundert århundrede [ɒ'hunʁɔðə] ⟨-t, -r⟩
jährlich årlig ['ɒːli]
Januar januar ['jænuˌaːˀ]
Jazz jazz [djæs]
Jazzgymnastik jazzgymnastik ['djæsgymnæˌsdig] ⟨-ken, -⟩
Jeans (et par) jeans [(ed pa) 'djiːns], (et par) cowboybukser [(ed pa) 'kɔu̯bɔi̯ˌbo̜gsɔ]
jeden Tag hver dag ['vɛːˀɒ̯ 'dɛ̝ːˀ]
jeder hver ['vɛːˀɒ̯]
jemand nogen ['noːen]
jetzt nu [nu]
Jod(tinktur) jod(tinktur) ['joːˀð(teŋgˌtuːˀɒ̯)]
joggen jogge ['djɔgə] ⟨-de⟩
Jogginghose joggingbukser *pl* ['djɔgeŋˌbo̜gsɔ]
Joghurt yoghurt ['joˌguɒ̯ˀd] ⟨-en, -er⟩
jucken klø [kløːˀ] ⟨-ede⟩
Jugendliche(r) et ungt menneske [ed 'o̜ŋˀd 'mɛnəsgə]
Jugendstil jugendstil ['juːgəndˌsdiːˀl]
Juli juli ['juːˀli]
jung ung [o̜ŋˀ]
Junge dreng [dʁæŋˀ] ⟨-en, -e⟩

Junggeselle ungkarl ['o̜ŋ,kɛ̜ːˀl] ⟨-en, -e⟩
Juni juni ['juːˀni]
Juwelier juvelér [juvəˈleːˀɒ̜] ⟨-en, -er⟩

K

Kabine kabine [kæˈbiːnə] ⟨-n, -r⟩
Kaffee kaffe ['kafə] ⟨-n -⟩
Kaffeemaschine kaffemaskine ['kafəmæ,sgiːnə] ⟨-n, -r⟩
Kai kaj [kai̯ˀ] ⟨-en, -er⟩
Kaiser/in kejser ['kai̯sɔ] ⟨-en, -e⟩/kejserinde [kai̯sɔ,enə] ⟨-n, -r⟩
Kalbfleisch kalvekød ['kælvə,køð] ⟨-et, -⟩
kalt kold [kɔlˀ]
kaltes Wasser koldt vand ['kɔlˀd 'vænˀ]
Kamillentee kamillete [kæˈmilə,teːˀ] ⟨-en, -⟩
Kamm kam [kamˀ] ⟨-men, -me⟩
kämmen rede ['ʁɛːðə] ⟨-te⟩
Kanal kanal [kæˈnɛ̜ːˀl] ⟨-en, -er⟩
Kaninchen kanin [kæˈniːˀn] ⟨-en, -er⟩
Kanu kano ['kɛ̜ːno] ⟨-en, -er⟩
Kapelle *(Gebäude, Musik)* kapel [kæˈpɛlˀ] ⟨-let, -ler⟩
Kapitän kaptajn [kabˈtai̯ˀn] ⟨-en, -er⟩
kaputt itu [iˈtuːˀ]
Karaffe karaflfel [kaˈʁafəl] ⟨-len, -ler⟩
Karfreitag Langfredag [laŋˈfʁeːˀdæ]
Karneval fastelavn [fæsdəˈlau̯ˀn]
Karotten gulerødder *pl* ['gulə,ʁœðˀɔ]
Kartoffeln kartofler *pl* [kaˈtɔflɔ]
Käse ost [o̜sd] ⟨-en, -⟩
Kasse *(bezahlen)* kasse ['kæsə] ⟨-n, -r⟩
Kassette kassette [kæˈsɛdə] ⟨-n, -r⟩
Kassettenrekorder båndoptager ['bɔnɔb,tɛ̜ːˀɔ] ⟨-en, -r⟩
Katze kat [kæd] ⟨-ten, -te⟩
kaufen købe ['køːbə] ⟨-te⟩
Kaufhaus stormagasin ['sdoɒ̜magæ,siːˀn] ⟨-et, -er⟩
Kaugummi tyggegummi ['tygə,go̜mi] ⟨-et, -⟩
kaum næppe ['nɛbə]
Kaution kaution [kau̯ˈso̜ːˀn] ⟨-en, -er⟩; *(Wohnung)* depositum [deˈpoːˀsito̜m] ⟨-met, deposita⟩
kein ingen ['eŋən]
Kekse kiks *pl* [kigs]
Kellner/in tjener ['tjɛːnɔ] ⟨-en, -e⟩/servitrice ['sɛ̜ɒ̜viˈtʁiːsə] ⟨-n, -r⟩
kennen kende ['kɛnə] ⟨-te⟩
Keramik keramik [keʁaˈmig] ⟨-ken, -⟩
Kerzen stearinlys *pl* [sdæˈʁiːˀn,lyːˀs]
Ketschup ketchup ['kɛdsub] ⟨-pen, -⟩
Kette *(auch Schmuck)* kæde ['kɛːðə] ⟨-n, -r⟩
Keuchhusten kighoste ['ki,hoːsdə] ⟨-n, -⟩
Kfz-Schein indregistreringsbevis ['enʁɛgisdʁɛːˀɒ̜eŋsbe,viːˀs] ⟨-et, -er⟩
Kiefer kæbe ['kɛːbə] ⟨-n, -r⟩
Kilogramm kilogram ['kilo,gʁamˀ]
Kilometer kilometer [kiloˈmeːˀdɔ]
Kilometerpreis kilometerpris [kiloˈmeːˀdɔ,pʁiːˀs] ⟨-en, -er⟩
Kind barn [baːˀn] ⟨-et, børn⟩
Kinderarzt/ärztin børnelæge ['bœɒ̜nə,lɛːə] ⟨-n, -r⟩
Kinderbecken børnebassin ['bœɒ̜nəbæ,sɛŋ] ⟨-et, -er⟩
Kinderbetreuung børnepasning ['bœɒ̜nə,pæsneŋ] ⟨-en, -er⟩
Kinderbett barneseng ['baːnə,sɛŋˀ] ⟨-en, -e⟩
Kinderermäßigung børnerabat ['bœɒ̜nəʁa,bæd] ⟨-ten, -ter⟩
Kinderfahrkarte børnebillet ['bœɒ̜nəbi,lɛd] ⟨-ten, -ter⟩
Kinderkleidung børnetøj *pl* ['bœɒ̜nə,tɔi̯]
Kinderkrankheit børnesygdom ['bœɒ̜nəsyː,dɔmˀ] ⟨-men, -me⟩
Kinderlähmung børnelammelse ['bœɒ̜nə,lamәlsə] ⟨-n, -r⟩
Kindersitz autostol til børn

['au̯to,sdoːˀl tel 'bœɐ̯ˀn] ⟨-en, -e⟩
Kindersitzkissen *(Auto)* siddepude til børn i bilen ['seːðə,puːðə tel 'bœɐ̯ˀn i 'biːˀlən]
Kinderteller børneportion ['bœɐ̯nəpɒ,soːˀn] ⟨-en, -er⟩
Kino biograf [bio'gʁaːˀf] ⟨-en, -er⟩
Kirche kirke ['kiɐ̯gə] ⟨-n, -r⟩
Kirchturm kirketårn ['kiɐ̯gə,tɒːˀn] ⟨-et, -e⟩
Kirmes høstfest ['høsd,fæsd] ⟨-en, -er⟩
Kirschen kirsebær *pl* ['kiɐ̯sə,bæɐ̯]
Kiste kasse ['kæsə] ⟨-n, -r⟩
kitschig kitsch [kidʂ]; juks [jogs]
klar *(bereit)* klar [klaːˀ]
Klasse klasse ['klæsə] ⟨-n, -r⟩
Klassik klassisk ['klæsisg]
Klassiker klassiker ['klæsigɔ] ⟨-en, -e⟩
Klassizismus klassicisme [klæsi'sismə]
Kleid kjole ['kjoːlə] ⟨-n, -r⟩
Kleiderbügel bøjle ['bɔi̯lə] ⟨-n, -r⟩
Kleidung påklædning ['pɔ,klɛːˀðneŋ] ⟨-en, -er⟩
klein lille *sing* ['lilə], små *pl* [smɔːˀ]
Kleingeld småpenge *pl* ['smɔ,pɛŋə]
Kleinkunstbühne kabaretscene [kaba'ʁɛ,seːnə] ⟨-n, -r⟩
Klima klima ['kliːmæ] ⟨-et, -⟩
Klimaanlage klimaanlæg ['kliːmææn,lɛːˀg] ⟨-get, -⟩
Klingel klokke ['klɔgə] ⟨-n, -r⟩
Klettern klatre ['klædʁɔ] ⟨-de ⟩
Kloster kloster ['klɔsdɔ] ⟨-et, klostre⟩
klug klog [kloːˀu̯]
Kneipe værtshus ['vɛɐ̯ds,huːˀs] ⟨-et, -e⟩
Knie knæ [knɛːˀ] ⟨-et, -⟩
Knoblauch hvidløg ['við,lɔi̯ˀ] ⟨-et, -⟩
Knöchel anklel ['aŋˀgəl] ⟨-len, - ler⟩
Knochen ben [beːˀn] ⟨-et, -⟩; knogle ['knɔu̯lə] ⟨-en, -er⟩
Knochenbruch knoglebrud ['knɔu̯lə,bʁuð] ⟨-det, -⟩
Koch/Köchin kok [kɔg] ⟨-ken, -ke⟩
Kochbuch kogelbog ['koːu̯ə,boːˀu̯] ⟨-en, -bøger⟩
kochen koge ['koːu̯ə] ⟨-te⟩
Kocher kogeapparat ['koːu̯əapa,ʁaːˀd] ⟨-et, -er⟩
Kochnische tekøkken ['teːˀ,køgən] ⟨-et, -er⟩
Koffer kuffert ['kofɔd] ⟨-en, -er⟩; trolley ['tʁɔli] ⟨-en, -er⟩
Kofferraum bagagerum [bæ'gɛːʂə,ʁomˀ] ⟨-met, -⟩
Kohl kål [koːˀl] ⟨-en, -⟩
Kokosnuss kokosnød ['koːgos,nøðˀ] ⟨-den, -der⟩
Kolik kolik [ko'lig] ⟨-ken, -ker⟩
Kollege/Kollegin kollega [ko'leːgæ] ⟨-en, -er⟩
kommen komme ['kɔmə] ⟨kom, kommet⟩
Komödie komedie [ko'meðˀjə] ⟨-n, -r⟩
Kompass kompas [kɔm'pæs] ⟨-set, -ser⟩
Komponist/in komponist [kɔmpo'nisd] ⟨-en, -er⟩
Konditorei konditori [kɔndidɔ'ʁiːˀ] ⟨-et, -er⟩
Kondom kondom [kɔn'doːˀm] ⟨-et, -er⟩
König/in konge ['kɔŋə] ⟨-n, -r⟩; dronning ['dʁɔneŋ] ⟨-en, -er⟩
können kunne ['kunə] ⟨kunne, kunnet⟩
Konsulat konsulat [kɔnsu'lɛːˀd] ⟨-et, -er⟩
Kontakt kontakt [kɔn'tagd] ⟨-en, -er⟩
Konto konto ['kɔnto] ⟨-en, konti⟩
Kontrolleur/in kontrollør [kɔntʁo'løːˀɐ̯] ⟨-en, -er⟩
kontrollieren kontrollere [kɔntʁo'leːˀɔ] ⟨-ede⟩
Konzert koncert [kɔn'sɛɐ̯d] ⟨-en, -er⟩
Kopenhagen København [købən'hau̯ˀn]
Kopf hoved ['hoːəð] ⟨-et, -er⟩
Kopfhörer hovedtelefon ['hoːəðtelə,foːˀn] ⟨-en, -er⟩
Kopfkissen hovedpude ['hoːəð,puːðə] ⟨-n, -r⟩
Kopfsalat hovedsalat

['ho:əðsæ,lɛ̝:ˀd] ⟨-en, -er⟩
Kopfschmerzen hovedpine ['ho:əð,pi:nə] ⟨-n, -⟩
Kopfschmerztabletten hovedpinepiller *pl* ['ho:əðpi:nə,pelɔ]
Kopie kopi [ko'pi:ˀ] ⟨-en, -er⟩
Korb kurv [kuɐ̯ˀv] ⟨-en, -e⟩
Korkenzieher proptrækker ['pʁɔb,tʁægɔ] ⟨-en, -e⟩
Körper krop [kʁɔb] ⟨-pen, -pe⟩
Körperbehinderung fysisk handicap ['fy:ˀsisg 'hændikab]
kosten koste ['kɔsdə] ⟨-ede⟩
kostenlos uden omkostninger ['uðən 'ɔm,kɔsdneŋɔ]
Kostüm dragt [dʁagd] ⟨-en, -er⟩
Kotelett *(Fleisch)* kotelet [kodə'lɛd] ⟨-ten, -ter⟩
Koteletten bakkenbarter *pl* ['bagən,ba:ˀdɔ]
Krabben rejer *pl* ['ʁai̯ɔ]
Krampf krampe ['kʁambə] ⟨-n, -r⟩
krank syg [sy:ˀ]
Krankenhaus sygehus ['sy:ə,hu:ˀs] ⟨-et, -e⟩
Krankenkasse sygekasse ['sy:ə,kæsə] ⟨-n, -r⟩
Krankenpfleger sygeplejer ['sy:ə,plai̯ɔ] ⟨-en, -e⟩
Krankenschein sygekassekort ['sy:əkæsə,kɒ:d] ⟨-et, -⟩
Krankenschwester sygeplejerske ['sy:ə,plai̯ˀɔsgə] ⟨-n, -r⟩
Krankenwagen ambulance [ambu'laŋsə] ⟨-n, -r⟩
Krankheit sygdom ['sy:,dɔmˀ] ⟨-men, -me⟩
Kräuter urter *pl* ['uɐ̯dɔ]
Krawatte slips [slebs] ⟨-et, -⟩
kreativ kreativ [kʁɛæ'ti:ˀv]
Krebs *(Tier)* krebs [kʁæbs] ⟨-en, -⟩; *(Krankheit)* kræft [kʁæfd] ⟨-en, -⟩
Kreditkarte kreditkort [kʁɛ'did,kɒ:d] ⟨-et, -⟩
Kreislaufmittel kredsløbsmid|del ['kʁɛ:slø:bs,miðˀəl] ⟨-let, -ler⟩
Kreislaufstörung kredsløbsforstyrrelse ['kʁɛ:slø:bsfɔ,sdy:ˀɔlsə] ⟨-n, -r⟩
Kreuz kors [kɒ:s] ⟨-et, -⟩
Kreuzfahrt krydstogt ['kʁys,tɔgd] ⟨-et, -er⟩
Kreuzgang korsgang ['kɒ:s,gaŋˀ] ⟨-en, -e⟩
Kreuzung *(Straße)* gadekryds ['gɛ̝:ðə,kʁys] ⟨-et, -⟩
Kristall krystal [kʁy'sdælˀ] ⟨-let, -ler⟩
Krone krone ['kʁo:nə] ⟨-n, -r⟩
Krücke krykke ['kʁœgə] ⟨-n, -r⟩
Küche køkken ['køgən] ⟨-et, -er⟩
Kuchen kage ['kɛ̝:ə] ⟨-n, -r⟩
Kugelschreiber kuglepen ['ku:lə,pɛnˀ] ⟨-nen, -ne⟩
kühl kølig ['kø:li]
Kühlelement køleelement ['kø:ləelə,mɛnˀd] ⟨-et, -er⟩
Kühler *(Auto)* køler ['kø:lɔ] ⟨-en, -e⟩
Kühlschrank køleskab ['kø:lə,sgɛ̝:ˀb] ⟨-et, -e⟩
Kühltasche køletaske ['kø:lə,tæsgə] ⟨-n, -r⟩
Kühlwasser kølervæske ['kø:lɔ,vɛsgə] ⟨-n, -r⟩
Kultur kultur [kul'tu:ˀɐ̯] ⟨-en, -er⟩
Kümmel kommen *pl* ['kɔmən]
kümmern, s. ~ um tage sig af [tɛ̝:ˀ sai̯ 'ɛ̝:ˀ] ⟨tog, taget⟩
Kunde/Kundin kunde ['kɔ̝nə] ⟨-n, -r⟩
Kunst kunst [kɔ̝nˀsd] ⟨-en, -⟩
Kunstgewerbe kunsthåndværk ['kɔ̝nsdhɔn,vɛɐ̯g] ⟨-et, -⟩
Kunsthändler kunsthandler ['kɔ̝nsd,hænlɔ] ⟨-en, -e⟩
Kuppel kup|pel ['kubəl] ⟨-len, -ler⟩
Kupplung kobling ['kɔbleŋ] ⟨-en, -er⟩
Kürbis græskar ['gʁæs,ka] ⟨-ret, -⟩
Kurs *(Richtung, Wechsel)* kurs [kuɐ̯ˀs] ⟨-en, -er⟩
Kurve kurve ['kuɐ̯və] ⟨-n, -r⟩
kurz kort [kɒ:d]; *(kurz gefasst)* kortfattet ['kɒ:d,fædəð]
Kurzfilm kortfilm ['kɒ:d,filˀm] ⟨-en, -⟩
kurzfristig kortfristet ['kɒ:d,fʁɛsdəð]
kürzlich for nylig [fɔ 'ny:li]

Kurzschluss kortslutning ['kɒːdˌsludneŋ] ⟨-en, -er⟩
Kuss kys [køs] ⟨-set, -⟩
küssen kysse ['køsə] ⟨-de⟩
Küste kyst [køsd] ⟨-en, -er⟩

L

lachen le [leːˀ] ⟨lo, leet⟩
lächerlich latterlig ['lædɔli]
Ladegerät oplader ['ɔbˌlɛ̝ːˀðɔ] ⟨-en, -e⟩
Lage situation [situæ'ɕoːˀn] ⟨-en, -er⟩; *(eines Ortes)* beliggenhed [be'legənˌheːˀð] ⟨-en, -er⟩
Lähmung lammelse ['laməlsə] ⟨-n, -r⟩
Lammfleisch lammekød ['laməˌkøð] ⟨-et, -⟩
Lampe lampe ['lambə] ⟨-n, -r⟩
Land land [lænˀ] ⟨-et, -e⟩
Landausflug udflugt ['uðˌflɔ̝gd] ⟨-en, -er⟩
Landgut gods [gɔ̝s] ⟨-et, -er⟩
Landkarte landkort ['lænˌkɒːd] ⟨-et, -⟩
Landschaft landskab ['lænˌsgɛ̝ːˀb] ⟨-et, -er⟩
Landsmann landslmand ['lænˀsˌmænˀ] ⟨-en, -mænd⟩
Landstraße landevej ['lænəˌvai̯ˀ] ⟨-en, -e⟩
Landung landing ['læneŋ] ⟨-en, er⟩
lang lang [laŋˀ]
Langlaufski langrendsski *pl* ['laŋʁænsˌsgiːˀ]
langsam langsom ['laŋsɔmˀ]
langweilig kedelig ['keːðəli]
Lärm larm [laːˀm] ⟨-en, -⟩
lästig besværlig [be'svɛɐ̯ˀli]
Lastwagen lastvogn ['læsdˌvɔu̯ˀn] ⟨-en, -e⟩
Lauch porre ['pɒːɒ] ⟨-n, -r⟩
laufen løbe ['løːbə] ⟨løb, løbet⟩
laut højt [hɔi̯ˀd]
Lautsprecher højttaler ['hɔi̯ˌtɛ̝ːlɔ] ⟨-en, -e⟩
leben liv [liːˀv] ⟨-et, -⟩
Lebensmittelgeschäft levnedsmiddelforretning ['lɛu̯nəðsmiðˀəlfɔˌʁædneŋ] ⟨-en, -er⟩
Lebensmittelvergiftung madforgiftning ['mæðfɔˌgifdneŋ] ⟨-en, -er⟩
Leber lever ['leːˀvɔ] ⟨-en, -e⟩
Leberpastete leverpostej ['leːˀvɔpoˌsdai̯ˀ] ⟨-en, -er⟩
lebhaft livlig ['liu̯li]
lecker lækker ['lɛgɔ]
Lederjacke læderjakke ['lɛðˀɔˌjagə] ⟨-n, -r⟩
Lederwarengeschäft lædervareforretning ['lɛðˀɔvaːafɔˌʁædneŋ] ⟨-en, -er⟩
ledig ugift ['uˌgifd]
leer tom [tɔmˀ]
Leerlauf tomgang ['tɔmˌgaŋˀ] ⟨-en, -e⟩
Leerung tømning ['tœmneŋ] ⟨-en, -er⟩
legen lægge ['lɛgə] ⟨lagde, lagt⟩
Leggins leggings ['lɛgeŋs]
leicht let [lɛd]
leider desværre [de'svɛ̝ːɔ]
leihen *(aus~)* låne ud ['lɔ̝ːnə 'uðˀ] ⟨-te⟩
Leinen linned ['lenəð] ⟨-et, -⟩
leise stille ['sdelə]
Leistenbruch lyskebrok ['lysgəˌbʁɔg] ⟨-ken, -⟩
Leiter/in leder ['leːðɔ] ⟨-en, -e⟩
lenken styre ['sdyːɔ] ⟨-ede⟩
Lenkrad-Drehknopf styreknop på rattet ['sdyːɔˌknɔ̝b pɔ̝ 'ʁadəð]
lernen lære ['lɛːɔ] ⟨-te⟩
lesen læse ['lɛːsə] ⟨-te⟩
letzte(r, -s) sidste ['sisdə]
letzten Montag sidste mandag ['sisdə 'mænˀdæ]
Leuchtturm fyrtårn ['fyɐ̯ˌtɒːˀn] ⟨-et, -e⟩
Leute folk [fɔlˀg] ⟨-et, -⟩
Licht lys [lyːˀs] ⟨-et, -⟩
Lichtmaschine dynamo [dy'nɛ̝ːmo] ⟨-en, -er⟩
Lichtschalter lyskontakt

['lyskɔn,tagd] ⟨-en, -er⟩
Lichtschutzfaktor (lys)beskyttelsesfaktor [('ly:s)be'sgødəlsəs,fagtɒ] ⟨-en, -er⟩
lieb kær [kɛ:ˀɐ̯], kærlig ['kɛ̝ɐ̯li]
Liebe kærlighed ['kɛ̝ɐ̯li,he:ˀð] ⟨-en⟩
lieben elske ['ɛlsgə] ⟨-ede⟩
liebenswürdig elskværdig [ɛlsg'vɛ̝ɐ̯ˀdi]
lieblich *(Wein)* mild og let ['milˀ ɔ 'lɛd]
Liebling yndling ['ønleŋ] ⟨-en, -er⟩
Lied sang [saŋˀ] ⟨-en, -e⟩
liegen ligge ['legə] ⟨lå, ligget⟩
Liegewagen liggevogn ['legə,vɔu̯ˀn] ⟨-en, -e⟩
Liegewagenplatz liggevognsplads ['legəvɔu̯ns,plæs] ⟨-en, -er⟩
Liegewiese græsplæne (til at sole sig på) ['gʁæs,plɛ:nə (tel ɔ 'so:lə sai̯ 'pɔ̝:ˀ)] ⟨-n, -r⟩
lila lilla ['lelæ]
Limonade limonade [limo'nɛ̝:ðə] ⟨-n, -r⟩
Linie linie ['linjə] ⟨-n, -r⟩
links til venstre [tel 'vɛnsdʁɔ]
Linse linse ['lensə] ⟨-n, -r⟩
Linsen linser *pl* ['lensɔ]
Lippe læbe ['lɛ:bə] ⟨-n, -r⟩
Lippenstift læbestift ['lɛ:bə,sdefd] ⟨-en, -er⟩
Liter liter ['lidɔ]
Livemusik livemusik ['lai̯vmu,sig] ⟨-ken, -⟩
Loch hul [hɔ̝l] ⟨-let, -ler⟩
Locken krøller *pl* ['kʁœlɔ]
Lockenwickler curlere *pl* ['kœ:lɔɔ]
Löffel ske [sge:ˀ] ⟨-en, -er⟩
Loge loge ['lo:ɕə] ⟨-n, -r⟩
Loipe løjpe ['lɔi̯bə] ⟨-n, -r⟩
Lorbeer laurbær *pl* ['lau̯ˀɔ,bœɐ̯]
Luft luft [lɔ̝fd] ⟨-en, -⟩
Luftkissenboot luftpudebåd ['lɔ̝fdpu:ðə,bɔ̝:ˀð] ⟨-en, -e⟩
Luftmatratze luftmadras ['lɔ̝fdmæ,dʁas] ⟨-sen, -ser⟩
Luftpost luftpost ['lɔ̝fd,pɔsd]
Luftpumpe luftpumpe ['lɔ̝fd,pɔ̝mbə] ⟨-n, -r⟩
Lunge lunge ['lɔ̝ŋə] ⟨-n, -r⟩
Lungenentzündung lungebetændelse ['lɔ̝ŋəbe,tɛnˀəlsə] ⟨-n, -r⟩
lustig lystig ['løsdi]; *(erheiternd)* morsom ['moɐ̯,sɔmˀ]
luxuriös luksuriøs [lɔ̝gsuɐ̯i'ø:ˀs]

M

machen *(herstellen)* lave ['lɛ̝:və] ⟨-ede⟩, fremstille ['fʁæm,sdelˀə] ⟨-ede⟩
Mädchen pige ['pi:ə] ⟨-n, -r⟩
Magen mave ['mɛ̝:və] ⟨-n, -r⟩
Magenschmerzen mavepine ['mɛ̝:və,pi:nə] ⟨-n, -⟩
mager mager ['mɛ̝:ˀɔ]
Mahlzeit måltid ['mɔl,tiðˀ] ⟨-et, -er⟩
Mai maj [mai̯ˀ]
Mais majs [mai̯ˀs] ⟨-en, -⟩
Makrele makrel [ma'kʁælˀ] ⟨-len, -ler⟩
Malbuch malelbog ['mɛ̝:lə,bɔ̝:ˀu̯] ⟨-en, -bøger⟩
malen male ['mɛ̝:lə] ⟨-ede⟩
Maler/in maler ['mɛ̝:lɔ] ⟨-en, -e⟩
Malerei maleri [mɛ̝:lə'ʁi:ˀ] ⟨-et, -er⟩
man man *prn* [mæn]
manchmal somme tider ['sɔmə 'tiðɔ]
Mandarinen mandariner *pl* [mændæ'ʁi:ˀnɔ]
Mandelentzündung mandelbetændelse ['mænˀəlbe,tɛnˀəlsə] ⟨-n, -r⟩
Mandeln mandler *pl* ['mænˀlɔ]
Mann mand [mænˀ] ⟨-en, mænd⟩
Mannschaft *(Sport)* hold [hɔlˀ] ⟨-et, -⟩; *(Schiff)* mandskab ['mæn,sgɛ̝:ˀb] ⟨-et, -er⟩
Mantel frakke ['fʁagə] ⟨-n, -r⟩
Margarine margarine [maga'ʁi:nə] ⟨-n, -r⟩
Markt torv [tɒ:ˀv] ⟨-et, -e⟩
Marmelade marmelade ['mamə,lɛ̝:ðə] ⟨-n, -r⟩
März marts [ma:ds]

Maschine maskine [mæ'sgi:nə] ⟨-n, -r⟩
Masern mæslinger ['mɛsleŋɔ]
Massage massage [mæ'sɛ̞:ʂə] ⟨-n, -⟩
Material materiale [mætʁi'ɛ̞:le] ⟨-t, -r⟩
Matratze madras [mæ'dʁas] ⟨-sen, -ser⟩
Mauer mur [mu:ˀɐ̯] ⟨-en, -e⟩
Mayonnaise mayonnaise [majo'nɛ:sə] ⟨-n, -r⟩
Medikament medikament [medikæ'menˀd] ⟨-et, -er⟩
Meer hav [hau̯] ⟨-et, -e⟩
Mehl mel [me:ˀl] ⟨-et, -⟩
mehr mere ['me:ɔ]; ~ **als** mere end ['me:ɔ ɛn]
Mehrfahrtenkarte stempelkort ['sdɛmˀbəlˌkɒ:d] ⟨-et, -⟩
mein min, mit, mine *poss prn* [mi:ˀn, mid, 'mi:nə]
meinen mene ['me:nə] ⟨-te⟩
meinetwegen for min skyld [fɔ 'mi:ˀn 'sgylˀ]
Meinung mening ['me:neŋ] ⟨-en, -er⟩
Mensch menneske ['mɛnəsgə] ⟨-t, -r⟩
Menstruation menstruation [mɛnsdʁuæ'ʂo:ˀn] ⟨-en, -er⟩
Menü menu [me'ny] ⟨-en, -er⟩
merken mærke ['mɛ̞ɐ̯gə] ⟨-ede⟩; **s. etw ~** mærke sig noget ['mɛ̞ɐ̯gə sai̯ 'no̞:əð]
Messe *(rel, Ausstellung)* messe ['mɛsə] ⟨-n, -r⟩
Messer kniv [kni:ˀv] ⟨-en, -e⟩
Meter meter ['me:ˀdɔ]
Metzgerei slagter- og pålægs-forretning ['slagdɔ ɔ 'pɔ̞lɛgsfɔˌʁædneŋ] ⟨-en, -er⟩
mich mig *prn* [mai̯]
Miesmuscheln blåmuslinger *pl* ['blɔˌmusleŋɔ]
Miete leje ['lai̯ə] ⟨-n, -r⟩
mieten leje ['lai̯ə] ⟨-ede⟩
Migräne migræne [mi'gʁɛ:nə] ⟨-n, -r⟩
Mikrowelle mikrobølgeovn ['mikʁobøljəˌɔu̯ˀn] ⟨-en, -e⟩
Milch mælk [mɛlˀg] ⟨-en, -⟩
mild mild [milˀ]
Millimeter millimeter [mili'me:ˀdɔ]
mindest mindst [menˀsd]
mindestens i det mindste [i de 'menˀsdə]
Mineralwasser danskvand ['dænˀsgˌvænˀ] ⟨-et, -⟩, mineralvand [minə'ʁa:ˀlˌvænˀ] ⟨-et, -⟩
Minibar minibar ['miniˌba:ˀ] ⟨-en, -er⟩
Minigolf minigolf ['miniˌgɔlˀf]
Minute minut [mi'nud] ⟨-tet, -ter⟩
mir mig *prn* [mai̯]
Missverständnis misforståelse ['misfɔˌsdo̞:ˀəlsə] ⟨-n, -r⟩
mit med [mɛ]
mitbringen med|bringe ['mɛðˌbʁɛŋˀə] ⟨-bragte, -bragt⟩
Mitbringsel medbragt gave ['mɛðbʁagd 'gɛ̞:və] ⟨-n, -r⟩
mitnehmen tage med [tɛ̞:ˀ 'mɛ] ⟨tog, taget⟩
Mittag middag ['medæ] ⟨-en, -⟩
Mittagessen middagsmad ['medæsˌmæð] ⟨-en, -⟩
mittags om middagen [ɔm 'medæən]
Mitte midte ['medə] ⟨-n, -⟩
Mitteilung meddelelse ['mɛðˌde:ˀləlsə] ⟨-n, -r⟩
Mittel mid|del ['miðˀəl] ⟨-let, -ler⟩
Mittelalter middelalder ['miðˀəlˌælˀɔ]
Mittelohrentzündung mel-lemørebetændelse ['mɛləmø:ɔbeˌtɛnˀəlsə] ⟨-n, -r⟩
Mittwoch onsdag ['o̞nˀsdæ]
Möbel møb|el ['mø:ˀbəl] ⟨-let, -ler⟩
Möhren gulerødder *pl* ['guləˌʁœðˀɔ]
Mobilitätsbehinderte/r bevægelseshæmmet [be'vɛ:ˀəlsəsˌhɛməð]
Mode mode ['mo:ðə] ⟨-n, -r⟩
Modell model [mo'dɛlˀ] ⟨-len, -ler⟩
modern moderne [mo'dɛ̞ɐ̯nə]
Modeschmuck modesmykke ['mo:ðəˌsmøgə] ⟨-t, -r⟩
mögen *(gern haben)* kunne lide [ku

WÖRTERBUCH DEUTSCH – DÄNISCH

'li:ˀ] ⟨kunne, kunnet⟩; *(wünschen)* ønske ['ønsgə] ⟨-ede⟩, ville gerne ['vilə 'gɛ̝ɒ̯nə] ⟨ville, villet⟩

möglich mulig ['mu:li]

Mole mole ['mo:lə] ⟨-n, -r⟩

Monat måned ['mɔ̝:nəð] ⟨-en, -er⟩

monatlich månedlig ['mɔ̝:nəðli]

Mond måne ['mɔ̝:nə] ⟨-n, -r⟩

Montag mandag ['mænˀdæ]

Morgen morgen ['mɒ:ɒn] ⟨-en, -er⟩

morgen früh/morgen Abend i morgen tidlig/aften [i mɒ:ɒn 'tiðli/'afdən]

morgens om morgenen [ɔm 'mɒ:nən]

Mosaik mosaik [mosæ'ig] ⟨-ken, -ker⟩

Motel motel [mo'tɛlˀ] ⟨-let, -ler⟩

Motor motor ['mo:tɒ] ⟨-en, -er⟩

Motorboot motorbåd ['mo:tɒˌbɔ̝:ˀð] ⟨-en, -e⟩

Motorhaube motorhjelm ['mo:tɒˌjɛlˀm] ⟨-en, -e⟩

Mountainbike mountainbike ['maʊ̯ntənˌbai̯g]

Möwe måge ['mɔ̝:ʊ̯ə] ⟨-n, -r⟩

Mücke myg [myg] ⟨-gen, -⟩

müde træt [tʁæd]

Müll *(Abfall)* skrald [sgʁalˀ] ⟨-et, -⟩

Mullbinde gazebind ['gɛ̝:səˌbenˀ] ⟨-et, -⟩

Mülltonne skraldespand ['sgʁaləˌsbænˀ] ⟨-en, -e⟩

Mumps fåresyge ['fɒ:ɒˌsy:ə] ⟨-n, -⟩

Mund mund [mɔ̝nˀ] ⟨-en, -e⟩

Mündung munding ['mɔ̝neŋ] ⟨-en, -er⟩

Münze mønt [mønˀd] ⟨-en, -er⟩

Muschel musling ['musleŋ] ⟨-en, -er⟩

Museum muselum [mu'sɛ:ɔ̝m] ⟨-et, -er⟩

Musical musical ['mju:siˌkæl] ⟨-en, -s⟩

Musik musik [mu'sig] ⟨-ken, -⟩

Musik hören høre musik [hø:ɔ mu'sig] ⟨-te⟩

Musikgeschäft musikforretning [mu'sigfɔˌʁædneŋ] ⟨-en, -er⟩

musizieren musicere [musi'se:ˀɔ] ⟨-ede⟩

Muskatnuss muskatnød [mu'sgɛ̝:ˀdˌnøðˀ] ⟨-den, -der⟩

Muskel musklel ['musgəl] ⟨-len, -ler⟩

Müsli mysli ['mysli] ⟨-en, -⟩

Mutter mor [mo:ɒ̯] ⟨-en, mødre⟩

Mütze hue [hu:ə] ⟨-n, -r⟩, kasket [kæ'sgɛd] ⟨-ten, -ter⟩

N

nach *(zeitlich)* efter ['ɛfdɔ]; *(räumlich)* til [tel]; ~ **Dänemark** til Danmark [tel 'dænma:g]

Nachbar/in nabo ['nɛ̝:bo] ⟨-en, -er⟩

Nachmittag eftermiddag ['ɛfdɔˌmedæ] ⟨-en, -e⟩

nachmittags om eftermiddagen [ɔm 'ɛfdɔmeˌdɛ̝:ˀən]

Nachricht meddelelse ['mɛðˌde:ˀləlsə] ⟨-n, -r⟩

Nachsaison eftersæson ['ɛfdɔsɛˌsɔŋ] ⟨-en, -er⟩

nachsenden eftersende ['ɛfdɔˌsɛnˀə] ⟨-te⟩

nächste(r, -s) næste ['nɛsdə]

nächstes Jahr næste år ['nɛsdə 'ɒ:ˀ]

Nacht nat [næd] ⟨-ten, nætter⟩

Nachtisch dessert [dɛ'sɛ:ˀɒ̯d] ⟨-en, -er⟩

Nachtklub natklub ['nædˌklub] ⟨-ben, -ber⟩

nachts om natten [ɔm 'nædən]

Nachttisch natbord ['nædˌbo:ˀɒ̯] ⟨-et, -e⟩

Nachttischlampe natlampe ['nædˌlambə] ⟨-n, -r⟩, sengelampe ['sɛŋəˌlambə] ⟨-n, -r⟩

nackt nøgen ['nɔi̯ən]

Nadel nål [nɔ̝:ˀl] ⟨-en, -e⟩

Nagellack neglelak ['nai̯ləˌlag] ⟨-ken, -ker⟩

Nagellackentferner neglelakfjerner ['nai̯ləlagˌfjɛ̝ɒ̯nɔ] ⟨-en, -⟩

Nagelschere neglesaks ['nai̯ləˌsags] ⟨-en, -e⟩

nah tæt [tɛd]

nahe nær [nɛ:ˀɒ̯]; ~ **bei** nær ved

['nɛːˀɒ̯ˌveð]
nähen sy [syːˀ] ⟨-ede⟩
Nahverkehrszug *(regional)* lokaltog [lo'kɛ̝ːˀlˌtɔ̝ːˀu̯] ⟨-et, -e⟩
Name navn [nau̯ˀn] ⟨-et, -e⟩
Narbe ar [aːˀ] ⟨-ret, -⟩
Narkose narkose [na'koːsə] ⟨-n, -r⟩
Nase næse ['nɛːsə] ⟨-n, -r⟩
Nasenbluten næseblod ['nɛːsəˌbloːˀð] ⟨-et, -⟩
nass våd [vɔ̝ːˀð], fugtig ['fɔ̝gdi]; *(durchnässt)* gennemblødt ['gɛnəmˌbløːˀd]
Nationalitätskennzeichen nationalitetsmærke [næɕonæli'teːˀdsˌmɛ̝ɒ̯gə] ⟨-et, -⟩
Nationalpark nationalpark [næɕo'nɛ̝ːˀlˌpaːg] ⟨-en, -er⟩
Natur natur [næ'tuːˀɒ̯] ⟨-en, -er⟩
natürlich *adj* naturlig [næ'tuɒ̯ˀli]; *adv* naturligvis [næ'tuɒ̯ˀliˌviːˀs]
Naturschutzgebiet fredet område ['fʁɛːðəd 'ɔmˌʁɔ̝ːðə]
Nebel tåge ['tɔ̝ːu̯ə] ⟨-n, -r⟩
neben ved siden af [veð 'siːðən æ]
Nebenkosten ekstraudgifter *pl* ['ɛgsdʁauðˌgifdɔ]
Nebenstraße sidegade ['siːðəˌgɛ̝ːðə] ⟨-n, -r⟩
negativ negativ ['negæˌtiːˀv]
nehmen tage [tɛ̝ːˀ] ⟨tog, taget⟩
Nelken *(Blumen, Gewürz)* nelliker *pl* ['nelˀegɔ]
Neoprenanzug neoprendragt [neo'pʁɛːˀnˌdʁagd] ⟨-en, -er⟩
Nerv nerve ['nɛ̝ɒ̯və] ⟨-n, -r⟩
nervös nervøs [nɛ̝ɒ̯ˌvøːˀs]
nett pæn [pɛːˀn]; *(freundlich)* venlig ['vɛnli]
Netz net [nɛd] ⟨-tet, -⟩
neu ny [nyːˀ]
Neuheit nyhed ['nyˌheːˀð] ⟨-en, -er⟩
neugierig nysgerrig ['nyˌsgɛ̝ɒ̯ˀi]
Neujahr Nytår ['nydˌɒːˀ]
neun ni [niːˀ]
neunundzwanzig niogtyve ['niːˀɔˌtyːvə]
neunzehn nitten ['nedən]
neunzig halvfems [hæl'fɛmˀs]
nicht ikke ['egə]; **gar ~** overhovedet ikke [ɔu̯ɔ'hoːðəd 'egə]
Nichtraucher ikkeryger ['egəˌʁyːɔ] ⟨-en, -r⟩
Nichtraucherabteil ikkeryger kupé ['egəˌʁyːɔ ku'peːˀ] ⟨-en, -er⟩
nichts intet ['endəð]
nie aldrig ['aldʁi]
nieder *(niedrig)* lav [lɛ̝ːˀv]
niemand ingen ['eŋən]
Niere nyre ['nyːɔ] ⟨-n, -r⟩
Nierenentzündung nyrebetændelse ['nyːɔbeˌtɛnˀəlsə] ⟨-n, -r⟩
Nierengurt nyrebælte ['nyːɔˌbɛldə] ⟨-t, -r⟩
Nierenstein nyresten ['nyːɔˌsdeːˀn] ⟨-en, -⟩
niesen nyse ['nyːse] ⟨nøs, nyst⟩
nirgends ingen steder ['eŋən 'sdɛːðɔ]
niveaufreier Zugang niveaufri adgang [ni'voˌfʁiːˀ 'æðˌgaŋˀ] ⟨-en, -e⟩
noch endnu ['ɛnu]; **~ nicht** endnu ikke ['ɛnu 'egə]
Norden norden ['noːˀɔn]
nördlich von nord for ['noːˀɒ̯ fɔ]
normal normal [nɒˌmɛ̝ːˀl]
normalerweise normalt [nɒˌmɛ̝ːˀld]
Notausgang nødudgang ['nøðuðˌgaŋˀ] ⟨-en, -e⟩
Notbremse nødbremse ['nøðˌbʁæmsə] ⟨-en, -er⟩
Notebook bærbar pc ['bɛɒ̯ˌbaːˀ 'peːˀ'seːˀ]
Notfall akut tilfælde [æ'kud 'telˌfɛlˀə], nødstilfælde ['nøðstelˌfɛlˀə] ⟨-t, -e⟩
Notrufsäule *(Autobahn)* nødtelefon ['nøðteləˌfoːˀn] ⟨-en, -er⟩
notwendig nødvendig [nøð'vɛnˀdi]
November november [no'vɛmˀbɔ]
nüchtern nøgtern ['nøgdɔn]
Nudeln nudler *pl* ['nuðˀlɔ]
null nul [nɔ̝l]
Nummer num|mer ['nɔ̝mˀɔ] ⟨-ret, -re⟩
Nummernschild nummerplade ['nɔ̝mɔˌplɛ̝ːðə] ⟨-n, -r⟩

nur kun [kon]
Nüsse nødder *pl* ['nøð'ɔ]

O

ob om [ɔm]
oben oven ['ɔuən]
Ober tjener ['tjɛ:nɔ] ⟨-en, -e⟩
Objektiv objektiv [ɔbjɛg'ti:'v] ⟨-et, -er⟩
Obst frugt [fʁogd] ⟨-en, -er⟩
Obst- und Gemüsehändler frugt- og grønthandler ['fʁogd ɔ 'gʁœnd,hænlɔ] ⟨-en, -re⟩
obwohl skønt [sgøn'd]
oder eller ['ɛlɔ]
offen åben ['o:bən]
öffentlich offentlig ['ɔfɛndli]
offiziell officiel [ɔfi'sɛl']
öffnen åbne ['o:bnə] ⟨-ede⟩
Öffnungszeiten åbningstider *pl* ['o:bneŋs,tiðɔ]
oft ofte ['ɔfdə], tit [tid]
ohne uden ['uðən]
Ohnmacht, in ~ fallen besvime [be'svi:'mə] ⟨-de⟩
Ohr øre ['ø:ɔ] ⟨-t, -r⟩
Ohrentropfen øredråber *pl* ['ø:ɔ,dʁo:bɔ]
Ohrringe øreringe *pl* ['ø:ɔ,ʁɛŋə]
Oktober oktober [og'to:'bɔ]
Öl olie ['oljə] ⟨-n, -r⟩
Oliven oliven [o'li:'vən]
Olivenöl olivenolie [o'li:'vən,oljə] ⟨-n, -r⟩
Ölmalerei oliemaleri ['oljəmɛ:lə,ʁi:']
⟨-et, er⟩
Ölwechsel olieskift ['oljə,sgifd] ⟨-et, -⟩
Oper opera ['o:'bə,ʁa] ⟨-en, -er⟩
Operation operation [obəʁa'so:n] ⟨-en, -er⟩
Operette operette [obə'ʁædə] ⟨-n, -r⟩
Optiker optiker ['ɔbtigɔ] ⟨-en, -e⟩
orange orange [o'ʁaŋsə]
Orangensaft appelsinjuice [abəl'si:'n,dju:s] ⟨-n, -r⟩
Orchester orkester [ɒ'kɛsdɔ] ⟨-et, orkestre⟩
Orden *(rel, Auszeichnung)* orden ['ɒ:'dən] ⟨-en, -er⟩
Ordnung, in ~ i orden [i 'ɒ:'dən]
Original original [ɒigi'nɛ:'l] ⟨-en, -er⟩
Originalfassung originalversion [ɒigi'nɛ:'lvɛɒ,so:'n] ⟨-en, -er⟩
Ort sted [sdɛð] ⟨-et, -er⟩
Ortsgespräch lokal samtale [lo'kɛ:'l 'sam,tɛ:lə] ⟨-n, -r⟩
Osten østen ['øsdən]
Ostermontag anden påskedag ['ænən po:sgə'dɛ:'] ⟨-en⟩
Ostern Påske ['po:sgə]
östlich von øst for ['øsd fɔ]

P

Paar par [pa] ⟨-ret, -⟩; *(Ehe)* ægtepar ['ɛgdə,pa] ⟨-ret, -⟩
paar, ein ~ et par [ed pa]
Päckchen småpakke ['smɔ,pagə] ⟨-n, -r⟩
Paddelboot kajak [kæ'jag] ⟨-ken, -ker⟩
paddeln padle ['pæðlə] ⟨-de⟩
Paket pakke ['pagə] ⟨-n, -r⟩
Palast palads [pæ'læs] ⟨-et, -er⟩
Panne uheld ['u,hɛl'] ⟨-et, -⟩
Pannendienst vejhjælp ['vai,jɛl'b] ⟨-en, -⟩, vejtjeneste ['vai,tjɛ:nəsdə] ⟨-n, -r⟩
Papier papir [pæ'pi:'ɒ] ⟨-et, -⟩
Papiere *(Dokumente)* papirer *pl* [pæ'pi:'ɔ]
Papierservietten papirservietter *pl* [pæ'pi:'ɒsɛɒvi,ɛdɔ]
Papiertaschentücher papirlommetørklæder *pl* [pæ'pi:'ɒlɔmətœɒ,klɛ:ðɔ]
Paprika(schote) paprika/peberfrugt ['pabʁikæ/'peuɔ,fʁogd] ⟨-en, er⟩
Parfüm parfume [pa'fy:mə] ⟨-n, -r⟩
Parfümerie parfumeri [pafymə'ʁi:'] ⟨-et, -er⟩

Park park [pa:g] ⟨-en, -er⟩
parken parkere [pa'ke:ˀɔ] ⟨-ede⟩
Parkettboden parketgulv [pa'kɛd,gọl] ⟨-et, -e⟩
Parkplatz parkeringsplads [pa'ke:ˀɐ̯eŋs,plæs] ⟨-en, -er⟩
Party fest [fɛsd] ⟨-en, -er⟩
Partyservice dinér transportable [di'ne tʁaŋspɔ'tabl]
Pass *(Ausweis)* pas [pæs] ⟨-set, -⟩
Passagier passager [pæsæ'ɕe:ˀɐ̯] ⟨-en, -er⟩
passen passe ['pæsə] ⟨-de⟩
Passkontrolle paskontrol ['pæskɔn,tʁɔlˀ] ⟨-len, -ler⟩
Pause pause ['paṷsə] ⟨-n, -r⟩
Pension pensionat [paŋɕo'nɛ̝:ˀd] ⟨-et, -er⟩
Perle perle ['pɛ̝ɐ̯lə] ⟨-n, -r⟩
Person person [pɛ̝ɐ̯'so:ˀn] ⟨-en, -er⟩
Personalausweis identitetskort [idɛnti'te:ˀds,kɒ:d] ⟨-et, -⟩
Personalien personalia [pɛ̝ɐ̯so'nɛ̝:ˀliæ]
persönlich personlig [pɛ̝ɐ̯'so:ˀnli]
Perücke paryk [pa'ʁœg] ⟨-ken, -ker⟩
Petersilie persille [pɛ̝ɐ̯'selə] ⟨-n, -⟩
Petroleum petroleum [pe'tʁo:ˀleọm]
Pfand pant [pænˀd] ⟨-et, -er⟩
Pfannengericht panderet ['pænə,ʁæd] ⟨-ten, -ter⟩
Pfeffer peber ['peṷɔ] ⟨-et, -⟩
Pfeffermühle pebermølle ['peṷɔ,mølə] ⟨-n, -r⟩
Pferd hest [hɛsd] ⟨-en, -e⟩
Pfingsten Pinse ['pensə]
Pfingstmontag anden pinsedag ['ænən pensə'dɛ̝:ˀ] ⟨-en⟩
Pfirsiche ferskner *pl* ['fɛ̝ɐ̯sgənɔ]
Pflanze plante ['plændə] ⟨-n, -r⟩
Pflaster plaster ['plæsdɔ] ⟨-et, plastre⟩
Pflaumen blommer *pl* ['blɔmɔ]
pflegebedürftig have brug for pleje [hɛ̝:ˀ 'bʁu:ˀ fɔ 'plai̯ə] ⟨havde, haft ⟩
Pfund pund [punˀ]
Pilot/in pilot [pi'lo:ˀd] ⟨-en, -er⟩
Pilz svamp [svamˀb] ⟨-en, -e⟩
Pinzette pincet [pen'sɛd] ⟨-ten, -ter⟩
Plakat plakat [plæ'kɛ̝:ˀd] ⟨-en, -er⟩
Planschbecken soppebassin ['sɔbəbæ,sɛŋ] ⟨-et, -er⟩
Plastik *(Material)* plastic ['plæsdig] ⟨-en, -⟩; *(Skulptur)* skulptur [sgulb'tu:ˀɐ̯] ⟨-en, -er⟩
Plastikbeutel plasticpose ['plæsdig,po:sə] ⟨-n, -r⟩
Platten punktering [pọŋ'te:ˀɐ̯eŋ] ⟨-en, -er⟩
Platz plads [plæs] ⟨-en, -er⟩
Platzkarte pladsbillet ['plæsbi,lɛd] ⟨-ten, -ter⟩
Plombe plombe ['plọmbə] ⟨-n, -r⟩
plötzlich pludselig ['plusli]
Polizei politi [poli'ti:ˀ] ⟨-et, -⟩
Polizeiwagen politibil [poli'ti,bi:ˀl] ⟨-en, -er⟩
Polizist/in politibetjent [poli'tibe,tjɛnˀd] ⟨-en, -e⟩
Pony pandehår ['pænə,hɒ:ˀ] ⟨-et, -⟩; en lille hest [en 'lilə 'hɛsd]
Portal portal [pɒ'tɛ̝:ˀl] ⟨-en, -er⟩
Portier portier [pɒ'tje] ⟨-en, -er⟩
Portion portion [pɒ'ɕo:ˀn] ⟨-en, -er⟩
Porto porto ['pɒ:to] ⟨-en, -⟩
Porträt portræt [pɒ'tʁæd] ⟨-tet, -ter⟩
Porzellan porcelæn [pɒsə'lɛ:ˀn] ⟨-et, -⟩
Postamt postkontor ['pɔsdkɔn,to:ˀɐ̯] ⟨-et, -er⟩
Postkarte postkort ['pɔsd,kɒ:d] ⟨-et, -⟩
postlagernd poste restante [pɔsd ʁɛ'sdaŋd]
Postleitzahl postnum|mer ['pɔsd,nọmˀɔ] ⟨-ret, -re⟩
Postsparbuch tysk(e) postspare|bog ['tysg 'pɔsdsba:a,bọ:ˀṷ] ⟨-en, -bøger⟩
praktisch praktisk ['pʁagtisg]
Präservativ præservativ [pʁɛ'sɛ̝ɐ̯væ,ti:ˀv] ⟨-et, -er⟩
Preis pris [pʁi:ˀs] ⟨-en, -er⟩
Prellung slag/blåt mærke [slɛ̝:ˀ/'blɔd 'mɛ̝ɐ̯gə]
Premiere premiere [pʁɛm'jɛ:ɔ] ⟨-n, -r⟩

WÖRTERBUCH DEUTSCH – DÄNISCH

Priester præst [pʁæsd] ⟨-en, -er⟩
privat privat [pʁi'vɛ̞:ˀd]
Probe prøve ['pʁœ:və] ⟨-n, -r⟩
Problem problem [pʁo'ble:ˀm] ⟨-et, -er⟩
Produkt produkt [pʁo'dɔ̞gd] ⟨-et, -er⟩
Programm program [pʁo'gʁamˀ] ⟨-met, -mer⟩
Programmheft programhæfte [pʁo'gʁamˀˌhɛfdə] ⟨-t, -r⟩
Promillegrenze promillegrænse [pʁo'miləˌgʁænsə] ⟨-n, -r⟩
Prospekt brochure [bʁo'ʂy:ɔ] ⟨-n, -r⟩
Prothese protese [pʁo'te:sə] ⟨-n, -r⟩
provisorisch midlertidig ['miðˀlɔˌti:ˀði]
Prozent procent [pʁo'sɛnˀd] ⟨-en, -er⟩
Prozession procession [pʁosɛ'ʂo:ˀn] ⟨-en, -er⟩
Puder pudder ['puðˀɔ] ⟨-et, -⟩
Pullover pullover [pul'œu̯vɔ] ⟨-en, -e⟩
Puls puls [pulˀs] ⟨-en, -⟩
Pulverschnee pulversne ['pɔ̞lˀvɔˌsne:ˀ] ⟨-en, -⟩
pünktlich præcis [pʁɛˌsi:ˀs]
putzen pudse ['pusə] ⟨-ede⟩, gøre rent [gœ̞:ɔ 'ʁɛ:ˀnd] ⟨gjorde, gjort⟩

Q

Quadratmeter kvadratmeter [kvæ'dʁa:dˌme:ˀdɔ]
Qualität kvalitet [kvæli'te:ˀd] ⟨-en, -er⟩
Quark kvark [kva:g] ⟨-en, -⟩
Quelle kilde ['kilə] ⟨-n, -r⟩
quer durch tværs igennem ['tvɛ̞ɒ̯s i'gɛnˀəm]
Querformat tværformat ['tvɛ̞ɒ̯fɔˌmɛ̞:ˀd] ⟨-et, -er⟩
querschnittsgelähmt lammet fra ryggen og nedefter ['laməð fʁa 'ʁœgən ɔ 'neðˀˌɛfdɔ]

Quittung kvittering [kvi'te:ˀɒ̯eŋ] ⟨-en, -er⟩

R

Rad hjul [ju:ˀl] ⟨-et, -⟩
Rad fahren cykle ['syglə] ⟨-de⟩
Radarkontrolle radarkontrol ['ʁa:dakɔnˌtʁɔlˀ] ⟨-len, -ler⟩
Radierung radering [ʁa'de:ˀɒ̯eŋ] ⟨-en, -er⟩
Radio radio ['ʁa:ˀdio] ⟨-en, -er⟩
Radsport cykelsport ['sygəlˌsbɒ:d] ⟨-en, -⟩
Radtour cykeltur ['sygəlˌtu:ˀɒ̯] ⟨-en, -e⟩
Rampe rampe ['rambə] ⟨-n, -r⟩
Rasen græsplæne ['gʁæsˌplɛ:nə] ⟨-n, -r⟩
Rasierapparat barbermaskine [ba'be:ˀɒ̯mæˌsgi:nə] ⟨-n, -r⟩
Rasierklinge barberblad [ba'be:ˀɒ̯ˌblæð] ⟨-et, -e⟩
Rasierpinsel barberkost [ba'be:ˀɒ̯ˌkɔ̞sd] ⟨-en, -e⟩
Rasierschaum barberskum [ba'be:ˀɒ̯ˌsgɔ̞mˀ] ⟨-met, -⟩
Rasierwasser barbervand [ba'be:ˀɒ̯ˌvænˀ] ⟨-et, -⟩
Rastplatz rasteplads ['ʁasdəˌplæs] ⟨-en, -er⟩
Raststätte rasteplads evt. med motel ['ʁasdəˌplæs evɛntu'ɛlˀd mɛ mo'tɛlˀ]
Rathaus rådhus ['ʁɔðˌhu:ˀs] ⟨-et, -e⟩
rauchen ryge ['ʁy:ə] ⟨røg, røget⟩
Raucher ryger ['ʁy:ɔ] ⟨-en, -e⟩
Raucherabteil rygerkupé ['ʁy:ɔkuˌpe:ˀ] ⟨-en, -er⟩
Raum rum [ʁɔ̞mˀ] ⟨-met, -⟩
Rechnung regning ['ʁai̯neŋ] ⟨-en, -er⟩
rechts til højre [tel 'hɔi̯ʁɔ]
Rechtsanwalt/anwältin sagfører ['sau̯ˌfø:ɔ] ⟨-en, -e⟩
rechtzeitig rettidig ['ʁædˌti:ˀði]
reden tale ['tɛ̞:lə] ⟨-te⟩

Reformhaus helsekostforretning ['hɛlsəkɔsdfɔˌʁædneŋ] ⟨-en, -er⟩
regelmäßig regelmæssig ['ʁɛːˀəlˌmɛsi]
Regen regn [ʁai̯ˀn] ⟨-en, -⟩
Regenmantel regnfrakke ['ʁai̯nˌfʁagə] ⟨-n, -r⟩
Regenschauer regnbyge ['ʁai̯nˌbyːə] ⟨-n, -r⟩
Regie regi/instruktion [ʁɛ'ʃiːˀ/ensdʁug'ʃoːˀn]
Regierung regering [ʁɛ'geːˀɒ̯eŋ] ⟨-en, -er⟩
Region region [ʁɛ'gioːˀn] ⟨-en, -er⟩
regnerisch regnfuldt ['ʁai̯nˌfulˀd]
reich rig [ʁiːˀ]
reif moden ['moːˀðən]
Reifen dæk [dɛg] ⟨-ket, -⟩
reinigen rense ['ʁænsə] ⟨-ede⟩
Reinigung *(Geschäft)* renseri [ʁænsə'ʁiːˀ] ⟨-et, -er⟩
Reis ris [ʁiːˀs] ⟨-en, -⟩
Reise rejse ['ʁai̯sə] ⟨-n, -r⟩
Reisebüro rejsebureau ['ʁai̯səbyˌʁo] ⟨-et, -er⟩
Reiseführer rejsefører ['ʁai̯səˌføːɔ] ⟨-en, -e⟩, guide [gai̯d] ⟨-n, -r⟩
Reisegesellschaft rejseselskab ['ʁai̯səˌsɛlsgɛ̝ːˀb] ⟨-et, -er⟩
reisen rejse ['ʁai̯sə] ⟨-te⟩
Reisepass pas [pæs] ⟨-set, -⟩
Reisescheck rejsecheck ['ʁai̯səˌʃɛg] ⟨-en, -s⟩
Reisetasche rejsetaske ['ʁai̯səˌtæsgə] ⟨-n, -r⟩
reiten ride ['ʁiːðə] ⟨red, redet⟩
Reitschule rideskole ['ʁiːðəˌsgoːlə] ⟨-en, -er⟩
reklamieren reklamere [ʁɛklæ'meːˀɔ] ⟨-ede⟩
Religion religion [ʁɛli'gioːˀn] ⟨-en, -er⟩
Renaissance renæssance [ʁɛnɛ'saŋsə]
Rennen løb [løːb] ⟨-et, -⟩
rennen løbe ['løːbə] ⟨løb, løbet⟩
Rennrad racercykel ['ʁɛːsɔˌsygəl] ⟨-len, -ler⟩
reparieren reparere [ʁɛpa'ʁɛːˀɔ] ⟨-ede⟩
reservieren reservere [ʁɛsɛ̝ɒ̯'veːˀɔ] ⟨-ede⟩
Reservierung reservering [ʁɛsɛ̝ɒ̯'veːˀɒ̯eŋ] ⟨-en, -er⟩
Rettungsboot redningsbåd ['ʁɛðneŋsˌbɔ̝ːˀð] ⟨-en, -e⟩
Rettungsring redningskrans ['ʁɛðneŋsˌkʁanˀs] ⟨-en, -e⟩
Rezept recept [ʁɛ'sɛbd] ⟨-en, -er⟩
Rezeption reception [ʁɛsɛb'ʃoːˀn] ⟨-en, -er⟩
R-Gespräch telefonsamtale, der betales af den opkaldte [telə'foːˀnsamˌtɛ̝ːlə dɔ be'tɛ̝ːˀləs æ dɛn 'ɔbˌkælˀdə]
Rheuma reumatisme [ʁɔi̯mæ'tismə] ⟨-n, -⟩
Richter/in dommer ['dɔmɔ] ⟨-en, -e⟩
richtig rigtig ['ʁɛgdi]; *(geeignet)* egnet ['ai̯nəð]
Richtung retning ['ʁædneŋ] ⟨-en, -er⟩
riechen lugte ['lɔ̝gdə] ⟨-ede⟩
Rindfleisch oksekød ['ɔgsəˌkøð] ⟨-et, -⟩
Ring ring [ʁɛŋˀ] ⟨-en, -e⟩
Rock rock [ʁɔg]
roh rå [ʁɔ̝ːˀ]
Roller scooter ['sguːˀdɔ] ⟨-en, -e⟩
Rollschuhe rulleskøjter *pl* ['ʁuləˌsgɔi̯dɔ]
Rollstuhl kørestol ['køːɔˌsdoːˀl] ⟨-en, -e⟩
Rollstuhlfahrer/in kørestolsbruger ['køːɔsdolsˌbʁuːɔ] ⟨-en, e⟩
rollstuhlgerecht kørestolsegnet ['køːɔsdolsˌai̯nəð]
Roman roman [ʁo'mɛ̝ːˀn] ⟨-en, -er⟩
röntgen røntgenfotografere ['ʁœnˀdgənfotogʁa'feːˀɔ] ⟨-ede⟩
Röntgenaufnahme røntgenoptagelse ['ʁœnˀdgənˌɔbtɛ̝ːˀəlsə] ⟨-n, -r⟩
rosa rosa ['ʁoːsæ]
Rosévin rosévin [ʁo'seˌviːˀn] ⟨-en, -e⟩
Rosmarin rosmarin [ʁoːsma'ʁiːˀn]
rot rød [ʁœðˀ]

WÖRTERBUCH DEUTSCH – DÄNISCH

Röteln røde hunde ['ʁœːðə 'hunə]
Rotwein rødvin ['ʁœðˌviːˀn] ⟨-en, -e⟩
Route rute ['ʁuːdə] ⟨-n, -r⟩
Rücken ryg [ʁœg] ⟨-gen, -ge⟩
Rückenschmerzen ondt i ryggen ['ɔnˀd i 'ʁœgən]
Rückfahrkarte returbillet [ʁɛ'tuːˀɐbiˌlɛd] ⟨-ten, -ter⟩
Rückfahrt tilbagerejse [te'bɛːəˌʁajsə] ⟨-n, -r⟩
Rückholservice afhentningsservice ['awhɛndneŋsˌsœːvis]
Rücklicht baglys ['bawˌlyːˀs] ⟨-et, -⟩
Rucksack rygsæk ['ʁœgˌsɛg] ⟨-ken, -ke⟩
Rückspiegel bakspejl ['bagˌsbajˀl] ⟨-et, -e⟩
rückwärts baglæns ['bawlɛnˀs]
Rückwärtsgang bakgear ['bagˌgiːˀɐ] ⟨-et, -⟩
Ruder åre ['ɒːɒ] ⟨-n, -r⟩
Ruderboot robåd ['ʁoːˀˌboːˀð] ⟨-en, -e⟩
rudern ro [ʁoːˀ] ⟨-ede⟩
Ruhe ro [ʁoːˀ] ⟨-en, -⟩; *(Stille)* stilhed ['sdelˌheːˀð] ⟨-en, -⟩
ruhig rolig ['ʁoːli]
Ruine ruin [ʁu'iːˀn] ⟨-en, -er⟩
rund rund [ʁɔnˀ]
Rundfahrt rundfart ['ʁɔnˌfaːˀd] ⟨-en, -er⟩

S

Saal sal [sɛːˀl] ⟨-en, -e⟩
Sache *(Ding)* ting [teŋˀ] ⟨-en, -⟩; *(Angelegenheit)* sag [sɛːˀ] ⟨-en, -er⟩
Safe boks [bɔgs] ⟨-en, -e⟩
saftig saftig ['safdi]
sagen sige ['siːə] ⟨sagde, sagt⟩
Sahne fløde ['fløːðə] ⟨-n, -⟩
Saison sæson [sɛ'sɔŋ] ⟨-en, -er⟩
Salami spegepølse [sbajəˌpølsə] ⟨-n, -r⟩
Salat salat [sæ'lɛːˀd] ⟨-en, -er⟩
Salatbüfett salatbuffet [sæ'lɛːˀdbyˌfe] ⟨-en, -er⟩
Salbe salve ['sælvə] ⟨-n, -r⟩
Salbei salvie [sæl'viːə]
Salz salt [sælˀd] ⟨-et, -⟩
Salzmühle saltmølle ['sældˌmølə] ⟨-n, -r⟩
Salzstreuer saltbøsse ['sældˌbøsə] ⟨-n, -r⟩
sammeln samle ['samlə] ⟨-ede⟩
Samstag lørdag ['lœɐdæ]
Sandalen sandaler *pl* [sæn'dɛːˀlɔ]
Sandburg sandslot ['sænˌslɔd] ⟨-tet, -te⟩
Sandkasten sandkasse ['sænˌkæsɔ] ⟨-n, -r⟩
Sänger/in sanger ['saŋɔ] ⟨-en, -e⟩
Sanitäreinrichtungen sanitære anlæg *pl* [sæni'tɛːˀɔ 'ænˌlɛːˀg]
satt mæt [mɛd]
Satz sætning ['sɛdneŋ] ⟨-en, -er⟩
sauber ren [ʁɛːˀn]
sauer sur [suːˀɐ]
Sauerstoffgerät iltapparat ['ildapaˌʁaːˀd] ⟨-et, -er⟩
Sauger sut [sud] ⟨-ten, -ter⟩
Saugflasche sutteflaske ['sudəˌflæsgə] ⟨-n, -r⟩
Säugling *(Baby)* spædlbarn ['sbæðˌbaːˀn] ⟨-et, -børn⟩
Säule søjle ['sɔjlə] ⟨-n, -r⟩
Sauna sauna ['sawnæ] ⟨-en, -er⟩
saure Sahne cremefraiche [kʁɛm'fʁɛs] ⟨-n, -⟩
S-Bahn S-tog ['ɛsˌtoːˀw] ⟨-et, -e⟩
schade! det er/var en skam! [de ɛɐ/va en 'sgamˀ]
Schaden skade ['sgɛːðə] ⟨-n, -r⟩
Schaffner/in konduktør [kɔndug'tøːɐˀ] ⟨-en, er⟩
Schafskäse fåreost ['fɒːɒˌosd] ⟨-en, -e⟩
Schal sjal [sɛːˀl] ⟨-et, -er⟩
scharf skarp [skaːb]
Schatten skygge ['sgygə] ⟨-n, -r⟩
schauen kigge ['kigə] ⟨-de⟩
Schaufenster udstillingsvindue ['uðsdeleŋsˌvendu] ⟨-t, -r⟩
Schauspieler/in skuespiller ['sguːəˌsbelɔ] ⟨-en, -e⟩
Scheibe skive ['sgiːvə] ⟨-n, -r⟩; *(Fens-*

ter~) rude ['ʁu:ðə] ⟨-n, -r⟩

Scheibenwischer vinduesvisker ['vendusˌvesgɔ] ⟨-en, -e⟩

Scheinwerfer forlygte ['fɒ:ˌløgdə] ⟨-n, -r⟩

Scheitel skilning ['sgelneŋ] ⟨-en, -er⟩

schenken skænke ['sgɛŋgə] ⟨-ede⟩

Schere saks [sags] ⟨-en, -e⟩

schicken sende ['sɛnə] ⟨-te⟩

Schiebedach skydetag ['sgy:ðəˌtɛ̝:ˀ] ⟨-et, -e⟩

Schienbein skinneben ['sgenəˌbe:ˀn] ⟨-et, -⟩

Schiene skinne ['sgenə] ⟨-n, -r⟩

Schild skilt [sgelˀd] ⟨-et, -e⟩

Schinken skinke ['sgeŋgə] ⟨-n, -r⟩

Schirm skærm [sgɛ̝ɒ̯ˀm] ⟨-en, -e⟩

Schlafcouch sovesofa ['sɔu̯əˌso:fæ] ⟨-en, -er⟩

schlafen sove ['sɔu̯ə] ⟨sov, sovet⟩

Schlaflosigkeit søvnløshed ['sœu̯nløsˌhe:ˀð] ⟨-en, -⟩

Schlaftabletten sovepiller *pl* ['sɔu̯əˌpelɔ]

Schlafwagen sovevogn ['sɔu̯əˌvɔu̯ˀn] ⟨-en, -e⟩

Schlafzimmer soveværelse ['sɔu̯əˌvɛ:ɔlsə] ⟨-t, -r⟩

Schlaganfall slagtilfælde ['slau̯telˌfɛlˀə] ⟨-t, -⟩

Schläger kølle ['kølə] ⟨-n, -r⟩, ketsjer ['kɛdʂɔ] ⟨-en, -e⟩

Schlagsahne piskefløde ['pisgəˌflø:ðə] ⟨-n, -⟩

Schlange *(Tier)* slange ['slaŋə] ⟨-n, -r⟩; *(Menschen)* kø [kø:ˀ] ⟨-en, -er⟩; ~ **stehen** stå i kø [sdɔ̝:ˀ i 'kø:ˀ] ⟨stod, stået⟩

schlank slank [slaŋˀg]

Schlauch *(Reifen)* slange ['slaŋə] ⟨-n, -r⟩

Schlauchboot gummibåd ['gɔ̝miˌbɔ̝:ˀð] ⟨-en, -e⟩

schlecht dårlig ['dɒ:li]

Schließfach (bagage)boks [bæ'gɛ̝:ʂəˌbɔgs] ⟨-en, e⟩

Schlitten slæde ['slɛ:ðə] ⟨-n, -r⟩

Schlittschuhe skøjter *pl* ['sgɔi̯dɔ]

Schloss slot [slɔd] ⟨-tet, -te⟩; *(Tür)* lås [lɔ̝:ˀs] ⟨-en, -e⟩

Schlucht slugt [slugd] ⟨-en, -er⟩

Schlüssel nøgle ['nɔi̯lə] ⟨-n, -r⟩

Schlüsselbein nøgleben ['nɔi̯ləˌbe:ˀn] ⟨-et, -⟩

Schlüsselübergabe hente/aflevere nøgler [hɛndə/au̯leve:ˀɔ 'nɔi̯lɔ]

schmal smal [smælˀ]

schmecken smage ['smɛ̝:ə] ⟨-te⟩

Schmerzen smerter *pl* ['smɛ̝ɒ̯dɔ], gøre ondt ['gœ̝:ɔ 'ɔ̝nˀd] ⟨gjorde, gjort⟩

Schmerztabletten smertestillende piller *pl* ['smɛ̝ɒ̯dəˌsdelˀənə 'pelɔ]

Schmuck smykke ['smøgə] ⟨-t, -r⟩

Schmuggel smugleri [smu:lə'ʁi:ˀ] ⟨-et, -er⟩

schmutzig snavset ['snau̯səð]

Schnappschuss snapshot ['snabˌʂɔd] ⟨-et, -⟩

Schnee sne [sne:ˀ] ⟨-n, -⟩

Schneider/in skrædder ['sgʁæðɔ] ⟨-en, -e⟩

schnell hurtig ['huɒ̯di]

Schnellstraße motortrafikvej [mo:tɒtʁa'figˌvai̯ˀ] ⟨-en, -e⟩

Schnittwunde snitsår ['snidˌsɒ:ˀ] ⟨-et, -⟩

Schnitzerei billedskærerarbejde ['beləðsgɛ:ɔˌa:bai̯ˀdə] ⟨-t, -r⟩

Schnorchel snorklel ['snɒ:gəl] ⟨-len, -ler⟩

schnorcheln snorkle ['snɒ:glə] ⟨-de⟩

Schnuller (narre)sut [('na:a)'sud] ⟨-ten, -ter⟩

Schnupfen snue ['snu:ə] ⟨-n, -⟩

Schnurrbart overskæg ['ɔu̯ɔˌsgɛ:ˀg] ⟨-get, -⟩

Schnürsenkel snørebånd *pl* ['snœ:ɔˌbɔ̝nˀ]

Schokolade chokolade [ʂoko'lɛ̝:ðə] ⟨-n, -r⟩

schon allerede [ælə'ʁɛ:ðə]

schön smuk [smɔ̝g]

Schonkost skånekost ['sgɔ̝:nəˌkɔsd] ⟨-en⟩

Schonzeiten skånetid ['sgɔ̝:nəˌtiðˀ] ⟨-en, -er⟩

Schrank skab [sgɛ̝:ˀb] ⟨-et, -e⟩

WÖRTERBUCH DEUTSCH – DÄNISCH

Schraube skrue ['sgʁu:ə] ⟨-n, -r⟩
schrecklich skrækkelig ['sgʁægəli]
schreiben skrive ['sgʁi:və] ⟨skrev, skrevet⟩
Schreibwarengeschäft papirhandlel [pæ'pi:ˀɒ̯ˌhænˀəl] ⟨-len, -ler⟩
schreien skrige ['skʁi:ə] ⟨skreg, skreget⟩
Schrift *(Hand)* skrift [sgʁɛfd] ⟨-en, -er⟩
schriftlich skriftlig ['sgʁɛfdli]
schüchtern genert [ʂe'neɒ̯ˀd]
Schuh sko [sgo:ˀ] ⟨-en, -⟩
Schuhbürste skobørste ['sgoˌbœɒ̯sdə] ⟨-n, -r⟩
Schuhcreme skocreme ['sgoˌkʁɛ:ˀm] ⟨-n, -r⟩
Schuhgeschäft skobutik ['sgobuˌtig] ⟨-ken, -ker⟩
Schuhmacher skomager ['sgoˌmɛ̝:ˀɔ] ⟨-en, -e⟩
Schuld være skyld i [vɛ:ɔ 'sgylˀ i] ⟨var⟩; *(Geld)* gæld [gɛlˀ] ⟨-en, -⟩
Schule skole ['sgo:lə] ⟨-n, -r⟩
Schulter skulder ['sgulɔ] ⟨-en, -skuldre⟩
Schuppen skæl *pl* [sgɛlˀ]
Schüssel fad [fæð] ⟨-et, -e⟩
Schüttelfrost kuldegysninger *pl* ['kuləˌgy:ˀsneŋɔ]
schwach svag [svɛ̝:ˀ]
Schwager svoger ['svo̝u̯ˀɔ] ⟨-en, svogre⟩
Schwägerin svigerinde [sviɔ'enə] ⟨-n, -r⟩
Schwangerschaft svangerskab ['svaŋˀɔˌsgɛ̝:ˀb] ⟨-et, -er⟩
schwarz sort [soɒ̯d]
Schwarzbrot rugbrød ['ʁuˌbʁœðˀ] ⟨-et, -⟩
Schwarzweißfilm sort-hvid film ['soɒ̯dˌviðˀ 'filˀm]
Schweinefleisch svinekød ['svi:nəˌkøð] ⟨-et, -⟩
Schweiz *(Svejts)* Schweiz [svai̯ˀds]
Schweizer Franken schweizerfrancs *pl* ['svai̯ˀdsɔˌfʁaŋˀg]
Schweizer/in svejtser ['svai̯ˀdsɔ] ⟨-en, -e⟩
Schwellung hævelse ['hɛ:vəlsə] ⟨-n, -r⟩
schwer *(Gewicht)* tung [to̝ŋˀ]; *(Krankheit)* svær [svɛ:ˀɒ̯], alvorlig [æl'vɒ:ˀli]; *(schwierig)* svær [svɛ:ˀɒ̯]
Schwerbehinderte/r svært handicappet ['svɛ:ˀɒ̯d 'hændikabəð]
Schwertfisch sværdfisk ['svɛɒ̯ˌfesg] ⟨-en, -⟩
Schwester *(Ordens~)* søster ['søsdɔ] ⟨-en, søstre⟩; *(Kranken~)* sygeplejerske ['sy:əˌplai̯ˀɔsgə] ⟨-n, -r⟩
schwierig vanskelig ['vænsgəli]
schwimmen svømme ['svœmə] ⟨-de⟩
Schwimmer/in svømmer ['svœmɔ] ⟨-en, -e⟩
Schwimmflossen svømmefødder *pl* ['svœməˌføðˀɔ]
Schwimmflügel svømmevinger *pl* ['svœməˌveŋɔ]
Schwimmkurs svømmekurslus ['svœməˌkuɒ̯sus] ⟨-et, -er⟩
Schwimmring badering ['bɛ̝:ðəˌʁɛŋ] ⟨-en, -e⟩
Schwimmweste svømmevest ['svœməˌvɛsd] ⟨-en, -e⟩
Schwindel svimmelhed ['svemˀəlˌhe:ˀð] ⟨-en, -⟩
schwindeln svindle ['svenlə] ⟨-de⟩
Schwindler/in svindler ['svenlɔ] ⟨-en, -e⟩
schwindlig svimmel ['svemˀəl]
schwitzen svede ['sve:ðə] ⟨-te⟩
schwül lummert ['lo̝mˀɔd]
sechs seks [sɛgs]
sechsundzwanzig seksogtyve ['sɛgsɔˌty:və]
sechzehn seksten ['sai̯sdən]
sechzig tres [tʁɛs]
See *(Meer)* hav [hau̯] ⟨-et, -e⟩; *(Binnengewässer)* sø [sø:ˀ] ⟨-en, -er⟩
Seegang søgang ['søˌgaŋˀ] ⟨-en, -⟩
seekrank søsyg ['søˌsy:ˀ]
Seezunge søtunge ['søˌto̝ŋə] ⟨-n, -r⟩
Segelboot sejlbåd ['sai̯lˌbɔ:ˀð] ⟨-en, -e⟩
Segelfliegen svæveflyvning ['svɛ:vəˌflyu̯neŋ] ⟨-en, -er⟩

segeln sejle ['sai̯lə] ⟨-ede⟩
Segeltörn sejltørn ['sai̯lˌtœɐ̯ˀn] ⟨-en, -e⟩
sehbehindert synshæmmet ['syːˀnsˌhɛməð]
sehen se [seːˀ] ⟨så, set⟩
Sehenswürdigkeiten seværdigheder *pl* [se'vɛ̝ɐ̯ˀdiˌheːˀðɔ]
sehr meget ['mai̯əð]
Seide silke ['selgə] ⟨-n, -⟩
Seidenmalerei silkemaleri ['silgəmɛ̝ːləˌʁiːˀ] ⟨-et, -er⟩
Seife sæbe ['sɛːbə] ⟨-n, -r⟩
Seil reb ['ʁɛːˀb] ⟨-et, ⟩
sein *verb* være ['vɛːɔ] ⟨var, været⟩
sein hans *poss prn sing* [hæns]; dens, dets [dɛns, dɛds]
seit siden ['siːðən]
Seite side ['siːðə] ⟨-n, -r⟩
Sekunde sekund [se'kɔ̝nˀd] ⟨-et, -er⟩
selbst selv [sɛlˀ]
Selbstauslöser selvudløser ['sɛluðˌløːˀsɔ] ⟨-en, -e⟩
Selbstbedienung selvbetjening ['sɛlbeˌtjɛːˀneŋ] ⟨-en, -⟩
Sellerie selleri ['seləˌʁiːˀ] ⟨-en, -er⟩
selten sjælden ['ʂɛlən]
Senf sennep ['senəb] ⟨-pen, -per⟩
September september [sɛb'tɛmˀbɔ]
servieren servere [sɛ̝ɐ̯'veːˀɔ] ⟨-ede⟩
Serviette serviet [sɛ̝ɐ̯vi'ɛd] ⟨-ten, -ter⟩
Sessel lænestol ['lɛːnəˌsdoːˀl] ⟨-en, -e⟩
sexuelle Belästigung sexchikane ['sɛgsʂiˌkɛ̝ːnə]
Shampoo shampoo ['ʂampo] ⟨-en, -er⟩
Shorts shorts *pl* [ʂɒːds]
Show show [ʂo̝u̯] ⟨-et, -s⟩
sicher sikker ['segɔ]
Sicherheitsgebühr sikkerheds-gebyr ['segɔheðsgeˌbyːˀɐ̯] ⟨-et, -⟩
Sicherheitsgurt sikkerhedssele ['segɔheðsˌseːlə] ⟨-n, -r⟩
Sicherheitskontrolle sikker-hedstjek ['segɔheðsˌtjɛg] ⟨-ket, -⟩
Sicherheitsnadel sikkerhedsnål ['segɔheðs'nɔ̝ːˀl] ⟨-en, -e⟩
Sicherung *(el)* sikring ['segʁɛŋ] ⟨-en, -er⟩
Sie *(Anrede)* De *prn* [di]
sie hun *prn sing* [hun], de *prn pl* [di]
sieben syv [syu̯ˀ]
siebenundzwanzig syvogtyve ['syu̯ˀɔˌtyːvə]
siebzehn sytten ['sødən]
siebzig halvfjerds [hæl'fjɛ̝ɐ̯s]
Silber sølv [søl] ⟨-et, -⟩
silberfarben sølvfarvet ['sølˌfaːvəð]
Silvester Nytår ['nydˌɒːʔ]
Sinfoniekonzert symfonikoncert [symfo'nikɔnˌsɛ̝ɐ̯d] ⟨-en, -er⟩
singen synge ['søŋə] ⟨sang, sunget⟩
Sitz (sidde)plads [('seðəˌ)plæs] ⟨-en, -er⟩
sitzen sidde ['seðə] ⟨sad, siddet⟩
Skateboard skateboard ['sgɛi̯dˌbɒːd]
Ski ski *pl* [sgiːˀ]
Skilaufen stå/løbe på ski [sdɔ̝/løːbə pɔ̝ 'sgiːˀ]
Skibindung skibinding ['sgiˌbeneŋ] ⟨-en, -er⟩
Skibrille skibriller *pl* ['sgiˌbʁɛlɔ]
Skihose skibukser *pl* ['sgiˌbɔ̝gsɔ]
Skikurs skikurslus ['sgiˌkuɐ̯sus] ⟨-et, -er⟩
Skilehrer/in skilærer ['sgiˌlɛːɔ] ⟨-en, -ere⟩
Skistiefel skistøvler *pl* ['sgiˌsdœu̯lɔ]
Skistöcke skistave *pl* ['sgiˌsdɛ̝ːvə]
Skulptur skulptur [sgulb'tuːˀɐ̯] ⟨-en, -er⟩
Slip *(Damen)* trusser *pl* ['tʁusɔ]
Slipeinlagen bind *pl* [benˀ]
Söckchen ankelsokker *pl* ['aŋˀgəlˌsɔgɔ]
Socken sokker *pl* ['sɔgɔ]
Sodbrennen halsbrand ['hælsˌbʁanˀ] ⟨-en, -⟩
sofort straks [sdʁags]
Sofortbildkamera polaroidkamera [polaʁo'iðˀˌkɛ̝ːˀməʁa] ⟨-et, -er⟩
Sohle sål [sɔ̝ːˀl] ⟨-en, -er⟩
Sohn søn [sœn] ⟨-nen, -ner⟩
Solarium solarilum [so'laːˀio̝m] ⟨-et, -er⟩

WÖRTERBUCH DEUTSCH – DÄNISCH

Solist/in solist [so'lisd] ⟨-en, -er⟩
sollen skulle ['sgulə] ⟨skulle, skullet⟩
Sommer sommer ['sɔmɔ] ⟨-en, somre⟩
Sondermarke særfrimærke ['sɛ̝ɒ̯ˌfʁimœɒ̯gə] ⟨-t, -r⟩
Sonne sol [soːˀl] ⟨-en -⟩
Sonnenbrand solskoldning ['soːlˌsgɔlneŋ] ⟨-en, -er⟩
Sonnencreme solcreme ['soːlˌkʁɛːˀm] ⟨-n, -r⟩
Sonnenhut solhat ['soːlˌhæd] ⟨-ten, -te⟩
Sonnenöl sololie ['soːlˌoljə] ⟨-en, -er⟩
Sonnenschutz beskyttelse mod solen [be'sgødəlsə moð 'soːˀlən]
Sonnenstich solstik ['soːlˌsdeg] ⟨-ket, -⟩
sonnig solrig ['soːlˌʁiːˀ]
Sonntag søndag ['sœnˀdæ]
sorgen, s. ~ um tage sig af [tɛ̝ːˀ sai̯ 'ɛ̝ːˀ] ⟨tog, taget⟩
Sorte slags [slags] ⟨-en, -⟩
Soße sovs [sɔu̯ˀs] ⟨-en, -e⟩
Souvenirladen souvenirforretning [suvə'niːɒ̯fɔˌʁædneŋ] ⟨-en, -er⟩
Sozialstation socialstation [so'ɕɛ̝ːˀlsdæˌɕoːˀn] ⟨-en, -er⟩
Spargel asparges *pl* [æ'sbaːˀs]
Spaß *(Scherz)* spøg [sbɔi̯ˀ] ⟨-en, -⟩; *(Vergnügen)* fornøjelse [fɔ'nɔi̯ˀəlsə] ⟨-n, -r⟩
spät sent [seːˀnd]
später senere ['seːnɔɔ]
spazieren gehen gå en tur ['gɔ̝ːˀ en 'tuːˀɒ̯] ⟨gik, gået⟩
Spaziergang spadseretur [sbæ'seːˀɔˌtuːˀɒ̯] ⟨-en, -e⟩
Speisekarte spisekort ['sbiːsəˌkɒːd] ⟨-et, -⟩
Speiseröhre spiserør ['sbiːsəˌʁœ̝ːˀɒ̯] ⟨-et, -⟩
Speisesaal spisesal ['sbiːsəˌsɛ̝ːˀl] ⟨-en, -e⟩
Speisewagen spisevogn ['sbiːsəˌvɔu̯ˀn] ⟨-en, -e⟩
Spezialität specialitet [sbeɕæli'teːˀd] ⟨-en, -er⟩
speziell speciel [sbe'ɕɛlˀ]
Spiegel spejl [sbai̯ˀl] ⟨-et, -e⟩
Spiel spil [sbel] ⟨-let, -⟩
spielen spille ['sbelə] ⟨-de⟩; *(Kinder)* lege ['lai̯ə] ⟨-ede⟩
Spielkamerad/in legekammerat ['lai̯əkaməˌʁaːd] ⟨-en, -er⟩
Spielkasino spillekasino ['sbeləkæˌsiːno] ⟨-et, -er⟩
Spielplan spilleplan ['sbeləˌplɛ̝ːˀn] ⟨-en, -er⟩, repertoire [ʁɛpato'aːa] ⟨-t, -r⟩
Spielplatz legeplads ['lai̯əˌplæs] ⟨-en, -er⟩
Spielsachen legetøj *pl* ['lai̯əˌtɔi̯]
Spielwarengeschäft legetøjsforretning ['lai̯ətɔi̯sfɔˌʁædneŋ] ⟨-en, -er⟩
Spinat spinat [sbi'nɛ̝ːˀd] ⟨-en, -⟩
Spirituosengeschäft vin- og spiritushandlel ['viːn ɔ 'sbiːˀɒ̯itusˌhænˀəl] ⟨-len, -ler⟩
Sport sport [sbɒːd] ⟨-en, -⟩
Sportartikel sportsartiklel ['sbɒːdsaˌtigəl] ⟨-len, -ler⟩
Sportler/in sportsmand ['sbɒːdsˌmænˀ] ⟨-en, -mænd⟩, sportskvinde ['sbɒːdsˌkvenə] ⟨-n, -r⟩
Sportplatz sportsplads ['sbɒːdsˌplæs] ⟨-en, -er⟩
Sprache sprog [sbʁɔ̝ːˀu̯] ⟨-et, -⟩
Sprachkurs sprogkurslus ['sbʁɔ̝u̯ˌkuɒ̯sus] ⟨-et, -er⟩
sprechen tale ['tɛ̝ːlə] ⟨-te⟩
Sprechstunde konsultationstid [kɔnsultæ'ɕoːˀnsˌtiðˀ] ⟨-en, -er⟩
Spritze injektion [enjægˌɕoːˀn] ⟨-en, -er⟩
Spülbecken køkkenvask ['køgənˌvæsg] ⟨-en, -e⟩
Spülbürste opvaskebørste ['ɔbvæsgəˌbœ̝ɒ̯sdə] ⟨-n, -r⟩
Spülmittel opvaskemidldel ['ɔbvæsgəˌmiðˀəl] ⟨-let, -ler⟩
Spültuch karklud ['kaːˌkluðˀ] ⟨-en, -e⟩
Staat stat [sdɛ̝ːˀd] ⟨-en, -er⟩
Staatsangehörigkeit nationalitet [næɕonæli'teːˀd] ⟨-en, -er⟩

Stadion stadilon ['sdɛ̝ːˀdjɔn] ⟨-et, -er⟩
Stadt by [byːˀ] ⟨-en, -er⟩
Stadtbus bybus ['byˌbus] ⟨-sen, -ser⟩
Stadtmauer bymur ['byˌmuːˀɐ̯] ⟨-en, -e⟩
Stadtplan bykort ['byˌkɒːd] ⟨-et, -⟩
Stadtrundfahrt byrundtur ['byʁɔ̝nˌtuːˀɐ̯] ⟨-en, -e⟩
Stadtteil bydel ['byˌdeːˀl] ⟨-en, -e⟩
Stadtzentrum bymidte ['byˌmedə] ⟨-n, -⟩
stammen (aus) komme (fra) ['kɔmə (fʁa)] ⟨kom, kommet⟩
Standlicht parkeringslys [pa'keːˀɐ̯eŋsˌlyːˀs] ⟨-et, -⟩
stark stærk [sdɛ̝ɐ̯g]; *(beleibt)* svær [svɛːˀɐ̯]; *(dick)* tyk [tyg]
Starthilfekabel startkablel ['sdaːˀdˌkɛ̝ːˀbəl] ⟨-let, -ler⟩
Station station [sdæˌsoːˀn] ⟨-en, -er⟩; *(Krankenhaus)* afdeling ['au̯ˌdeːˀleŋ] ⟨-en, -er⟩
Stativ stativ [sdæ'tiːˀv] ⟨-et, -er⟩
stattfinden finde sted [fenə 'sdɛð] ⟨fandt, fundet⟩
Statue statue ['sdɛ̝ːˀˌtuːə] ⟨-n, -r⟩
Stau *(Verkehr)* kø [køːˀ] ⟨-en, -er⟩
Staub støv [sdøːˀv] ⟨-et, -⟩
stechen stikke ['sdegə] ⟨stak, stukket⟩
Steckdose stikkontakt ['sdegkɔnˌtagd] ⟨-en, -er⟩
Stecker stik [sdeg] ⟨-ket, -⟩
Steg anløbsbro ['ænløbsˌbʁoːˀ] ⟨-en, -er⟩
stehen stå [sdɔ̝ːˀ] ⟨stod, stået⟩
stehlen stjæle ['sdjɛːlə] ⟨stjal, stjålet⟩
Steigung stigning ['sdiːneŋ] ⟨-en, er⟩
steil stejl [sdai̯ˀl]
Stein sten [sdeːˀn] ⟨-en, -⟩
steinig stenet ['sdeːnəð]
Stempel stemplel ['sdɛmˀbəl] ⟨-let, -ler⟩
Stern stjerne ['sdjɛ̝ɐ̯nə] ⟨-n, -r⟩
Steward/ess steward ['sdjuːad] ⟨-en, -er⟩/stewardesse [sdjua'dɛsə] ⟨-n, -r⟩
Stickerei broderi [bʁodə'ʁiːˀ] ⟨-et, -er⟩
Stiefel støvle ['sdœu̯lə] ⟨-n, -r⟩
Stil stil [sdiːˀl] ⟨-en, -⟩
still stille ['sdelə]
Stillleben stilleben ['sdelˌleːbən]
Stirnhöhlenentzündung pandehulebetændelse ['pænəhuːləbeˌtɛnˀəlsə] ⟨-n, -r⟩
Stock stok [sdɔg] ⟨-ken, -ke⟩
Stockwerk etage [e'tɛ̝ːˀʂə] ⟨-n, -r⟩
Stoff stof [sdɔf] ⟨-fet, -fer⟩; *(Drogen)* narkotika [na'koːˀtikæ]
stören forstyrre [fɔ'sdyːˀɔ] ⟨-de⟩
stornieren afbestillle ['au̯beˌsdelˀə] ⟨-te⟩
Stoßstange kofanger ['koːˀˌfaŋɔ] ⟨-en, -e⟩
Strafe straf [sdʁaf] ⟨-fen, -fe⟩; *(Geld)* bøde ['bøːðə] ⟨-n, -r⟩
Strafraum straffesparksfelt ['sdʁafəsbaːgsˌfɛlˀd] ⟨-et, -er⟩
Strähnchen lyse totter *pl* ['lyːˀsə 'tɔdɔ]
Strand strand [sdʁanˀ] ⟨-en, -e⟩
Strandschuhe strandsko *pl* ['sdʁanˌsgoːˀ]
Straße gade ['gɛ̝ːðə] ⟨-n, -r⟩; *(Land)* landevej ['lænəˌvai̯ˀ] ⟨-en, -e⟩
Straßenkarte vejkort ['vai̯ˌkɒːd] ⟨-et, -⟩
Strauß *(Blumen)* buket [bu'kɛd] ⟨-ten, -ter⟩
Streichholz tændstik ['tɛnˌsdeg] ⟨-ken, -ker⟩
Strickjacke strikket trøje ['sdʁɛgəð 'tʁɔi̯ə]
Strohhalm sugerør ['suːəˌʁœ̝ːˀɐ̯] ⟨-et, -⟩
Strom *(el)* strøm [sdʁœ̝mˀ] ⟨-men, -⟩
Stromanschluss strømtilslutning ['sdʁœ̝mtelˌsludneŋ] ⟨-en, -er⟩
Stromspannung strømspænding ['sdʁœ̝mˌsbɛneŋ] ⟨-en, -er⟩
Strümpfe strømper *pl* ['sdʁœ̝mbɔ]
Strumpfhose strømpebukser *pl* ['sdʁœ̝mbəˌbɔ̝gsɔ]
Stück stykke ['sdøgə] ⟨-t, -r⟩; **ein ~**

Brot et stykke brød [ed 'sdøgə 'bʁœð?]
studieren studere [sdu'de:?ɔ] ⟨-ede⟩
Studio étværelseslejlighed ['edvɛ:ɔlsəslai̯li,he:?ð] ⟨-en, -er⟩
Stufe trin [tʁin] ⟨-net, -⟩
stufenloser Zugang adgang uden trapper ['æð,gaŋ? uðən 'tʁabɔ]
Stufenschnitt etageklipning [e'tɛ̝:?ɕə,klebneŋ] ⟨-en, -er⟩
Stuhl stol [sdo:?l] ⟨-en, -e⟩
Stuhlgang afføring ['au̯,fø:?ɐ̯eŋ] ⟨-en, -er⟩
stumm stum [sdɔ̝m?]
Stunde time ['ti:mə] ⟨-n, -r⟩
stündlich hver time ['vɛ:?ɐ̯ 'ti:mə]
Sturm storm [sdɒ:?m] ⟨-en, -e⟩
stürzen *(fallen)* falde ['fælə] ⟨faldt, faldet⟩
Sturzhelm styrthjelm ['sdyɐ̯d,jɛl?m] ⟨-en, -e⟩
suchen søge ['sø:ə] ⟨-te⟩
Sucher søger ['sø:ɔ] ⟨-en, -e⟩
Süden syden ['syð?ən]
südlich von syd for ['syð fɔ]
Summe sum [sɔ̝m?] ⟨-men, -mer⟩
Sumpf sump [sɔ̝m?b] ⟨-en, -e⟩
Supermarkt supermarked ['su:?bɔ,ma:gəð] ⟨-et, -er⟩
Suppe suppe ['sɔ̝bə] ⟨-n, -r⟩
Suppenteller suppetallerklen ['sɔ̝bətæ,lœ̝ɐ̯gən] ⟨-nen, -ner⟩
Surfbrett surfbræt ['sœ:f,bʁæd] ⟨-tet, -ter⟩
surfen surfe ['sœ:fə] ⟨-de⟩
süß sød [sø:?ð]
Süßigkeiten slik [sleg] ⟨-ket, -⟩
Süßstoff sødemidldel ['sø:ðə,mið?əl] ⟨-let, -ler⟩
Süßwarengeschäft slikbutik ['slegbu,tig] ⟨-ken, -ker⟩
Swimmingpool swimmingpool ['svemeŋ,pu:l] ⟨-en, -s⟩
sympathisch sympatisk [sym,pɛ̝:?tisg]

T

Tabak tobak [to'bag] ⟨-ken, -ker⟩
Tabakladen tobaksforretning [to'bagsfɔ,ʁædneŋ] ⟨-en, -er⟩
Tablette pille ['pelə] ⟨-n, -r⟩
Tachometer speedometler [sbido'me:?dɔ] ⟨-ret, -re⟩
Tag dag [dɛ̝:?] ⟨-en, -e⟩
Tagesausflug heldagsudflugt ['he:ldɛ̝:?s,uðflɔ̝gd] ⟨-en, -er⟩
Tagesgericht dagens ret ['dɛ̝:?əns 'ʁæd]
Tageskarte éndagsbillet ['e:ndæsbi,lɛd] ⟨-ten, -ter⟩
Tagestour dagstur ['dau̯s,tu:?ɐ̯] ⟨-en, -e⟩
täglich daglig ['dau̯li]
tagsüber om dagen [ɔm 'dɛ̝:?ən]
Tal dal [dɛ̝:?l] ⟨-en, -e⟩
Tampons tamponer *pl* [tam'pɔŋ?ɔ]
Tank tank [taŋ?g] ⟨-en, -e⟩
tanken tanke op [taŋgə 'ɔb] ⟨-ede⟩
tanzen danse ['dænsə] ⟨-ede⟩
Tänzer/in danser ['dænsɔ] ⟨-en, -e⟩
Tanzkapelle danseorkestler ['dænsəɒ,kɛsdɔ] ⟨-ret, -re⟩
Tanz danseteater ['dænsəte,ɛ̝:?dɔ] ⟨-et, -teatre⟩
Tasche *(Hosen)* lomme ['lɔmə] ⟨-n, -r⟩; *(Hand)* taske ['tæsgə] ⟨-n, -r⟩
Taschenbuch pocketbog/paperback ['pɔgəd,bɔ̝:u̯/'pɛi̯bɔ,bæg]
Taschendieb lommetyv ['lɔmə,ty:?v] ⟨-en, -e⟩
Taschenmesser lommekniv ['lɔmə,kni:?v] ⟨-en, -e⟩
Taschenrechner lommeregner ['lɔmə,ʁai̯nɔ] ⟨-en, -e⟩
Tasse kop [kɔb] ⟨-pen, -per⟩
Taststock blindestok ['blenə,sdɔg] ⟨-ken, -ke⟩
taub døv ['dø:?v]
taubstumm døvstum ['døu̯,sdɔ̝m?]
tauchen dykke ['døgə] ⟨-de⟩
Taucherausrüstung dykkerudstyr ['døgɔuð,sdy:?ɐ̯] ⟨-et, -⟩

Taucherbrille dykkerbriller *pl* ['døgɔˌbʁɛlɔ]
täuschen, s. ~ tage fejl [tɛ̝ːˀ 'faj̯ˀl] ⟨tog, taget⟩
tausend et tusinde ['ed 'tuːˀsənə]
Taxifahrer/in taxachauffør ['tagsæs̝oˌføːˀɒ̯] ⟨-en, -er⟩
Taxistand taxiholdeplads ['tagsiˌhɔləplæs] ⟨-en, -er⟩
Tee te [teːˀ] ⟨-en, -⟩
Teebeutel tepose ['teːˀˌpoːsə] ⟨-n, -r⟩
Teelöffel teske ['teːˀˌsgeːˀ] ⟨-en, -er⟩
Teil del [deːˀl] ⟨-en, -e⟩
Teilkasko delvis kaskoforsikret ['deːlˌviːˀs 'kæsgofɔ'segʁɔð]
teilnehmen (an) del|tage (i) ['delˌtɛ̝ːˀ (i)] ⟨-tog, -taget⟩
Telefon telefon [telə'foːˀn] ⟨-en, -er⟩
Telefonbuch telefon|bog [telə'foːˀnˌbo̝ːˀu̯] ⟨-en, -bøger⟩
telefonieren telefonere [teləfo'neːˀɔ] ⟨-ede⟩
Telefonkarte telefonkort [telə'foːˀnˌkɒːd] ⟨-et, -⟩
Telefonnummer telefonnum|mer [telə'foːˀnˌno̝mˀɔ] ⟨-ret, -re⟩
Telefonzelle telefonboks [telə'foːˀnˌbɔgs] ⟨-en, -e⟩
Telegramm telegram [telə'gʁamˀ] ⟨-met, -mer⟩
Teleobjektiv teleobjektiv ['teləobjɛgˌtiːˀv] ⟨-et, -er⟩
Telex telex ['teːlɛgs] ⟨-et, -er⟩
Teller tallerk|en [tæ'lɛ̝ɒ̯gən] ⟨-nen, -ner⟩
Tempel temp|el ['tɛmˀbəl] ⟨-let, -ler⟩
Temperatur temperatur [tɛmbəʁa'tuːˀɒ̯] ⟨-en, -er⟩
Tennis tennis ['tɛnis]
Tennisschläger tennisketsjer ['tɛnisˌkɛds̝ɔ] ⟨-en, -e⟩
Termin termin [tɛ̝ɒ̯'miːˀn] ⟨-en, -er⟩; *(Frist)* frist [fʁɛsd] ⟨-en, -er⟩
Terminal terminal [tɛ̝ɒ̯mi'nɛ̝ːˀl] ⟨-en, -er⟩
Terrakotta terrakotta [tæʁa'kɔtæ] ⟨-en, -er⟩
Terrasse terrasse [tæ'ʁasə] ⟨-n, -r⟩
Tetanus stivkrampe ['sdiu̯ˌkʁambə] ⟨-n, -r⟩
teuer dyr [dyːˀɒ̯]
Theater teater [te'ɛ̝ːˀdɔ] ⟨-et, teatre⟩
Theatergruppe teatergruppe [te'ɛ̝ːˀdɔˌgʁubə] ⟨-n, -r⟩
Theaterstück teaterstykke [te'ɛ̝ːˀdɔˌsdøgə] ⟨-t, -r⟩
Thermosflasche® termoflaske ['tɛ̝ɒ̯moˌflæsgə] ⟨-n, -r⟩
Thriller *(Buch, Film)* gyser ['gyːsɔ]
Thunfisch tunfisk ['tuːnˌfesg] ⟨-en, -⟩
Thymian timian ['tiːˀmiæn]
tief dyb [dyːˀb]; *(niedrig)* lav [lɛ̝ːˀv]
Tier dyr [dyːˀɒ̯] ⟨-et, -⟩
Tintenfisch blæksprutte ['blɛgˌsbʁudə] ⟨-n, -r⟩
Tipp tips [tibs] ⟨-et, -⟩
Tisch bord [boːˀɒ̯] ⟨-et, -e⟩
Tischtennis bordtennis ['boɒ̯ˌtɛnis]
Tischtuch dug [duːˀ] ⟨-en, -e⟩
Toast toastbrød ['to̝u̯sdˌbʁœðˀ] ⟨-et, -⟩
Toaster brødrister ['bʁœðˌʁɛsdɔ] ⟨-en, -e⟩
Tochter datter ['dædɔ] ⟨-en, døtre⟩
Toilette toilet [toæ'lɛd] ⟨-tet, -ter⟩
Toilettenpapier toiletpapir [toæ'lɛdpaˌpiːˀɒ̯] ⟨-et, -⟩
Tomaten tomater *pl* [to'mɛ̝ːˀdɔ]
Ton tone ['toːnə] ⟨-n, -r⟩
tönen tone ['toːnə] ⟨-ede⟩
Töpferei pottemagerværksted ['pɔdəmɛ̝ːɔˌvɛ̝ɒ̯gsdɛð] ⟨-et, -er⟩
Töpferwaren pottemagervarer *pl* ['pɔdəmɛ̝ːɔˌvaːa]
Tor *(Einfahrt)* port [poɒ̯ˀd] ⟨-en, -e⟩; *(Fußball)* mål [mo̝ːˀl] ⟨-et, -⟩
Torwart mål|mand ['mo̝ːlˌmænˀ] ⟨-en, -mænd⟩
Tour tur [tuːˀɒ̯] ⟨-en, -e⟩
Tourist/in turist [tu'ʁisd] ⟨-en, -er⟩
Tracht folkedragt ['fɔlgəˌdʁagd] ⟨-en, -er⟩
CD-Spieler bærbar cd-afspiller ['bɛɒ̯ˌbaːˀ 'seːˀdeːˀˌau̯sbelɔ]
tragen bære ['bɛːɔ] ⟨bar, båret⟩
Tragflügelboot flyvebåd

WÖRTERBUCH DEUTSCH – DÄNISCH

['fly:və,bo̜:ˀð] ⟨-en, -e⟩
Tragödie tragedie [tʁaˈgeðˀjə] ⟨-n, -r⟩
trampen blaffe ['blafə] ⟨-de, -t⟩
Tramper/in blaffer ['blafɔ] ⟨-en, -e⟩
Transferbus transferbus [tʁans'fœɒ̯,bus] ⟨-sen, -ser⟩
Traubenzucker druesukker *pl* ['dʁu:ə,so̜gɔ]
Traum drøm [dʁœ̜mˀ] ⟨-men, -me⟩
traurig bedrøvet [be'dʁœ:ˀvəð]
treffen træffe ['tʁæfə] ⟨traf, truffet⟩
Trekkingrad trekkingcyklel ['tʁɛgeŋ,sygəl] ⟨-len, -ler⟩
Treppe trappe ['tʁabə] ⟨-n, -r⟩
Tretboot vandcyklel ['væn,sygəl] ⟨-len, -ler⟩
trinken drikke ['dʁɛgə] ⟨drak, drukket⟩
Trinkflasche drikkeflaske ['dʁɛgə,flæsgə] ⟨-n, -r⟩
Trinkgeld drikkepenge *pl* ['dʁɛgə,pɛŋə]
Trinkwasser drikkevand ['dʁɛgə,vænˀ] ⟨-et, -⟩
trocken tør [tœ̜:ˀɒ̯]
trockenes Haar tørt hår ['tœ̜:ˀɒ̯d 'hɒ:ˀ]
trocknen tørre ['tœ̜:ɔ] ⟨-de⟩
Trödler marskandiser [ma:sgæn'di:ˀsɔ] ⟨-en, -e⟩
Trommelfell trommehinde ['tʁo̜mə,henə] ⟨-n, -r⟩
Tropfen dråbe ['dʁo̜:bə] ⟨-n, -r⟩
trotzdem ikke desto mindre ['egə dɛsdo 'mendʁɔ], alligevel [æ'li:ə,væl]
T-Shirt T-shirt ['ti:,ʂœ:d] ⟨-en, -s⟩
Tuch *(Lappen)* klud [kluðˀ] ⟨-en, -e⟩; *(Kopf)* tørklæde ['tœ̜ɒ̯klɛ:ðə] ⟨-t, -r⟩
tun gøre ['gœ̜:ɔ] ⟨gjorde, gjort⟩
Tunnel tunnel ['to̜nˀəl] ⟨-en, -er⟩
Tür dør [dœ̜:ˀɒ̯] ⟨-en, -e⟩
Türcode kode til døren ['ko:ðə tel 'dœ̜:ˀɔn]
türkisfarben turkisfarvet [tyɒ̯'ki?:s,fa:vəð]
Turm tårn [tɒ:ˀn] ⟨-et, -e⟩
Turnschuhe joggingsko *pl* ['djɔgeŋ,sgo:ˀ]
Türschwelle dørtrin ['dœ̜ɒ̯,tʁin] ⟨-net, -⟩
Tüte *(kleine)* kræmmerhus ['kʁæmɔ,hu:ˀs] ⟨-et, -e⟩; *(Papier)* papirspose [pa'pi:ˀɒ̯s,po:sə] ⟨-n, -r⟩
Typhus tyfus ['tyfus]
typisch (für) typisk (for) ['tybisg (fɔ)]

U

Übelkeit kvalme ['kvælmə] ⟨-n, -r⟩
üben øve ['ø:və] ⟨-ede⟩
über over ['ɔu̯ˀɔ]
überall overalt [ɔu̯ɔ'ælˀd]
überbacken gratinere [gʁati'ne:ˀɔ] ⟨-ede⟩
Überfall overfald ['ɔu̯ɔ,fælˀ] ⟨-et, -⟩
Übergang overgang ['ɔu̯ɔ,gaŋˀ] ⟨-en, -e⟩
überholen overhale ['ɔu̯ɔ,hɛ̜:ˀlə] ⟨-ede⟩
Überlandbus rutebil ['ʁudə,bi:ˀl] ⟨-en, -er⟩
übermorgen i overmorgen [i 'ɔu̯ˀɔ,mɒ:ɒn]
übernachten overnatte ['ɔu̯ɔ,nædə] ⟨-de⟩
Übernachtung overnatning ['ɔu̯ɔ,nædneŋ] ⟨-en, -er⟩
Überreste levn/danefæ [lɛu̯ˀn/'dɛ̜:nə,fɛ:ˀ]
übersetzen over|sætte ['ɔu̯ɔ,sɛdə] ⟨-satte, -sat⟩
Überweisung overførslel ['ɔu̯ɔ,føɒ̯ˀsəl] ⟨-len, -ler⟩
üblich sædvanlig [sɛð'vɛ̜:ˀnli]
übrig sein være tilovers [vɛ:ɔ te'ɔu̯ˀɔs] ⟨var⟩
Ufer *(Strand)* bred [bʁɛðˀ] ⟨-den, -der⟩; *(Meer)* kyst [køsd] ⟨-en, -er⟩
Uhrmacher urmager ['u:ɒ̯,mɛ̜:ˀɔ] ⟨-en, -e⟩
um *(räumlich)* omkring [ɔm'kʁɛŋˀ]; *(Zeitangabe)* ved [veð]; *(gegen)* om [ɔmˀ]

um diese Zeit på denne tid [pọ 'dɛnə 'tiðˀ]
umbuchen booke om [bugə 'ɔmˀ]
Umgebung omgivelse ['ɔm,gi:ˀvəlsə] ⟨-n, -r⟩
umgekehrt omvendt ['ɔm,vɛnˀd]
Umhängetasche skuldertaske ['sgulɔ,tæsgə] ⟨-n, -r⟩
umkehren vende om [vɛnə 'ɔmˀ] ⟨-te⟩
Umgehungsstraße omfartsvej ['ɔmfa:ds,vai̯ˀ] ⟨-en, -e⟩
Umleitung omkørslel ['ɔm,køɒ̯ˀsəl] ⟨-len, -ler⟩
umtauschen bytte ['bydə] ⟨-de⟩
Umweg omvej ['ɔm,vai̯ˀ] ⟨-en, -e⟩
Umwelt miljø [mil'jø] ⟨-et, -er⟩
umziehen, s. ~ klæde sig om [klɛ:ˀ sai̯ 'ɔmˀ] ⟨-te⟩
Umzug optog ['ɔb,tọu̯ˀ] ⟨-et, -e⟩
unangenehm ubehagelig [ube'hɛ̣:ˀəli]
unbedingt ubetinget ['ube,teŋˀəð]
und og [ɔ]
unentschieden uafgjort ['uau̯,gjoɒ̯ˀd]
unerträglich utålelig [u'tọ:ˀləli]
Unfall ulykke ['u,løgə] ⟨-n, -r⟩
ungeeignet uegnet ['u,ai̯ˀnəð]
ungefähr cirka ['siɒ̯gæ]
ungewöhnlich usædvanlig [usɛð'vɛ̣:ˀnli]
unglaublich utrolig [u'tʁo:ˀli]
Unglück ulykke ['u,løgə] ⟨-n, -r⟩
Universität universitet [univɛ̣ɒ̯si'te:ˀd] ⟨-et, -er⟩
Unkosten omkostninger *pl* ['ɔm,kɔsdneŋɔ]
unmöglich umulig [u'mu:ˀli]
uns os *prn* [ɔs]
unse(r, -s) vores *poss prn pl* ['vɒ:ɒs]
unten nede ['ne:ðə]
unter under ['ọnˀɔ]; *(zwischen)* blandt [blænˀd]
unterbrechen aflbryde ['au̯,bʁy:ˀðə] ⟨-brød, -brudt⟩
Unterführung viadukt [viæ'dọgd] ⟨-en, -er⟩
unterhalb nedenfor ['ne:ðən,fɔ]
unterhalten, s. ~ *(reden)* snakke sammen ['snagə 'samˀən] ⟨-de⟩; *(s. vergnügen)* more sig ['mo:ɔ sai̯] ⟨-ede⟩
Unterhaltung *(Gespräch)* samtale ['sam,tɛ̣:lə] ⟨-n, -r⟩; *(Vergnügen)* underholdning ['ọnɔ,hɔlˀneŋ] ⟨-en, -er⟩
Unterhemd undertrøje ['ọnɔ,tʁɔi̯ə] ⟨-n, -r⟩
Unterhosen *pl* ['ọnɔ,bọgsɔ]
Unterkunft husly ['hus,ly:ˀ] ⟨-et, -⟩; et sted at bo [ed 'sdɛð ɔ 'bo:ˀ]
Unterleib underliv ['ọnɔ,li:ˀv] ⟨-et, -⟩
unterrichten *(informieren)* underrette ['ọnɔ,ʁædə] ⟨-de⟩; *(Schule)* undervise ['ọnɔ,vi:ˀsə] ⟨-te⟩
unterschreiben underskrive ['ọnɔ,sgʁi:ˀvə] ⟨-skrev, -skrevet⟩
Unterschrift underskrift ['ọnɔ,sgʁɛfd] ⟨-en, -er⟩
Untersuchung undersøgelse ['ọnɔ,sø:ˀəlsə] ⟨-n, -r⟩
Untersuchungshaft varetægtsarrest ['va:atɛgdsa,ʁæsd] ⟨-en, -er⟩
Untertasse underkop ['ọnɔ,kɔb] ⟨-pen, -per⟩
Untertitel undertekst ['ọnɔ,tɛgsd] ⟨-en, -er⟩
Unterwäsche undertøj *pl* ['ọnɔ,tɔi̯] ⟨-et, -⟩
Unterwasserkamera undervandskamera ['ọnɔvænˀs,kɛ̣:ˀməʁa] ⟨-et, -er⟩
unterwegs undervejs [ọnɔ'vai̯ˀs]
unverbindlich ikke bindende ['egə 'benənə]
unverschämt uforskammet ['ufɔ,sgamˀəð]
unwahrscheinlich usandsynlig [usæn'sy:ˀnli]
Unwetter uvejr ['u,vɛ:ˀɒ̯] ⟨-et, -⟩
Urin urin [u'ʁi:ˀn] ⟨-en, -⟩
Urlaub ferie ['fe:ˀɒ̯iə] ⟨-n, -r⟩

V

Varietee varieté [vaʁiə'te] ⟨-en, -er⟩
Vase vase ['vɛ̝ːsə] ⟨-n, -r⟩
Vater far [faː] ⟨-en, fædre⟩
vegetarisch vegetarisk [vegə'taːˀisg]
Ventilator ventilator [vɛnti'lɛ̝ːtɒ] ⟨-en, -er⟩
Verabredung aftale ['au̯ˌtɛ̝ːlə] ⟨-n, -r⟩
verabschieden, s. ~ tage afsked [tɛ̝ːˀ 'au̯ˌsgeːˀð] ⟨tog, taget⟩
Veranstaltung arrangement [aaŋʂə'maŋ] ⟨-et, -er⟩
verantwortlich ansvarlig [æn'svaːˀli]
Verband *(med)* forbinding [fɔˌbenˀeŋ] ⟨-en, -er⟩; *(Vereinigung)* forening [fɔ'eːˀneŋ] ⟨-en, -er⟩
verbinden forlbinde [fɔ'benˀə] ⟨-bandt, -bundet⟩; *(tele)* få forbindelse [fo̝ːˀ fɔ'benˀəlsə] ⟨fik, fået⟩
Verbindung *(Zug, tele)* forbindelse [fɔ'benˀəlsə] ⟨-n, -r⟩
verboten forbudt [fɔ'bud]
Verbrechen forbrydelse [fɔ'bʁyːˀðəlsə] ⟨-n, -r⟩
Verbrennung forbrænding [fɔ'bʁænˀeŋ] ⟨-en, -er⟩
Verdauung fordøjelse [fɔ'dɔi̯ˀəlsə] ⟨-n, -⟩
Verdauungsstörung fordøjelsesbesvær [fɔ'dɔi̯ˀəlsəsbeˌsvɛːˀɒ̯] ⟨-et, -⟩
verdorben ødelagt ['øːðəˌlagd]; *(faul)* rådden ['ʁɔðən], *(Essen)* fordærvet [fɔ'dɛ̝ɒ̯ˀvəð]
vereinbaren blive enige om [bliːə 'eːniːə 'ɔmˀ] ⟨blev, blevet⟩, vedltage ['veðˌtɛ̝ːˀ] ⟨-tog, -taget⟩
Vergangenheit fortid ['fɒːˌtiðˀ] ⟨-en, -⟩
vergessen glemlme ['glɛmə] ⟨-te⟩
Vergewaltigung voldtægt ['vɔlˌtɛgd] ⟨-en, -er⟩
Vergiftung forgiftning [fɔ'gifdneŋ] ⟨-en, -er⟩
Vergnügen fornøjelse [fɔ'nɔi̯ˀəlsə] ⟨-n, -r⟩
Vergnügungspark forlystelsespark [fɔ'løsdəlsəsˌpaːg] ⟨-en, er⟩
verhaften anlholde ['ænˌhɔlˀə] ⟨-holdt, -holdt⟩
verheiratet gift [gifd]
Verhütungsmittel prævention [pʁɛvən'ʂoːˀn]
verirren, s. ~ fare vild [faːa 'vilˀ] ⟨for, faret⟩
verkaufen sælge ['sɛljə] ⟨solgte, solgt⟩
Verkehr trafik [tʁa'fig] ⟨-ken, -⟩
Verkehrsamt turistkontor [tu'ʁisdkɔnˌtoːˀɒ̯] ⟨-et, -er⟩
verlängern forlænge [fɔ'lɛŋˀə] ⟨-ede⟩
Verlängerungskabel forlængerledning [fɔ'lɛŋˀɔˌleðneŋ] ⟨-en, -er⟩
Verlängerungswoche en uge mere [en 'uːə 'meːɔ]
verlassen forllade [fɔ'lɛ̝ːˀðə] ⟨-lod, -ladt⟩
verletzen kvæste ['kvɛsdə] ⟨-ede⟩
Verletzte, der/die ~ kvæstede ['kvɛsdəðə]
Verletzung læsion [lɛ'ʂoːˀn] ⟨-en, -er⟩
verlieren tabe ['tɛ̝ːbə] ⟨-te⟩
Verlobte, der/die ~ forlovede [fɔ'lo̝ːˀvəðə]
vermieten udleje ['uðˌlai̯ˀə] ⟨-ede⟩
Verpackung indpakning ['enˌpagneŋ] ⟨-en, -er⟩
Verpflegung forplejning [fɔ'plai̯ˀneŋ] ⟨-en, -er⟩
verrechnen, s. ~ tage fejl [tɛ̝ːˀ 'fai̯ˀl] ⟨tog, taget⟩
verreisen rejse bort [ʁai̯sə 'bɒːd] ⟨-te⟩
verrückt forrykt [fɔ'ʁœgd]
verschieben *(zeitlich)* udlsætte ['uðˌsɛdə] ⟨-satte, -sat⟩
verschließen låse ['lo̝ːsə] ⟨-te⟩
verschreiben ordinere [ɒdi'neːˀɔ] ⟨-ede⟩
Versicherung forsikring [fɔ'segʁɛŋ] ⟨-en, -er⟩

Verspätung forsinkelse [fɔˌseŋˀgəlsə] ⟨-n, -r⟩
verstaucht forstuvet [fɔˈsduːˀəð]
verstehen for|stå [fɔˈsdɔ̞ːˀ] ⟨-stod, -stået⟩
Verstopfung forstoppelse [fɔˈsdɔbəlsə] ⟨-n, -r⟩
versuchen forsøge [fɔˈsøːˀə] ⟨-te⟩
Vertrag kontrakt [kɔnˈtʁagd] ⟨-en, -er⟩
Vertrauen tiltro [ˈtelˌtʁoːˀ] ⟨-en, -⟩
verunglücken komme til skade [kɔmə tel ˈsgɛ̝ːðə] ⟨kom, kommet⟩
verursachen forårsage [fɒɒˈsɛ̝ːˀə] ⟨-ede⟩
Verwaltung administration [æðminisdʁaˈɕoːˀn] ⟨-en, -er⟩
verwandt beslægtet [beˈslɛgdəð], i familie med [i fæˈmilˀjə ˈmɛ]
verwechseln forveksle [fɔˈvɛgslə] ⟨-ede⟩
verwitwet enkemand/enke [ˈɛŋgəˌmænˀ/ˈɛŋgə]
Videofilm videofilm [ˈviːˀdeoˌfilˀm] ⟨-en, -⟩
Videokamera videokamera [ˈviːˀdeoˌkɛ̝ːˀməʁa] ⟨-et, -er⟩
Videokassette videokassette [ˈviːˀdeokæˌsɛdə] ⟨-n, -r⟩
Videorekorder videobåndoptager [ˈviːˀdeobɔ̞nɔbˌtɛ̝ːˀɔ] ⟨-en, -e⟩
viel meget *sing* [ˈmaj̯əð], mange *pl* [ˈmaŋə]
vielleicht måske [mɔ̞ˈsgeːˀ]
vier fire [ˈfiːɔ]
vierundzwanzig fireogtyve [ˈfiːɔˌtyːvə]
vierzehn fjorten [ˈfjoɒ̯dən]
vierzig fyrre [fœ̝ːɔ]
Villa villa [ˈvilæ] ⟨-en, -er⟩
violett violet [vioˈlɛd]
Virus virus [ˈviːʁus] ⟨-set, -ser⟩
Visum visum [ˈviːsɔ̞m] ⟨-met, visa⟩
Vogel fugl [fuːˀl] ⟨-en, -e⟩
Vogelschutzgebiet fuglereservat [ˈfuːləʁɛsɛɒ̯ˌvɛ̝ːˀd] ⟨-et, -er⟩
Volk folk [fɔlˀg] ⟨-et, -⟩
Heimatmuseum hjemstavnsmuse|um [ˈjɛmsdau̯nsmuˌsɛːɔ̞m] ⟨-et, -er⟩
Volksmusik folkemusik [ˈfɔlgəmuˌsig]
voll fuld [fulˀ]; *(besetzt)* optaget [ˈɔbˌtɛ̝ːˀəð]; *(ganz)* hel [heːˀl]
Volleyball volleyball [ˈvɔliˌbɒːl]
Vollkasko fuld kaskoforsikret [ˈfulˀ ˈkæsgofɔˈsegʁɔð]
Vollpension helpension [ˈheːlpaŋˌɕoːˀn]
vom Fass *(Bier, Wein)* fra fad [fʁa ˈfæð]
vom Grill fra grillen [fʁa ˈgʁilˀən]
von fra [fʁa]; af [æ]
vor *(räumlich)* foran [ˈfɒːˌænˀ]; *(zeitlich)* før [fœːˀɒ̯]
vor zehn Minuten for ti minutter siden [fɔ ˈtiːˀ miˈnudɔ ˈsiːðən]
Voranmeldung forudgående anmeldelse [ˈfɒːuðˌgɔ̞ːˀənə ˈænˌmɛlˀəlsə]
Voraus, im ~ i forvejen [i ˈfɒːˌvaj̯ˀən]
vorbereiten forberede [ˈfɒːbeˌʁɛːˀðə] ⟨-te⟩
Vordruck blanket [blaŋˈkɛd] ⟨-ten, -ter⟩
vorgestern i forgårs [i ˈfɒːˌgɒːˀs]
vorher tidligere [ˈtiðliɔɔ]
vorletzte(r, -s) næstsidste [ˈnɛsdˌsisdə]
Vormittag formiddag [ˈfɒːmeˌdɛ̝ːˀ] ⟨-en, -e⟩
vormittags om formiddagen [ɔm ˈfɒːmeˌdɛ̝ːˀən]
vorn foran [ˈfɒːˌænˀ]
Vorname fornavn [ˈfɒːˌnau̯ˀn] ⟨-et, -e⟩
vornehm fornem [ˈfɒːˌnɛmˀ]
Vorort for|stad [ˈfɒːˌsdæð] ⟨-en, -stæder⟩
Vorrat forråd [ˈfɒːˌʁɔ̞ːˀð] ⟨-et, -⟩
Vorsaison forsæson [ˈfɒːsɛˌsɔŋ] ⟨-en, -er⟩
Vorschlag forslag [ˈfɒːˌslɛ̝ːˀ] ⟨-et, -⟩
Vorschrift instruks [enˈsdʁugs] ⟨-en, -er⟩
Vorsicht! Pas på! [pæs ˈpɔ̞ːˀ], Giv agt! [giːˀ ˈagd]

WÖRTERBUCH DEUTSCH – DÄNISCH

vorsichtig forsigtig [fɔ'segdi]
Vorspeise forret ['fɒːˌʁæd] ⟨-ten, -ter⟩
Vorstellung præsentation [pʁɛsɛntæ'ʂoːˀn] ⟨-en, -er⟩; *(Begriff, Theater)* forestilling ['fɒːɒˌsdelˀeŋ] ⟨-en, -er⟩
Vorteil fordel ['fɒːˌdeːˀl] ⟨-en, -e⟩
vorüber forbi [fɔ'biːˀ]
Vorverkauf forsalg ['fɒːˌsælˀ] ⟨-et, -⟩
Vorwahlnummer områdenum|mer ['ɔmʁo̞ːðəˌno̞mˀɔ] ⟨-ret, -re⟩
vorwärts fremad ['fʁæmˀˌæð]

W

wach vågen ['vo̞ːu̯ən]
Wachablösung vagtafløsning ['vagdau̯ˌløːˀsneŋ] ⟨-en, -er⟩
Wagen vogn ['vɔu̯ˀn] ⟨-en, -e⟩
Wagenheber donkraft ['do̞nˌkʁafd] ⟨-en, e⟩
Wagennummer vognnum|mer ['vɔu̯nˌno̞mˀɔ] ⟨-ret, -re⟩
wählen vælge ['vɛljə] ⟨valgte, valgt⟩; *(pol)* stem|me ['sdɛmə] ⟨-te⟩; *(tele)* trykke ['tʁœgə] ⟨-de⟩
wahr sand [sænˀ]
während *prp* under ['o̞nˀɔ]; *conj* mens [mɛnˀs]
wahrscheinlich sandsynligvis [sæn'syːˀnliˌviːˀs]
Währung valuta [væ'lutæ] ⟨-en, -er⟩
Wahrzeichen vartegn ['vaːˌtai̯ˀn] ⟨-et, -⟩
Wald skov [sgɔu̯ˀ] ⟨-en, -e⟩
Wallfahrtsort valfartssted ['vælfaːdsˌsdɛð] ⟨-et, -er⟩
Wand væg [vɛːˀg] ⟨-gen, -ge⟩
Wanderkarte vandrekort ['vandʁɔˌkɒːd] ⟨-et, -⟩
wandern vandre ['vandʁɔ] ⟨-de⟩
Wanderweg vandrevej ['vandʁɔˌvai̯ˀ] ⟨-en, -e⟩
wann hvornår [vɒ'nɒːˀ]
warm varm [vaːˀm]
warmes Wasser varmt vand ['vaːˀmd 'vænˀ]
Warnblinkanlage advarselslys ['æðvaːsəlsˌlyːˀs] ⟨-et, -⟩
Warndreieck advarselstrekant ['æðvaːsəlsˌtʁɛkænˀd] ⟨-en, -er⟩
warten vente ['vɛndə] ⟨-ede⟩
Wartesaal ventesal ['vɛndəˌsɛ̝ːˀl] ⟨-en, -e⟩
Wartezimmer ventværelse ['vɛndəˌvɛːɔlsə] ⟨-t, -r⟩
was hvad [væð]; **was für ein/eine ... ?** hvilken ['velgən]
Waschbecken håndvask ['hɔnˌvæsg] ⟨-en, -e⟩
Wäsche *(Bettwäsche)* sengetøj *pl* ['sɛŋəˌtɔi̯]; *(zum Waschen)* vasketøj *pl* ['væsgəˌtɔi̯] ⟨-et⟩
Wäscheklammern tøjklemmer *pl* ['tɔi̯ˌklɛmɔ]
Wäscheleine tørresnor ['tœ̝ːɔˌsnoːˀɒ̯] ⟨-en, -e⟩
waschen vaske ['væsgə] ⟨-ede⟩
Wäscherei vaskeri [væsgə'ʁiːˀ] ⟨-et, -er⟩
Wäschetrockner tørretumbler ['tœ̝ːɔˌto̞mblɔ] ⟨-en, -e⟩
Waschlappen vaskeklud ['væsgəˌkluðˀ] ⟨-en, -e⟩
Waschmaschine vaskemaskine ['væsgəmæˌsgiːnə] ⟨-n, -r⟩
Waschmittel vaskemid|del ['væsgəˌmiðˀəl] ⟨-let, -ler⟩
Waschraum vaskerum ['væsgəˌʁo̞mˀ] ⟨-met, -⟩
Waschsalon møntvaskeri ['møndvæsgəˌʁiːˀ] ⟨-et, -er⟩
Wasser vand [vænˀ] ⟨-et, -⟩
Wasserfall vandfald ['vænˌfælˀ] ⟨-et, -⟩
Wasserglas vandglas ['vænˌglæs] ⟨-set, -⟩
Wasserhahn vandhane ['vænˌhɛ̝ːnə] ⟨-n, -r⟩
Wasserkanister vanddunk ['vænˌdo̞ŋˀg] ⟨-en, -e⟩
Wassermelone vandmelon ['vænmeˌloːˀn] ⟨-en, -er⟩
Wasserski vandski *pl* ['vænˌsgiːˀ]
Wasserverbrauch forbrug af vand

[fɔ'bʁuːˀ æ 'vænˀ]
Watte vat [væd] ⟨-tet, -⟩
Wattestäbchen vatpinde *pl* ['vædˌpenə]
Wechsel *(Veränderung)* forandring [fɔ'anˀdʁɛŋ] ⟨-en, -er⟩
Wechselgeld byttepenge *pl* ['bydəˌpɛŋə]
wechselhaft skiftende ['sgifdənə]
Wechselkurs vekselkurs ['vɛgsəlˌkuɒ̯ˀs] ⟨-en, -er⟩
wecken vække ['vɛgə] ⟨-de⟩
Wecker vækkeur ['vɛgəˌuːˀɒ̯] ⟨-et, -e⟩
Weg vej [vai̯ˀ] ⟨-en, -e⟩
weg (von) væk (fra) ['vɛg (fʁa)]
wegen på grund af [pɔ̣ 'gʁɔ̣nˀ æ]
weggehen gå væk [gɔ̣ːˀ 'vɛg] ⟨gik, gået⟩
Wegweiser vejviser ['vai̯ˌviːsɔ] ⟨-en, -e⟩
wehtun gøre ondt [gœ̣ːɔ 'ɔ̣nˀd] ⟨-gjorde, gjort⟩
weich blød [bløðˀ]; *(Ton, Farbe)* dæmpet ['dɛmbəð]
Weichkäse camembert, brie [kamam'bɛ̣ːɒ̯/'bʁiːə]
Weihnachten Jul [juːˀl]
weil fordi [fɔ'diːˀ]
Wein vin [viːˀn] ⟨-en, -e⟩
weinen græde ['gʁæːðə] ⟨græd, grædt⟩
Weinglas vinglas ['viːnˌglæs] ⟨-set, -⟩
Weinhandlung vinhandlel ['viːnˌhænˀəl] ⟨-len, -ler⟩
Weintrauben vindruer *pl* ['viːnˌdʁuːɔ]
Weisheitszahn visdomsltand ['viːsdɔmsˌtænˀ] ⟨-en, -tænder⟩
weiß hvid [viðˀ]
Weißbrot franskbrød ['fʁansˌbʁœðˀ] ⟨-et, -⟩
Weißwein hvidvin ['viðˌviːˀn] ⟨-en, -e⟩
weit *(Gegenteil von eng)* bred [bʁɛːˀð]; *(Weg)* lang [laŋˀ]
Welt verdlen ['vɛ̣ɒ̯dən] ⟨-nen, -⟩
wenig få [fɔ̣ːˀ]; **ein wenig (von)** lidt (af) ['led (æ)]
wenigstens i det mindste [i de 'menˀsdə]
wenn *(Bedingung)* hvis [ves]; *(zeitlich)* når [nɒːˀ]
werden blive ['bliːə] ⟨blev, blevet⟩
Werkstatt værksted ['vɛ̣ɒ̯gˌsdɛð] ⟨-et, -er⟩
Werktag hverdag ['vɛɒ̯ˌdɛ̣ːˀ] ⟨-en, -e⟩
Werkzeug værktøj ['vɛ̣ɒ̯gˌtɔi̯] ⟨-et, -er⟩
Wertangabe værdiangivelse [vɛ̣ɒ̯'diænˌgiːˀvəlsə] ⟨-n, -r⟩
wertlos værdiløs [vɛ̣ɒ̯'diˌløːˀs]
Wertsachen værdisager *pl* [vɛ̣ɒ̯'diˌsɛ̣ːɔ]
Wespe hveps [vɛbs] ⟨-en, -e⟩
Weste vest [vɛsd] ⟨-en, -e⟩
Westen vesten ['vɛsdən]
Western western ['vɛsdɔn], cowboyfilm ['kɔu̯bɔi̯ˌfilˀm] ⟨-en, -⟩
westlich von vest for ['vɛsd fɔ]
Wetterbericht vejrmelding ['vɛːɒ̯ˌmɛleŋ] ⟨-en, -er⟩
Wettervorhersage vejrudsigt ['vɛːɒ̯uðˌsegd] ⟨-en, -er⟩
Wettkampf konkurrence [kɔŋgu'ʁaŋsə] ⟨-n, -r⟩, væddekamp ['vɛðəˌkamˀb] ⟨-en, -e⟩
wichtig vigtig ['vegdi]
Wickeltisch puslebord ['pusləˌboːˀɒ̯] ⟨-et, -e⟩
wie *(Frage)* hvordan [vɒ'dæn]
wieder igen [i'gɛn]; *(noch einmal)* en gang til ['eːˀn 'gaŋˀ 'tel]
wiederholen genltage ['gɛnˌtɛ̣ːˀ] ⟨-tog, -taget⟩
wiederkommen komme igen ['kɔmə i'gɛn] ⟨kom, kommet⟩
Wiese eng [ɛŋˀ] ⟨-en, -e⟩
Wild vildt [vilˀd] ⟨-et, -⟩
Wildpark park med vilde dyr ['paːg mɛ 'vilə 'dyːˀɒ̯]
willkommen! *(herzlich)* hjertelig velkommen ['jɛ̣ɒ̯dəli 'vɛlˌkɔmˀən]
Wimperntusche mascara [mæ'sgaːʁa] ⟨-en, -er⟩
Wind vind [venˀ] ⟨-en, -e⟩
Windeln bleer *pl* [bleːˀɔ]
Windpocken skoldkopper *pl*

['sgɔlˌkɔbɔ]
Windrichtung vindretning ['venˌʁædneŋ] ⟨-en, -er⟩
Windschutzscheibe vindspejl ['venˌsbai̯ˀl] ⟨-et, -e⟩
Windstärke vindstyrke ['venˌsdyɐ̯gə] ⟨-n, -r⟩
windsurfen windsurfing ['venˌsœːfeŋ]
Winter vinter ['venˀdɔ] ⟨-en, vintre⟩
wir *prn* vi [vi]
Wirbelsäule hvirvelsøjle ['viɐ̯ˀvəlˌsɔi̯lə] ⟨-n, -r⟩
wirklich virkelig ['viɐ̯gəli]; *(echt)* sand [sænˀ]
Wirtshaus **værtshus**['vɛ̝ɐ̯dsˌhuːˀs] ⟨-et, -e⟩
Wissen *(Kenntnis)* viden ['viːðən] ⟨-en, -⟩
wissen vide ['viːðə] ⟨ved, vidste⟩
Witz vittighed ['vidiˌheːˀð] ⟨-en, -er⟩
Woche uge ['uːə] ⟨-n, -r⟩
Wochenendpauschale fast weekendpris ['fæsd 'viːgɛndˌpʁiːˀs]
Wochenkarte ugekort ['uːəˌkɒːd] ⟨-et, -⟩
wochentags om hverdagen [ɔm 'vɛ̝ɐ̯ˌdɛ̝ːˀən]
wöchentlich ugentlig ['uːəndli]
wohnen bo [boːˀ] ⟨-ede⟩
Wohnmobil autocamper ['au̯toˌkæːmbɔ] ⟨-en, -e⟩
Wohnort bopæl ['boˌpɛːˀl] ⟨-en, -e⟩
Wohnung bolig ['boːli] ⟨-en, -er⟩
Wohnwagen campingvogn ['kambeŋˌvɔu̯ˀn] ⟨-en, -e⟩
Wohnzimmer stue ['sduːə] ⟨-n, -r⟩
Wolke sky [sgyːˀ] ⟨-en, -er⟩
Wolldecke uldtæppe ['ulˌtɛbə] ⟨-t, -r⟩
Wolle uld [ulˀ] ⟨-en, -⟩
Wort ord ['oːˀɐ̯] ⟨-et, -⟩
Wunde sår [sɒːˀ] ⟨-et, -⟩
wunderbar vidunderlig [við'ọnˀɔli]
wundern, s. ~ (über) undre sig (over) ['ọndʁɔ sai̯ ˌ'ɔu̯ˀɔ)] ⟨-de⟩
wünschen ønske ['ønsgə] ⟨-ede⟩
Wurm orm [oɐ̯ːˀm] ⟨-en, -e⟩
Wurst pølse ['pølsə] ⟨-n, -r⟩
Würstchen små pølser *pl* ['smọːˀ 'pølsɔ]
würzen krydre ['kʁyðʁɔ] ⟨-de⟩
wütend rasende ['ʁaːsənə]

Y

Yoga yoga ['jogæ]

Z

zäh sej [sai̯ˀ]
Zahl tal [tæl] ⟨-let, -⟩
zählen tælle ['tɛlə] ⟨talte, talt⟩
Zahlung betaling [be'tɛ̝ːˀleŋ] ⟨-en, -er⟩
Zahn tand [tænˀ] ⟨-en, tænder⟩
Zahnbürste tandbørste ['tænˌbœɐ̯sdə] ⟨-n, -r⟩
Zahnfleisch tandkød ['tænˌkøð] ⟨-et, -⟩
Zahnpasta tandpasta ['tænˌpæsdæ] ⟨-en, -er⟩
Zahnschmerzen tandpine ['tænˌpiːnə] ⟨-n, -⟩
Zahnstocher tandstikker ['tænˌsdegɔ] ⟨-en, -e⟩
Zäpfchen stikpille ['sdegˌpelə] ⟨-n, -r⟩
zart *(weich)* sart [saːˀd]; *(fühlend)* følsom ['føːlˌsɔmˀ]
zärtlich sart [saːˀd]
Zehe tå [tọːˀ] ⟨-en, tæer⟩
zehn ti [tiːˀ]
Zeichen tegn [tai̯ˀn] ⟨-et, -⟩
Zeichensprache tegnsprog ['tai̯nˌsbʁọːˀu̯] ⟨-et, -⟩
Zeichentrickfilm tegnefilm ['tai̯nəˌfilˀm] ⟨-en -⟩
zeichnen tegne ['tai̯nə] ⟨-ede⟩
Zeichnung tegning ['tai̯neŋ] ⟨-en, -er⟩
zeigen vise ['viːsə] ⟨-te⟩; *(hinweisen)* pege ['pai̯ə] ⟨-ede⟩
Zeit tid [tiðˀ] ⟨-en, -er⟩

Zeitschrift tidsskrift ['tiðs,sgʁɛfd] ⟨-et, -er⟩; **Wochenzeitschrift** ugeblad ['u:ə,blæð] ⟨-et, -e⟩
Zeitung avis [æ'vi:ˀs] ⟨-en, -er⟩
Zeitungshändler aviskiosk [æ'vi:ˀski,ɔsg] ⟨-en, -er⟩
Zelt telt [tɛlˀd] ⟨-et, -e⟩
Zeltschnur bardun [ba'du:ˀn] ⟨-en, -er⟩
Zeltstange teltǀstang ['tɛld,sdaŋˀ] ⟨-en, -stænger⟩
Zentimeter centimeter [sɛnti'me:ˀdɔ]
zentral central [sɛn'tʁa:ˀl]
Zentralheizung centralvarme [sɛn'tʁa:ˀl,va:mə] ⟨-n, -⟩
Zentrum centrǀum ['sɛntʁɔm] ⟨-et, -er⟩
Zerrung forstrækning [fɔ,sdʁægneŋ] ⟨-en, -er⟩
Zeuge/Zeugin vidne ['viðnə] ⟨-t, -r⟩
Ziegenkäse gedeost ['ge:ðə,ɔsd] ⟨-en, -e⟩
ziehen trække ['tʁægə] ⟨trak, trukket⟩
Ziel mål [mɔ:ˀl] ⟨-et, -⟩
ziemlich temmelig ['tɛməli]
Zigarette cigaret [siga'ʁæd] ⟨-ten, -ter⟩
Zigarillo cerut [se'ʁud] ⟨-ten, -ter⟩
Zigarre cigar [si'ga:ˀ] ⟨-en, -er⟩
Zimmer værelse ['vɛ:ɔlsə]; **Einzel~/Doppel~** enkelt~/dobbelt~ ['ɛŋˀgəld,vɛ:ɔlsə/'dɔbəld,vɛ:ɔlsə]; ⟨-t, -r⟩
Zimmermädchen stuepige ['sdu:ə,pi:ə] ⟨-n, -r⟩
Zimmertelefon telefon på værelset [telə'fo:ˀn pɔ 'vɛ:ɔlsəð]
Zirkus cirkus ['siɐkus] ⟨-set, -⟩
Zitronen citroner *pl* [si'tʁo:ˀnɔ]
Zoll told [tɔlˀ] ⟨-en, -⟩
Zollerklärung tolderklæring ['tɔlɛɐ,klɛ:ˀɐeŋ] ⟨-en, -er⟩
zollfrei toldfri ['tɔl,fʁi:ˀ]
zollfreier Laden toldfri butik ['tɔl,fʁi:ˀ bu'tig] ⟨-ken, -ker⟩
Zollgebühren toldafgift ['tɔl,augifd] ⟨-en, -er⟩
zollpflichtig toldpligtig ['tɔl,plegdi]
Zoologischer Garten zoologisk have [soo'lo:ˀisg 'hɛ:və]
zu *(Richtung)* til [tel]; *(geschlossen)* lukket ['lɔgəð]; *(mit adj)* for [fɔ]; **zu sehr, zu viel** (for) meget [(fɔ) 'majəð]
zubereiten tilberede ['telbe,ʁɛ:ˀðə] ⟨-te⟩
Zucker sukker *pl* ['sɔgɔ]
zuerst først [fœɐsd]
zufällig tilfældig [te'fɛlˀdi]
zufrieden tilfreds [te'fʁɛs]
Zug tog [tɔ:ˀu] ⟨-et, -e⟩
zugänglich tilgængelig [te'gɛŋˀəli]
zuhören, jdm ~ lytte til en ['lydə tel 'e:ˀn] ⟨-de⟩
Zukunft fremtid ['fʁæm,tiðˀ] ⟨-en, -⟩
zukünftig fremtidig ['fʁæm,ti:ˀði]
zulässig tilladt ['telæd]
zuletzt til sidst [tel 'sisd]
Zündkerze tændrør ['tɛn,ʁœ:ˀɐ] ⟨-et, -⟩
Zündschlüssel tændingsnøgle ['tɛneŋs,nɔilə] ⟨-n, -r⟩
Zündung tænding ['tɛneŋ] ⟨-en, -er⟩
Zunge tunge ['tɔŋə] ⟨-n, -r⟩
zurück tilbage [te'bɛ:ə]
zurückbringen bringe tilbage [bʁɛŋə te'bɛ:ə] ⟨bragte, bragt⟩
zurückfahren køre tilbage [kø:ɔ te'bɛ:ə] ⟨-te⟩
zurückgeben give tilbage [gi:ˀ te'bɛ:ə] ⟨gav, givet⟩
zurückkehren vende tilbage [vɛnə te'bɛ:ə] ⟨-te⟩
zusagen *(Einladung)* sige ja [si:ə 'jæ] ⟨sagde, sagt⟩, takke ja [tagə 'jæ] ⟨-de⟩
zusammen sammen [samˀən]
zusammenschlagen tæve ['tɛ:və] ⟨-de⟩
Zusammenstoß sammenstød ['samən,sdøð] ⟨-et, -⟩
zusätzlich ekstra ['ɛgsdʁa]
zuschauen kigge på ['kigə pɔ:ˀ] ⟨-de⟩

WÖRTERBUCH DEUTSCH – DÄNISCH

Zuschauer/in tilskuer ['tel,sgu:ˀɔ] ⟨-en, -e⟩
Zuschlag tillæg ['te,lɛ:ˀg] ⟨-get, -⟩
zuständig (für) ansvarlig (for) ['æn,sva:ˀli (fɔ)]
zwanzig tyve ['ty:və]
zwei to [to:ˀ]
zweihundert to hundrede ['to:ˀ 'hunʁɔðə]
zweite(r, -s) anden ['ænən]
zweitens for det andet [fɔ de 'ænəð]
zweiunddreißig toogtredive ['to:ˀɔ,tʁæðvə]
zweiundzwanzig toogtyve ['to:ˀɔ,ty:və]
Zwiebeln løg [lɔi̯ˀ] ⟨-et, -⟩
zwischen imellem [i'mɛlˀəm]; *(mehreren)* blandt [blænˀd]
Zwischenfall episode [epi'so:ðə] ⟨-n, -r⟩
Zwischenlandung mellemlanding ['mɛləm,lænen] ⟨-en, -er⟩
zwölf tolv [tɔlˀ]